投资项目经济评价问答

李明哲　著

中国计划出版社

图书在版编目（CIP）数据

投资项目经济评价问答/李明哲著. —北京：中国计划出版社，2011.3

ISBN 978-7-80242-600-9

Ⅰ.①投… Ⅱ.①李… Ⅲ.①基本建设投资－项目评价－问答 Ⅳ.①F282－44

中国版本图书馆 CIP 数据核字（2011）第 021469 号

投资项目经济评价问答

李明哲 著

☆

中国计划出版社出版

（地址：北京市西城区木樨地北里甲 11 号国宏大厦 C 座 4 层）

（邮政编码：100038 电话：63906433 63906381）

新华书店北京发行所发行

世界知识印刷厂印刷

787×1092 毫米 1/16 25.5 印张 618 千字

2011 年 3 月第 1 版 2011 年 3 月第 1 次印刷

印数 1—6000 册

☆

ISBN 978-7-80242-600-9

定价：60.00 元

前　言

投资是推动我国经济发展的三驾马车之一，提高投资效率与效益是包括政府在内的所有投资者追求的目标，投资项目经济评价是提高投资效率与效益的重要手段，规范投资项目经济评价方法是政府主管部门与行业的责任。

随着我国改革开放的进程，投资项目经济评价也正逐步规范。1987年原国家计委发布了《建设项目经济评价方法与参数》（第一版），1993年发布了第二版，进入新世纪后，我国投资体制发生了根本性的变化，2004年国务院发布了投资体制改革决定，明确区分政府投资与企业投资的管理方式与权限，第一次提出“谁投资、谁决策、谁收益、谁承担风险”的权责原则。为配合投资体制改革决定的贯彻，国家发展和改革委员会又组织力量编制了《建设项目经济评价方法与参数》（第三版），于2006年发布，以适应新投资体制下投资项目经济评价的需要。

作者有幸参加《建设项目经济评价方法与参数》第一版、第二版和第三版的编制，并主持第三版方法部分的编写，对各版《建设项目经济评价方法与参数》编制的过程有着较深入的了解。从2006年起，笔者曾辗转全国各地，以各种形式进行数十场《建设项目经济评价方法与参数》（第三版）的宣讲，听众达万余人，其间也为数百人答疑解惑。

在编制与宣讲《建设项目经济评价方法与参数》（第三版）的过程中，笔者深感政府发布的《建设项目经济评价方法与参数》（第三版）的正文与条文说明只适用于进行规定性的操作，未能深入讲解进行这些操作的原理，更没有对局部或重大修改的理由展开说明，令一些读者产生疑惑，甚至误用、滥用。

《建设项目经济评价方法与参数》（第三版）出版后，一些单位和个人以其为蓝本编制了不少教材与书籍，对于推广经济评价的新方法、新思路起到了积极的作用，但是由于作者不了解《建设项目经济评价方法与参数》（第三版）编制过程中编制组的思考、探索、权衡，仍然只能照猫画虎，跳不出《建设项目经济评价方法与参数》（第三版）的框框，有些甚至在理解上仍然存在偏差。

为了解决读者的这些困惑，作者萌生编写一本“投资项目经济评价”的想法，但这种题目可能只适于写成教科书的模样，只能平铺直叙地写，不便于解释《建设项目经济评价方法与参数》（第三版）一些重大修改的理由，不便于陈述自己的一些学术主张。考虑再三，确定写一本《投资项目经济评价问答》，以问答的形式写方法、写操作、写理论、写理由、写要点。

以问答形式写本书的原因有四：

——教科书的读者是初学者，其内容事无巨细必须面面俱到，只能陈述官方或大众普遍接受的内容，不可能写有争议的内容。问答的主要读者是已经对经济评价有基本了解的实际工作者或理论工作者，以解决实际问题或探讨理论问题为主，不纠缠于教科书中的细节，重点澄清一些模糊认识，也不妨碍作者对一些有争议的问题表述自己的观点。

——国学中两部巨著《论语》和《黄帝内经》都是以一问一答的形式写作，这种写法一方面便于读者单刀直入地寻找自己最关心的议题与答案，另一方面在系统的编排中也能建立起完整的理论体系。作者自知不才，尚未昏庸到自比先贤的地步，本书只是循着先贤的脚步，以其之道，治学教人。

——问答形式一方面可以解答读者的问题，另一方面可以引导读者思考问题，做到举一反三，激发读者进一步深入探讨研究的兴趣，希冀能提高读者的业务水平，推动项目经济评价工作整体水平上一个台阶。

——1993年《建设项目经济评价方法与参数》（第二版）发布后，一些业内专家于次年编写了一本《建设项目经济评价方法实用问答》，这本小册子以答疑解惑的方式解决实际工作中的问题，受到实际工作者的欢迎，以致多年后读者的求购函仍然络绎不绝。

本书基本沿用《建设项目经济评价方法与参数》（第三版）的结构。第1章解答投资项目、经济评价等综合概念；第2章解答与项目总投资和资产有关的问题；第3章解答融资等有关问题；第4章解答项目财务分析相关问题；第5章解答费用效益分析相关问题；第6章解答改扩建项目与并购项目相关问题；第7章解答不确定分析与风险分析相关问题；第8章解答费用效果分析与方案经济比选相关问题。本书还提供了四个附录：附录1收录作者部分论文，详细解答正文中提出的一些问题；附录2提供了部分行业费用效益识别与经济参数；附录3提供了几个非常有代表性的经济评价的案例，同时提示每个案例的阅读要点；附录4是亚洲开发银行《项目经济分析导则》中“经济费用与效益的估价”的节译。

本书中许多问题的解释与一般书籍上的论述有不少出入，这是作者参考许多文献后，结合实际问题独立思考的结果，也算是一家之言，当然也可能有偏颇之处，愿读者在阅读时认真、独立地思考，通过深入讨论与实践，使得真理越辩越明。

作者1985年开始从事投资项目经济评价工作，迄今已有25载，从一个初学者逐步成长为专业人员，受教于项目经济评价老一辈的先驱，得益于同辈专家学者的帮助，获助于多年共事的同事，在此书成稿之际一并表示诚挚的谢意。

2011年1月

目　录

第1章 综合概念

1.1 什么是投资项目

投资项目（investment project）指在预定的时间范围与地点，使用投资人有限的资源（包括资金与人力），有组织地完成不重复的一系列活动，通过提供产品或服务，实现经济、环境或社会发展目标。

在一般意义上，项目是一组有始有终的活动。项目活动与企业经营的差别之一在于前者是不重复（包括时间与地点）的活动，而后者是重复性的活动（不同的时间，但在同一地点，使用同样的投入，得到同样的产出）。投资项目与一般项目的差别之二在于其必须有投资人的资金投入（一般情况下资金是有限的），且这笔资金投入应当实现投资人预期的财务、经济、环境或社会发展目标。投资活动的产出是有形的产品或无形的服务。

投资项目的活动包括规划、可行性研究、咨询评估、融资、设计、施工、试生产、后评价等活动。

投资项目包括通过工程建设活动形成固定资产的项目，也包括诸如卫生防疫、教育培训等没有建设活动但有资金投入、有健康改善或人力资本提高等成果的项目，还包括企业通过兼并重组整合资源提高经济效益的项目。

投资项目不包括金融市场的各类投资，如证券、期货及其他金融衍生产品投资，因为这类投资活动只能使投资者的货币资金增加或减少，不能提供有形或无形的产出。

好的项目应当具备：明确定义的利益相关群体，包括初步目标群体与最终受益人；明确定义协作、管理与融资安排；建立监督与评价系统；恰当的财务分析与经济分析以确认项目的效益超过项目的费用。

1.2 什么是建设项目

建设项目（construction project）是通过工程建设活动形成固定资产，并以其为主要物质载体实现投资目标的投资项目。

在我国计划经济时代与改革开放初期，投资项目被称为基本建设项目或建设项目，其基本特征是在政府计划的统一安排下，利用财政资金进行各类工程建设，以满足生产或生活需要。这一概念多用在工业与交通运输行业。在文教、卫生、环保行业，涉及工程建设项目才称为建设项目，不涉及工程建设的不称作建设项目。

1.3 什么是项目周期

项目周期（project cycle）是项目计划与执行中的一系列活动所构成的完整过程。在国外一般依次为项目识别、机会研究、可行性研究、设计、评估、批准、执行、完工和后评价几个主要阶段；在国内一般依次为项目前期阶段、项目准备阶段、项目实施阶段与项目运营阶段。项目周期可从投资人或债权人的角度划分。图 1-1 为世界银行的项目周期。

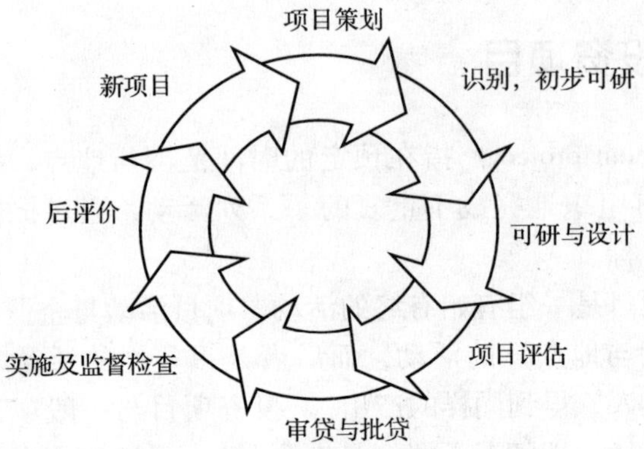

图 1-1　世界银行项目周期

1.4　什么是规划

在投资领域，规划（plan，program，planning）是指为实现重大、广泛、长远目标或政策而计划组织的一系列活动（包括项目）与资源配置，规划不仅应提出要实现的宏观目标与配套条件，还应提出要具体实施的项目，解决项目间相互协调与配合的问题，提出克服制约因素纲略。

“规划”一词在许多领域使用，如总体规划、区域规划、专项规划、城乡规划等，这里说的“规划”是在非金融投资领域的内涵，规划的内容应当包括长远目标和目的，还应有为实现目标的拟议项目、必须要用的资源，更应当包括外部配套条件、克服制约因素的策略，有条件时，还应有检验规划成败的指标及相关信息资料。规划与项目的关系可见图 1-2。

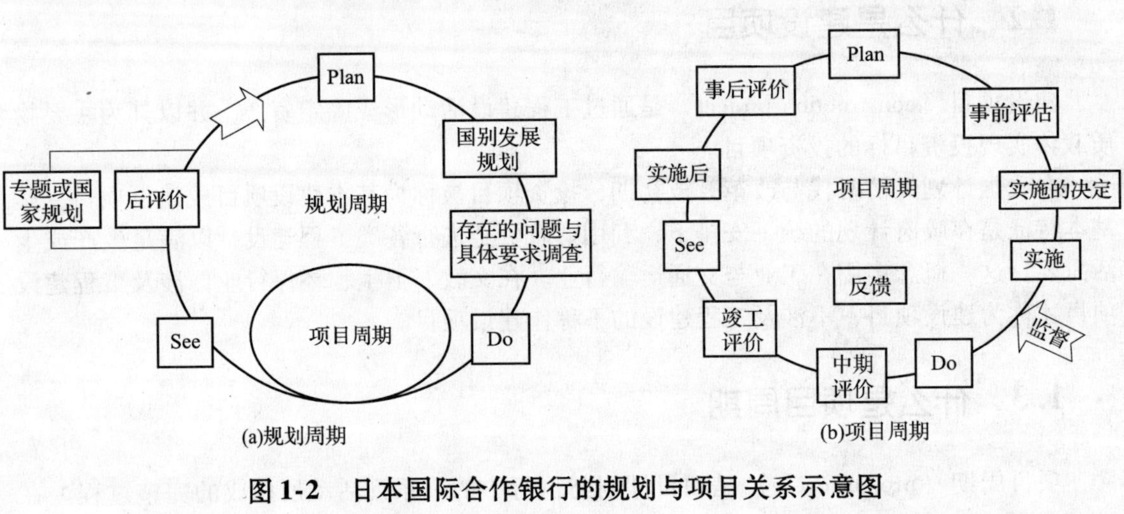

图 1-2　日本国际合作银行的规划与项目关系示意图

1.5 为什么要从多个角度对项目进行分类

《建设项目经济评价方法与参数》第一、二版都将建设项目分为新建、改扩建和合资三类，作这种分类的根本原因是三类项目分属不同政府部门管理（新建项目归原国家计委管，改扩建项目归原国家经委管，合资项目归原外经贸部管），适用不同的规章制度。《建设项目经济评价方法与参数》第三版从项目的财务目标、产出属性、行政管理模式、项目与企业原有资产的关系以及融资主体的角度分别对项目进行分类。这些分类是从项目的经济特征进行区分，而不是从项目的管理方式区分。

从项目的经济特征对项目进行分类主要原因是，改革开放30年来我国经济体制发生的根本性的变化。从新中国成立至20世纪90年代初，我国实行的是计划经济，投资主体只有政府一家，投资计划由原国家计委会同有关部门制定。进入21世纪以后，我国经济体制发生了根本性的变化，建立了社会主义市场经济，投资主体有政府、企业、个人、外资，投资项目的目标也不限于生产类项目，国家履行公共投资主体的职能，越来越多的资金投向市政、卫生、教育、养老等民生领域，获利不再是投资的唯一目标，有些项目要提供公共产品（如城市道路交通信号与标志），有些提供生活必需品的项目可能需要政府补贴。2004年起，政府投资的管理体制也发生了重大变化，投资项目分为政府投资与企业投资。对于政府投资项目，政府既是投资人，也是项目执行人，还担负项目监管的责任。对于企业投资的项目，企业自主决策、自负盈亏、自担风险，政府不再审查只与投资主体有关的财务效益问题，政府只管涉及公共利益的部分。在这种投资主体多元化、投资目标多元化、管理模式多元化的情况下，仅从行政管理角度划分投资项目就不能适应当前的新形势，因此，必须从项目的经济特征或不同经济属性划分项目，才更有利于从经济方面对项目进行分析与评价。

1.6 《建设项目经济评价方法与参数》（第三版）将投资项目分为哪几类

《建设项目经济评价方法与参数》（第三版）将投资项目分为如下几类：

按项目的目标，分为经营性项目和非经营性项目。经营性项目（又称营利项目或竞争性项目）是以实现投资者权益的市场价值最大化为目标，以投资牟利为行为趋向的项目。绝大多数生产或流通领域的投资项目都属于这类项目。非经营性项目（又称非营利项目或公益项目）是指为实现一定社会目标，保证社会发展和群众生活需要、保护生态环境等，不以追求经济效益为目标的投资项目。具体还可分为两种类型：一类是本身就没有经营活动、没有收益的项目，如城市道路、路灯、公共绿化、航道疏浚、水利灌溉渠道、植树造林等项目，这类项目的投资一般由政府安排，营运资金也由政府支出；另一类项目的产出直接为公众提供基本生活服务，本身有生产经营活动，有营业收入，但产品价格不由市场机制形成，如城市供水、供热、公共交通项目。

按项目的产出（或服务）属性，分为公共项目和非公共项目。公共项目是指为满足社会公众需要，生产或提供公共物品（包括服务）的项目，如上述第一类非经营性项目。公共物品的特征是具有非排他性，即某甲使用某种物品完全不影响某乙使用该物品，这类物品无法收费或不应该收费。政府生产或提供公共物品可以增进社会福利，是政府的责无旁贷的职责。非公共项目是指除公共项目以外的其他项目。相对于“政府部门提供公共物品”的是“私人部门提供的商品”，其重要特征是：供应商能够向那些想消费这种商品的人收费并因此得到利润。非公共项目中又可分为竞争项目与准公共项目。竞争性项目纯粹使用非政府性资金（或少量使用政府性资金），以营利为目的，为居民或企业提供产品，按市场价格销售，取得投资回报。准公共项目则大多有部分或全部政府性资金投资，产出的价格不是由市场机制来确定，一般由政府定价，产出的收益一般不能回收全部或部分投资，有时甚至不能弥补经营成本，需要政府给予经常性的补贴或政策优惠。

按项目的投资管理形式，分为政府投资项目和企业投资项目。使用政府性资金进行的投资活动（包括固定资产投资与非固定资产投资）称为政府投资项目。不使用政府性资金的投资项目统称企业投资项目，包括核准制项目与备案制项目。

按项目与企业原有资产的关系，分为新建项目和改扩建项目。改扩建项目与新建项目的区别在于：改扩建项目是在原有企业基础上进行建设，并在不同程度上利用了原有企业的资源或资产，以增量带动存量，以较小的新增投入取得较大的新增效益。建设期内项目建设与原有企业的生产一般要同步进行。新建项目是白手起家，全部资产都是项目自己形成的。

按项目的融资主体，可分为新设法人项目和既有法人项目。新设法人项目要由新组建的项目法人为项目进行融资，其特点是：项目投资由新设法人筹集的资本金和债务资金构成；由新设项目法人承担融资责任和风险；从项目投产后的财务效益情况考察偿债能力。既有法人项目要依托现有法人为项目进行融资，其特点是：拟建项目不组建新的项目法人，由既有法人统一组织融资活动并承担融资责任和风险；拟建项目一般是在既有法人资产和信用的基础上进行融资，并形成增量资产；从既有法人的财务整体状况考察融资后的偿债能力。

除上述几种分类外，项目还可以从其他角度进行分类，每一种分类都可以对项目提出特定的描述。多角度项目分类有利于为项目选择合适的评价方法与内容，有利于突出评价重点，有利于深入分析项目，有利于投资主体进行决策，有利于进行投资项目的管理。

1.7 什么是营利性项目

营利性项目（profit-oriented project）是以谋取利润（利益）为目标的投资项目。所谓“谋利”是投资人通过投资活动利用项目的产出获得经济或财务回报，这些回报是给投资人或其小团体，而不是给社会大众的。在我国一些现行政府文件中将营利性项目称为经营性项目。

1.8 什么是非营利性项目

非营利项目（non profit-oriented project）是不以谋利为目标的投资项目。投资者的目标不是获得经营利润，而是通过投资活动为社会提供公共服务，如城市政府投资建设的交通信号及标志牌或城市的污水处理项目。公众在使用交通信号时不直接缴费，但在使用排污系统时要缴费。非营利项目也可以收取费用，运营期收支平衡后亦可以有节余，但这部分资金只能用于项目发展，不可作为利润分红。在我国一些现行政府文件中将非营利性项目称为非经营性项目。

1.9　什么是经营性项目

在一般意义上，经营性项目（revenue generating project；business-driven project）应具有长期、稳定的经营收入的项目，也可称有运营收入的项目。经营性项目一般应该以企业为依托进行运营，应以盈利为目的，遵循商业规则。有些经营性项目的确有运营收入，如我国青藏铁路，项目目标是支援少数民族边疆地区建设，短期内盈利不是其主要项目目标。对于其他公益性项目或提供公共产品项目，需要以 PPP、BOT 等方式为市场化运营创造条件。在严格的汉语语义上，任何项目投产后都需要管理与运营，这实际上就是一种广义的经营活动。

1.10　政府投资项目都有什么形式

使用政府性资金所进行的固定资产投资及有关的投资活动称为政府投资项目（government investment project）。政府性资金包括财政预算投资资金（含国债资金）、利用国际金融组织与外国政府贷款的主权外债资金、纳入预算管理的专项建设资金以及法律法规规定的其他政府性资金。

政府投资方式包括政府直接投资、资本金注入、投资补助、国际组织与外国政府贷款转贷、贴息五种。

直接投资方式指政府以直接拨款的方式向公益事业和基础设施项目等类型项目投资，这类投资是不求回报的；资本金注入方式指对于政府参与投资的经营性项目，政府资金成为股权或称资本金，享受出资人的权利与利益；投资补助是政府无偿向项目拨付少量资金（相对于项目投资总额而言），对项目予以扶持；转贷是政府将以主权信用筹借的外国政府或国际组织贷款转贷给项目使用，作为项目的债务资金；贴息是指政府为鼓励企业向银行贷款进行产业结构调整而拨付给企业支付部分银行利息的资金。直接投资、投资补助和贴息三类投资方式均不谋求回报，资本金注入方式需要投资回报。

1.11　新建项目有什么特征

新建项目（newly setup project；green-field investment project）指由股东组建新设法人、以项目现金流为融资基础、从无到有新开始投资建设活动的项目。由既有企业进行融资但不利用原有企业固定资产进行投资建设活动的项目，或由既有企业进行融资且利用企业部分原有资产、但项目活动与企业原有经营活动可以相对独立的建设项目，也可按新建项目模式进行经济评价。

1.12 改扩建项目有什么特征

改扩建项目（renovation and expanded project）是利用既有企业的部分或全部资产，以既有法人为融资主体，投资形成新的生产（服务）设施，扩大或完善原有生产（服务）系统的活动，包括改建、扩建和停产复建等，目的在于增加产品供给、开发新型产品、调整产品结构、提高技术水平、降低资源消耗、节省运行费用、提高产品质量、改善劳动条件、治理生产环境等。

1.13 公私合作模式有什么特征

公私合作（public-private partnership，PPP）是一种公共部门与私人企业合作投资的模式，是政府、营利性企业和非营利性企业（或事业单位）基于某个项目而形成的相互合作关系的形式。合作各方参与某个项目时，政府并不是把项目的责任全部转移给私人企业，而是由参与合作的各方共同承担责任和融资风险。项目所在地政府或者所属机构，与项目的投资者和经营者之间相互协调并在项目建设中发挥作用。其中政府代表的公共部门与私人参与者以特许权协议为基础，进行合作。

公私合作模式是一种项目整体建设的理念，在项目的各个环节都可以使用，其中包括项目设计、项目管理、项目建造、融资、营运和管理、维护、服务和营销等。不同环节的PPP模式会不同，表1-1列举了各类PPP的运营方式。

表1-1 各类PPP的运营方式

<table>
<tr><th colspan="2">PPP模式</th><th>运营方式</th><th>公有化程度</th></tr>
<tr><td rowspan="6">外包类</td><td rowspan="2">模块式外包</td><td>服务协议</td><td rowspan="12">高
↓
低</td></tr>
<tr><td>运营和服务协议</td></tr>
<tr><td rowspan="2">交钥匙</td><td>设计—建造</td></tr>
<tr><td>承包经营</td></tr>
<tr><td rowspan="2">租赁</td><td>租赁—开发—运营</td></tr>
<tr><td>建设—移交—运营</td></tr>
<tr><td rowspan="4">特许经营类</td><td rowspan="3">一般特许（国有收费模式）</td><td>扩建后经营整体工程并移交</td></tr>
<tr><td>转让—经营—移交</td></tr>
<tr><td>建设—运营—移交</td></tr>
<tr><td>特许权经营（民营收费模式）</td><td>特许权经营</td></tr>
<tr><td rowspan="4">民营化类</td><td rowspan="2">部分民营化</td><td>合资新建</td></tr>
<tr><td>股权转让</td></tr>
<tr><td rowspan="2">完全民营化</td><td>购买—扩建—运营</td></tr>
<tr><td>建设—拥有—运营</td></tr>
</table>

1.14 特许权经营有什么特征

特许权经营是公民、法人或者其他组织，按照特定程序、法定标准和条件，与政府主管部门或特定机构签订有法律效力的协议，获得在一定期限和范围内进行的有偿投资和经营活动。特许权经营主要适用于资源开发、基础设施与市政公用设施建设领域的项目。特许权经营模式主要包括 BOT（Building-Operation-Transfer，建设—运营—移交）、BOOT（Building-Own-Operation-Transfer，建设—拥有—运营—移交）、TOT（Transfer-Operation-Transfer，转移—运营—移交）等类型。

1.15 并购有什么特征

并购指企业以资本运作为表现形式的一种投资行为，包括兼并、收购与合并三种方式。兼并指一个企业通过购买等有偿方式取得其他企业的产权，使其失去法人资格或虽保留法人资格，但变更投资主体的一种行为。收购是指一家企业用现金、股票或者债券等支付方式购买另一家企业的股票或者资产，以获得该企业的控制权的行为。合并指两个或两个以上的企业互相合并成为一个新的企业。

并购活动可通过并购方与被并购双方的协同效应，扩大企业的生产规模，降低生产成本，提高市场份额，获得价格低廉的资源，快速地实现公司发展战略。

1.16 子项目有什么特点

子项目（subproject）是一个完整项目中可以独立实施的部分，它们可以有自己的投入、产出和单一目标；可以按技术特征、功能、地域、管理或实施机构或关键活动的阶段来划分。

1.17 项目群（项目集团、项目联合体）有什么特点

某些项目存在产品和劳务联系、生产技术联系以及其他直接和间接的联系，使这些项目在建设规模、建设顺序的安排上应互相配合才能使各个项目达到预期的效果，在规划、设计、组织施工、投入运营各方面都要统筹安排，通常可将这些密切关联的项目称为项目群（group of projects）或项目集团。在可行性研究与项目评价中，鉴于项目的外部效果通常较难计算，为了减少计量上的困难，可以扩大项目的范围，把一些相互关联的项目合在一起作为“联合体”进行评价。这样的项目联合体称为项目群或项目集团。

1.18 项目机会研究的任务是什么

项目机会研究（opportunity study）是为寻求有价值的投资机会，对项目的背景、资源

条件、市场状况等进行的初步调查研究与分析预测。机会研究包括一般机会研究与特定项目机会研究。一般机会研究可分为部门机会研究、地区机会研究和资源开发机会研究三类。机会研究是初步可行性研究前的准备性调查研究，一般与规划研究同步进行。

1.19 项目建议书的任务是什么

项目建议书（project proposal；project identification proposal）是项目识别阶段的工作，主要是确定项目的必要性和可能性，识别项目可能遇到的问题，评估各种解决方案，并根据定量的分析结果进行方案的初选。其提供的信息将使投资人通过进一步的评估后能判定是接受、修正还是拒绝拟订方案。其研究的深度低于可行性研究。

1.20 可行性研究的作用及主要内容是什么

可行性研究（feasibility study）是项目决策阶段的重要依据，具体包括项目能否满足项目的目标群体或受益人的需要；对与拟建项目有关的投资环境和产业政策、技术和经济、社会发展与环境保护等方面进行深入细致的调查研究；针对项目预期的目标，对各种可能拟订的技术方案和建设方案进行认真的技术经济分析与比较论证；对项目建成后的经济效益进行科学的预测；对项目建成后的环境与社会影响进行评估；对项目可能面临的风险进行识别与评估并寻求应对方案；对拟议投资方案和时机给出肯定的或否定的结论，并提出如何进行建设的意见。可行性研究报告一般由投资人自己或委托他人编制，其结论应客观地反映出在投资人给定的条件与市场环境下，对项目可行性作出判别。可行性研究报告亦是各类政府投资项目必备的文件。

1.21 什么是项目申请报告，其主要内容是什么

项目申请报告是企业投资建设实行核准制的项目，为获得项目核准机关的行政许可，按核准要求报送的项目论证报告。项目申请报告应重点阐述项目的外部性、公共性等事项，包括维护经济安全、合理开发利用资源、保护生态环境、优化重大布局、保障公众利益、防止出现垄断等内容，并根据政府公共管理的要求，对拟建项目从规划布局、资源利用、征地移民、生态环境、经济和社会影响等方面进行综合论证，为有关部门对企业投资项目进行核准提供依据。项目的市场前景、经济效益、资金来源、产品技术方案等内容不必在项目申请报告中详细分析和论证。

1.22 项目评估

项目评估（project appraisal）是在投资决策之前，投资人委托第三方组织（既非投资人，亦非设计人），针对项目可行性研究报告或项目申请报告，对项目建设的必要性与可能性、工程建设方案的先进性和适用性、建设和运营投资的合理性、运营管

理的有效性、财务生存能力与盈利能力、经济合理性、社会与环境的可持续性、面临的风险及其应对策略等进行全面的分析，综合判定项目目标的可实现性，并根据多目标决策原理向投资人提出项目是否值得投资的建议，同时帮助投资人合理有效地配置资源。

1.23　项目评价

在国外项目投资领域，项目评价（project evaluation 请注意本问题与前一问题英文用词的不同）一般专指后评价，是定期的系统和客观地评价一个正在实施的或已完成的项目、计划或政策，包括其设计、实施和结果。评价的目的是确定目标的相关性和相应的完成情况、效率、效果、影响和可持续性。评价应提供可靠的、有用的信息，使获得的经验教训与今后的决策过程结合起来。项目评价一般应由独立的机构进行。

在我国，后评价指项目投资完成之后所进行的评价。它通过对项目实施过程、结果及其影响进行调查研究和全面系统回顾，与项目决策时确定的目标以及技术、经济、环境、社会指标进行对比，找出差别和变化，分析原因，总结经验，汲取教训，得到启示，提出对策建议，通过信息反馈，改善投资管理和决策，达到提高投资效益的目的。后评价可以是活动完成后即时进行的评价，也可以是活动完成较长时间后进行的评价。后评价的目的是确认成功或失败的原因，评价结果和影响的可持续性，得出相应的结论，这些结论可能扩散到其他活动中。

1.24　项目评价的作用能用价值估量吗

自从项目评价技术引入中国，数以百万计的项目使用了这种技术，取得了显著成效，项目评估与评价已经作为投资决策程序的必要环节。在投资领域，资金的投入是需要回报的，开展项目评价投入的资金所产生的经济效果也应当有一个明确的答复，这一问题迄今在国内学术界未曾有人研究过。1990 年，两位项目经济评价的理论先驱 I. M. D Little 与 J. A. Mirrlees（他们 1974 年发表的 Project Appraisal and Planning for Developing Countries 是项目经济评价的经典著作，Mirrlees 1996 年获得诺贝尔经济学奖）应世界银行的邀请，撰写了 Project Appraisal and Planning Twenty Years On，总结了世界银行前 20 年项目经济评价的成效与不足，与此同时，在该文的附录中他们利用不太复杂的高等数学方法首次推导出了项目评估的经济价值的数量级（约数十万美元）以及不确定性的估算公式。由于大部分中国学者或实际工作者对这一问题没有进行过研究或探讨，故本书作者将大师的原文译出如下。同时给出的还有大师利用不确定性分析对项目是否可接受提出的判定条件。

评估的价值

我们认为项目评估就是减少不确定性，即获取信息。信息的价值已经在许多文献中进行了研究，我们在这里利用信息进行决策。评估的过程是在若干种可能性（每个均有一不确定的价值）中进行选择。例如，若有两个项目，其真实价值分别为 x 和 y，并明确假定

$x>y$。评估将得出明显的值 $x+A$ 与 $y+B$，随机变量 A 与 B 是评估的误差。在评估之前，不确定性更大：其值分别为 $x+A+C$ 与 $y+B+D$，C 与 D 是更大的误差项。假定四个误差项的平均值都为零，这个数量意味着对于这两个项目的有关评估而言没有可识别的偏差。

如果没有评估的话，$x+A+C$ 与 $y+B+D$ 之中的较大者入选。当且仅当 $A+C-B-D<y-x$ 时，才会作出错误的选择（选择 y 而不是 x）：

令 M 表示随机变量 $A-B$，N 表示随机变量 $C-D$，当：

$$M+N<y-x \tag{A-1}$$

就会作出错误的选择。

类似的，如果进行了项目评估，当：

$$M<y-x \tag{A-2}$$

而且 M 和 N 与 A、B、C 和 D 一样，均值为零，又会作出错误的选择。为简化起见，假定 M 和 N 都是独立随机变量，具有单峰的密度函数（例如，正态或对数正态分布变量）。

作了评估，错误选择的机会就较少，因为与 M 相比，$M+N$ 是更为离散的随机变量，$y-x$ 为负，即小于 M 和 N 的平均数。我们要估计误差减少机会的大小。当存在不确定性时，使用期望效用表示项目的价值，我们可以将两个项目的效用写成 $u(x)$ 与 $u(y)$。项目评估的价值就是 $u(x)-u(y)$ 乘以误差概率的减少量。

这个误差概率的减少量是：

$$P(M+N<y-x)-P(M<y-x) \tag{A-3}$$

这里 P 表示上述事件的概率。这个表达示可以写成 M 和 N 的分布函数 F 和 G；则式（A-3）的第二项就是 $F(y-x)$。第一项是：

$$\int_{-\infty}^{\infty} P(M<y-x-n)g(n)\,\mathrm{d}n \text{ 或 } \int_{-\infty}^{\infty} F(y-x-n)g(n)\,\mathrm{d}n \tag{A-4}$$

这里 $g=G'$ 是 N 的密度函数。整个表达式（A-3）可以写成：

$$\int_{-\infty}^{\infty} F(y-x-n)g(n)\,\mathrm{d}n-F(y-x) \tag{A-5}$$

我们可以近似的得出这个表达式数量大小的概念。假定 N 的方差很小，称为 σ^2。误差概率减小大约为：

$$\frac{1}{2}\sigma^2F''(y-x)=\frac{1}{2}\sigma^2f'(y-x) \tag{A-6}$$

这里 f 是 M 的密度函数。可惜，只有当 σ 相对于 N 的方差很小时才可做这个近似。于是，这个项目评估的价值大体上为：

$$\frac{1}{2}\sigma^2f'(y-x)[u(x)-u(y)] \tag{A-7}$$

表达式 σ^2 度量了由项目评估提供的信息，因为它度量了评估消除的不确定性。当 $x>y$ 时表达式 f' 为正，因为我们是在概率分布的左边。当 $x-y$ 既不为零，也不太大，且噪声——评估未消除的总的不确定性——也很小的时候，表达式 f' 的值最大。有理由认为，当项目的差别很小或项目的差别很大（相对于噪声）时，评估就不再具有什么价值。若噪声很大时，对于给定的项目，评估的价值也很小；较大的噪声意味着对于其在 $y-x=0$ 的极大值 f 增加的不太陡。

为了判断作项目评估的期望价值的大小，我们可以作两个更为特殊的假设：$u(x)$ 简化为 x，噪声按正态分布，标准差为 τ。下一步，我们可以计算项目评估的最大价值（当 $y-x$ 变化时）。这将是价值上限的估计值，但是，此值相当接近实际价值区间的最大值。

对于低 σ^2 的近似，由式（A-7）非常容易计算这个最大值，式（A-7）的最大值为：

$$0.147\frac{\sigma^2}{\tau} \tag{A-8}$$

这里常数 $1/\sqrt{2\pi e}=0.14676$。这实际上是个夸大的最大值。如果 σ^2 不是太小时，经过数学整理，评估的价值是：

$$(x-y)\left[F\left(\frac{y-x}{\sqrt{r^2+1}}\right)-F(y-x)\right]\cdots\cdots \tag{A-9}$$

这里 r 是 σ/τ，两个标准差的比值。该公式的数量计算得出当 σ/τ 变化时最大评估价值表：

σ/τ	最大评估价值/σ
0.5	0.069
1.0	0.119
1.5	0.149
2.0	0.164

最大值出现在 $y-x$ 的取值处于其可能的真实价值区域的中间。

从上面第3节①讨论中能得到的有限证据表明，标准差之比可能成为我们关心的评估分类的单位，当然，通过充分的分析，其值必定显著大于1。于是得到一个简单的评估价值判别基准，大约为标准差的10%——考虑到项目现值的标准差大约为数百万美元，即便是很小的投资决策，这个量也是非常大的。

不确定性

1974年我们在 Project Appraisal and Planning for Developing Countries 一书中提供了一个简单的公式，估算不确定性对项目评估价值的影响：

$$V=E(X)-A\frac{cov(X,Y)}{E(Y)} \tag{A-10}$$

这里，X 是项目（随机的）社会盈利价值（social benefit value of project），Y 是（随机的）国民收入水平，$E(\,)$ 表示指标的期望值，$cov(\,)$ 是两个变量的协方差，A 是相对风险厌恶系数。残差是唯一的指标（见 Project Appraisal and Planning for Developing Countries 一书331页第15.1节）。尽管与此公式相像的某些内容在决策理论和资产价值理论中已经熟悉，此处提供一个更清楚地证明可能还是有益的。我们将证明如果等式（A-10）中 V 是正的（一阶近似），项目（建议）就应采纳。

① 指原文的正文第三节。——译者注

公式是基于一个项目与一个经济整体的简化情况。对于效用函数 u，该经济整体的国民收入 Y 表示为 $E[u(Y)]$。如果：

$$v = E[u(Y+X)] - E[u(Y)] > 0 \tag{A-11}$$

等价于在国民收入中造成不确定性变化 X 的项目是值得进行的。假定 X 对于 Y 来说相对较小，会发生什么呢？若上面的假定成立，我们可以在 Y 的期望值，$E(Y)$，附近用泰勒展开式近似表示式（A-11）中的两项，于是我们有：

$$u(Y+X) \approx u[E(Y)] + u'[E(Y)][Y-E(Y)+X] + 1/2u''[E(Y)][Y-E(Y)+X]^2$$

$$u(Y) \approx u[E(Y)][Y-E(Y)] + 1/2u''[E(Y)][Y-E(y)]^2 \tag{A-12}$$

取期望值，将 X 与 Y 的方差分别写成 σ_x^2 和 σ_y^2，我们发现：

$$E[u(Y+X)] \approx u[E(Y)] + u'[E(Y)]E(X) + 1/2u'[E(Y)]\{\sigma_y^2 + 2cov(Y, X) + \sigma_x^2 + [E(X)]^2\}$$

$$E[u(Y)] \approx u[E(Y)] + 1/2u''[E(Y)]\sigma_y^2 \tag{A-13}$$

相减以后，我们得到了引入项目的情况下期望效用增加量的表达式：

$$v \approx u'[E(Y)]E(X) + 1/2u''[E(Y)]\{\sigma_x^2 + [E(X)]^2 + 2cov(Y, X)\} \tag{A-14}$$

这个近似式忽略了后面的项，例如，$1/2u''' \cdot E(X)\sigma_y^2$。这一项在数量上可能大于式（A-13）中的项 $1/2u''\{[E(X)]^2 + \sigma_x^2\}$，但是，所有这些项相对于 $E(X)$ 和 $cov(X, Y)$ 来说都较小，于是，这个近似式的主要部分简化为：

$$v \approx u'[E(Y)]E(X) + u''[E(Y)]cov(Y, X) \tag{A-15}$$

对于 Y 的任意效用水平而言，相对风险厌恶系数定义为：

$$A(y) = \frac{-yu''(y)}{u'(y)} \tag{A-16}$$

这里，我们特别定义 A 为在点 $E[y]$ 的系数值。这样，式（A-15）① 可以写成：

$$v = u'[E(y)]\left[E(X) - A\frac{cov(Y,X)}{E(Y)}\right] \tag{A-17}$$

式（A-17）的右边是 $u'[E(Y)]V$，V 就是表达式（A-10）。于是，判别基准"若将 $v>0$ 就上项目"大致等效于判别基准"若 $V>0$ 就可以上项目"。这表明了在式（A-10）中给出的公式的有效性。

X 与 Y 的相关系数 r 定义为：

$$cov(X,Y) = r(\sigma_X\sigma_Y) \tag{A-18}$$

根据我们前面的定义，这里的 σ_X 和 σ_Y 分别为 X 和 Y 的标准差，于是，式（A-14）中的表达式也等价于在第一节②中式 1 的更为直观的形式。

$$V = u'[E(Y)]E(X)\left\{1 - Ar\frac{\sigma_X}{E(X)}\frac{\sigma_Y}{E(Y)}\right\} \tag{A-19}$$

大括弧中的表达式是一个用于净利润期望值的乘数，用于调整不确定性。

---

① 原文为式 A-16。——译者注

② 指原文正文第一节。——译者注

1.25 什么是经济评价

经济评价（economic evaluation）是从经济层面考察项目，包括项目实体经营活动的财务分析和以经济效益和资源合理配置为中心的经济分析（费用效益分析），是项目评估的重要内容之一。这里说的“分析”重在过程与方法，“评价”则重在完整、全面的结论。目前在投资领域“经济评价”除前述含义外还有另一层意思，即指评价过程中使用的方法与指标，方法与指标具有通用性，是投资人、工程设计人员与咨询评估人员共用交流的平台。“经济评价”不限于“事后评价”，也适用于“事前的评估”，主要体现“第三方”参与及发挥的作用。经济评价在项目周期的各个阶段都发挥着重要的、不可替代的作用。《建设项目经济评价方法与参数》（第三版）就是以政府文件方式发布的规范经济评价方法的文件。

1.26 《建设项目经济评价方法与参数》（第三版）的适用范围如何

从项目周期看，《建设项目经济评价方法与参数》（第三版）适用于项目前期（包括规划）、项目实施与项目运营（包括后评价）各阶段；从投资主体看，《建设项目经济评价方法与参数》（第三版）适用于政府投资项目、企业投资项目以及企业与政府合作投资项目；尽管《建设项目经济评价方法与参数》（第三版）是以工业为主线，但其基本原理适用于国民经济各个行业。项目经济评价与项目用于项目周期的阶段见图1-3。

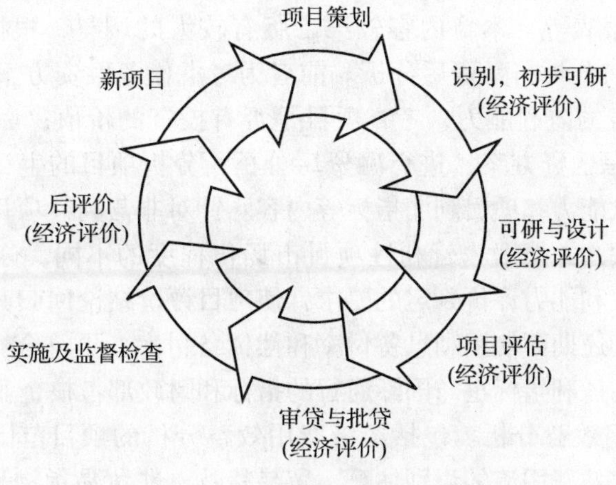

图1-3 项目周期与经济评价

1.27 《建设项目经济评价方法与参数》（第三版）比第一、二版有什么创新

《建设项目经济评价方法》（第三版）包括十一章。各章的内容、修改及创新点具体如下：

第一章　总则。包括建设项目经济评价的目的、作用、适用范围、基本原则、评价侧重点、评价深度、项目目标、项目分类、项目计算期、价格体系等。本章对建设项目经济评价的基本原则、评价内容、评判基准、项目目标和项目分类等都比第二版作了较大的修改与补充。同时，本章明确提出不同的项目分类，要求使用者针对项目性质和项目目标的不同情况，选择评价内容、分析方法和相关指标。对项目可行的评判原则作了重要修改，即不能仅以单一指标判断项目是否可行，项目是否可行应是各项分析结论综合权衡的结果。项目经济评价是为项目决策者提供经济方面的决策依据，而不是为项目决策者去作决策。

第二章　财务效益与费用估算。包括财务效益与费用的识别，估算原则、估算要求、估算方法以及编制估算表等。财务效益与费用的识别和确认是财务分析的基础，增设本章的目的是为了强调财务效益与费用估算的重要性和提高项目经济评价结论的可靠性。本章对第二版相应内容进行了细化和补充，细化了财务费用流和效益流的识别和估算方法，强调项目目标市场的有效需求分析是项目经济评价的重要组成部分。本章明确了费用效益估算具有很强的行业特性，各行业应通过制定行业实施细则，对本行业的特点分别作出具体规定。

第三章　资金来源与融资方案。包括项目融资主体、资金来源、资金结构、资金成本及分析方法、融资方案优化要求等。项目的融资方式和成本与项目的效益高度相关，新设此章主要为规范项目的融资主体、资金来源渠道及可靠性、资金结构、资金成本。在投资主体多元化和资本市场逐步形成的条件下，资金来源多样化，融资与借贷的风险都明显增加，因此，本章专门强调要进行项目的融资风险分析。本章对融资主体和融资方式的选择、项目资金来源的合理划分、资金成本分析及方法、融资方案对项目的效益与生存能力的影响、优化融资方案应当注意的方面等内容进行了深化、补充和完善。

第四章　财务分析。包括盈利能力、偿债能力、财务生存能力分析，以及指标计算与使用要求和编制财务报表等。本章内容较第二版有较大的调整，根据项目资金筹措方式，财务分析划分为融资前分析与融资后分析。前者为考虑债务融资方案前的项目投资现金流量分析，分析项目自身的盈利能力，考查项目是否有投资的价值；后者是在通过债务融资前分析的检验后，考虑融资方案，进行融资后分析，分析项目的生存能力，项目投资人的盈利能力、项目的还款能力和项目利润指标等内容。针对非营利性项目特点，补充了财务生存能力分析内容和方法；并根据非营利性项目市场化程度的不同，分类规范了财务分析方法。本章修改了财务盈利能力评价判定的要求，使项目评价结论回归其应有的地位。偿债能力指标不再使用借款偿还期而使用利息备付率和偿债备付率，更符合当前债务融资的实际情况。调整后的非折现的盈利指标也与国际通行的指标和财政部考核企业的指标保持一致。

第五章　经济费用效益分析。包括经济费用效益分析的项目范围、计算价格、计算单位、转移支付、经济效益费用流的识别估算、贸易货物、非贸易货物和土地、人力资源等特殊投入物的经济效益分析原则和方法等。根据投资体制改革的要求，本章明确了需要进行经济费用效益分析的项目类型，确定了经济费用与经济效益计算的原则，对交通、教育、卫生等项目的经济费用和效益作了初步识别，同时提倡将项目对环境的影响定量化、货币化，以促进项目保障社会与环境保持协调发展。本章规定了投入品影子价格和产出影子价格计算的基本原则；在处理转移支付时，要求考虑消费者支付意愿和边际成本对价格含税的影响。同时，本章还要求可通过比较财务分析与经济费用效益分析现金流量的差异进行利益相关群体的经济费用效益分析，使经济费用效益分析的内容基本与国际上的最新发展同步。

第六章　费用效果分析。包括费用效果分析的基本原则、步骤、方法、指标计算和应用范围等，费用效果分析是项目经济评价的基本方法，可以用于各类项目的财务分析与经济分析中。增设费用效果分析这一章，一方面能使项目评价的方法更完整，另一方面是为效果不易货币化的项目，特别是一些公共投资项目，提供分析的手段，其结论可为这些项目决策提供依据。费用效果分析亦适用于非工业项目的经济评价，增设这方面的内容，扩大了《建设项目经济评价方法与参数》的适用范围。

第七章　不确定性分析与风险分析。包括盈亏平衡分析、敏感性分析和风险分析等。本章在保留传统盈亏平衡分析和敏感性分析方法的基础上，增加了敏感度和临界值两个指标，使敏感性分析结果量化，操作性与分析结论的说服力更强；新设的风险分析主要识别经济风险的基本因素，规范风险分析的过程与分析方法，借鉴世界银行的经验提出综合风险矩阵分类法，根据实践经验提出了风险应对的原则，并建议不同的项目应当使用不同的风险分析方法与步骤。

第八章　区域经济与宏观经济影响分析。包括项目对区域或宏观的直接贡献、间接贡献、有利影响、不利影响等方面的分析及评价指标等。本章是根据国内外近年来一些特大型项目经济评价的实践新设的一章。重大战略投资项目一般不是由项目业主决策，往往是由中央政府决策，因此，不仅要从项目的层面考虑项目本身的财务生存能力，更重要的是还要从区域或国家的层面考虑项目对区域经济或宏观经济的影响，尤其是对财政收入和支出的影响。本章初步划定应当进行区域经济和宏观经济影响分析的项目，初步识别了有利影响和不利影响，并初步建立区域经济与宏观经济影响分析的指标体系。

第九章　方案经济比选。包括方案比选的原则、方法和需注意的有关要求等。本章强调技术方案比选与经济方案比选的协同性，提出了进行方案经济比选的项目应当达到的基本条件，规范了从效益和费用两个方面比较方案优劣的方法，并删除了理论上争议较大的净现值率等方法，提高了操作性。本章首次提出应分析项目不确定因素和风险因素对项目方案比选的影响，要求项目决策时不能只考虑效益，而应当兼顾风险。

第十章　改扩建项目和并购项目经济评价特点。包括既有企业改扩建项目和并购项目经济评价的特点和方法。改扩建项目经济评价方法在保持原基本原理不变的前提下，为便于操作，提出缩小项目评价范围和简化处理的方法。从项目融资主体与盈利主体可能不一致的实际出发，提出了要分项目层次与企业层次进行财务分析的要求；既对改扩建项目投资决策除考虑项目自身的盈利能力和偿债能力外，还要求考虑项目对企业绩效改善的影响；并从评价实际出发，归纳了改扩建项目简化处理的几种类型。修改后的改扩建项目评价方法，基本解决了原方法在实际工作中因资料难于获取、操作难度太大而影响推广使用等问题。并购项目是在对企业价值合理评估的基础上，通过收购和兼并等资本运作活动，优化资源组合，建立新的生产设施或扩充现有生产能力。本章初步规范了通过资本运作进行建设项目经济评价的要求。

第十一章　部分行业项目经济评价特点。包括交通运输和新增加的电信、农业、水利、林业、教育、卫生、市政公用设施和房地产等行业项目经济评价的特点，提出识别这些项目主要的财务或经济的费用和效益范围及内容。本章主要是提出一些原则性的规定，今后拟通过制定各行业的实施细则进行具体规定。

1.28 《建设项目经济评价方法与参数》（第三版）为什么不再单列合资项目评价方法

《建设项目经济评价方法与参数》第一、二版都将合资项目的评价单列，其主要原因有三：一是合资企业归属外经贸系统管理；二是内资企业与合资企业执行不同的会计制度；三是外汇使用与管理也与内资企业不同。进入21世纪以来，我国基本建立了社会主义市场经济，内资企业与合资企业的会计制度也趋于相同，尤其是2006年财政部发布38项会计准则以后，上市公司的会计制度基本与国际会计制度接轨，2007年国务院发布的企业所得税法明确规定废除了原有的外商投资企业和外国投资企业所得税法，此外，连年的外贸巨额结余使我国外汇不再被视为稀缺资源，因此，合资项目经济评价方法不再有单独存在的必要。

1.29 项目周期不同阶段经济评价的重点有何不同

按照我国投资项目阶段划分，项目前期可再分为项目建议书与可行性研究两个阶段。项目建议书阶段的经济评价重点在于投资机会、市场分析、配套环境、投资的可能性等方面，采用的数据可相对粗略，使用的报表与指标相对简化，营利性项目主要注重项目的盈利能力分析，非营利性项目注重资金平衡或生存能力分析。

项目可行性研究则在项目建议书工作的基础上，重点分析项目财务的可行性，包括资金筹措、融资方案、资金成本、盈利能力、偿债能力、可持续能力、抗风险能力等方面，采用的数据要相对准确，使用的报表要全面，计算过程更为详细，得出的结论相对可靠。

在项目运营阶段，经济评价是后评价的最重要内容之一，不仅要像可行性研究报告那样全面估算项目的经济效益，而且要分析评价指标变化的原因，总结取得成绩的经验，吸取失败的教训，有针对性地提出政策建议。项目后评价阶段的经济评价是项目前期经济评价的升华，需要咨询人员有深厚的理论知识与实际工作经验，同时应对政策有全面、深入的理解。

1.30 《建设项目经济评价方法与参数》是“伪科学”吗

有些人质疑《建设项目经济评价方法与参数》是“伪科学”。

伪科学（Pseudoscience）又称疑似科学，是指任何经宣称为科学，或描述方式看起来像科学，但实际上并不符合科学方法基本要求的知识、方法论、信仰或是实务经验。经济评价是国际组织与发达国家支援发展中国家的项目的经验总结，包含的基本内容有财务分析、费用效益分析、方案比选、风险分析等。这些基本内容可以从世界银行、联合国工业发展组织、联合国开发计划署、世界卫生组织、欧盟委员会、亚洲开发银行、泛美开发银行等国际组织以及美国、英国、日本、德国等发达国家的手册或指南中读到。

由国家发展和改革委员会（原国家计委）先后三次发布的《建设项目经济评价方法与参数》，是我国从事工程经济教学、科研、设计、咨询方面的专家，在吸收国际经验的基础上，依据我国现行法律、法规、财务管理制度和会计制度，将经济学、财务管理、风险管理、会计学、税务学、决策科学等多学科知识进行整合而成的、专门用于投资项目经济方面评价的政府规范性文件。自 1987 年第一版发布以后，各行各业、政府和民营企业都在使用这种方法，国内数以十万计的投资项目用其进行投资决策前的分析，包括三峡水库、南水北调、秦山核电这类的大型项目，保证了决策的科学性，提高了投资效率。30 年来，我国对外投资取得了巨大的成效，我国专业人员使用《建设项目经济评价方法与参数》与国外投资人或同行交流，未出现任何障碍，说明它与国际上通行作法是接轨的。特别应当指出的是，2008 年欧盟委员会发布了修订版的“Guide to cost – benefit Analysis of Investment Projects”，该指南是用于欧盟内部投资项目的评估，其结构、内容大都与《建设项目经济评价方法与参数》（第三版）相似，说明第三版基本与权威国际组织的指南接轨。当然，我们也不必讳言，受经济体制与思想认识的局限，第一、二版《建设项目经济评价方法与参数》也有这样那样的不足，许多学者和实际工作者提出过大量宝贵的修改意见或建议，第三版都尽可能地作了修改或补充。

多年来对投资项目可行性研究与项目评价方法有许多非议，如“可批性报告”等。投资项目评价方法与投资项目决策是完全不同的两回事。方法只解决科学性的问题，决策是投资人对项目的主观判断，包括项目目标、投资收益率，甚至包括使用数据的绝对值与判定标准。与项目决策另一主要相关主体是政府主管部门，政府主管机关也有利益诉求，也要反映到项目决策之中。决策错误的责任不应由评价方法来承担。

从总体上来讲，《建设项目经济评价方法与参数》是经过实践检验的、科学的，指责《建设项目经济评价方法与参数》是“伪科学”本身就是一个伪命题。

1.31 项目经济评价的经济理论基础主要有哪些

项目经济评价是技术经济学的重要组成部分，技术经济学属于应用经济学的范畴，一些经济学的基本原理就是项目经济评价的理论基础。

投资项目分为政府投资项目与企业投资项目。政府投资项目要以公共财政理论为基础，企业投资要以企业财务管理理论为基础。

除特大型项目外，一般项目投资活动都属于微观经济活动的范畴，微观经济理论的核心是边际经济学说。项目投资正是边际意义上的企业活动，通过“有无对比”计算增量投入与产出，实际就是边际经济学的在项目评价中的实际应用。

货币的时间价值理论将不同时点的货币换算为同一时点的货币，以便比较项目的效益与费用，让投资人作出投资决策。

与债务资金一样，投资人的权益资本也有资本成本，其估算的理论基础是资本资产定价模型，最早提出该模型的两位经济学家都是诺贝尔经济学奖获得者。

著名的“M&M 命题”证明了在无税收的情况下，企业的资产价值与资产的构成无关，这就给融资前财务分析利用其他企业的加权平均资金成本作为项目财务基准收益率奠定了基础。

机会成本、消费者剩余、生产者剩余、消费者支付意愿与受偿意愿、帕累托最优等许多微观经济学基本原理均在项目经济评价中使用。在实际工作中，经济评价水平高不高，就看使用者微观经济学的理论掌握得如何，使用的是否恰当。

投资项目经济评价依据的经济理论更详细的介绍请参考附录 1 的相关论文。

1.32 货币的时间价值是什么意思

货币的时间价值（time value of money）是货币在周转使用中由于时间因素而形成的差额价值，反映了投资者（如股东）由于牺牲了当前使用或消费货币的机会或权利，而按牺牲的时间计算代价或报酬的多少。货币的时间价值是项目经济评价最主要的基本理论依据。

货币的时间价值是一个古老话题。我们的先人在远古时代就懂得：今年借用别人的一斗稻谷，明年应还一斗零一升。远古时代，稻谷既是可供人食用的消费产品，同时又是一种生产资料，用经济学的话来讲，也是一种资本货物。生产者可以将一斗稻谷吃掉，享受了一斗稻谷的消费效用；如果他没有消费这一斗稻谷，而是出借了，那么本该享受的消费效用应得到补偿，所以借稻谷的人在第二年还稻谷时就应多还一升，作为第一年未曾满足的消费的补偿。第二年一斗零一升的消费效用等价于第一年一斗的消费效用。

货币是商品交换的产物。把远古时代的稻谷换成今天的货币，我们也有同样的故事。今天 100 元钱有两个互斥的使用方案：可以用来消费，也可以用来投资。今年消费了，就有等值 100 元的消费效用。如果今年的 100 元不消费而用来投资，今年未实现的消费就应得到补偿，明年投资的回报应包括今年未实现的消费效用以及应补偿的消费效用。明年投资的回报总额为 110 元，也就是说今年的 100 元等于明年的 110 元，其中 10 元就是补偿，也称“利息”，是占用他人资金的一种代价，是“货币的时间价值”的数量表现。

从上例可见，按消费效用来估算，明年的 100 元不等于今年的 100 元，同理，后年的 100 元也不等于明年的 100 元，更不等于今年的 100 元。也就是说，在不考虑通货膨胀时，不同时间的等量资金是有不同的消费效用。为了对不同时间的货币资金的消费效用进行比较，必须将资金按统一的时点换算成可比的资金（或消费效用），然后才能进行比较。换算的比率就是货币的时间价值，或“利率”。比较的时点如果取“现在”，货币价值的转换称为“折现”；如果比较的时点取“将来”，货币价值的转换则称“折终”。

货币时间价值一般用百分率表示，它与市场利率不是同一个概念，市场利率除了包括货币时间价值因素以外，还包括风险价值和通货膨胀两个因素。货币时间价值一般是按复利方式，通过确定货币的现值（即现在价值）和货币的终值（即若干期后包括本金和时间价值在内的未来价值，也称本利和）加以计算。折现的理论依据就是货币时间价值。

我国经济评价界传统上不太重视区分货币与资金，所以常将货币的时间价值称为资金的时间价值（time value of capital）。笔者认为，货币是商品交换的等值符号，货币的时间价值恰恰用到了等值交换的概念，资金是投资数额的概念，不存在等值交换的问题，故不宜使用资金时间价值的称谓。

1.33 折现是什么意思

在经济评价中，折现（discount）指采用设定的折现率将未来不同时间的货币资金折算到当前的过程。在日常生活中，折现也称贴现，其基本意思是从价格或利息中减少或扣除一定比率的数量。将这一基本意思用到经济评价中，就是将未来货币资金的价值按一定的规律减少一定的量，以便从当前看他们是等值的。折现率就是货币价值减少的量，也可以理解为当前一笔贷款延期偿还需支付的利息。

1.34　折现的对象只能是货币量吗

在生产性项目中，折现的对象是收益、成本、费用与效益，它们都无一例外地是用货币来表示，由于实际工作中大量的项目是生产性项目，给人们造成一种印象：折现的对象是货币量。然而，在卫生和教育项目中，项目的产出有时用不可以货币化的效果或效用表示，如减少患病人数、减少死亡人数、升级人数等。这类项目的产出是否可以折现？回答是肯定的。

以卫生项目为例，根据世界银行的解释，生命有价值是因为我们享受生命的乐趣，今天的享受比明天的享受更有价值。认为未来延长生命不如现在延长生命有价值的另一个原因如下，假设一个项目的费用是 1000 元，而每减少一个儿童早亡的费用是 10 元。我们有两个供选择的方案：第一，今年投资 1000 元，减少 100 名儿童早亡，或者，第二，把 1000 元投资于期限为 1 年的项目并得到 3% 的收益，使我们一年后可用 1030 元来延长 103 名儿童的生命。如果我们认为未来避免的儿童早亡和今天避免的儿童死亡有同样的价值，那么，第二个方案优于第一个方案。但是第三年我们又会面临类似的选择，又会作出一个类似的决定，因为这样可以拯救 106 人的生命。根据这个逻辑，只要能以某个正的实际收益率投资，从而在未来拯救更多人的生命，我们就宁可投资而不是救命。于是，就会得出一个荒唐的结论，即我们绝不应该拯救生命。基于这个原因，同对其他的物品一样，必须对减少的儿童早亡人数进行折现。与放弃现在享受而延长未来享受的活动相比，能够延长今天享受的活动更有价值，我们折现的是卫生保健效果产生的效益，而不是卫生保健效果本身。

世界卫生组织在 2003 年发表的 Guide To Cost – Effectiveness Analysis 中建议：在卫生项目的基本方案分析中，费用与效果都用 3% 折现，在敏感性分析中，健康的效果折现率取 0，费用的折现率取 6% 。

1.35　项目经济评价中计算流量的时间单位是什么

项目经济评价中计算流量（包括现金流和费用与效益流）的时间单位是期（term），本意表示一段时间的间隔。对于一般项目而言，期可以取年；对于一些需要精细地计算现金流量的特定项目，期可以用其他常用的时间单位（如季、半年）表示。

1.36　项目计算期（评估期）、建设期和运营期的含义如何

项目计算期指在可行性研究中，参照项目预期寿命期，投资人或评估人根据项目特点合理设定的考察项目经营活动的时间段，包括项目建设期与项目运营期。

建设期（construction period）指从项目大量投入资金（如新设法人登记注册）或开工建设起到项目正式运营之前的时间段。建设期宜参照项目的合理工期确定。建设期一般只有投入没有产出。对于某些分期（阶段）建设的项目，第一期的建设期为纯建设期，其他期既有建设活动，也会有前些阶段形成的产出。

运营期（operating period）指项目正式运营开始到项目计算期结束的时间段。根据经验，设定运营期应考虑以下因素：运营期后几期的净现金流或净费用效益流不宜变化过大，应相对稳定；维持运营投资周期短的项目运营期应大于两个维持运营投资周期，维持运营周期长的项目运营期应大于一个维持运营投资周期；有长期借款的项目运营期应大于借款偿还期。

BOT 等特许经营权项目确定合同期时应考虑上述因素。

实际工作中，建设期起始点的选取对流量的分布有重要影响。如在房地产开发项目中，土地费用占开发成本的很大比例，如果开发商向政府支付了土地出让费用后立即开工，建设期起始点定在土地费用支出的时点，则项目经济评价可以得到正确的结果；如果取得土地使用权后因种种原因延迟两年开工，且计算期从开工算起，则巨额的土地费用的时间价值就被忽视，会明显影响估算结果的正确性。

由于项目运营前期的投入产出对项目效益有重要影响，大部分投资人也十分关注项目在运营初期的效率，在不会对决策产生不利影响的情况下，可以适当缩短项目运营期。

1.37 项目经济评价的“四个层次”指的是什么

在实际工作中，投资项目经济评价可以分为逐步深入的四个层次：以项目实体为对象的财务分析，用以判断项目对其载体的价值贡献；以企业为对象的财务分析，用以分析项目能为股东创造的效益；以社会经济为着眼点的费用效益分析，用以判断资源配置是否优化、社会福利是否增加；以区域或宏观经济均衡发展为目标的宏观经济分析，从宏观层次上考察项目对地区影响或宏观经济影响。

以项目实体为对象的财务分析（多指新建项目）是考察项目实体的财务现金流，通过比较现金流入与流出，分析项目的融资能力、生存能力（或资金平衡能力）、偿债能力与盈利能力，判断项目对于投资者的财务价值。这时的财务分析仅限于项目的财务边界，一般不考察与投资人和项目无关的其他事项。

以企业为对象的财务分析（多指改扩建项目）除要考虑项目本身的情况外，还要考察项目对整个企业运营的影响，哪怕这些影响是局部的，要考察项目能给予企业的改善或需要从企业获得的支持，尤其要判断对企业股东利益的影响。

以社会经济为着眼点的费用效益分析不是从财务或会计的观点研究项目，而是从经济学或全社会的观点研究项目。它在分析投资人获得的财务收益的同时，还要分析项目给其他群体的社会福利带来变化——增加为效益，减少为费用，且这些效益或费用不是由投资人获得或支付的；还要分析项目可能对环境产生的影响——正面的为环境效益，负面的为环境费用。

大多数投资项目活动及其影响都是属于微观经济层面，但一些项目的活动及其影响还是会涉及宏观经济的层面，例如，项目动用的政府资金巨大，项目跨地区或跨行业，或者项目本身虽不大，但项目的示范作用对宏观决策有重要影响。因此，在必要时应当对一些项目作宏观经济层面的分析。

1.38　项目经济评价的五项基本原则是什么

项目经济评价的基本原则之一是客观、科学、公正。对于进行项目经济评价的单位或个人而言，必须用科学的方法与手段，对拟建设项目的环境与条件进行客观的分析，以保证分析结论的合理性。不科学的方法或手段得出错误的评估结论，将主观意志强加于客观环境也会人为地高估或低估项目的不利影响或有利影响。公正则是评估人员或机构必须恪守的职业道德，不应受经济利益的驱使而迎和委托人的意愿，或使用虚假伪造资料，或隐瞒事实真相，或刻意修改评估结论，作出损害他人、不利社会的评估结论。

项目经济评价的基本原则之二是具体问题具体分析。具体问题具体分析是建设项目经济评价的灵魂。任何详细具体条文和公式都无法覆盖项目的各种具体情况，实际工作中必须针对具体项目所处的环境，按照经济学的基本原理，依靠项目评价人员的分析和判断，才能作出合理的分析和正确的结论。也正因此，项目经济评价人员的公正态度和经济学修养要比牢记条文和公式更为重要。

项目经济评价的基本原则之三是符合相关规制。规制包括政府部门制定的规章制度与经济合同，规制一般都有法律效力。规制包括法律（如公司法、环境影响评价法、税法等），法规（企业财务通则、企业会计准则等），制度（企业会计制度），政府政策（如国务院投资体制改革决定、国家为鼓励出口对某些产品施行出口退税政策），规划（如行业发展规划，城镇发展规划）、产业政策（如技术政策、行业准入）等。合同是供应方与购买方通过协商自愿签订的，对双方都有法律约束作用，是必须达到、实现或完成的，所以合同也属规制的范畴。这些规制对项目有引导与限定的作用，项目符合现行规制是其能够生存的前提条件。

项目经济评价的基本原则之四是收益与风险权衡。投资人最关心的是效益指标，但是，对于可能给项目带来风险的因素考虑得不全面，对风险可能造成的损失估计不足，就会使得项目遭遇失败。无数实践证明效益与风险共生：高收益对就高风险，低收益对应低风险。收益与风险权衡的原则提示投资者，在进行投资决策时，不仅要看到效益，也要关注风险，要找出规避或化解风险的措施，权衡得失利弊后再行决策。

项目经济评价的基本原则之五是多准则分析。影响项目建设的因素是多方面的，有政治因素、经济因素、环境因素与社会因素等，在科学发展观指导下进行项目投资决策时，经济方面不仅要考虑经济的合理性，还要考虑项目的财务可持续能力；环境方面还应考虑环境影响程度、环境治理与环境承载能力；在社会方面要分析利益相关群体对项目的态度，通过项目建设构建和谐社会。任何一种因素都不可能全面主导，也不应当受到偏废。每一类因素都可以确立评价指标与基准，投资人可以依据相关指标和基准进行判断与决策。

原则一至三是对评价或设计人员与机构的要求，原则四、五是对结果分析与投资决策的要求。

1.39 项目经济评价的四个基本法则是什么

基本法则与基本原则不同，法则主要指操作方法上要把握的基本要点，原则主要指分析决策应遵循的基本理念。

项目经济评价的基本法则之一为“有无对比”分析法。“有无对比”是指“有项目”相对于“无项目”的对比分析。“无项目”状态指不对该项目进行投资时，在计算期内，与项目有关的资产、费用与收益的预计发展情况；“有项目”状态指进行该项目投资后，在计算期内，资产、费用与收益的预计情况。“有无对比”求出项目的增量效益，排除了项目实施以前各种条件的影响，突出项目活动的效果。“有项目”与“无项目”两种情况下，效益和费用的计算范围、计算期应保持一致，具有可比性。

项目经济评价的基本法则之二为定量分析与定性分析相结合，以定量分析为主。经济评价的本质就是要考察拟建项目在整个计算期的经济活动，通过效益与费用的计算，对项目经济效益进行分析和比较。这里说的“定量”包括两层意思：数量化与货币化。数量化是指确定投入产出的实物量，货币化是指将单位投入或产出用其相应的价格表示。一般来说，项目经济评价尽量采用定量指标，但对一些投入产出可以数量化但目前尚未找到为广大公众接受的方法货币化的项目，不能直接进行效益费用的比较，宜进行投入产出的数量分析，也可进行定性分析。对于无法数量化的投入产出，也应进行定性分析。

项目经济评价的基本法则之三为折现分析与非折现分析相结合，以折现分析为主。折现分析是指利用货币时间价值的原理对项目的财务或经济流量进行折现分析。非折现分析是指不对流量进行折现分析。在项目经济评价方法引入我国的初期，为了形象的区分考虑货币时间价值的投资决策与不考虑货币时间价值的投资决策，将前者冠以“动态”之名，意指随时间变化，后者冠以“静态”之名，意指不随时间变化。虽然“动”与“静”很形象，但是抽掉了折现的最基本含义，所以在学术上是不严谨的。项目经济评价的核心技术是折现，所以评价要以折现（动态）指标为主。非折现（静态）指标与一般的财务和经济指标内涵基本相同，比较直观，但是只能作为辅助指标。

项目经济评价的基本法则之四为效益与费用计算口径对应一致。经济评价的本质是对比项目的效益与费用，评价项目的效益是否大于项目的费用，评价投资是否值得。要进行对比就必须有相同的基础，为此，不管是财务分析还是经济费用效益分析，都要将效益与费用限定在同一个范围内，才有可能进行比较，计算的净效益才是项目投入的真实回报。如果项目效益的范围大于项目费用的范围，就会高估项目的效益费用比，反之，就会低估项目的效益费用比。

1.40 “前后对比”与“有无对比”有何区别

“前后对比”也是项目评价的法则之一，但它与“有无对比”有明显的区别。顾名思义，“前后对比”是项目实施之前的状态（包括投入、产出、环境、资金、社会组织与活动），与项目实施之后的状态的对比，是时点之间状态的对比，主要考察项目产生的状态变化，或称项目的实施效果，而不理会过程如何，也不考虑变化是否与项目投资有关。“有无对比”是整个项目周期各个时点状态的对比，考察项目投资的增量效果。

通过比较有无项目两种情况下项目投入和产出可获量的差异，分析人员可以识别项目的增量费用和效益。通常，这种比较与项目事前事后比较并不一样。有无对比（with and without comparison）的目的，是度量项目所带来的增量效益。相比之下，前后对比（before and after comparison）就不能解释在没有项目情况下产量的变化，因而可能会导致对项目所创造的效益作出错误评价。

如图 1-4 所示，如果产量已经在提高或下降，并且这种状况即使在无项目的情况下也将会持续下去，产出量就会发生变化。因此，如果在无项目的情况下，产量仍将每年增长 3%，而有项目的情况下，产量将每年增长 5%，那么，项目的贡献就是二者的差额，即每年 2%。项目事前事后对比则不仅会把增量效益，而且会把整个 5% 的产量增长率都归因于项目。当然，如果无项目的情况下生产停滞，而有项目的情况下产量每年增长 5%，那么，项目事前事后对比就会得到与有无对比一样的结论。

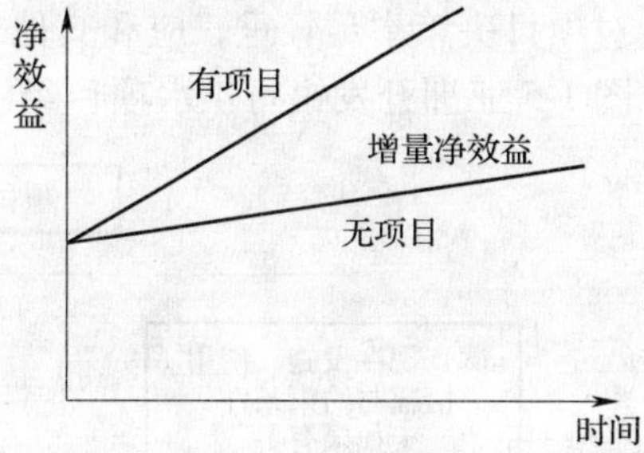

图 1-4　项目“有无对比”分析

有些学者推荐用两个地理位置相近地区的发展进行“有无对比”。在地理位置相近的地区使用“有无对比”不是说绝对不可，但要注意使用条件。例如，将同一个地块分为两部分，一部分使用改良品种，另一部分使用传统品种，在收获时，两块地的产出可以认为是“有无对比”，因为环境基本完全一致，如同新药物试验最理想的试验组合是双胞胎一样。但是，如果将两个城市相近，一个城市规划投资，另一个城市规划不投资，这两个城市的发展就不能做“有无对比”分析。因两城市相近只表示气候、环境或地质条件相似，但不能保证其他条件都相同，如教育水平、领导人的远见、企业家的创新与冒险精神。因此，一般不可用于两个社会组织进行“有无对比”。“有无对比”原则上只适用于项目涉及的费用与效益范围之内，考察项目发展过程中的增量效益与费用。

1.41　项目经济评价结论的判别原则

经济评价的结论是投资建设项目的技术、经济、运行条件等在经济效益（效果或效率）上的综合体现，它不能解决项目在众多方面“可不可行”的问题。项目经济评价的结论只能证明项目的预期结果从财务或经济的角度是否可以接受，它不能代替投资者作决策，只是有助于投资人针对可能的选择作出决策。

经济评价选用的分析内容和方法应能正确地、全面地反映投资建设项目的经济效益（效果或效率）。对一般项目，财务分析就能全面反映投资人所关心的项目财务收益和成本情况，从而满足项目决策的需要；对财务分析不足以全面反映项目的经济效益（效果或效率）的项目，就应通过费用效益分析来展现，并以费用效益分析的结论作为决策依据，但同时还应分析项目是否有基本的财务生存能力。只有在费用效益分析可行同时又有财务基本生存能力，才能说这类项目在经济上是可接受的。

有些项目投资的主要目标是社会目标或环保目标，这类项目应以能反映其主要目标的分析结论作为项目决策的主要依据，并兼顾项目的财务生存能力。项目的社会目标和环保目标，往往通过费用效益分析或费用效果分析来体现效益（效果或效率），有时还需要包括环境分析和社会分析等内容，这类项目应以费用效益分析或费用效果分析的结论作为投资决策的主要依据。

对需要进行区域经济与宏观经济影响分析的项目，其区域经济与宏观经济影响分析的结论对项目决策举足轻重，应和其他方面的分析一起综合考虑。

图 1-5 亚洲开发银行供水项目经济分析框图体现了以上判定过程。

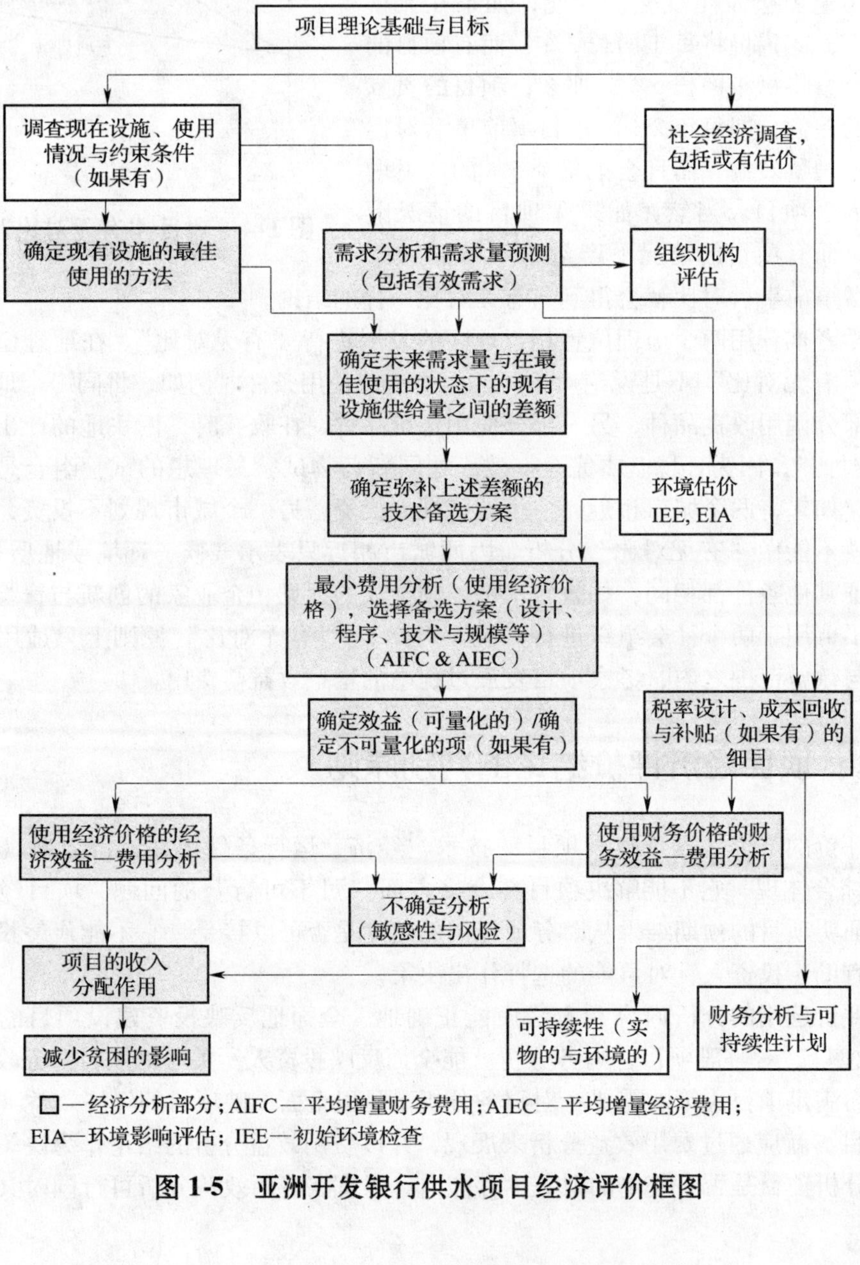

□—经济分析部分；AIFC—平均增量财务费用；AIEC—平均增量经济费用；
EIA—环境影响评估；IEE—初始环境检查

图 1-5　亚洲开发银行供水项目经济评价框图

1.42　为什么经济评价应注重利益相关者分析

任何一个投资项目都不是在真空中建设的，都要涉及不同利益相关者（stakeholder）的利益，如投资人、政府、因受项目实施获得利益或受到损害的人群或个体。项目投资是发展的手段，提高广大群众福利水平才是目的。在涉及生存与发展等核心经济利益时，利益相关者都会以种种形式作出反应，任何一个投资项目缺乏相关的利益群体的支持都不可能成功。所以，项目经济评价应当充分考虑不同利益相关者从项目中得到的或付出的，只有项目的实施使任何利益相关者的所得均大于其所失，项目才可能真正成功。从 20 世纪 90 年代开始，利益相关者分析就逐步成为公司管理与项目管理的重要方面之一。如果有可能，应当分别估算不同利益相关者在财务方面的获益（或受损）水平，并进而估算项目整体的经济收益，以便能作出正确的投资决策。

项目的净效益流量及其净现值基于假设它能够按设计方案运行。项目的实际运行情况与设计方案的相符程度不仅取决于设计的质量，也取决于各机构在承担项目实施责任时所面临的各种激励机制，此外，还取决于社会中不同群体可能从项目中获得的效益或承担的费用。项目的可持续性与其财务生存能力及项目效益的分配是紧密相关的。如果项目需要得到货币转移支付才能生存，那么，分析人员就应估计所需转移支付的数额和时间。

此外，项目的财政影响极其重要：世界银行资助项目的效益不能令人满意的原因之一是配套资金不足。此外，项目的受益群体会对项目的成功感兴趣，而那些因项目而受损的人则会反对项目的实施。受益者捍卫项目与受损者攻击项目的程度，与双方各自获得的效益或承担的费用大小有关。因此，在评价一个项目的可持续性时，做到以下两点是有益的：①找出在项目实施中承担责任的各个机构，评价每一机构是否都具有使项目按设计方案运行所需的动力；②识别可能从项目受益或受损的各群体。

1.43　无项目的内涵是什么

“无项目”（without project）指不实施项目，在预计的计算期内，与项目相关的企业或地域可能发生的效益和费用流量与资产状况。无项目的数据是时间序列数据，通常情况下不应是固定的常数。

1.44　有项目的内涵是什么

“有项目”（with project）指项目实施后，在预计的项目寿命期内，可能发生的与项目有关的效益和费用流量与资产状况。“有项目”的数据是时间序列数据，一般情况下都是变动的。

1.45　财务分析使用什么价格体系

项目财务分析一般是分析未来发生的投入、产出、收益与成本，所以投入产出都应当使用预测价格。财务分析的预测价格应当是在当前与可预见的时期内供求双方进行交易的成交价格，也称交易价格。交易价格可以是由市场供求机制形成、反映商品市场价值的均衡价格，一般称为市场价格；也可以是由政府在考虑商品供求因素及其他条件下制定的价格，如城市自来水、公共汽车票价等。

从1994年起，我国就开始在产品的生产与流通环节征收增值税，因此项目财务分析一般应使用不含税价格计价，财务分析的所有表格也都按不含税价格设计。如果确实需要使用含税价格，相应的财务分析报表必须增加相应科目。

1.46 时价、实价和不变价有何区别与联系

在经济评价中，反映某个确定时点上投入或产出的价格称为时价（current price），它不仅反映该时点上供求的影响，同时也包括通货膨胀的因素；反映供给与需求的基础条件发生改变，但不反映通货膨胀影响的投入产出的价格称为实价（real price），等于货物的时价扣除通货膨胀的影响；不变价（constant price）是任何（观察到的或预期的）价格总水平变化都不计时的价格。实价与不变价通常互相代替。

在经济评价工作中，由于长期价格预测带有非常大的不确定性，而且投入与产出的价格变动趋势又非常难把握，为稳妥起见，各期预测价格都采用经营期初的价格，可以保证估算结果相对可靠。为区别不变价格，可称其为“固定价格”。

1.47 费用效益分析使用什么价格体系

在费用效益分析中，一般不使用交易（市场）价格表示的投入或产出，而是使用经济价值表示的投入或产出，经济价值可利用机会成本或消费者支付意愿来估算。

如果投入产出存在竞争市场，交易（市场）价格就等于经济价值，如果投入产出不存在竞争市场，交易（市场）价格就不等于经济价值。这种情况下，按经济学原理计算出来的投入产出价值被称为影子价格（shadow price）。“影子价格”源于运筹学里的线性规划，是在既定资源约束条件下实现目标函数时得到的对偶解——最优价格。这个对偶解被称为“影子价格”是针对资源的交易价格而言，交易价格是事前立起的“竿”，最优价格是太阳底下的“影”，没有“竿”就无从有“影”。在传统的费用效益分析中，投入与产出都有“实际价格”或“市场价格”，如果这个市场价格不是由市场机制形成的，它不可能反映投入产出的经济价值，那么就可以设定资源最优配置的条件，在确定的目标下，计算出能反映它经济价值的“影子价格”。

对于不存在交易（市场）价格的产品或服务，由于没有“竿”，自然也不好说“影”，其经济价值一般可用计算价格（accounting price）来称谓，因为这个价格只在按经济学原理计算的过程中有效。例如，清洁空气是环境污染治理的产出，给社会带来效益，可是清洁空气不存在市场价格，我们可以用支付意愿调查方法估算出公众对其需求愿意支付的经济价值，这个价值只在估算过程中有效，在现实生活中并不存在，所以称为计算价格。

第2章 项目投资与资产

2.1 项目总投资包括哪些费用

项目总投资（total investment costs）是项目建设和投入运营所需要的全部资金，为建设投资、建设期利息和全部流动资金之和。

项目总投资与国务院《关于固定资产投资项目试行资本金制度的通知》中规定的“作为计算资本金基数的总投资”不同，后者是建设投资、建设期利息和铺底流动资金之和，对此社会上也有各式各样的称谓，如总资金、报批总投资等。项目总投资与“作为计算资本金基数的总投资”的区别在于流动资金的数额不同，铺底流动资金一般不能低于流动资金的30%。

2.2 建设投资包括哪些费用

建设投资（investment costs for construction）是在项目建设时投资人支付给项目建设承担单位的全部费用，其构成可按概算法或形成资产法分类。按概算法分类时，建设投资包括工程建设费用（建筑工程费、设备及工器具购置费、安装工程费）、工程建设其他费用和预备费（基本预备费和涨价预备费）。按形成资产法分类时，建设投资包括固定资产费用、生物资产费用（适用于农林项目）、无形资产费用和其他资产费用。

建筑工程费（civil work costs）指为建造永久性建筑物和构筑物所需的费用。如场地平整、房屋建筑、工业炉窑、设备基础、矿山井巷及露天剥离、桥梁、码头、堤坝、隧道、涵洞、铁路、公路、水库、水坝、灌渠等项工程的建造费用。

设备及工器具购置费（equipment costs）是为工程项目购置或自制达到固定资产标准的设备和配置的首批工器具、生产家具所需的费用，包括：设备购置费、工器具购置费、备品备件购置费、现场制作非标准设备费、生产用家具购置和相应的运杂费。

安装工程费（installation costs）是用于设备安装工程方面的费用，包括各种机电设备装配和安装工程费用，与设备相连的工作台、梯子及其装设工程费用，附属于被安装设备的管线敷设工程费用；安装设备的绝缘、保温、防腐等工程费用；单机试运转和无负荷联动试运转费用等。

工程建设其他费用（other construction costs）指从工程筹建起到工程竣工验收交付使用止的整个建设期间，除建筑安装工程费用和设备及工器具购置费用以外的、为保证工程建设顺利完成和交付使用后能够正常发挥效用而发生的各项费用。工程建设其他费用可分为建设用地费、与项目建设有关的费用和与项目运营有关的费用。

基本预备费（工程建设不可预见费）（physical contingency）指在项目实施中可能发生难以预料的支出，需要事先预留的费用，主要指设计变更及施工过程中可能增加工程量的费用。基本预备费以建筑工程费、设备及工器具购置费、安装工程费及工程建设其他费用之和为计算基数。

涨价预备费（价差预备费）（price contingency，escalation）指在建设期内可能发生材料、设备、人工等价格上涨引起投资增加，需要事先预留的费用。涨价预备费以建筑工程费、设备及工器具购置费、安装工程费、工程建设其他费用以及基本预备费之和为计算基数。

按概算法分类的建设投资估算表的格式参见表2-1。

表2-1　建设投资估算表（概算法）　　单位：万元

序号	项　目	建筑工程费	设备购置费	安装工程费	工器具费	其他费用	其中外币	合计	合计比例
1	工程费用	6500	36116	9500	0	0	1500	52116	85.96%
	引进工程合计	0	14116	0	0	0	1500	14116	0
	引进设备（CIF）	0	10800	0	0	0	1500	10800	0
	关税及增值税	0	3100	0	0	0	0	3100	0
	进口设备外贸及财务费用	0	216	0	0	0	0	216	0
	国内配套工程	6500	22000	9500	0	0	0	38000	0
2	工程建设其他费用	0	0	0	0	3362	150	4461	7.36%
2.1	计入固定资产的土地费	0	0	0	0	0	0	0	0
2.2	待摊投资	0	0	0	0	2242	0	2242	3.70%
2.3	无形资产	0	0	0	0	1000	130	1955	3.22%
2.3.1	场地使用权	0	0	0	0	1000	0	1000	0
2.3.2	专利及专有技术费	0	0	0	0	0	130	955	0
2.3.3	其他无形资产	0	0	0	0	0	0	0	0
2.4	其他资产	0	0	0	0	120	20	264	0.44%
2.4.1	生产职工培训费	0	0	0	0	100	20	244	0
2.4.2	其他	0	0	0	0	20	0	20	0
	工程费用和工程建设其他费用小计	6500	36116	9500	0	4461	1650	56576	93.32%
3	预备费	0	0	0	0	3576	66	4051	6.68%
3.1	基本预备费	0	0	0	0	3576	66	4051	6.68%
3.2	涨价预备费	0	0	0	0	0	0	0	0
4	总计	6500	36116	9500	0	8512	1716	60627	100%
5	各项费用占总估算价值的比例	11%	59.57%	15.67%	0	14.04%	0	100%	0
6	不含增值税工程费用和工程建设其他费用小计		50776	不含增值税建设投资		54827	不含税与含税建设投资之比		90.43%

2.3　工程建设其他费用包括什么

工程建设其他费用包括建设用地费、与项目建设有关的费用和与项目运营有关的费用。

建设用地费包括土地征收迁移补偿费与土地使用权出让金。前者包括土地补偿费和安置补偿费，以及地上附着物和青苗补偿费、征地动移费和其他税费。后者指为取得有限期土地使用权，投资人向政府或土地权出让方支付的土地使用权出让金。

与项目建设有关的费用包括建设单位管理费、工程建设监理费、工程质量监督费、可行性研究费、研究试验费、勘察设计费、环境影响评价费、劳动安全评价费、场地准备和临时设施费、引进技术和设备其他费用、工程保险费、市政公用设施建设及绿化补偿费等。

与项目运营有关的费用包括专利及专有技术使用费、联合试运转费、生产准备费、办公及生活家具购置费等。

2.4　涨价预备费的计算基数为什么应包括基本预备费

在项目经济评价的实践工作中，涨价预备费（或称通货膨胀费、价差预备费）有以工程建设费用与工程建设其他费用之和为计算基数的，也有以工程建设费用、工程建设其他费用与基本预备费之和为计算基数的。笔者认为后者的做法是更为合理，其原因有二：

基本预备费的设置是为弥补项目设计时的遗漏，解决这部分的投资差额，但不解决建设期的价格上涨问题。如果建设期价格上涨比较高，增加的预备费同样也面临价格上涨的问题，如果不计这部分价格上涨的话就会低估投资，最终高估效益。

在项目经济评价的实践中，一般基本预备费率取 10%，涨价预备费为 3% ~5%，二者相乘为 0.3% ~0.5%，也就是说从影响总资金的相对数额不足 1%，理应不会对项目的效益产生显著的影响。但是，建设投资一般都是项目的重要敏感因素，对于建设期相对较长或运营期相对较短的项目，建设投资的敏感性更强。笔者曾做过一个项目，建设期一年，运营期 5 年，建设投资的敏感度系数为 9.45。对于这么高的敏感度系数，建设投资增加 1%，投资效益就会降低 9.45%，建设投资增加 0.5%，投资效益也会降低 4.77%，不能说没有重大影响。因此，为稳妥起见，涨价预备费计算基数应包括基本预备费。

2.5　实行消费型增值税改革后，建设投资估算需要作什么补充

2009 年开始，我国实行消费型增值税改革，增值税一般纳税人（以下简称纳税人）购进（包括接受捐赠、实物投资）或者自制（包括改扩建、安装）固定资产发生的进项税额，可根据《中华人民共和国增值税暂行条例》和《中华人民共和国增值税暂行条例

实施细则》的有关规定，凭增值税专用发票、海关进口增值税专用缴款书和运输费用结算单据从销项税额中抵扣。因此，建设投资估算时应分别计列设备购置费和安装工程费中可抵扣的进项税额。

2.6 固定资产投资方向调节税是否还应列入建设投资

固定资产投资方向调节税曾经被列为建设投资的费用之一，由于它是计划经济时代的产物，1999 年财政部、国家税务总局、国家发展计划委员会联合发出《关于暂停征收固定资产投资方向调节税的通知》（财税字〔1999〕299 号），全面停止征收固定资产投资方向调节税，从此，固定资产投资方向调节税不再列为建设投资的费用之一。

2.7 矿业权价款是否计入建设投资

对于采矿业，如煤炭开采业，矿业权（含探矿权和采矿权）价款应计入项目投资。探矿权价款一般应在项目开工建设前或项目建成投产前已经缴纳完毕，应全部计入建设投资。采矿权价款分期缴纳时，建设工期大于采矿权价款允许缴纳期限的，采矿权价款只在建设期缴纳并全部计入建设投资；建设工期小于采矿权缴纳允许期限的，在建设期缴纳的采矿权价款就计为建设投资，在项目投产后缴纳的采矿权价款视为生产期投入，计入维持运营投资。

2.8 建设投资简单估算法有哪些

在对项目的建设规模、技术方案、设备方案、工程方案及项目实施进度等进行研究并基本确定的基础上，估算项目建设投资，并进一步测算建设期内分年资金需要量。建设投资主要用以下四种简单估算法：

概算指标估算法，根据拟建项目单项工程的各单位工程数量，分别套用概算指标来估算建设投资额度。

单位生产能力估算法，根据已建成的、性质类似的建设项目的单位生产能力投资（如元/吨、元/千瓦等）乘以拟建项目的生产能力来估算拟建项目投资额的方法，其计算式为：

$$Y_2 = \frac{Y_1}{X_1} \cdot X_2 \cdot CF \tag{2-1}$$

式中 Y_2——拟建项目的投资额；

Y_1——已建类似项目的投资额；

X_1——已建类似项目的生产能力；

X_2——拟建项目的生产能力；

CF——不同时期、不同地点的定额、单价、费用变更等的综合调整系数。

生产能力指数法，根据已建成的、性质类似的建设项目的生产能力、投资额与拟建项目的生产能力来估算拟建项目投资额，其计算式为：

$$Y_2 = Y_1 \cdot \left(\frac{X_2}{X_1}\right)^{\eta} \cdot CF \tag{2-2}$$

式中　η——生产能力指数；

其他符号同前式。

比例估算法，以研究工作较为深入的某类工程或设备购置费的投资为基数，根据已建成的同类项目的各类工程投资（建筑工程投资、安装工程投资、设备购置费、工程建设其他费用）占总投资的比例，推算项目总投资。

2.9　建设投资如何进行分类估算

建设投资估算一般由专业概算人员进行，项目经济评价中咨询评估人员可以直接引用其估算结果，也可对其估算结果进行复核或修正。

建筑工程投资可采用单位建筑工程投资估算法、单位实物工程量投资估算法、概算指标投资估算法等方法。

设备及工器具购置费等于设备原价加运费。进口设备费等于设备到岸价加上进口从属费，如进口关税、进口增值税、外贸手续费、银行财务费用和海关监管费等。

安装工程费通常按行业或专门机构发布的安装工程定额、取费标准和概算指标估算投资，并可按照采用设备安装费率、每吨设备安装费或按每单位安装工程实物量的费用估费。

工程建设其他费用中的建设用地费、与项目建设有关的费用和与项目运营有关的费用均按相关政府收费文件、技术标准或工程量计算。

基本预备费以建筑工程费、设备及工器具购置费、安装工程费及工程建设其他费用之和为基数，乘以基本预备费率计算。视工程复杂程度与投资估算深入细致的程度，基本预备费率可在5% ~15%之间选取。

涨价预备费的计算公式为：

$$PC = \sum_{t=1}^{n} I_t[(1+f)^t - 1] \tag{2-3}$$

式中　PC——涨价预备费；

I_t——第 t 年的建筑工程费、设备及工器具购置费、安装工程费及工程建设其他费用之和；

f——建设期价格上涨指数；

n——建设期。

2.10　建设投资与工程造价有什么关系

世界银行、国际咨询工程师联合会（FIDIC）将项目总建设成本统一规定为直接建设成本、间接建设成本、应急费和建设成本上升四部分。直接建设成本大体相当于工程建设费用，间接成本大体相当于工程建设其他费用，应急费大体相当于基本预备费，建设成本上升大体相当于涨价（价差）预备费。也就是说，项目的建设投资大体上相当于国际组织定义的总建设成本，也相当于我国的工程造价。两个名词有一个共同的内涵。实际上，工程造价与项目建设投资只是在不同经济范畴内对同一事物的不同称谓。项目建设投资是从出资人的角度考察项目的资本费用，多用于项目前期工作；工程造价往往是从实施单位的角度考察项目预计或实际发生的费用，多用于项目实施阶段。

从资金的流向看，建设投资或工程造价是项目业主支付给项目实施单位的费用。

2.11 建设期利息的基本含义是什么

对于有债务资金的项目，建设期利息（interest during construction）是投资人因占用债权人资金在建设期内预计应发生的费用，包括债务资金的利息和其他融资费用。

建设期利息如果当期不偿还，就不算现金流出，但将累计至下期本金，延期偿还，延期流出；如果偿还，则必须动用项目权益资金偿还，也有一笔现金流出。建设期利息不论偿还与否，均构成项目建设成本，所以应当资本化，成为固定资产费用之一。

从资金的流向看，建设期利息是项目业主支付给债权人的费用，不能计入建设投资。

2.12 建设期利息如何计算

估算建设期利息，应注意名义年利率和有效年利率的换算。将名义年利率折算为有效年利率的计算公式为：

$$有效年利率 = \left(1 + \frac{r}{m}\right)^{m-1} \tag{2-4}$$

式中 r——名义年利率；

m——每年计息次数。

项目经济评价中，为了简化建设期利息的计算，通常假定借款均在每年的年中支用，借款当年按半年计息，其余各年份按全年计息。

当建设期用项目资本金或另筹资金按期支付建设期利息时，可不必进行换算，直接采用名义年利率，按单利使用名义年利率计算建设期利息。

$$各年应计利息 = （年初借款本金累计 + 本年借款额/2）\times 名义年利率 \tag{2-5}$$

当建设期不支付建设期利息时，按复利使用有效年利率计算：

$$各年应计利息 = （年初借款本息累计 + 本年借款额/2）\times 有效年利率 \tag{2-6}$$

对有多种借款资金来源，每笔借款的年利率各不相同的项目，既可分别计算每笔借款的利息，也可先计算出各笔借款加权平均的年利率，并以此加权平均利率计算全部借款的利息。

其他融资费用系指某些债务资金发生的手续费、承诺费、管理费、信贷保险费等融资费用，原则上应按该债务资金的债权人的要求单独计算，并计入建设期利息。项目初步可行性研究阶段，可简化作粗略估算，计入建设投资；可行性研究阶段，不涉及国外贷款的项目，也可简化作粗略估计后计入建设投资。

2.13　流动资金是什么，为何要计入总投资之中

流动资金（working capital），也称净营运资金，是流动资产与流动负债之差额，是由投资人垫付、在运营期内长期占用并周转使用、项目结束时由投资人回收的资金。流动资金概念示意图见图 2-1。

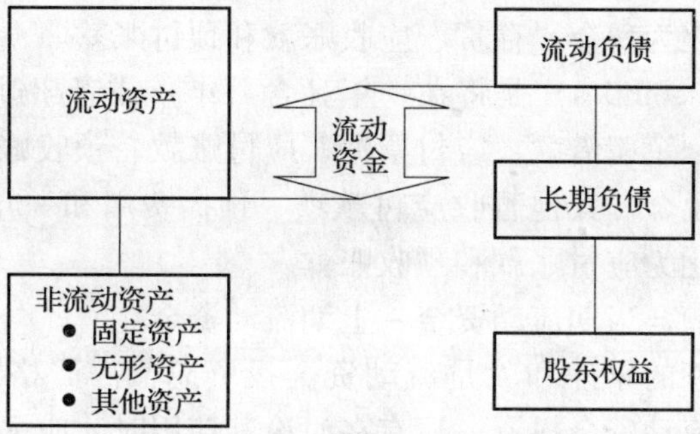

图 2-1　流动资金概念示意图

项目建成投入运营后，需要购买原材料，支付工资，开展销售活动，必须有资金支持，这笔资金在生产初期应由投资人支付，否则项目无法运营，所以流动资金必须计入项目总投资之中。

流动资金可以用项目权益资金支付，也可以用借贷资金支付。为防止项目资本金投资不足，国务院《关于固定资产投资项目试行资本金制度的通知》强调“铺底流动资金”，意在项目资本金中也必须包括一部分流动资金。

计入项目总投资的流动资金投资不能仅算铺底流动资金，而要计算全额流动资金投资。如果仅包括占流动资金 30% 的铺底流动资金，则运营期内有可能只实现约 30% 的生产能力，要想实现 100% 生产能力则必须追加占用流动资金的数量，否则就无法支付经常性的开支。这部分追加的流动资金可以不算建设期的投资，但必须计入生产期的投资。流动资金投资来源是可能是投资人直接出资，也可能是项目经营结余的再投入。经营结余是项目实体的盈余，本质上是项目投资人的收益，投资人只是将这一部分盈余作为新增流动资金的投资。所以，不管是铺底流动资金还是生产运营期投入的流动资金，都是投资人出资，应作为项目总投资的组成部分。

2.14　流动资金如何估算

流动资金可用参考指标法与分项详细估算法进行估算。

参考指标法，指参照同类企业流动资金占营业收入或经营成本的比例，或者单位产量占用营运资金的数额估算流动资金。参考指标法是一种简化估算流动资金的方

法，多用于项目建议书阶段，有些产出相对单一的行业在可行性研究阶段也用此法估算流动资金。参考指标法在习惯上被称扩大指标法，实际“扩大”二字用得不当，流动资金在绝对数值上不可能大于其参考的指标，所以此“扩大指标”的称谓不太严谨与科学。

分项详细估算法，指严格按照流动资金的定义计算流动资金的方法，其计算公式为：

流动资金 = 流动资产 - 流动负债

流动资产（current assets）是可以在一年内或超过一年的一个营业周期内变现或耗用的资产，主要包括：现金、银行存款、短期投资、应收及预付款项、待摊费用、存货等。在项目经济评价中可简化为现金、存货、应收账款和预付账款。

流动负债（current liabilities）是将在一年（含一年）或者超过一年的一个营业周期内偿还的债务，主要包括：短期借款、应付票据、应付账款、预收账款、应付工资、应付福利费、应付股利、应交税金、其他暂收应付款项、预提费用和一年内到期的长期借款等。在项目经济评价中可简化为应付账款和预收账款。

流动资金本期增加额 = 当期流动资金 - 上期流动资金

流动资金本期增加额的累计和就是流动资金投资总额。严格地说，在讨论项目投资时，流动资金应被称作流动资金投资。只有在讨论其使用时才应去掉“投资”两个字。流动资金不包括运营中需要的临时性营运资金。

这里有必要澄清一个概念，从数学上看，公式

流动资金 = 流动资产 - 流动负债

与公式

流动资产 = 流动资金 + 流动负债

是等到效的，但是，按前述流动资产的定义，构成流动资产的各项均有其实际经济含义，流动资金未被纳入，所以流动资金不得被视为流动资产的组成部分，后一公式的经济概念不成立。

2.15 为什么投资估算要列出分年用款计划

在建设投资、建设期利息和流动资金总额估算的基础上，应按照项目的工程进度，分列建设投资、建设期利息以及流动资金的用款计划，以便安排融资计划。

对于改扩建项目，可抵扣的固定资产投资进项税亦应根据工程进度分列，以便在建设期进行进项税抵扣。

2.16 项目总投资形成什么资产

项目总投资可按投资费用的资产属性直接用形成资产法进行估算，也可先按概算法估算，再归并至相应的资产类别之中。

根据 2006 年发布的会计准则，项目的建设投资与建设期利息构成项目的非流动资产，包括固定资产、生物资产、无形资产和其他资产。

工程建设费用与预备费全部计入固定资产；工程建设其他费用中，一部分按规定可计入固定资产，称为可计入固定资产的工程建设其他费用，主要包括建设单位管理费、可行性研究费、研究试验费、勘察设计费、环境影响评价费、场地准备及临时设施费、引进技术和引进设备其他费、工程保险费、联合试运转费、特殊设备安全监督检验费和市政公用设施建设及绿化费等，其余部分可分别计入无形资产或其他资产。项目投资费用与资产的对照见图 2-2。

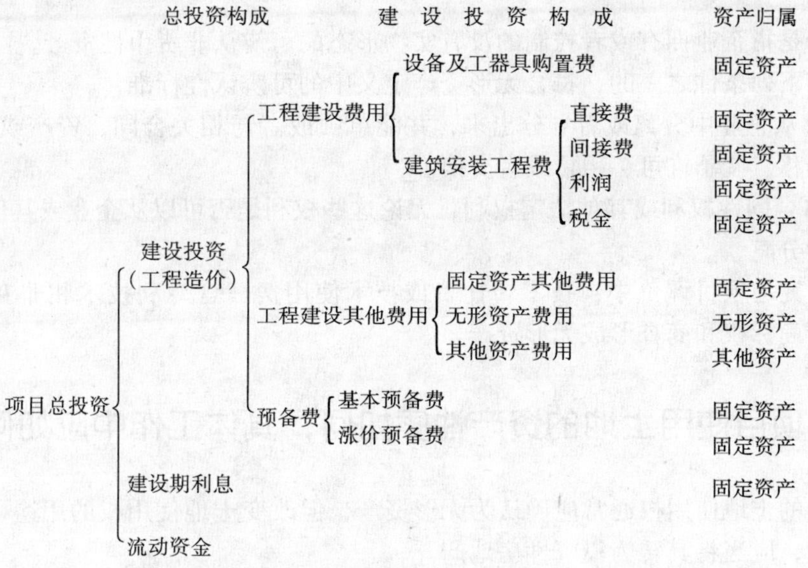

图 2-2　项目投资费用与资产形成对照

以上有关工程造价、项目总投资、流动资金与项目资产的相关讨论可参阅附录 1 论文《工程造价项目总投资与流动资金有关概念辨析》。

2.17　固定资产指什么

固定资产，是指同时具有下列特征的有形资产：

（1）为生产商品、提供劳务、出租或经营管理而持有的。

（2）使用寿命超过一个会计年度。使用寿命，是指企业使用固定资产的预计期间，或者该固定资产所能生产产品或提供劳务的数量。

2.18　生物资产指什么

对于农业、林业项目而言，一部分项目投资可形成生物资产。生物资产是指有生命的动物和植物。生物资产可分为消耗性生物资产、生产性生物资产和公益性生物资产。

消耗性生物资产，是指为出售而持有的或在将来收获为农产品的生物资产，包括生长中的大田作物、蔬菜、用材林以及存栏待售的牲畜等。

生产性生物资产，是指为产出农产品、提供劳务或出租等目的而持有的生物资产，包括经济林、薪炭林、产畜和役畜等。

公益性生物资产，是指以防护、环境保护为主要目的的生物资产，包括防风固沙林、水土保持林和水源涵养林等。

2.19 无形资产指什么

无形资产是指企业拥有或者控制的没有实物形态的可辨认非货币性资产。

资产满足下列条件之一的，符合无形资产定义中的可辨认性标准：

(1) 能够从企业中分离或者划分出来，并能单独或者与相关合同、资产或负债一起，用于出售、转移、授予许可、租赁或者交换。

(2) 源自合同性权利或其他法定权利，无论这些权利是否可以从企业或其他权利和义务中转移或者分离。

可行性研究与项目评价中，技术转让费或技术使用费（含专利技术和非专利技术）、土地使用权、商标权和商誉形成无形资产。

2.20 项目使用土地的资产性质如何，具体工作中应如何处理

项目取得的土地使用权通常应确认为无形资产，但改变土地使用权的用途、用于出租或增值目的时，应当将其转为投资性房地产。

在土地上自行开发建造厂房（大型公共建筑）等地上建筑物时，土地使用权与地上建筑物应当分别进行摊销和提取折旧。但下列情况除外：

(1) 房地产开发企业取得土地用于建造对外出售的房屋建筑物，相关的土地使用权应当计入所建造的房屋建筑物成本。

(2) 企业外购的房屋建筑物支付的价款应当在地上建筑物与土地使用权之间进行分配；难以分配的，应当全部作为固定资产，并按会计准则作相关处理。

2.21 其他资产包括什么内容

其他资产（other assets）原称递延资产，指除流动资产、长期投资、固定资产、无形资产以外的其他资产，如长期待摊费用。可行性研究与项目评价中，生产准备费、开办费、出国人员费、来华人员费、图纸资料翻译复制费、样品样机购置费和农业开荒费等形成其他资产。

2.22 什么是维持运营投资

维持运营的投资（investment to maintain operations）指某些项目在运营期为维持正常运营需要所投入的固定资产投资。例如设备更新费用、油田的开发费用、矿山的井巷开拓

延伸费用等。

维持运营的投资所用资金来源于项目经常性经营节余，不计入项目总投资。

维持运营投资发生时应将其列入现金流量表作为现金流出，参与内部收益率等指标的计算。如果维持运营的投资不增加生产能力，则不增加固定资产总额；如果维持运营的投资扩大了生产能力，则扩大部分的投资应增加固定资产。

2.23　实行消费型增值税改革后，固定资产原值如何计算

实行消费型增值税改革后，进项税缴纳发生在建设期，应当作为投资费用，计入项目投资总额。但是，这笔进项税在运营期进行抵扣，作为项目的收益，进项税不能既作为费用又作为收益，因此，在形成的资产中不应当包括这笔进项税，换句话说，固定资产总额中不包括固定资产的进项税。具体计算操作中应将这笔进项税从在建工程中扣除。

第3章 融资分析

3.1 融资分析与融资活动有什么区别

融资（funding）是为企业或项目筹措资金的过程。

融资分析是明确项目融资的法律主体、确定资金来源的渠道、规划融资方案、估算融资成本。融资分析一般由项目设计人员或工程咨询人员分别承担。

融资活动是项目发起人确定融资模式、委托专门人员向投资人、金融机构等项目资金提供方寻求资金承诺、办理相关法律手续的活动，提出防范融资风险的措施。

3.2 项目投资所需资本从何而来

项目投资所需资本来源于以下五类：投资人所出权益资本和准股本资金；向国内外各类金融或政府机构所借债务；发行股票和债券；组织或个人的赠款；政府补助。

3.3 资产、资本和资金有何区别与联系

资产（asset）是企业用于从事生产经营活动并为投资者带来未来经济利益的全部经济资源，出现在资产负债表的左侧，归企业所有。企业的所谓法人财产权，就是指企业对其控制的资产拥有的所有权。

资本（capital）是企业为购置从事生产经营活动所需的资产的资金来源，是投资者对企业的投入，出现在资产负债表的右侧，它为债务资本与权益资本，分别归债权人和公司所有者（股东）所有，企业对其资本不拥有所有权。

资金（capital）指在会计中的现金或银行存款，其目的为了支付，或是一种价值的储存和中介方式。在资产负债表的左侧。

资产包括流动资产、固定资产、无形资产、短期资产、长期资产等企业所拥有的所有财富，资金有流动资金、周转资金、货币资金等，属于资产的一部分，资本代表企业所有者的所有者权益，所以三者不能混用。

在项目经济评价中，使用“资本”时强调资产的所有权、获益权，使用“资金”时强调资产的数量或来源。

3.4 什么是项目的权益资本

权益资本（entity），又称股权、股本，是投资者认缴的出资额，是项目的非债务资金。投资者投入权益资本的目的在于获得项目的所有权、控制权和收益权。权益资本构成

企业负债融资的基本信用基础。

权益资本可来源于货币资金、实物、无形资产、股权、特定债权等形式。其中，特定债权是指企业依法发行的可转换债券、符合有关规定转作股权的债权等。

投资者以非货币资产出资时，法律、行政法规对出资形式、程序和评估作价等有规定的，依照其规定执行。

投资者以商标权、著作权、专利权及其他专有技术等无形资产出资，应当符合法律、行政法规规定的比例。

在有关的法律文件中，股权（股本）与股份还是有区别的。股权强调资本的所有权、控制权与收益权，股份则表示出资的比例与数量，表明了资本的所有权，但并未明确表示对资本的控制权与收益权。例如，以资本金注入方式使用的政府财政资金，就用股权表示；以直接投资的方式使用的政府财政资金，就用股份表示。

3.5 什么是项目的债务资本

债务资本（debt）是项目投资总额中以负债方式取得的借款、债券和融资租赁等资金。提供债务资金的一方（债权人）因此取得债权，接受债务资金的一方（债务人）必须按借款合同的约定偿还该债务。

债权人将资金贷出的直接目的是取得存贷利息差，利息差是债权人的收益，在这个意义上，债权人的贷款额也是他为项目出的本金，故贷款额也可以称为债务资本。债务资本的成本一般比权益资本低（指股本资金），且不会分散投资者对企业的控制权。

债务资金可来源于政策性银行贷款、商业银行贷款、外国政府贷款、国际金融组织贷款、银团贷款、企业债券、国际债券、融资租赁等。

3.6 改扩建项目的权益资本和债务资本与企业的权益资本和债务资本有何关联

对于改扩建项目，权益资本是指投资人——既有企业，从其可支配资金中为项目支付的非债务资金。这笔资金可能源于企业现有资产或经营所得，也可能是以企业名义借款的一部分。

项目的债务资本是指投资人以企业的资产为担保或以项目未来的收益为担保，专门为项目从金融机构所借款项，并明确由项目承担还款责任。

既有企业的权益资本是企业投资人为获取利益而出的资本，也是非债务资本。既有企业的债务资本是企业向债权人的举债。既有企业的权益资本与债务资本构成企业可支配的资金，它们均可用于支付项目的权益资本。

3.7 什么是准股本资金

准股本资金（quasi-equity capital）是既具有股本资金又具有债务资金性质的资金，主要包括优先股股票和可转换债券。

优先股股票（preferred stock）兼具股本资金与债务资金特点的有价证券，是股份公司定向募集的，在分配红利和剩余财产时比普通股有优先权的股份。优先股股东不参与公司的经营管理，没有公司的控制权，但可得到通常要高于银行贷款利息的固定股息。优先股相对于其他借款融资通常处于较后的受偿顺序，对于项目公司的其他债权人来说可以视为项目资本金。而对于普通股股东来说，优先股通常要优先受偿，是一种负债。

可转换债券（convertible bond）一种可以在特定时间、按特定条件转换为普通股股票的特殊企业债券，兼有债券和股票的特性，具有债权性、股权性和可转换型三个特点。

3.8 什么是注册资本

注册资本（registered capital）是公司在公司登记机关（各级工商行政管理机关）登记注册的资本数额，也叫法定资本。注册资本是投资者的出资，公司的责任以注册资本为限。注册资本是国家授予企业法人经营管理的财产或者企业法人自有财产的数额体现。企业法人办理开业登记，申请注册的资金数额与实有资金不一致的，按照国家专项规定办理。企业法人的注册资本的来源包括财政部门或者设立企业的单位的拨款、投资。

3.9 什么是资本公积

资本公积（capital reserves）是资产负债表中所有者权益的一个科目，包括资本溢价（股本溢价）和其他资本公积。资本公积是非债务资金，但又不像权益资本那样可对企业或项目有控制权与获益权。在建设项目中，资本公积有几种来源：一为投资者出资超出注册资本或股本的部分；二为机构或个人赠款；三为用户出资，如一些市政项目的用户缴纳的接入费或卫生项目的受益人出资。

3.10 政府投资项目使用的各类财政资金如何归属

（1）属于国家直接投资、资本注入的，按照国家有关规定增加国家资本或者国有资本公积。

（2）属于投资补助的，增加资本公积或者实收资本。国家拨款时对权属有规定的，按规定执行；没有规定的，由全体投资者共同享有。

（3）属于贷款贴息、专项经费补助的，作为企业收益处理。

（4）属于政府转贷、偿还性资助的，作为企业负债管理。

（5）属于弥补亏损、救助损失或者其他用途的，作为企业收益处理。

3.11 项目资本金的含义是什么

项目资本金是国务院1996年发布的《关于固定资产投资项目试行资本金制度的通知》

中所规范的用于项目的资金，是指在投资项目总投资中，应由投资者认缴的出资额，对投资项目来说是非债务性资金，项目法人不承担这部分资金的任何利息和债务；投资者可按其出资的比例依法享有所有者权益，也可转让其出资，但不得以任何方式抽回。作为计算资本金基数的总投资，是指投资项目的固定资产投资与铺底流动资金之和。

1993 年 7 月实施的《企业财务通则》规定，"设立企业必须有法定的资本金。资本金是指企业在工商行政管理部门登记的注册资金。资本金按照投资主体分为国家资本金、法人资本金、个人资本金以及外商资本金等"。国务院 1996 年发布的《关于固定资产投资项目试行资本金制度的通知》，意在固定资产投资项目中也应有类似于既有企业注册资金的资本金，延用企业资本金的称谓，叫项目资本金。2008 年 1 月实施的新《企业财务通则》不再出现"资本金"的字样，相应地方用"权益资本"取代，由是可见项目资本金与权益资本的概念是相同的。

国家对不同类型项目的资本金比例的规定见表 3-1。

表 3-1　项目资本金占项目总投资的比例

投资行业	项目资本金占项目总投资的比例
钢铁	40% 及以上
交通运输、煤炭、水泥、电解铝、铜冶炼、房地产开发（不含经济适用房）	35% 及以上
邮电、化肥	25% 及以上
电力、机电、建材、化工、石油加工、有色（铜冶炼除外）、轻工、纺织、商贸及其他行业	20% 及以上

按国家规定，外商投资企业的注册资本应与生产经营规模相适应，其最低注册资本的比例见表 3-2。

表 3-2　外商投资项目注册资本所占比例

投资总额	注册资本占总投资的最低比例	附加条件
300 万美元及以下	70%	—
300 万 ~ 1000 万美元	50%	其中投资总额 420 万美元以下的，注册资本不低于 210 万美元
1000 万 ~ 3000 万美元	40%	其中投资总额 1250 万美元以下的，注册资本不低于 500 万美元
3000 万美元以上	1/3	其中投资总额 3600 万美元以下的，注册资本不低于 1200 万美元

3.12 为什么不宜再使用“自有资金”的说法

目前在各种教科书有许多政府文件中经常用到“自有资金”这个术语。初看似乎是业主“自己”所有的资金。但是，从汉语字面看，“自有”两字不能说明资金是否能获得相应的权利，如资金支配权，以及应获得的利益，如股息或利润分配。

相对于新债权人而言，自有资金可以是债务人经营所余净资金，也可以是债务人可支配的全部资金，而不管这些资金是否全部或部分由另一债权人提供。换句话说，自有资金可能不是非债务资金，它可能是债务资金或债务资金与经营结余资金之合计。例如，A公司以某种名义向中国银行借款100万元，然后通过中介机构证明账面上有100万元资金，并以此证明作为自有资金的担保，可再向建设银行借款300万元。结果A公司全部可支配资金300万元均是债务资金。因此，所谓“自有资金”实际上应当是“可支配资金”。

在涉及资金权力与控制权时，权益资本的称谓比较准确地表达了资金的权利与属性，所以应用它取代沿用多年的“自有资金。”

3.13 什么是融资主体

融资主体（funding entity；financing entity）是为项目进行融资并承担融资责任和风险的法人单位。

对于一些项目而言，为项目融资的主体与项目实体可能不是同一机构，如某总公司为其新设子公司进行债务融资，是债务融资主体，也是债务偿还的主体。子公司可从母公司获得项目需要的全部资金，不必搞清这些资金是来源于母公司的债务资金还是权益资本，也不必偿还债务资金。

3.14 什么是既有法人融资

既有法人融资（funding by existing legal entity）是以既有法人为融资主体，由既有法人发起项目、组织融资活动并承担融资责任和风险的一种融资方式。项目所需资金可来源于既有法人内部融资、新增资本金和新增债务资金，债务资金筹措要以既有法人资产和信用为基础。既有法人融资也可称为公司融资方式。

3.15 什么是新设法人融资

新设法人融资（funding by newly setup legal entity）是组建新的独立承担民事责任的法人（公司法人或事业法人），由其组织融资活动并承担融资责任和风险的一种融资方式。项目投资由新设法人筹集的权益资本和债务资金构成，债务资金筹措以项目投产后产生的现金流量为基础。

3.16 项目融资与新设法人融资有何区别

项目融资是为一个特定经济实体或针对某一特定项目所安排的融资活动。通常由发起人为该项目的筹资和经营成立一家项目公司，由项目公司承担贷款，以项目公司的现金流量和收益（包括补贴收入或其他收入）作为还款来源，以项目的资产或权益作抵（质）押而取得的一种无追索权或有限追索权的贷款方式。

项目融资通常由几个投资者共同参与，项目发起人（投资者）既可以是一个公司，也可以是一个由多家利益关联方构成的联合体或银团。这主要是因为：①大型项目的开发有可能超出一个公司的财务、管理或者风险的承受能力，使用合资结构，项目的风险可以由多个项目参加者共同承担；②资源互补与共享；③投资者强强联合，有可能在安排项目融资时获得较为有利的贷款条件。

项目融资所获得的银团贷款通常占整个项目投资所需资金的80%以上。

项目融资的风险可由投资人、银团、施工企业、供应商与经销商共同承担。这些风险是通过复杂的合同共同分担。

项目融资主要用于需要巨额资金且现金流量较稳定或前景较好的工程项目，如天然气、煤炭、石油等自然资源的开发，以及道路桥梁、电力、化工、公用事业等大型工程建设项目。

新设法人融资在结构上与项目融资相同，主要区别在于项目收益水平较低，投资回收期长，参与的信贷机构数量少，投资人提供的信贷担保占所需资金的比例高，不可能实现债务的有限追索与无追索，供应商、经销商与施工企业一般不分担项目的风险。

3.17 什么是内部融资（内源融资）

内部融资（funding from inside; internal financing）是既有法人利用现有的现金、未来生产经营中获得的可用于项目的资金、资产变现的资金以及资产经营权转让的资金等为投资项目筹措资金的方式。

3.18 什么是外部融资（外源融资）

外部融资（funding from outside; external financing）是融资主体吸收其他经济主体的资金，例如政府性资金，证券市场的资金，国内外金融机构或非金融机构的资金，外国政府信贷资金、赠款，国内外企业、团体和个人直接投资的资金等为投资项目筹措资金的方式。既有法人外部融资还可以通过原有投资者增资扩股来实现。

3.19 什么是项目的资本结构，其作用是什么

项目资本结构指项目筹措到各类资金的比例关系，详见图3-1。第一层资本结构是权

益资本、债务资金、准股本资金、赠款与政府补助的比例。第二层资本结构为权益资本中企业资金、股票资金和股权资金的比例；债务资金中各类金融机构借款和项目发行债券的比例。第三层资本结构为股东出资比例；企业内部资金比例。

项目经济评价中的融资分析就是通过设定不同层次的资本结构，考察不同融资方案的项目盈利能力，优化资本结构，为项目融资活动提供依据。

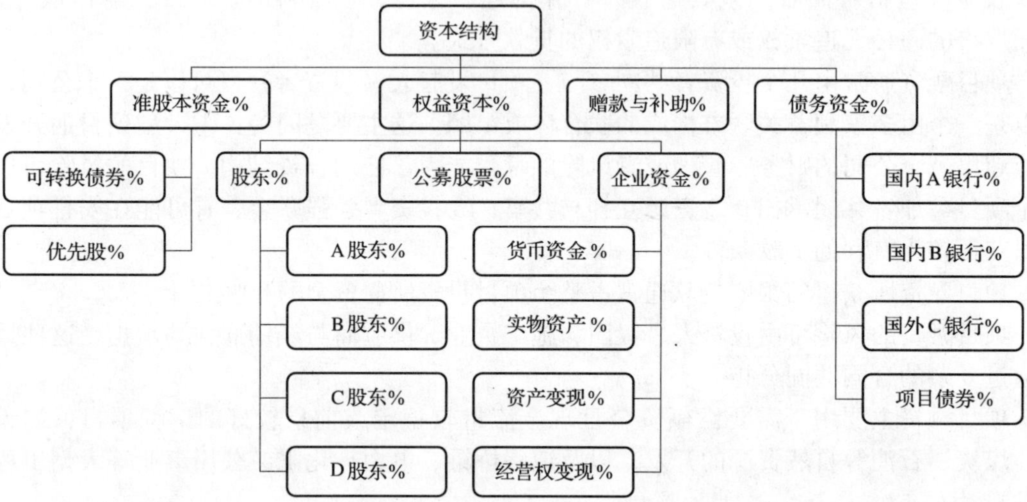

图 3-1　项目资本结构示意图

3.20　资金使用与筹措计划表包含什么内容

在确定了项目的总投资后，应编制总投资中各类资金的使用计划，如建设投资的各年用款比例，流动资金运营期内各年的投入额或比例，如果项目有债务资金，则应估算建设期各年应付利息，且不论这些利息在建设期内是否偿还，均可列入项目的固定资产中。

资金筹措计划解决资金来源与融资结构的问题。资金使用与筹措计划表见表 3-3。资金筹措计划的基本原则是满足项目总投资分年用款计划的需要，不能多也不能少。一般可首先确定项目资本金的数量与分年出资计划，再按“以使用数量定筹措数量”的上述原则，估算每年需要的债务资金数量。如果有多个渠道筹措债务资金，则应保证各种债务资金的借贷额之和等于当年需要使用的资金数额。然而，实际工作中也可以先与债权人商定债务筹资额度与分年计划，反过来再估算需要的项目资本金数额。不管按哪一种方式来估算，项目资本金占总投资的比例应满足国家有关主管部门的最低要求。

表 3-3　资金使用与筹措计划表　　单位：万元

序号	项　目	合计	1	2	3	4	5	6
1	总投资	63591	61972	1398	220	0	0	0
	人民币	51223	49617	1390	216	0	0	0
	外币	1718	1716	1	1	0	0	0

续表 3-3

序号	项　　目	合计	1	2	3	4	5	6
1.1	建设投资	60627	60627	0	0	0	0	0
	人民币	48272	48272	0	0	0	0	0
	外币	1716	1716	0	0	0	0	0
1.2	建设期利息（含其他融资费用）	1345	1345	0	0	0	0	0
	人民币	1345	1345	0	0	0	0	0
	外币	0	0	0	0	0	0	0
1.3	流动资金	1618	0	1398	220	0	0	0
	人民币	1606	0	1390	216	0	0	0
	外币	2	0	1	1	0	0	0
2	资金筹措	63591	61972	1398	220	0	0	0
2.1	项目资本金	20485	20000	420	66	0	0	0
	用于建设投资	20000	20000	0	0	0	0	0
	人民币	20000	20000	0	0	0	0	0
	外币	0	0	0	0	0	0	0
	用于流动资金	485	0	420	66	0	0	0
	人民币	485	0	420	66	0	0	0
	外币	0	0	0	0	0	0	0
	用于建设期利息（含其他融资费用）	0	0	0	0	0	0	0
	人民币	0	0	0	0	0	0	0
	外币	0	0	0	0	0	0	0
	其中：注册资金	20000	19526	410	64	0	0	0
	资本金占总投资比例	33%	0	0	0	0	0	0
2.2	长期借款	43105	41972	979	154	0	0	0
2.2.1	建设投资借款	40627	40627	0	0	0	0	0
	人民币长期借款一	38627	38627	0	0	0	0	0

续表 3-3

序号	项　目	合计	1	2	3	4	5	6
	人民币长期借款二	2000	2000	0	0	0	0	0
	外币长期借款	0	0	0	0	0	0	0
2.2.2	流动资金借款	1133	0	979	154	0	0	0
	人民币	1133	0	979	154	0	0	0
	外币	0	0	0	0	0	0	0
2.2.3	建设期利息借款	1345	1345	0	0	0	0	0
	人民币	1345	1345	0	0	0	0	0
	外币	0	0	0	0	0	0	0

3.21 长期借款、短期借款、建设投资借款、流动资金借款有何区别

从借款期延续时间划分，长期借款是指借款期超过一年，一般是三年以上的借款。短期借款是指借款期不超过（含）一年的借款。

从借款用途借分，建设投资借款是指用于建设投资的借款，流动资金借款是指用于流动资金的借款。

由于一般项目建设期都较长，建设投资一般使用长期借款。流动资金也是项目长期占用的资金，其借款理论上应使用长期借款，但在实际工作中经常使用一年期以下的短期借款。当年借款、次年还款，或年初借款、年末还款。

3.22 什么是名义利率

名义利率（nominal interest rate）通常指银行贷款合同标明的年利率，即利率的名义量。银行贷款每年计息一般不止一次，若名义年利率为 r，每年计息次数为 m，则计息周期利率为 r/m。

3.23 什么是有效利率

有效利率（effective interest rate）指计息周期不等于一年时实际生效的年利率。当计息周期 m 小于一年时，根据复利概念，就会出现有效年利率和名义年利率的差别。有效年利率和名义年利率之间的关系可用下式表示：

$$\text{有效年利率} = \left(1 + \frac{r}{m}\right)^m - 1 \tag{3-1}$$

若每年只计息一次，有效年利率和名义年利率相同。

3.24　什么是实际利率

实际利率（real interest rate）是利率的实际量。在信用货币制度下，产生利率的名义量与实际量差别的最重要原因是通货膨胀，从名义利率中剔除通货膨胀（或紧缩）因素影响可得到实际利率。实际利率与名义利率的关系可用下式表示：

$$实际利率 = \frac{1+r}{1+f} - 1 \tag{3-2}$$

式中　r——名义利率；

f——通货膨胀率。

3.25　什么是资本成本

资本成本（cost of capital）是项目筹措和使用债务资本与权益资本的成本。从投资人的角度看，资本成本是项目所有资产组合的最低预期回报。在这个意义上来说，资本成本不取决于资本的来源，而取决于资本的使用。

债务资本成本是筹措与占用债务资本所付的费用。

权益资本成本是项目补偿股东等待和承受风险的最低回报，也就是权益资本预期（而不是历史上）获得的收益率。从经济学意义上讲，权益资本成本其实是投资人权益资金的机会成本。权益资本成本的计算方法主要有资本资产定价模型法、税前债务成本加风险溢价法以及股利增长模型法等。

在一些教科书中将资本成本作如下定义（原文）：

项目使用资金所付出的代价，由资金占用费和资金筹集费两部分组成。资金成本通常以资金成本率来表示。资金成本率是指能使筹得的资金同筹资期间与资金使用期间发生的各种费用和向资金提供者支付的各种代价等值时的收益率或贴现率。

不同来源资金的资金成本率的计算方法不尽相同，但理论上均可用下列公式表示：

$$\sum_{t=0}^{n} \frac{F_t - C_t}{(1+i)^t} = 0$$

式中　F_t——各年实际筹措资金流入额；

C_t——各年实际资金筹集费和对资金提供者的各种付款，包括贷款、债券等本金偿还和利息支付；

i——资金成本率；

n——资金占用期限。

这一定义本质上是占用债务资金的理论成本，尤其是提到“……各种付款，包括贷款、债券等本金偿还和利息支付”。公式被教科书作者赋予一个隐含的假定：从项目经营者的角度看，投资人的资金被视为债务资金。投资人的权益资金是非债务资金，不能抽回也不用偿还。债务资金是必须偿还的，权益资金是可以完全赔掉的。权益资金必须通过等待并承受风险才可能得到回报而不是支付。因此，上式作为资金成本是不正确的。

3.26 什么是资金占用费

资金占用费（cost of fund utilization）指资金在使用过程中向资金提供者支付的借款利息、债券利息、优先股股息、普通股红利及权益收益等。

3.27 什么是资金筹集费

资金筹集费指资金筹集过程中所发生的律师费、资信评估费、公证费、证券印刷费、发行手续费、担保费、承诺费、银团贷款管理费等各种费用。

3.28 资本资产定价模型的基本思路是什么，如何用它计算权益资本成本

美国斯坦福大学教授 William F. Sharp 于1964 年在其“Capital Asset Prices：A Theory of Market Equilibrium under Condition of Risk”一文中第一个提出了测算股票收益的资本资产定价模型（CAPM）的雏形。

CAPM 模型的建模思路是：投资就存在风险，即投资的目的是获得更高的回报，但是否能还本与得利是不确定的，既是存在一定程度的风险；由于存在风险，投资应当取得相应的收益；投资人的收益就是项目经营者的资本成本，E（收益）> 资本成本时项目才是好项目；资本成本用可观察到的风险来度量；权益投资风险用股票历史统计资料的标准差直接度量。建模思路可参见图 3-2。

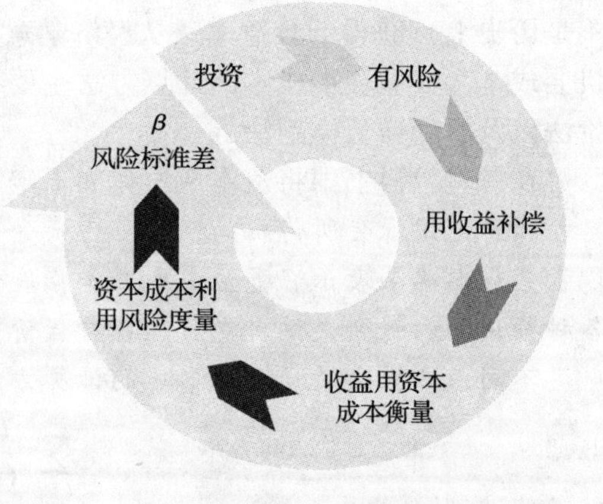

图 3-2 资本资产定价模型的建模思路

这个模型的伟大意义在于：它揭示了在竞争性的资本市场中，风险和收益的数量关系以及在风险与收益间如何权衡和取舍，为此，他获得 1990 年诺贝尔经济学奖。CAPM 的基本公式为：

股票的期望风险溢酬 = 风险系数 × 期望市场风险溢酬

用数学符号表示为：

$$r - r_f = \beta \times (r_m - r_f) \tag{3-3}$$

式中 r——股票的期望收益率；

r_f——无风险利率；

r_m——整个股票市场收益率；

β——与股票风险有关的系数。

短期国债利率可以作为当前的无风险利率，长期国债利率是长期无风险利率。市场收

益率与无风险利率的差额就是市场风险溢酬（$r_m - r_f$）。确定市场风险溢酬时要考虑国家政治体制与经济体制，民族习性（如薄利多销的经营理念，吃苦耐劳的工作态度，节俭持家的生活作风）等因素。β 可以利用资本市场的企业股票资料或行业股票指数，利用自回归模型来估算。

资本资产定价模型的优点是它考虑了风险，适用于所有的企业而不是股利增长固定的企业。其缺点是利用历史数据对未来进行预测，如果经济环境变化较大则不适用。

我国不少学者利用我国证券市场的资料对资本资产定价模型进行过实证研究，早期大多数学者的研究结果都认为由于我国证券市场尚未规范化运行，计算结果多数不支持理论预期值。2006 年，中央财经大学的学者利用上证 100 指数的资料和自回归模型，计算若干行业的 β 值，得出了比较符合理论的结果，虽然具体数据的准确性有待进一步求证（即使在市场经济发达、股市机制健全的国家，CAPM 模型的理论与实践也是很难符合的），但是风险高的行业 β 值相对高，风险低的行业 β 值相对低，从总体上证明了只要模型选得对，资料运用适当，资本资产定价模型照样可以用于我国的经济生活，也证明了该模型的普适性。其初步计算结果见表 3-4①。

表 3-4　29 个行业的风险系数 β 的估算值

序号	行业	计算 β	调整后 β	序号	行业	计算 β	调整后 β
1	电子	1. 103	1. 342	16	金属类	0. 934	1. 137
2	采掘业	1. 059	1. 289	17	纺织服装	0. 901	1. 096
3	文化传播	1. 055	1. 284	18	综合类	0. 897	1. 092
4	信息技术	1. 034	1. 258	19	运输业	0. 832	1. 013
5	有色金属	1. 022	1. 244	20	运输仓储	0. 828	1. 008
6	建筑业	1. 021	1. 243	21	社会服务	0. 671	0. 817
7	其他机械	1. 010	1. 229	22	金融保险	0. 627	0. 763
8	农林牧渔	1. 007	1. 225	23	制造业	0. 604	0. 735
9	房地产	0. 999	1. 216	24	医药类	0. 603	0. 734
10	金属制品	0. 974	1. 185	25	黑色金属	0. 602	0. 733
11	机械类	0. 971	1. 182	26	石油化工	0. 595	0. 724
12	批发零售	0. 968	1. 178	27	食品饮料	0. 595	0. 724
13	公用事业	0. 962	1. 171	28	木材家具	0. 591	0. 719
14	电器器材	0. 949	1. 155	29	造纸印刷	0. 588	0. 716
15	非金属	0. 947	1. 152				

① 资料来源：徐晓军．我国行业投资风险系数研究［D］．北京：中央财经大学，2006.

3.29 如何用股利增长模型计算权益资本成本

股利增长模型是依照股票投资的收益率不断提高的思路来计算普通股资本成本的方法。一般假定收益以固定的增长率递增，其普通股资本成本的计算公式为：

$$R_e = \frac{D_1}{P_0} + g \tag{3-4}$$

式中 R_e——权益资本成本；

D_1——下期的预期股利；

P_0——股价；

g——设定的股利增长率。

股利增长模型的优点是方法简便，其缺点一是仅适用于支付股利的企业，同时也要假定股利增长是固定的，缺点二是未考虑项目的风险。

3.30 什么是债务资本成本，如何计算

债务资本成本（cost of debt）是项目借用债务所付出的代价，由资金占用费和资金筹集费两部分组成，也用资本成本率表示。所得税税后的债务资本成本率表达式为：

$$P_0(1-F) = \sum_{t=1}^{n} \frac{P_t + I_t \times (1-T)}{(1+R_d)^t} \tag{3-5}$$

式中 R_d——含筹资费用的税后债务资金成本；

P_0——债券发行额或长期借款金额，即债务的现值；

F——债务资金筹资费用率；

P_t——约定的第 t 期末偿还的债务本金；

I_t——约定的第 t 期末支付的债务利息；

T——所得税税率；

n——债务期限，通常以年表示。

上式中，等号左边是债务人的实际现金流入；等号右边为债务引起的未来现金流出的现值总额。该公式中忽略未计债券兑付手续费。

使用公式（3-5）时应根据项目具体情况确定债务期限内各年的利息是否应乘以（$1-T$），如前所述，在项目的建设期内不应乘以（$1-T$），在项目运营期内的免征所得税年份也不应乘以（$1-T$）。

3.31 加权平均资本成本

加权平均资本成本（weighted average capital cost，WACC）是指项目融资方案的全部资本的成本，为融资方案中各类资本的成本率以该类资本占总融资额的比例为权数的加权平均值，其计算公式为：

$$WACC = \left(\frac{E}{V}\right) \times R_e + \left(\frac{D}{V}\right) \times R_d \times (1 - T) \qquad (3\text{-}6)$$

式中 E——权益资本；

D——债务资本；

V——全部资本；

R_e——权益资本成本；

R_d——债务资本成本；

T——所得税率。

3.32 BOT、PPP 仅仅是融资方式吗

近年来，市政与基础设施建设中经常采用 BOT、PPP 等词汇，在一些权威教科书中还专门介绍 BOT 融资、PPP 融资，给人以 BOT、PPP 的主要任务是融资。笔者经过大量查证，认为以上提法不妥。

世界银行论述 BOT 的专门文献有如下描述：Build，Operate and Transfer（BOT）Approach is used to financing，building and operating infrastructure projects。此句表明 BOT 模式指要为项目进行融资、建造和运营管理。这里的融资有两层含义：授权方给被授权方以融资的权力，被授权方有权益资本与债务资本筹措的权力。除了融资外，被授权方必须建设项目，运营项目，最后还要将项目"完璧归赵"。

世界银行的专业术语对 BOT 及其派生缩写 BOOT、BOO 的解释如下（中文解释是世界银行原文）：

build-operate-transfer；build-operate-turnover-BOT，Type of construction contract whereby a private firm finances some or all of the initial investment and is remunerated directly from revenues earned by the project from selling output to a public utility. Ownership is eventually transferred to the state or to private domestic investors.

建造－经营－移交制（简写为 BOT），一种建设合同，即由一个私营商对项目进行全部或部分投资，项目完成后，从向公用事业出售其产出的收入中直接取得回报。项目所有权最终将移交给国家或国内私人投资者。

build-own-operate-transfer-BOOT，Type of construction contract whereby a private firm finances some or all of the initial investment and is remunerated directly from revenues earned by the project from selling output to a public utility. Ownership is initially held by the firm but eventually transferred to the state or to private domestic investors.

建造－所有－经营－移交制（简写为 BOOT），一种建设合同，即由一个私营商对项目进行全部或部分投资，项目完成后，从向公用事业出售其产出的收入中直接取得回报。项目所有权最初由该私商拥有，但最终将移交给国家或国内私人投资者。

build-own-operate-BOO，Type of construction contract whereby a private firm finances some or all of the initial investment and is remunerated directly from revenues earned by the project from selling output to a public utility. The project is kept by the private firm and not transferred back to the government.

建造－所有－经营制（简写为 BOO），一种建设合同，即由一个私营商对项目进行全部或部分投资，项目完成后，从向公用事业出售其产出的收入中直接取得回报。该项目始终为该私商所有，不转移给政府。

从以上世界银行对 BOT、BOOT 和 BOO 的定义看，它们仅是一类“建造合同”，或包含融资活动的项目组织运营模式，而不仅只是“融资方式”。

根据香港政府效率促进组的定义，Public-Private-Partnership 是“一种由公共部门和私营机构共同提供公共服务或进行计划项目的安排。在这种安排下，双方通过不同程度的参与和承担，各自发挥专长，以获得相辅相成的效果”。

欧盟的爱尔兰对 PPP 定义最有代表性：

A PPP is an arrangement between the public and private sectors (consistent with a broad range of possible partnership structures) with clear agreement on shared objectives for the delivery of public infrastructure and/or public services by the private sector that would otherwise have been provided through traditional public sector procurement.

A particular arrangement or project may constitute a PPP where the following key characteristics are present:

— shared responsibility for the provision of the infrastructure or services with a significant level of risk being taken by the private sector, for example, in infrastructure projects, linking design and construction with one or all of the finance, operate and maintain elements;

— long-term commitment by the public sector to the provision of quality public services to consumers through contractual arrangements with private sector operators;

— better value for money and optimal allocation of risk, for example, by exploiting private sector competencies (managerial, technical, financial and innovation) over the project's lifetime and by promoting the cross-transfer of skills between the public and private partners.

可见，PPP 亦是一种制度安排或政府部门与私人部门的一项协议（合同），协议（合同）内容包括法律责任、权利、义务，包括风险管理与财务影响，包括财政资金使用的优劣分析，包括融资、建设、运营、管理、维护等活动，所以它也不仅仅是“融资方式”。

3.33 融资风险

融资风险（risk of funding）是融资活动中存在的可能会对项目的成功造成负面影响的不确定因素所引发的资金供应风险、利率变动风险和汇率变动风险等。项目融资方案研究中必须进行融资风险分析。

融资风险分析中应重点考虑下列风险因素：

（1）资金供应风险。

资金供应风险是指在项目实施过程中由于资金不落实，导致建设工期延长，工程造价上升，使原定投资效益目标难以实现的可能性。导致资金不落实的原因很多，主要包括：

1）已承诺出资的股本投资者由于出资能力有限（或者由于拟建项目的投资效益缺乏

足够的吸引力）而不能（或不再）兑现承诺。

2）原定发行股票、债券计划不能实现。

3）既有企业法人由于经营状况恶化，无力按原定计划出资。

为防范资金供应风险，必须认真做好资金来源可靠性分析。在选择股本投资者时，应当选择资金实力强、既往信用好、风险承受能力强的投资者。

（2）利率风险。

利率风险是指由于利率变动导致资金成本上升，给项目造成损失的可能性。利率水平随金融市场情况而变动，未来市场利率的变动会引起项目资本成本发生变动。采用浮动利率，项目的资本成本随利率的上升而上升，随利率的下降而下降。采用固定利率，如果未来利率下降，项目的资本成本不能相应下降，相对资金成本将升高。因此，无论采用浮动利率还是固定利率都存在利率风险。为了防范利率风险，应对未来利率的走势进行分析，以确定采用何种利率。

（3）汇率风险。

汇率风险是指由于汇率变动给项目造成损失的可能性。国际金融市场上各国货币的比价在时刻变动，使用外汇贷款的项目，未来汇率的变动会引起项目资本成本发生变动以及未来还本付息费用支出的变动。某些硬货币贷款利率较低，但汇率风险较高；软货币则相反，汇率风险较低，但贷款利率较高。为了防范汇率风险，使用外汇数额较大的项目应对人民币的汇率走势、所借外汇币种的汇率走势进行分析，以确定借用何种外汇币种以及采用何种外汇币种结算。一般情况下应尽量借用软货币。

第4章 财务分析

4.1 财务分析的任务是什么

财务分析（financial analysis）是在现行会计规定、税收法规和价格体系下，通过项目财务收益与支出的预测，编制财务报表，计算评价指标，考察和分析项目的财务生存能力、偿债能力和盈利能力，据以判断项目的财务可行性，明确项目对财务主体及投资者的价值贡献。

按照项目的财务目标，项目可分为营利性项目与非营利性项目。对于非营利性项目，首先要考察项目的生存能力，即现金流入（不管以哪种形式）是否能全额补偿项目的现金支出，其次才能考虑项目偿还利息和本金的能力，如果在前两项补偿后还有结余，最后再考虑项目的盈利能力。对于营利性项目，考察其盈利能力也就同时完成了生存能力与偿债能力的考察。

本章先解答营利性项目财务分析有关问题，后解答非营利性项目财务分析有关问题。

4.2 财务分析的对象是什么

项目财务分析的对象是项目的现金流（cash flow）或称净现金流（net cash flow），包括现金流入（cash-in-flow）与现金流出（cash-out-flow）。

项目评价中的“现金流”与我们日常生活中的“现金”（指纸币 note 与硬币 coin）不同，它指项目建设与运营期内可能发生的各类收入与支出的货币性资金，包括货币现金、可用货币计量的实物资产与无形资产。说得形象一点，在项目财务实体的银行账户上发生的财务往来记录就是项目的现金流量。财务分析中现金流就是现金及现金等价物及其流通数量。

4.3 财务分析为什么要区分为融资前分析与融资后分析，有什么不同的假定，各自的作用是什么

在《建设项目经济评价方法与参数》（第三版）中，财务分析被分为融资前分析与融资后分析，同时指出所谓融资前是指债务融资前。笔者认为如果称为“债务融资前分析”与“债务融资后分析”更好，直截了当，而且不会发生误解。

项目债务融资前分析是评估项目的预期价值，就如同在“鉴宝”或“收藏”一类电视节目中，藏家带着某收藏品到现场，请现场的收藏爱好者与专家共同判定该藏品真伪与市场价值，例如该品为真，市场价值 10 万元。若某买家目前手头可支配的现金只有 3 万元，需要借 7 万元的债务才可将该藏品买入，那么，估算买家投入自家 3 万元后可获得的

收益就是项目债务融资后（向外举债7万元）分析的任务。

债务融资前分析的基本假定是项目投资所需资本量不受约束，其主要作用在于判定项目价值，供投资人作初步投资决策。在债务融资前分析结论满足要求的情况下，初步设定融资方案，再进行债务融资后分析。债务融资后分析的基本假定是项目投资所需的资本量是有限的，其结论是投资人最终决策的依据。

4.4 债务融资前盈利能力分析的步骤如何

由于不向金融机构举债，自然就没有还款的问题，债务融资前财务分析只进行盈利能力分析。

债务融资前盈利能力分析的步骤为：估算项目在不进行债务融资的情况下的各项现金流入与现金流出，编制项目投资现金流量表（cash flow table before-funding），计算财务分析指标，根据分析指标进行初步投资决策的判定。

债务融资前的现金流入有项目财务收益、销项税、回收固定资产余值、回收流动资金。

债务融资前的现金流出有建设投资、流动资金投资、经营成本、进项税、增值税、营业税金及附加、调整所得税等。

财务分析的指标有财务净现值、财务内部收益率、财务收益成本比、投资回收期等指标。

债务融资前财务分析的现金流量表的格式如表4-1。

表4-1 项目投资现金流量表 单位：万元

序号	项　　目	合计	1	2	3	4	5	6
1	现金流入	156755	0	22792	32560	32560	32560	36283
1.1	营业收入	132272	0	19700	28143	28143	28143	28143
1.2	销项税额	20760	0	3092	4417	4417	4417	4417
1.3	补贴收入	0	0	0	0	0	0	0
1.4	回收资产余值	2104	0	0	0	0	0	2104
1.5	回收流动资金	1618	0	0	0	0	0	1618
2	现金流出	122311	60627	9465	10982	13745	13745	13745
2.1	建设投资	60627	60627	0	0	0	0	0
2.2	流动资金	1618	0	1398	220	0	0	0
2.3	经营成本	42666	0	7428	8809	8809	8809	8809
2.4	进项税额	2457	0	366	523	523	523	523
2.5	增值税	13113	0	0	1041	4024	4024	4024
2.6	营业税金及附加	1830	0	273	389	389	389	389

续表 4-1

序号	项　目	合计	1	2	3	4	5	6
2.7	维持运营投资	0	0	0	0	0	0	0
3	所得税前净现金流量（1-2）	34444	-60627	13327	21578	18815	18815	22537
4	所得税前累计净现金流量	0	-60627	-47300	-25722	-6908	11907	34444
5	调整所得税	8799	0	236	2034	2105	2176	2247
6	所得税后净现金流量（3-5）	25646	-60627	13091	19544	16710	16638	20290
7	所得税后累计净现金流量	0	-60627	-47536	-27992	-11283	5356	25646

在表 4-1 中，灰底色单元的黑体数字是整个财务分析的核心，以货币的时间价值为原理的折现就是针对这两行数字进行的。

4.5　项目的财务收益包括什么

项目的财务收益（financial revenue）指项目运营期内因提供产品或服务所得的营业（销售）收入以及从政府获得的补助。

4.6　营业收入指什么

营业收入（income，sales）是指企业在日常活动中形成的、会导致所有者权益增加的、与所有者投入资本无关的经济利益的总流入。包括营业收入（销售商品收入、提供劳务收入）和让渡资产使用权收入。计算营业收入时应注意价格用到厂价格，数量为到厂数量。

项目经济评价中计算营业收入时的基本假定是当期生产的产品当期全部销售。

4.7　政府补助（贴）指什么

政府补助（subsidy）是指企业从政府无偿取得货币性资产或非货币性资产，但不包括政府作为企业所有者投入的资本。政府补助的形式有财政拨款、财政贴息、税收返还、无偿划拨非货币性资产。在项目运营期，一般不会发生无偿划拨非货币性资产，发生的政府补助应计入当期损益，按照 2007 年发布的企业所得税法，运营期财政补助不纳入所得税的计算基数。

4.8　经营成本包括什么

经营成本在不同的领域有不同的定义。在项目经济评价中，经营成本是项目运营期维持项目运营经常性的现金流出，按照费用要素成本法，包括外购原材料、燃料和动力费、职工薪酬、修理费、其他费用等（表4-2）。

表4-2 经营成本估算表 单位：万元

序号	项目	合计	年份	1	2	3	4	5	6
			负荷	0	70%	100%	100%	100%	100%
1	外购原材料费		12278	0	1829	2612	2612	2612	2612
2	外购燃料及动力费		5390	0	803	1147	1147	1147	1147
3	职工薪酬		2625	0	525	525	525	525	525
4	修理费		10522	0	2104	2104	2104	2104	2104
5	其他费用		11851	0	2168	2421	2421	2421	2421
6	经营成本		42666	0	7428	8809	8809	8809	8809

4.9 外购原材料和燃料动力成本如何估算

外购原材料和燃料动力费的估算需要相关专业提供的外购原材料和燃料动力年耗用量，以及在选定价格体系下的预测价格，该价格应按入库价格计（即到厂价格），并考虑途库损耗。采用的价格时点和价格体系应与营业收入的计算一致。

4.10 职工薪酬如何估算

在项目财务分析中，职工薪酬，即原工资与福利总额，是指企业为获得职工提供的服务而给予的各种形式的报酬，按照2006年的《企业会计准则》，职工薪酬包括：

（1）职工工资、奖金、津贴和补贴；

（2）职工福利费；

（3）医疗保险费、养老保险费、失业保险费、工伤保险费和生育保险费等社会保险费；

（4）住房公积金；

（5）工会经费和职工教育经费；

（6）非货币性福利；

（7）因解除与职工的劳动关系给予的补偿；

（8）其他与获得职工提供的服务相关的支出。

采用生产要素估算法时，所采用的职工人数为项目的全部定员。确定人工工资及福利费时需考虑项目性质、项目地点、行业特点等因素。对于既有法人项目，还要考虑原企业工资水平。

根据不同项目的需要，职工薪酬可视情况选择按项目全部人员年工资的平均数值计算或者按照人员类型和层次分别设定不同档次的工资进行计算。

4.11 营业税金及附加如何计算

营业税。课税对象是提供应税劳务、转让无形资产和销售不动产的单位和个人。交通运输、建筑、邮电通信、文化体育、娱乐、服务等行业应按税法规定计算营业税。营业税是价内税，包含在营业收入之内。其值等于营业收入乘以营业税率。

城市维护建设税，是一种地方附加税，以流转税额（包括增值税、营业税和消费税）为计税依据，税率根据项目所在地分市区，县、镇和县、镇以外三个不同等级。教育费附加是地方收取的专项费用，计税依据也是流转税额，税率由地方确定，项目评价中应注意当地的规定。

营业税金及附加是项目经营期的现金流出之一。为简化财务分析表格，《建设项目经济评价方法》（第三版）将营业税与城市维护建设税和教育费附加合并成一项，并与营业收入估算同时进行。

4.12 经营成本中修理费计算时应注意什么

在项目经济评价中，修理费不是项目实际运行中发生的修理费用，而是一种预提的费用，作为一项虚拟的常态现金流出。修理费一般都以固定资产原值为计算基数乘以某一比率得出。固定资产原值由建设投资与建设期利息共同构成。建设期利息是债务融资后发生的费用，将其资本化计入固定资产。对于债务融资前财务分析而言，计算经营成本中的修理费应使用不含建设期利息的固定资产原值。修理费的提取比率选取应考虑行业和项目特点。在生产运营的各年中，修理费率一般可采用固定值，或根据项目特点采用间断性调整修理费率，初期取较低值，后期可取值较高。

4.13 生产成本（制造成本）指什么

生产成本（production costs）是生产单位为生产产品或提供劳务而发生的各项生产费用，包括各项直接支出和制造费用，是衡量企业技术和管理水平的重要指标。

4.14 制造费用包括什么内容

制造费用（manufacturing expenses）是企业为生产产品和提供劳务而发生的各项间接费用，包括生产单位管理人员工资和福利费、折旧费、修理费（生产单位和管理用房屋、建筑物、设备）、办公费、水电费、机物料消耗、劳动保护费、季节性和修理期间的停工损失等。但不包括企业行政管理部门为组织和管理生产经营活动而发生的管理费用。

4.15 期间费用包括什么内容

期间费用（period expenses）是企业当期发生的，与具体工程（或产品）没有直接联系，必须从当期收入中得到补偿的费用。企业的期间费用包括营业费用、管理费用和财务费用。

4.16 管理费用包括什么内容

管理费用（overhead）是企业为组织和管理企业生产经营所发生的费用，包括企业的董事会和行政管理部门在企业的经营管理中发生的，或者应当由企业统一负担的公司经费（包括行政管理部门职工薪酬、修理费、物料消耗、低值易耗品摊销、办公费和差旅费等）、董事会费、聘请中介机构费、咨询费（含顾问费）、诉讼费、业务招待费、房产税、车船使用税、土地使用税、印花税、技术转让费、矿产资源补偿费、无形资产摊销、研究与开发费、排污费、存货盘亏或盘盈（不包括应计入营业外支出的存货损失）、计提的坏账准备和存货跌价准备等。

4.17 财务费用包括什么内容

财务费用（financial expenses）是项目在运营期内为筹集并占用生产经营所需资金等而所发生的费用，包括长期借款余额发生的利息、应当作为期间费用的短期利息支出（减利息收入）、汇兑损失（减汇兑收益）以及相关的手续费等。

4.18 营业费用包括什么内容

营业费用（marketing costs）是企业在销售商品过程中发生的费用，包括企业销售商品过程中发生的运输费、装卸费、包装费、保险费、展览费和广告费，以及为销售本企业商品而专设的销售机构（含销售网点，售后服务网点等）的职工薪酬、类似工资性质的费用、业务费等经营费用。商品流通企业在购买商品过程中所发生的进货费用，也包括在内。

4.19 经营成本中的其他费用如何计算

经营成本中的其他费用包括其他制造费、其他管理费和其他营业费三项费用，是制造成本法中的制造费用、管理费用和营业费用中分别扣除工资及福利费、折旧费、摊销费、修理费以后的其余部分。提取比例根据行业特点和规定来确定。其他制造费用可按固定资产原值（不含建设期利息）的百分数估算或按人员定额估算。其他管理费可按人员定额或取工资及福利费总额的倍数估算。其他营业费可按营业收入的百分数估算。

4.20 如何用分项详细估算法计算流动资金

分项详细估算法是利用流动资产与流动负债估算项目占用的流动资金。一般先对流动资产和流动负债主要构成要素进行分项估算，进而估算流动资金。在项目经济评价中，流动资产的构成要素一般包括存货、现金、应收账款和预付账款；流动负债的构成要素一般只考虑应付账款和预收账款。流动资金应按下式计算：

流动资金 = 流动资产–流动负债　(4-1)

流动资产 = 应收账款 + 预付账款 + 存货 + 现金　(4-2)

流动负债 = 应付账款 + 预收账款　(4-3)

流动资金本年增加额 = 本年流动资金–上年流动资金　(4-4)

流动资金估算的具体步骤是首先确定各分项最低周转天数，计算出周转次数，然后进行分项估算。

（1）周转次数的计算。

周转次数 = 360 天/最低周转天数　(4-5)

各类流动资产和流动负债的最低周转天数可参照同类企业的平均周转天数并结合项目特点确定，或按行业规定。在确定最低周转天数时应考虑储存天数、在途天数，并考虑适当的保障系数。

（2）流动资产估算。

1）存货估算。项目评价中存货仅考虑外购原材料、燃料及动力、其他材料、在产品和产成品，并分项进行计算。计算公式为：

存货 = 外购原材料、燃料及动力 + 其他材料 + 在产品 + 产成品　(4-6)

外购原材料、燃料及动力 = 年外购原材料、燃料及动力费用/分项周转次数　(4-7)

其他材料 = 年其他材料费用/其他材料周转次数　(4-8)

在产品 = （年外购原材料、燃料及动力费用 + 职工薪酬 + 年修理费 + 年其他制造费）/在产品周转次数　(4-9)

产成品 = （年经营成本 – 年其他营业费用）/产成品周转次数　(4-10)

2）应收账款估算。应收账款是指企业对外销售产品、提供服务尚未收回的资金，计算公式为：

应收账款 = 年经营成本/应收账款周转次数　(4-11)

3）预付账款估算。预付账款是指企业为购买各类材料、半成品或服务所预先支付的资金，计算公式为：

预付账款 = 外购商品或服务年费用/预付账款周转次数　(4-12)

4）现金需要量估算。项目流动资金中的现金是指为维持项目正常生产运营必须预留的货币资金，计算公式为：

现金 =（职工薪酬 + 年其他费用）/ 现金周转次数　(4-13)

年其他费用 = 制造费用 + 管理费用 + 营业费用–（以上三项费用中所含的职工薪酬、折旧费、摊销费、修理费）　(4-14)

或

$$年其他费用=其他制造费用+其他管理费用+其他营业费用+技术转让费+研究与开发费+土地使用税 \quad (4\text{-}15)$$

(3) 流动负债估算。

项目评价中，流动负债的估算可以只考虑应付账款和预收账款两项。计算公式为：

$$应付账款=外购原材料、燃料动力及其他材料年费用/应付账款年周转次数 \quad (4\text{-}16)$$

$$预收账款=预收的营业收入年金额/预收账款年周转次数 \quad (4\text{-}17)$$

表4－3是用分项详细估算法计算流动资金的示例。

表4-3 流动资金估算表（分项详细估算法） 单位：万元

序号	项 目	最低周转天数	周转次数	计算期 1	2	3	4	5	6
1	流动资产	0	0	0	0	0	0	0	0
1.1	应收账款	40	9	0	866	1037	1037	1037	1037
1.2	存货	0	0	0	558	693	693	693	693
1.2.1	原材料（含外购件等）	0	0	0	116	166	166	166	166
	A	20	18	0	103	148	148	148	148
	B	10	36	0	1	1	1	1	1
	C（进口）	90	4	0	8	11	11	11	11
	辅助材料及外购件	10	36	0	5	7	7	7	7
	其他材料	0	0	0	0	0	0	0	0
1.2.2	燃料	0	0	0	24	34	34	34	34
	煤	20	18	0	24	34	34	34	34
	重油	0	0	0	0	0	0	0	0
1.2.3	在产品	1	360	0	18	21	21	21	21
1.2.4	产成品	20	18	0	400	472	472	472	472
1.3	现金	30	12	0	224	245	245	245	245
	预付账款	0	0	0	0	0	0	0	0
	小计	0	0	0	1648	1975	1975	1975	1975
2	流动负债	0	0	0	250	357	357	357	357
2.1	应付账款	30	12	0	250	357	357	357	357
	预收账款	0	0	0	0	0	0	0	0
3	流动资金	0	0	0	1398	1618	1618	1618	1618

续表 4-3

序号	项　目	最低周转天数	周转次数	计算期					
				1	2	3	4	5	6
4	流动资金当期增加额	0	0	0	1398	220	0	0	0
5	流动资金借款额	0	0	0	979	1133	1133	1133	0
6	流动资金借款利息	0	0	0	60	69	69	69	69
7	自有流动资金	0	0	0	420	485	485	485	1618

4.21 流动资金分项详细估算法应注意什么

（1）在项目评价中，最低周转天数取值对流动资金估算的准确程度有较大影响。在确定最低周转天数时应根据项目的特点，投入和产出性质、供应来源以及各分项的属性，并考虑保险系数分项确定。

（2）当投入物和产出物采用不含税价格时，估算中应注意将销项税额和进项税额分别包括在相应的年费用金额中。

（3）流动资金一般应在项目投产前开始筹措。为了简化计算，流动资金可在投产第一年开始安排，并随生产运营计划的不同而有所不同，因此流动资金的估算应根据不同的生产运营计划分年进行。

（4）用详细估算法计算流动资金，需以营业收入和经营成本的某些科目为基数，因此实际上流动资金估算应在营业收入和经营成本估算之后进行。

4.22 为什么债务融资前财务分析要分税前与税后两种

所得税是企业（项目）向国家义务缴纳的资金，是企业（项目）的一项实实在在的现金流出。但是，由于一些项目以各种理由可以获得政府的所得税赋优惠（所得税优惠的规定受行业、企业性质、产业政策等太多因素影响，本书不详细列举，请读者查阅2007年版中华人民共和国所得税法和实施条例，以及财政部和国家税务总局的相关文件），有可能使同类项目所得税后的净现金流不同，影响了评价指标的正确判定。为避免出现这类项目价值评估不合理的差异，应使用所得税前的指标进行项目的价值进行判断。

4.23 为什么债务融资前财务分析要设调整所得税，如何计算

所得税是企业或项目的法定支出。所得税由应纳税所得额乘以所得税税率得出。应纳税所得额是营业收入扣除成本与费用后所余。可扣除的费用包括财务费用，财务费用即经营期的借款余额利息。

债务融资前财务分析是不考虑使用债务资金，也就不会发生借款利息。也就是说，计算应纳税所得额时不应扣除财务费用，不扣除财务费用的应纳税所得额称为息税前利润（Earned before Interest and Tax，EBIT）。

调整所得税等于所得税税率乘以息税前利润。

4.24 实行消费型增值税后，为何要在现金流量表中增加销项税、进项税和增值税三项

1994 年开始实行的增值税是价外税，是企业向其产出的买方收取的销项税与向其投入的卖方支付的进项税之差。增值税是价外税意味着应与企业的效益无关，是流通过程的税收，属流转税的一种。

对于企业来说，销项税、进项税与增值税又都是现金流，销项税是现金流入，进项税与增值税是现金流出。销项税减进项税是净现金流入，与流出的增值税等额，相互抵消，所以，为简化起见，《建设项目经济评价方法与参数》（第三版）的项目投资现金流量表未包括销项税、进项税与增值税三项。

2009 年开始在全国实施的消费型增值税，允许企业（项目）在经营期内抵扣在部分固定资产投资中支付的进项税。这意味着，在经营期初，企业（项目）实际缴纳的增值税应小于销项税和进项税之差，也就是说增加了企业（项目）的财务效益。为此，必须在项目投资现金流量表中增加这三项。

如果要简化表 4-1 的项目投资现金流量表，可去除这三项，但需在现金流入部分补充进项税实际抵扣额一项。

4.25 债务融资前盈利能力分析有哪些主要指标，各指标的经济意义如何

债务融资前财务分析的主要指标有财务净现值、财务内部收益率、财务收益成本比和投资回收期。

（1）财务净现值（financial net present value，FNPV）。

按设定的折现率计算的项目计算期内各年净现金流量的现值之和，是项目财务分析的重要指标。可按下式计算：

$$FNPV = \sum_{t=1}^{n} (CI - CO)_t (1 + i_c)^{-t} \tag{4-18}$$

式中 i_c——设定的折现率（一般同基准收益率）；

CI——现金流入量；

CO——现金流出量；

$(CI - CO)_t$——第 t 期的净现金流量；

n——项目计算期。

不同层次的现金流量分析都可按上式计算净现值，但所依据的表格和折现率不同。一般情况下，财务盈利能力分析可只依据项目投资现金流量表计算项目投资财务净现值，可根据需要选择计算所得税前净现值和所得税后净现值。

（2）财务内部收益率（financial internal rate of return，FIRR）。

使项目计算期内各年净现金流量的现值累计等于零时的折现率，是项目财务分析的重要指标。可按下式采用试差法计算：

$$\sum_{t=1}^{n}(CI-CO)_t(1+FIRR)^{-t}=0 \tag{4-19}$$

不同层次的现金流量分析都可按上式计算财务内部收益率，但所依据的表格不同。

（3）项目收益成本比（rate of revenue and cost，RRC）。

项目收益成本比是项目计算期内各期现金流入的现值与现金流出的现值之比。计算公式如下：

$$R_{r/c}=\frac{\sum_{t=1}^{n}CI_t/(1+i_t)^{-t}}{\sum_{t=1}^{n}CO_t/(1+i_t)^{-t}} \tag{4-20}$$

此指标可以避免计算内部收益率时复杂的迭代过程，而且结果比较直观——收益与成本直接进行比较，近年来在国外广为使用。

（4）项目投资回收期（pay back period before-funding）。

以项目的净收益回收项目投资所需要的时间 P_t，一般以年为单位，宜从项目建设期起点年算起，可采用下式表达：

$$\sum_{t=1}^{P_t}(CI-CO)_t=0 \tag{4-21}$$

项目投资回收期可借助项目投资现金流量表计算。项目投资现金流量表中累计净现金流量由负值变为零的时点，即为项目投资回收期。投资回收期应按下式计算：

$$P_t=T-1+\frac{\left|\sum_{i=1}^{T-1}(CI-CO)_i\right|}{(CI-CO)_T} \tag{4-22}$$

式中　T——各年累计净现金流量首次为正值或零的年数。

投资回收期短，表明项目投资回收快，抗风险能力强。

4.26　净现值、内部收益率与收益成本比三个指标有何差异

净现值、内部收益率与收益成本比三个指标对于判断项目财务可行性的结论是一致的。但是他们也还是有区别的。

对于常规的现金流，即在整个计算期内年度净现金流动只有一次符号变动，净现值、内部收益率对项目盈利判断是一致的。但是对于非常规现金流，即在整个计算期内年度净现金流动有二次以上的符号变动，这二个指标的判断上就存在重大差别。例如，下面一组净现金流（表4-4）：

表 4-4　某净现金流

1	2	3	4	5	6
3000	-10000	2000	2000	2000	2000

在 6 个计算期内，其符号的顺序为 ＋ － ＋ ＋ ＋ ＋，变动过 2 次。用电子表格 EXCEL 的内部函数 *IRR* 求其值为 6.874%，如果在计算 *IRR* 时分别另外给出初值 0.5 与 1.5，则得出的 *IRR* 分别为 6.874% 与 200.489%！如果设定基准收益率为 10%，小的内部收益率不达标，大的内部收益率达标，依哪个结果来判定项目是可接受还是不可接受？我们知道基准收益率是投资人对项目盈利能力的预期，以其为参数的净现值真实地体现项目在投资人心目中的价值。以上现金流在 10% 的基准收益率下的净现值为 -297.74，小于 0，据此可以断定项目不可接受。

净现金流符号发生变化的情况在实际工作中经常出现，如间隔几年发生的维持运营投资就可以使净现金流的符号多次发生变化，在计算 *IRR* 时，只要初值给的合适，就会出现多个满足条件的 *IRR* 值，使投资者无从进行判别或选择。

尽管内部收益率能直观地从“收益率”的角度给投资人提供信息，但也不能不注意到它在使用上的局限性，特别是对于互斥项目，内部收益率也可能给投资人提供错误的信息（这种情况出现不多，本文就不再赘述），建议应多关注能反映投资回报额的净现值，不要完全依赖内部收益率进行投资决策。

收益成本比与净现值本质是相同的，必须先设基准收益率，区别在于净现值计算绝对的货币额，收益成本比给出的是收益与成本比较的结果，是一个相对值。

4.27　《建设项目经济评价方法与参数》（第三版）为何让净现值求和的计算公式从 1 开始

一般教科书上净现值的求和公式是从 0 开始，《建设项目经济评价方法与参数》（第三版）将求和公式从 1 开始，引起一些学者的疑问。为什么要做这种变换作者进行过仔细的研究。

图 4-1 是一个典型的现金流示意图。在 0 时点有少量现金流出，1 时点有较多现金流出，2 时点到 5 时点有数量不等的现金流入。图上总共有 6 个时点，0 点为起始点或折现点。同一图中，只有 5 个现金流入或流出的“期”（term，用灰底表示）。

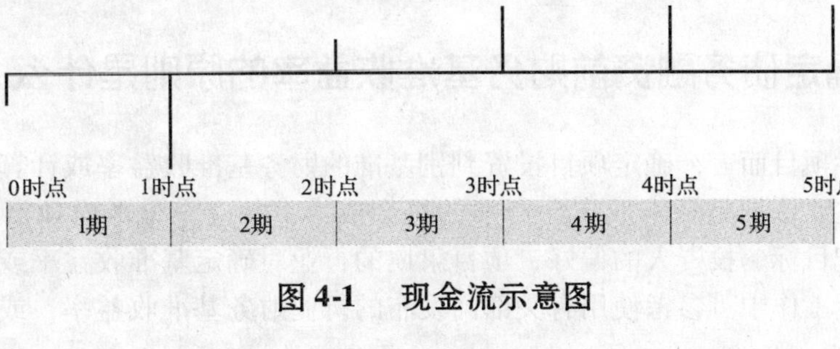

图 4-1　现金流示意图

对于一般的项目而言，大部分的现金是在1期的不同时点流出，只是为简化起见，用1期末的累计值表示1期的全部现金流出。2至5期的现金流入也同法处理。计算累计净现金流的公式是针对“期”而言，而不是针对“时点”而言，各期的流量都折现到1期之初0时点。此外，从工程计算上说，常用的电子表格软件EXCEL中的*NPV*也假定所有现金流均发生在各“期”的期末，与《建设项目经济评价方法与参数》第三版的计算净现金流的公式都是基于同一原理。

对于项目前期的少量现金流出，如0时点的流出，可将其另外叠加到按*NPV*公式计算的累计净现值上。如果项目0时点之前确有大量现金流出，可将0时点适当前移，以便减少计算误差。

详细的分析过程请读者参见本书附录一“计算‘期’与净现值”和“‘0’与‘1’之争”两篇文章。

4.28 如何用盈利能力分析指标判定项目在财务上是可接受的

内部收益率大于基准收益率；或

以设定的基准收益率计算的净现值大于0；或

以设定的基准收益率计算的收益成本比大于1；

则项目的盈利能力就基本满足投资人的要求，项目是可接受的。

以上三个判定条件都是利用货币的时间价值原理进行计算，是折现指标，其结论是完全一致的，只要一条满足，其他两条也就自动满足了。

投资回收期是盈利能力的另一判定指标，一般要低于同类项目（企业）的投资回收期。投资回收期不是折现指标。

4.29 “谁投资、谁决策、谁收益、谁承担风险”的核心是什么

2004年国务院发布投资体制改革决定，其最重大的改革是明确了新的投资权责机制——“谁投资、谁决策、谁收益、谁承担风险”。在这“四个谁”中，最重要的是“谁决策”，其核心又是“决策什么”？对于营利性项目，在项目投资决策中，确定项目的收益目标，即最低可接受收益率（minimum acceptable rate of return，MARR），一般称为财务基准收益率，是投资人最重要的决策，这项工作是不可替代的。

4.30 确定债务融资前财务基准收益率的原则是什么

对于营利性项目而言，确定项目投资判别基准的财务基准收益率或计算项目投资净现值的折现率的主要依据是资本成本、资本的机会成本，并应充分考虑项目可能面临的风险。项目的投资目标、投资人的偏好、项目隶属的行业对确定基准收益率或折现率有重要影响作用。实际工作中可参考使用有关部门发布的行业财务基准收益率，或参考使用行业

主管部门发布统一执行的财务基准收益率。

资本成本与资本的机会成本是投资人确定基准收益率的底线，是首先要考虑的；风险、投资目标、投资人的偏好是调整基准的参考因素，是其次要考虑的；行业发布的基准收益率只能供投资人参考，是最后考虑的影响因素。

债务融资前财务分析存在所得税前与所得税后两种流量，所以，财务基准收益率亦应有所得税前基准收益率与所得税后基准收益率。

4.31　债务融资前所得税前财务基准收益率如何确定，其理论依据是什么

债务融资前所得税前财务基准收益率可取项目拟定资本结构下的加权平均资本成本。

用加权平均资本成本作为债务融资前所得税前财务基准收益率的理论基础是由两位诺贝尔经济学奖获得者莫迪格利安尼和米勒（Franco Modigliani & Merton Miller）提出的资本结构模型，也称 M&M 命题 I。

M&M 命题 I 的基本要点是：在没有所得税、无破产成本、资本市场是完善的、公司的股息政策不影响企业价值的条件下，资本结构与企业的价值无关，且与企业资本成本（WACC）无关。或者说，公司资本结构的变动，不会影响企业加权平均的资本总成本，也不会影响到企业的市场价值，这是因为，尽管负债资金成本低，但随着负债比率的上升，投资者会要求较高的收益率，因而企业的股权资金成本也会上升，也就是说，由于负债增加所降低的资本成本，会由于股权资金成本的上升所抵消，更多的负债无助于降低资本总成本。

实际运行的企业几乎完全不能满足 M&M 命题 I 的假设条件，但是债务融资前、所得税前的项目（企业）却能满足 M&M 命题 I 的最主要的基本假定：没有所得税；项目在可以预见的将来会正常经营，不会破产；资本市场的资金是充裕的；项目利润分配原则经股东共同商议在项目寿命期内不会发生变化。因此，不管项目的资产是全部由权益资本形成的还是由权益资产与债务资产共同形成的，项目的价值是不会发生变化。这个价值正是债务融资前所得税前的项目价值。此时，项目的资本成本等于权益资本和债务资本任意组合的资本成本，即加权平均资本成本 WACC（不含税）。因此，我们可以用投资人预先设定的资本结构比例、权益资本成本和债务资本成本来计算 WACC（不含税）。

4.32　债务融资前所得税后财务基准收益率如何确定

项目投资现金流量表是假定不考虑使用债务资金的现金流量表，所以可视项目投资的全部资金来源于项目的权益资金。令 $PV(A)$ 表示税前净现值，$PV(T)$ 表示应付所得税的现值，$PV(A-T)$ 表示税后净现值，E 表示权益投资。根据现金流量的叠加原理，我们有：

$$PV(A-T) = PV(A) - PV(T) \tag{4-23}$$

等式右边提出因子 $PV(A)$ 后有：

$$\left[1-\frac{PV(T)}{PV(A)}\right]PV(A)$$

两边再同除以权益投资 E，则有：

$$\frac{PV(A-T)}{E}=\left[1-\frac{PV(T)}{PV(A)}\right]\frac{PV(A)}{E}$$

式 $\frac{PV(A-T)}{E}$ 表示所得税后权益投资收益率，$\frac{PV(T)}{E}$ 表示所得税前权益投资收益率，可分别用 i_{ct} 与 i_c 表示，则上式可写成：

$$i_{ct}=\left[1-\frac{PV(T)}{PV(A)}\right]i_c \qquad (4\text{-}24)$$

式（4-24）表示所得税后的收益率等于所得税前收益率乘以因子 $1-\frac{PV(T)}{PV(A)}$。也就是说，如果能估算出所得税前基准收益率 i_c，就可以根据式（4-24）算出所得税后基准收益率 i_{ct}。如果我们能在资本资产定价模型的基础上算出项目的 WACC，并以其作为所得税前基准收益率，则很容易确定所得税后基准收益率。

4.33 债务融资后财务分析包括哪些内容

债务融资后财务分析以债务融资前财务分析和初步融资方案为基础，考察项目在拟订融资方案下的盈利能力、偿债能力和财务生存能力，判断项目方案在融资条件下的财务可行性。融资后分析是比选融资方案，进行融资决策，进而帮助投资者最终决定出资的依据。

4.34 债务融资后盈利能力分析的基本步骤有哪些

债务融资后盈利能力分析是在拟订的融资方案下，从项目资本金出资者整体的角度，确定其现金流入和现金流出，编制项目资本金现金流量表，计算与项目资本金相关的盈利能力指标，考察项目资本金可获得的收益水平。

项目资本金现金流量表的现金流入有项目财务收益、销项税、回收固定资产余值、回收流动资金。

项目资本金现金流量表的现金流出有项目资本金、长期借款偿还、流动资金借款偿还、财务费用、经营成本、进项税、增值税、营业税金及附加、所得税等。

项目资本金现金流量表格式见表 4-5。

表 4-5 项目资本金现金流量表 单位：万元

序号	项目	合计	1	2	3	4	5	6
1	现金流入	156809	0	22792	32560	32560	32560	36336
1.1	营业收入	132272	0	19700	28143	28143	28143	28143

续表 4-5

序号	项　　目	合计	1	2	3	4	5	6
1.2	销项税额	20760	0	3092	4417	4417	4417	4417
1.3	补贴收入	0	0	0	0	0	0	0
1.4	回收资产余值	2158	0	0	0	0	0	2158
1.5	回收流动资金	1618	0	0	0	0	0	1618
2	现金流出	138508	20000	19608	22322	25457	25148	25973
2.1	项目资本金	20485	20000	420	66	0	0	0
2.2	长期借款本金偿还	41972	0	8346	8369	8393	8419	8446
2.3	流动资金借款偿还	1133	0	0	0	0	0	1133
2.4	借款利息支付	8501	0	2776	2245	1704	1161	616
2.5	经营成本	42666	0	7428	8809	8809	8809	8809
2.6	进项税额	2457	0	366	523	523	523	523
2.7	增值税	13113	0	0	1041	4024	4024	4024
2.8	营业税金及附加	1830	0	273	389	389	389	389
2.9	所得税	6350	0	0	880	1615	1823	2032
2.10	维持运营投资	0	0	0	0	0	0	0
2.11	其他现金流出	0	0	0	0	0	0	
3	净现金流量	18301	−20000	3184	10238	7103	7412	10364

4.35　债务融资后盈利能力用什么指标

债务融资后盈利能力折现指标为财务内部收益率、财务净现值和收益成本比。计算这些指标使用表 4-5 中的净现金流量的数字（灰底）。

在债务融资后财务分析中，一般不再使用投资回收期这一指标，这是因为债务融资后的现金流出受预定还款期的影响较大，使这一指标不再是独立的指标。

盈利能力的非折现指标还有总投资收益率（return on total investment）和项目资本金净利润率（return on required equity fund for project）。

总投资收益率是项目达到设计能力后正常年份的年息税前利润或运营期内年平均息税前利润（*EBIT*）与项目总投资（*TI*）的比率，表示总投资的盈利水平，应按下式计算：

$$ROI = \frac{EBIT}{TI} \times 100(\%) \tag{4-25}$$

式中　*EBIT*——项目正常年份的年息税前利润或运营期内年平均息税前利润；

　　TI——项目总投资。

项目资本金净利润率，也称权益资本回报率，是项目达到设计能力后正常年份的年净利润或运营期内年平均净利润（NP）与项目资本金（EC）的比率，表示项目资本金的盈利水平，应按下式计算：

$$ROE = \frac{NP}{EC} \times 100(\%) \tag{4-26}$$

式中 NP——项目正常年份的年净利润或运营期内年平均净利润；

EC——项目资本金。

总投资收益率和权益回报率是依据利润与利润分配表来计算，见表4-6。

表4-6 投资各方现金流量表 单位：万元

序号	项 目	合计	1	2	3	4	5	6
1	现金流入	19768	0	0	641	654	738	17735
1.1	实分利润	4777	0	0	641	654	738	2744
1.2	资产处置收益分配	14992	0	0	0	0	0	14992
1.3	租赁费收入	0	0	0	0	0	0	0
1.4	技术转让或使用收入	0	0	0	0	0	0	0
1.5	其他现金流入	0	0	0	0	0	0	0
2	现金流出	10243	10000	210	33	0	0	0
2.1	实缴资本	10243	10000	210	33	0	0	0
2.2	租赁资产支出	0	0	0	0	0	0	0
2.3	其他现金流出	0	0	0	0	0	0	0
3	净现金流量（1-2）	9525	-10000	-210	608	654	738	17735

4.36 为什么要进行投资各方现金流量分析

投资各方现金流量分析（cash flow analysis on a specific investor）是从投资各方实际收入和支出的角度，确定其现金流入和现金流出，分别编制投资各方现金流量表，计算投资各方的内部收益率指标，考察投资各方可能获得的收益水平。投资各方的现金流入和流出与从项目角度看的现金流入和流出有很大差异。

投资各方的现金流入包括实分利润、资产处置收益分配、租赁费收入、技术转让或使用收入、其他现金流入等。

投资各方的现金流出包括实缴资本、租赁资产支出和其他现金流出等。

当投资各方不按股本比例进行分配或有其他不对等的收益时，可选择进行投资各方现金流量分析。

4.37 项目总成本费用由什么组成

总成本费用是指运营期内当期为生产产品或提供服务所发生的全部费用。总成本费用可以按生产成本加期间费用法或生产要素法估算。成本要素和科目可根据行业特点补充或修改。成本费用估算两种方法可根据行业规定或结合项目特点选用。

成本费用估算原则上应遵循国家现行《企业会计制度》规定的成本和费用核算方法，同时应遵循有关税法中准予在所得税前列支科目的规定。当两者有矛盾时，一般应按从税的原则处理。

总成本费用分析不仅考虑项目的运营期的现金流出，如经营成本，还考虑一些非现金流量的费用，如折旧、摊销与利息支出。折旧与摊销是在产出成本中分摊投资费用，进行投资成本的回收。

4.38 按生产成本加期间费用估算法如何估算总成本费用

生产成本加期间费用估算法（estimation with manufacturing and period costs）是依据构成成本费用的直接材料费、直接燃料和动力费、直接职工薪酬、其他直接支出、制造费用、管理费用、财务费用和营业费用逐项估算成本费用的一种方法。表4-7使用生产成本加期间费用法估算了总成本费用。

总成本费用 = 生产成本 + 期间费用 (4-27)

生产成本 = 直接材料费 + 直接燃料和动力费 + 直接工资 + 其他直接支出 + 制造费用 (4-28)

期间费用 = 营业费用 + 管理费用 + 财务费用 (4-29)

其中：

(1) 制造费用：是指内部生产经营单位为组织和管理生产活动而发生的共同费用和不能直接进入产品成本的各项费用，包括企业各个生产单位（分厂、车间）管理人员工资，职工福利费，生产单位房屋建筑和机器设备等的折旧费，租赁费（不包括融资租赁费），修理费，机物料消耗，低值易耗品，取暖费，水电费，办公费，差旅费，运输费，保险费，设计制图费，试验检验费，劳动保护费，季节性和修理期间的停工损失以及其他费用。这些费用应按一定的标准分配计入生产成本，称为制造费用。

(2) 管理费用：是指企业行政部门为管理和组织经营活动发生的各项费用，包括公司经费（如总部管理人员工资、职工福利费、办公费、差旅费、折旧费、修理费、物料消耗、低值易耗品摊销等），工会经费，职工教育经费，劳动保险费，待业保险费，董事会费，咨询费，审计费，诉讼费，排污费，绿化费，税金（如房产税、车船使用税、土地使用税、印花税等），土地使用费（海域使用费）、土地使用补偿费，技术转让费（非专利技术），技术开发费，无形资产摊销，开办费摊销，业务招待费以及其他管理费用。

(3) 财务费用：是指企业为筹集并占用资金而发生的各项费用，包括生产运营期间发生的利息净支出、汇总净损失、金融机构手续费以及筹资发生的其他财务费用等。

（4）营业费用：是指企业在销售产品和提供劳务过程中发生的各项费用以及专设销售机构的各项经费，包括应由企业负担的运输费、装卸费、包装费、保险费和销售服务费用，销售部门经费。

计算总成本费用时，要注意原材料、燃料及动力消耗等只计算外购部分，不计算自产自用部分，以免重复。

按生产成本加期间费用法估算总成本时，经营成本等于总成本费用扣除折旧（含制造费和管理费中的折旧）、摊销和财务费用后的余值。

$$经营成本 = 总成本费用 - 折旧费 - 摊销费 - 财务费用 \tag{4-30}$$

表 4-7　总成本费用表（生产成本加期间费用法）　单位：万元

序号	项　目	合计	1	2	3	4	5	6
			0	70%	100%	100%	100%	100%
1	生产成本	79951	0	15672	16508	16216	15924	15632
1.1	直接材料费	12278	0	1829	2612	2612	2612	2612
1.2	直接燃料及动力	5390	0	803	1147	1147	1147	1147
1.3	直接工资及福利费	1500	0	300	300	300	300	300
1.4	制造费用（不含折旧费）	60783	0	12740	12449	12157	11865	11573
2	营业费用	5365	0	870	1124	1124	1124	1124
3	其他管理费	10614	0	2123	2123	2123	2123	2123
4	经营成本	42666	0	7428	8809	8809	8809	8809
5	折旧费	51796	0	10943	10651	10359	10067	9775
6	摊销费	1469	0	294	294	294	294	294
7	利息支出	8501	0	2776	2245	1704	1161	616
8	不予抵扣或退税的税额	609	0	91	130	130	130	130
9	总成本费用	105041	0	21532	22129	21296	20460	19624
	其中：可变成本	18277	0	2722	3889	3889	3889	3889
	固定成本	86764	0	18810	18240	17407	16572	15735

4.39　按生产要素估算法如何计算总成本

生产要素（费用要素）估算法（estimation by production factors）是根据成本费用各组成内容的费用性质，将分布于生产成本和期间费用中性质相同的各要素进行归并，按归并后的要素逐一估算的方法。生产要素（费用要素）一般可划分为原材料费、燃料及动力费、职工薪酬、修理费、折旧费、摊销费、利息支出和其他支出等。表 4-8 使用生产要素法估算了总成本费用。

总成本费用 = 经营成本 + 折旧费 + 摊销费 + 财务费用

= 外购原材料、燃料及动力费 + 职工薪酬 + 折旧费

+ 摊销费 + 修理费 + 财务费用（利息支出）+ 其他费用　(4-31)

表 4-8　总成本费用表（生产要素法）　单位：万元

序号	项　目	合计	1	2	3	4	5	6
			0	70%	100%	100%	100%	100%
1	外购原材料费	12278	0	1829	2612	2612	2612	2612
2	外购燃料及动力费	5390	0	803	1147	1147	1147	1147
3	职工薪酬	2625	0	525	525	525	525	525
4	修理费	10522	0	2104	2104	2104	2104	2104
5	其他费用	11851	0	2168	2421	2421	2421	2421
6	经营成本	42666	0	7428	8809	8809	8809	8809
7	折旧费	51796	0	10943	10651	10359	10067	9775
8	摊销费	1469	0	294	294	294	294	294
9	利息支出	8501	0	2776	2245	1704	1161	616
	其中：流动资金借款利息	337	0	60	69	69	69	69
	长期借款利息	8164	0	2716	2176	1634	1091	546
	短期借款利息	0	0	0	0	0	0	0
10	不予抵扣或退税的税额	609	0	91	130	130	130	130
11	总成本费用	105041	0	21532	22129	21296	20460	19624
	其中：可变成本	18277	0	2722	3889	3889	3889	3889
	固定成本	86764	0	18810	18240	17407	16572	15735

4.40　折旧费如何计算

按照新《企业财务通则》的规定，企业自行选择、确定固定资产折旧办法，可以征询中介机构、有关专家的意见，并由投资者审议批准。固定资产折旧办法一经选用，不得随意变更。确需变更的，应当说明理由，经投资者审议批准。

折旧一般采用直线法，包括年限平均法和工作量法。我国税法也允许对某些行业、某些机器设备采用快速折旧法，即双倍余额递减法和年数总和法。

固定资产折旧年限、预计净残值率可在税法允许的范围内由企业自行确定，或按行业规定。项目评价中一般应按税法明确规定的分类折旧年限，也可按行业规定的综合折旧年限。

对于融资租赁的固定资产，如能合理确定租赁期届满时承租人会取得租赁资产所有

权，即可认为承租人拥有该项资产的全部尚可使用年限，并以其作为折旧年限；否则，应以租赁期与租赁资产尚可使用年限两者中较短者作为折旧年限。

固定资产折旧可采用下列方法：

（1）年限平均法：

$$年折旧率 = \frac{1 - 预计净残值率}{折旧年限} \times 100\% \tag{4-32}$$

$$年折旧额 = 固定资产原值 \times 年折旧率 \tag{4-33}$$

（2）双倍余额递减法：

$$年折旧率 = \frac{2}{折旧年限} \times 100\% \tag{4-34}$$

$$年折旧额 = 固定资产净值 \times 年折旧率 \tag{4-35}$$

实行双倍余额递减法的，应在折旧年限到期前两年内，将固定资产净值扣除净残值后的净额平均摊销。

（3）年数总和法：

$$年折旧率 = \frac{折旧年限 - 已使用年数}{折旧年限 \times (折旧年限 + 1) \div 2} \tag{4-36}$$

$$年折旧额 = (固定资产原值 - 预计净残值) \times 年折旧率 \tag{4-37}$$

4.41 无形资产与其他资产如何摊销

无形资产从开始使用之日起，在有效使用期限内平均摊入成本。法律和合同规定了法定有效期限或者受益年限的，摊销年限从其规定，否则摊销年限应注意符合税法的要求。无形资产的摊销一般采用平均年限法，不计残值。

其他资产的摊销可以采用平均年限法，不计残值，摊销年限应注意符合我国税法的要求。

4.42 可变成本与固定成本的含义是什么，计算它们有什么作用

根据成本费用与产量的关系可以将总成本费用分为固定成本和可变成本。

固定成本是指不随产品产量变化的各项成本费用，一般包括折旧费、摊销费、修理费、职工薪酬（计件工资除外）和其他费用等。

可变成本是指随产量增减而成正比例变化的各项费用，主要包括外购原材料、燃料及动力费和计件工资等。

有些成本费用属于半固定或半可变成本，如职工薪酬、营业费用和流动资金利息等，可能既有可变因素，又有固定因素。必要时可进一步分解为固定成本和可变成本。

为简化计通常把运营期发生的财务费用（含长期借款利息、流动资金借款利息）也作为固定成本。

利用固定成本与可变成本可以计算项目的盈亏平衡点。

4.43　不同行业的总成本构成是否必须一致

在依据总成本构成统一的基本原理的基础上，不同行业可根据行业特点，调整或补充总成本构成的内容。例如煤炭开采行业，其总成本按经济用途分为生产成本与期间费用，按费用的经济内容分为材料费、燃料及动力费、职工薪酬、修理费用、地面塌陷赔偿费、折旧费、维简费、井巷工程费、安全费用、摊销费、利息支出和其他支出。成本费用按经济内容与经济用途的对照关系见表4-9。

表4-9　煤炭行业成本经济内容与经济用途关系表

序号	经济用途 经济内容	生产成本（制造成本）			期间费用		
		直接材料	直接职工薪酬	制造费用	管理费用	财务费用	销售费用
1	材料费	√		√	√		
2	燃料及动力费	√		√	√		√
3	职工薪酬		√				√
4	修理费			√	√		√
5	地面塌陷费			√			
6	折旧费			√	√		√
7	维简费			√			
8	井巷工程费			√			
9	安全费用			√			
10	摊销费				√		√
11	利息						
11.1	长期借款利息					√	
11.2	流动资金借款利息					√	
11.3	其他短期借款利息					√	
12	其他支出			√	√		√

4.44　应纳税所得额如何计算

按照《企业所得税法》规定，企业每一纳税年度的收入总额，减除不征税收入、免税收入、各项扣除以及允许弥补的以前年度亏损后的余额，为应纳税所得额。

企业以货币形式和非货币形式从各种来源取得的收入，为收入总额。包括：

（1）销售货物收入；

（2）提供劳务收入；

（3）转让财产收入；

（4）股息、红利等权益性投资收益；

（5）利息收入；

（6）租金收入；

（7）特许权使用费收入；

（8）接受捐赠收入；

（9）其他收入。

收入总额中的下列收入为不征税收入：

（1）财政拨款；

（2）依法收取并纳入财政管理的行政事业性收费、政府性基金；

（3）国务院规定的其他不征税收入。

企业实际发生的与取得收入有关的、合理的支出，包括成本、费用、税金、损失和其他支出，准予在计算应纳税所得额时扣除。

4.45 利润按什么顺序进行分配

按照《企业财务通则》的规定，企业发生的年度经营亏损，依照税法的规定弥补。税法规定年限内的税前利润不足弥补的，用以后年度的税后利润弥补，或者经投资者审议后用盈余公积弥补。

企业年度净利润，除法律、行政法规另有规定外，按照以下顺序分配：

（1）弥补以前年度亏损。

（2）提取10%法定公积金。法定公积金累计额达到注册资本50%以后，可以不再提取。

（3）提取任意公积金。任意公积金提取比例由投资者决议。

（4）向投资者分配利润。企业以前年度未分配的利润，并入本年度利润，在充分考虑现金流量状况后，向投资者分配。属于各级人民政府及其部门、机构出资的企业，应当将应付国有利润上缴财政。

国有企业可以将任意公积金与法定公积金合并提取。

企业弥补以前年度亏损和提取盈余公积后，当年没有可供分配的利润时，不得向投资者分配利润，但法律、行政法规另有规定的除外。

按企业所得税法规定，企业纳税年度发生的亏损，准予向以后年度结转，用以后年度的所得弥补，但结转年限最长不得超过五年。利润与利润分配见表4-10。

表4-10 利润与利润分配表 单位：万元

序号	项目	合计	1	2	3	4	5	6
1	营业收入	132272	0	19700	28143	28143	28143	28143
2	营业税金及附加	1830	0	273	389	389	389	389

续表 4-10

序号	项　　目	合计	1	2	3	4	5	6
3	总成本费用	105041	0	21532	22129	21296	20460	19624
4	营业利润	25401	0	-2104	5625	6458	7293	8130
5	补贴收入	0	0	0	0	0	0	0
6	利润总额	25401	0	-2104	5625	6458	7293	8130
7	弥补以前年度亏损	2104	0	0	2104	0	0	0
8	应纳税所得额	25401	0	0	3520	6458	7293	8130
9	所得税	6350	0	0	880	1615	1823	2032
10	净利润	19051	0	-2104	4744	4844	5470	6097
11	期初未分配利润	0	0	0	-2104	885	3936	7382
12	可供分配的利润	29150	0	-2104	2640	5728	9406	13480
13	提取法定盈余公积金	2116	0	0	474	484	547	610
14	可供投资者分配的利润	27034	0	-2104	2166	5244	8859	12870
15	应付优先股股利	0	0	0	0	0	0	0
16	提取任意盈余公积金	0	0	0	0	0	0	0
17	应付普通股股利	27034	0	-2104	2166	5244	8859	12870
18	投资各方利润分配	9553	0	0	1281	1308	1477	5488
	其中：甲方	4777	0	0	641	654	738	2744
	乙方	4777	0	0	641	654	738	2744
	丙方	0	0	0	0	0	0	0
19	未分配利润	0	0	-2104	885	3936	7382	7382
20	息税前利润	33903	0	672	7870	8162	8454	8746
21	息税折旧摊销前利润	0	0	11908	18815	18815	18815	18815

4.46　投资各方利润分配总额如何计算

在处理投资各方利润分配总额时，应考虑到借款偿还的问题。借款偿还资金来源是可用于还款的利润、折旧和摊销三项。所谓可用于还款的利润是指如果项目在经营期初盈利能力强，就可以一面偿还借款，一面给投资人支付部分股利。用于偿还借款的利润额称为可用于还款的利润。在可供投资者支配的利润中，可用于还款的利润排在在应付优先股股利、提供任意公积金之后，但在投资各方利润分配之前。即有以下公式：

投资各方利润分配 = 可供投资者分配的利润 - 应付优先股股利 - 提取任意盈余公积金 - 可用于还款的利润　　(4-38)

可用于还款利润一般由项目设计人员根据还款计划来确定。

4.47 EBITDA是债务融资前还是融资后指标

EBITDA是earn before interest，tax，depreciation and amortization的缩写，表示利息支付和折旧与摊销扣除前所得（利润），是有可能用于还款的全部资金。尽管这个指标仍然有“息税前”的字样，但它是个债务融资后的指标，因为包括应付利息，还包括折旧额，而折旧是以含建设期利息在内的全部固定资产为基数计算的，所以EBITDA是融资后指标。

4.48 偿债能力用什么指标表示，如何计算

对于有债务融资的项目，偿债能力可用利息备付率、偿债备付率与资产负债率来表示。利息备付率、偿债备付率要通过编制借款偿还表来计算，资产负债率要通过编制资产负债表来计算。

利息备付率（interest coverage ratio，ICR）系指在借款偿还期内的息税前利润（*EBIT*）与应付利息（*PI*）的比值，它从付息资金来源的充裕性角度反映项目偿付债务利息的保障程度，应按下式计算：

$$ICR = \frac{EBIT}{PI} \tag{4-39}$$

式中 *EBIT*——息税前利润；

PI——计入总成本费用的应付利息。

利息备付率应分年计算。利息备付率高，表明利息偿付的保障程度高。

偿债备付率（debt service coverage ratio，DSCR）系借款偿还期内用于计算还本付息的资金（$EBITDA - T_{AX}$）与应还本付息金额（*PD*）的比值，表示用于计算还本付息的资金偿还借款本息的保障程度，应按下式计算：

$$DSCR = \frac{EBITDA - T_{AX}}{PD} \tag{4-40}$$

式中 *EBITDA*——息税前利润加折旧和摊销；

T_{AX}——所得税；

PD——应还本付息金额，包括还本金额和计入总成本费用的全部利息。融资租赁费用可视同借款偿还。运营期内的短期借款本息也应纳入计算。

当项目在运行期内发生维持运营投资时，用于计算还本付息的资金应扣除维持运营投资。

偿债备付率可按年计算，也可按整个借款偿还期综合计算，分年计算的偿债备付率更能反映偿债能力。

经验表明，利息备付率与偿债备付率在运营期初的几年内可能小于1，这是由于这个阶段还款负担大（尤其对于长期借款等本还款及采用加速折旧的项目），生产成本高，还

款资金不足造成的。此时，一般可以通过短期借款来解决还款资金不足的问题，但是，不能长期使用短期借款。有些项目连续十几年两个系数小于1，靠短期借款维持生存，这表明融资结构有问题、还款方式选取不当或还款期限过短，应当进行适当调整。

资产负债率（liabilities on assets ratio，LOAR）系指各期末负债总额（*TL*）同资产总额（*TA*）的比率，应按下式计算：

$$LOAR = \frac{TL}{TA} \times 100(\%) \tag{4-41}$$

式中 *TL*——期末负债总额；

TA——期末资产总额。

适度的资产负债率，表明企业经营安全、稳健，具有较强的筹资能力，也表明企业和债权人的风险较小。对该指标的分析，应结合国家宏观经济状况、行业发展趋势、企业所处竞争环境等具体条件判定。项目财务分析中，在长期债务还清后，可不再计算资产负债率。

4.49 投资项目利息备付率应大于1还是大于2

《建设项目经济评价方法与参数》（第三版）在阐述利息备付率时，方法部分提出利息备付率大于1，参数部分给出利息备付率大于2，存在明显的差异，也反映出编制组的意见分歧。

根据利息备付率的定义，*EBIT/IP*，可知它代表息税前利润与应付利息的比例，是利息支付能力的体现，从数学上看，只要其值大于1即可。在《建设项目经济评价方法与参数》（第三版）的配套书籍《建设项目经济评价案例》的多个案例中，利息备付率均按要求分年计算，逐年考察项目的利息支付能力。一般情况下，利息备付率小于1的时候，当年的净现金流量都出现负值。只要利息备付率不长期连续小于1，项目的财务盈利能力指标*FIRR*都可以满足判定条件。所以，利息备付率大于1在理论与实践上都是站得住脚的。

在《建设项目经济评价方法与参数》（第三版）条文说明部分的表2.13-2“部分行业建设项目偿债能力测算与协调”中，给出利息备付率的专家调查结果、行业测算结果与协调结果三列数据。据有关资料显示，在进行利息备付率参数测算时，对数百名专家进行了网上专门的调查，然而，在几十个行业中，“专家调查结果”列的数值无一例外地均为2；“行业测算结果”列的数值到体现了行业实际测算工作，数值有高有低，也反映了行业或所选项目的特点；“协调结果”列的数值也是无一例外地为2。

在任何情况下，就某一事项对公众进行调查的结果都会或多或少地有差异，在数学上称为离散的，然而利息备付率的调查结果数值竟然如此一致不能不引起我们的质疑。据笔者分析，这一结果来源于中国国际工程咨询公司编写的《投资项目可行性研究指南》，在该书中将利息备付率的判定基准定为2。然而，该书并未给出将利息备付率定为2的任何理论说明与测算依据。在利息备付率的调查工作中，的确有些专家是认真地做了工作，有些行业报上来的结果也有小于2的，如1.2，1.5与1.9，相信以上三个行业的项目都是有盈利能力的。如果以 2 为基准来判定，这三个行业测算的结果是不可接受的。此外，在条文说明中并未给出如何确定“协调结果”的任何原则，再次毫无例外地将“协调结果”统一为 2。

投资项目的利息备付率与企业的利息备付率不完全相同。投资项目的利息备付率是用于分析判断项目未来要发生的事，只要理论上合理就可以了；企业的利息备付率是应付当前的现金，必须留有余地以备不测。

建议实际工作者在确定利息备付率的判定标准时从项目的实际出发，不要盲目地照搬书上的参数，通过实际工作，总结出本行业利息备付率等参数的判定基准。

4.50 筹措债务资金时为什么要使用长期借款

一般大型项目的建设期都大于一年，有些水利与核电项目建设期长达十年，在建设期内没有任何现金流入，不可能还款，所以必须使用长期借款。对于建设期稍短、借款额大的项目，在实际工作中，项目经营者常使用一年期的短期借款，当年借、次年还，目的是以低的借款利率降低债务融资成本。从理论上说，只要能按合同还款，长期借款与短期借款没有区别。但是，如果建设投资使用短期借款，一旦项目经营期初市场发生变化，产品销售不畅，使得项目没有足够的经营净现金流来偿还巨额的借款利息与本金，如果银行严格执行贷款合同，项目就有破产的危险。这种“拆东墙补西墙”的做法不便项目经营者安排长期资金使用计划，不能保证长期还款资金来源，一旦现金流出现不足，有可能使项目立即面临破产的风险。因此，为了规避经营风险，建设投资应使用长期借款，在经营期初项目就只需偿还建设投资的利息，大大地减缓了项目资金紧张的程度，避免了借贷风险。

4.51 当债务资金量大时，为什么项目要多头举债

有些项目使用资金量很大，在尽可能提高权益资本的情况下，仍然需要筹措数以亿计或数十亿的债务资金。对于债权人银行而言，给予一个项目巨额贷款等于给自己背负上巨大的风险，因为项目一旦失败，银行就会损失全部资金，所以银行一般不会独立向大型项目放贷，而是倾向于多个银行共同向一个项目放贷。对于借款人而言，不同银行有不同的贷款政策与放款条件，与不同的银行借贷就有要采取不同的谈判策略、签订不同的借贷协议，虽然手续多一些，但完全有可能找到条件优惠的银行贷款，从而降低债务融资成本。

4.52 长期债务资金筹措时要确定哪些参数

长期债务资金筹措时应确定借款额、借款利率、还款期、宽限期、还款方式、年计息次数等。

还款期指实际偿还借款本息的年限。宽限期指从借款发生日起到第一次还本之间的时

间差，宽限期一般要大于项目建设期。

4.53　建设长期借款可采用什么方式偿还

项目评价中长期借款可采用等额还本付息、等本还款利息照付和协议安排三种方式偿还长期借款。

（1）等额还本付息方式的计算公式：

$$A = I_c \times \frac{i\ (1+i)^n}{(1+i)^n - 1} \tag{4-42}$$

式中　A——每年还本付息额（等额年金）；

I_c——还款起始年年初的借款余额（含未支付的建设期利息）；

i——年利率；

n——预定的还款期；

$\frac{i\ (1+i)^n}{(1+i)^n - 1}$——资金回收系数。

其中：每年支付利息 = 年初借款余额 × 年利率

每年偿还本金 $= A -$ 每年支付利息

年初借款余额 $= I_c -$ 本年以前各年偿还的借款累计

（2）等额还本利息照付方式的计算公式：

设 A_t为第 t 年的还本付息额，则有：

$$A_t = \frac{I_c}{n} + I_c \times \left(1 - \frac{t-1}{n}\right) \times i \tag{4-43}$$

其中：每年支付利息 = 年初借款余额 × 年利率

即第 t 年支付的利息 $= I_c \times \left(1 - \frac{t-1}{n}\right) \times i$

每年偿还本金 $= \frac{I_c}{n}$

（3）协议还款方式指借款人与债权人事先商议不采用上述两种传统的还款方式，而是根据双方另行协议的还款计划还款，比如说某年一次还清本利。

4.54　流动资金借款可采用什么方式偿还

项目评价中流动资金借款从本质上应归类为长期借款，但企业有可能与银行达成协议，按期末偿还、期初再借的方式处理，并按一年期利率计息。流动资金借款利息可以按下式计算：

年流动资金借款利息 = 年初流动资金借款额 × 流动资金借款年利率　　（4-44）

流动资金借款利息也是财务费用之一，也要计入总成本费用之中。

流动资金借款本金可以在计算期最后一年偿还，也可以在还完长期借款后安排。

4.55 为什么不宜再使用借款偿还期这个指标作为财务指标

《建设项目经济评价方法与参数》（第三版）中未列借款偿还期指标，主要原因是计算还借款偿还期必须追溯如下逻辑：

计算还款期→计算各年度可用于还款的资金→计算年度可用于还款的利润、折旧、摊销（还款资金来源）→计算可用于还款的利润→计算收入与总成本费用之差→计算总成本费用→计算财务费用、折旧、摊销→计算财务费用→已知借款总额、利息率与还款期。

这里就形成用未知量来求解未知量的循环，从逻辑上是不合理的。

在现行体制下，借款是有合同的，合同规定了借款额、还款时间、数量，违反合同就是违法。合同已经规定了还款期，就没有必要再去求还款期了。

当然，如果在可行性研究中初步估计借款偿还期，仍可用原先的方法大致计算（其实这种计算仍然没有摆脱前述不合理的追溯逻辑）：

$$借款偿还期 = 借款偿还后开始出现盈余年份数 - 开始借款年份 + \frac{当年借款额}{当年可用于还款的资金额} \tag{4-45}$$

4.56 分期建设陆续投资的项目如何计算与安排利息

大型项目往往会分期（分阶段）建设，即先安排一部分设施建设，形成部分生产能力并投入使用产生效益，然后再看项目的运营、需求与投资环境，安排第二部分设施建设，形成第二部分设施的生产能力并投入使用，有些项目甚至要安排第三阶段的建设与投产。

这类项目的借款安排与还本利息相对复杂。长期借款往往是跟着项目走，第一阶段借第一阶段需要的长期借款，第二阶段借第二阶段需要的长期借款，其余类推。

按照我国《企业会计准则第 17 号——借款费用》的规定：

第四条 企业发生的借款费用，可直接归属于符合资本化条件的资产的购建或者生产的，应当予以资本化，计入相关资产成本；其他借款费用，应当在发生时根据其发生额确认为费用，计入当期损益。

符合资本化条件的资产，是指需要经过相当长时间的购建或者生产活动才能达到预定可使用或者可销售状态的固定资产、投资性房地产和存货等资产。

第五条 借款费用同时满足下列条件的，才能开始资本化：

（一）资产支出已经发生，资产支出包括为购建或者生产符合资本化条件的资产而以支付现金、转移非现金资产或者承担带息债务形式发生的支出；

（二）借款费用已经发生；

（三）为使资产达到预定可使用或者可销售状态所必要的购建或者生产活动已经开始。

第六条 在资本化期间内，每一会计期间的利息（包括折价或溢价的摊销）资本化金额，应当按照下列规定确定：

（一）为购建或者生产符合资本化条件的资产而借入专门借款的，应当以专门借款当期实际发生的利息费用，减去将尚未动用的借款资金存入银行取得的利息收入或进行暂时性投资取得的投资收益后的金额确定。

专门借款，是指为购建或者生产符合资本化条件的资产而专门借入的款项。

（二）为购建或者生产符合资本化条件的资产而占用了一般借款的，企业应当根据累计资产支出超过专门借款部分的资产支出加权平均数乘以所占用一般借款的资本化率，计算确定一般借款应予资本化的利息金额。资本化率应当根据一般借款加权平均利率计算确定。

资本化期间，是指从借款费用开始资本化时点到停止资本化时点的期间，借款费用暂停资本化的期间不包括在内。

第七条 借款存在折价或者溢价的，应当按照实际利率法确定每一会计期间应摊销的折价或者溢价金额，调整每期利息金额。

第八条 在资本化期间内，每一会计期间的利息资本化金额，不应当超过当期相关借款实际发生的利息金额。

第九条 在资本化期间内，外币专门借款本金及利息的汇兑差额，应当予以资本化，计入符合资本化条件的资产的成本。

第十条 专门借款发生的辅助费用，在所购建或者生产的符合资本化条件的资产达到预定可使用或者可销售状态之前发生的，应当在发生时根据其发生额予以资本化，计入符合资本化条件的资产的成本；在所购建或者生产的符合资本化条件的资产达到预定可使用或者可销售状态之后发生的，应当在发生时根据其发生额确认为费用，计入当期损益。

一般借款发生的辅助费用，应当在发生时根据其发生额确认为费用，计入当期损益。

第十一条 符合资本化条件的资产在购建或者生产过程中发生非正常中断、且中断时间连续超过3个月的，应当暂停借款费用的资本化。在中断期间发生的借款费用应当确认为费用，计入当期损益，直至资产的购建或者生产活动重新开始。如果中断是所购建或者生产的符合资本化条件的资产达到预定可使用或者可销售状态必要的程序，借款费用的资本化应当继续进行。

第十二条 购建或者生产符合资本化条件的资产达到预定可使用或者可销售状态时，借款费用应当停止资本化。在符合资本化条件的资产达到预定可使用或者可销售状态之后所发生的借款费用，应当在发生时根据其发生额确认为费用，计入当期损益。

第十三条 购建或者生产符合资本化条件的资产达到预定可使用或者可销售状态，可从下列几个方面进行判断：

（一）符合资本化条件的资产的实体建造（包括安装）或者生产工作已经全部完成或者实质上已经完成。

（二）所购建或者生产的符合资本化条件的资产与设计要求、合同规定或者生产要求相符或者基本相符，即使有极个别与设计、合同或者生产要求不相符的地方，也不影响其正常使用或者销售。

（三）继续发生在所购建或生产的符合资本化条件的资产上的支出金额很少或者几乎不再发生。

购建或者生产符合资本化条件的资产需要试生产或者试运行的，在试生产结果表明资产能够正常生产出合格产品、或者试运行结果表明资产能够正常运转或者营业时，应当认为该资产已经达到预定可使用或者可销售状态。

第十四条 购建或者生产的符合资本化条件的资产的各部分分别完工，且每部分在其他部分继续建造过程中可供使用或者可对外销售，且为使该部分资产达到预定可使用或可销售状态所必要的购建或者生产活动实质上已经完成的，应当停止与该部分资产相关的借款费用的资本化。

购建或者生产的资产的各部分分别完工，但必须等到整体完工后才可使用或者可对外销售的，应当在该资产整体完工时停止借款费用的资本化。

以上条文在项目经济评价中实际操作如下：第一阶段借款和还款与一般项目完全相同：第一阶段建设期借款发生的利息作为建设期利息，可计算固定资产，投入运营后再发生的利息作为财务费用，进入生产成本。第二阶段与第三阶段的借款也与第一阶段的借款和还款完全相同。第二阶段的长期借款利息在建设期内亦应作为建设期利息，计入固定资产费用，进入生产期发生的利息才计入财务费用之中。如果将第二阶段的建设期利息也作为财务费用，将不会减少利息支出总额，但会减少可计入固定资产的利息额，减少固定资产总量，进而减少折旧额，减少折旧对所得税的抵扣，降低项目的实际财务净收益。借款还本付息表见表4-11。

表4-11 借款还本付息表

单位：万元

序号	项目	合计	1	2	3	4	5	6
1	借款偿还							
1.1	年初借款本息累计	0	0	41972	33627	25258	16865	8446
	本金	0	0	40627	33627	25258	16865	8446
	建设期利息	0	0	1345	0	0	0	0
1.2	本年借款	40627	40627	0	0	0	0	0
1.3	本年应计利息	9509	1345	2716	2176	1634	1091	546
	计入建设期利息	1345	1345	0	0	0	0	0
	计入生产期利息	8164	0	2716	2176	1634	1091	546
1.4	本年还本付息	0	0	11062	10545	10027	9510	8993
	还本	41972	0	8346	8369	8393	8419	8446
	付息	8164	0	2716	2176	1634	1091	546
1.5	年末借款本息累计	0	41972	33627	25258	16865	8446	0

续表 4-11

序号	项　　目	合计	1	2	3	4	5	6
2	长期借款一							
2. 1	年初借款本息累计	0	0	39909	31928	23946	15964	7982
	本金	0	0	38627	31928	23946	15964	7982
	建设期利息	0	0	1282	0	0	0	0
2. 2	本年借款	38627	38627	0	0	0	0	0
2. 3	本年应计利息	9041	1282	2586	2069	1552	1034	517
	计入建设期利息	1282	1282	0	0	0	0	0
	计入生产期利息	0	0	2586	2069	1552	1034	517
2. 4	本年还本付息	0	0	10568	10051	9534	9016	8499
	还本	39909	0	7982	7982	7982	7982	7982
	付息	7758	0	2586	2069	1552	1034	517
2. 5	年末借款本息累计	0	39909	31928	23946	15964	7982	0
3	长期借款二							
3. 1	年初借款本息累计	0	0	2063	1699	1313	901	464
	本金	0	0	2000	1699	1313	901	464
	建设期利息	0	0	63	0	0	0	0
3. 2	本年借款	2000	2000	0	0	0	0	0
3. 3	本年应计利息	469	63	130	107	83	57	29
	计入建设期利息	63	63	0	0	0	0	0
	计入生产期利息	0	0	130	107	83	57	29
3. 4	本年按约定还本付息	0	0	494	494	494	494	494
	还本	2063	0	364	387	411	437	464
	付息	406	0	130	107	83	57	29
3. 5	年末借款本息累计	0	2063	1699	1313	901	464	0
计算指标	利息备付率	0	0. 00	0. 24	3. 51	4. 79	7. 28	14. 20
	偿债备付率	0	0. 00	1. 07	1. 69	1. 70	1. 77	1. 85

注：长期借款一的有效年利率为 6. 64%；长期借款二的有效年利率为 6. 30%。

4. 57　在投资项目经济评价中资产负债表有什么作用

在 2002 年由原国家计委推荐的《投资项目可行性研究指南》中，项目资产负债表被删除，在 2006 年由国家发展和改革委员会发布的《建设项目经济评价方法与参数》（第三版）中，资产负债表又得到了恢复。

利用资产负债表可以方便地计算出各个时点项目的资产负债率，可以从总体上判断项目的资产结构与偿债能力，即总体负债（包括流动负债与长期负债）是否在可接受、可控的范围之内。

投资项目财务分析使用的全部理论都基于企业财务管理，或称公司理财（corporate finance）。按照从公司理财的理念，投资项目是公司投资活动的一个部分，项目就是一个微型公司。公司理财的核心之一是评定公司资产的价值。资产的价值又由资产、负债和所有者权益形成。受公司经营能力与市场的影响，不同时点公司资产的价值是不同的，但是永远遵守一个公式：

$$资产-负债=所有者权益，或$$

$$资产=负债+所有者权益 \tag{4-46}$$

编制资产负债表需要用到流动资金表、借款偿还表、财务计划现金流量表、折旧表、资金使用计划与筹措表和利润分配表等表格。如果以上表格编制无误，在各个时点以上二式均相等，如果在编制与计算过程中出现错误，在某些时点以上二式均会不等，可以提示前面计算发生错误。所以资产负债表（见表4-12）是财务计算正确的验证工具。

表4-12　资产负债表

单位：万元

序号	项　目	1	2	3	4	5	6
1	资产	61972	55987	54392	49535	45109	36140
1.1	流动资产总额	5800	11052	20401	26197	32132	33232
1.1.1	货币资金	0	3828	12872	18668	24603	25702
	现金	0	224	245	245	245	245
	累计盈余资金	0	3604	12626	18422	24357	25457
1.1.2	应收账款	0	866	1037	1037	1037	1037
1.1.3	预付账款	0	0	0	0	0	0
1.1.4	存货	0	558	693	693	693	693
1.1.5	其他（含固定资产进项税额）	5800	5800	5800	5800	5800	5800
1.2	在建工程	56172	0	0	0	0	0
1.3	固定资产净值	0	43011	32360	22001	11933	2158
1.4	无形及其他资产净值	0	1925	1631	1337	1044	750
2	负债及所有者权益	61972	55987	54392	49535	45109	36140
2.1	流动负债总额	0	3067	6157	6157	6157	6157
2.1.1	短期借款	0	0	0	0	0	0
2.1.2	应付账款	0	250	357	357	357	357
2.1.3	预收账款	0	0	0	0	0	0

续表 4-12

序号	项　　目	1	2	3	4	5	6
2.1.4	其他（含应交税金）	0	2817	5800	5800	5800	5800
2.2	长期负债总额	41972	34606	26391	17998	9579	0
2.2.1	建设投资借款	41972	33627	25258	16865	8446	0
2.2.2	流动资金借款	0	979	1133	1133	1133	0
2.3	负债小计	41972	37672	32548	24155	15736	6157
2.4	所有者权益	20000	18315	21845	25380	29373	29983
2.4.1	资本金	19526	19936	20000	20000	20000	20000
2.4.2	资本公积	474	484	485	485	485	485
2.4.3	累计盈余公积金	0	0	474	959	1506	2116
2.4.4	累计未分配利润	0	-2104	885	3936	7382	7382
计算指标：资产负债率（%）		68	67	60	49	35	17

4.58　为何要将资金来源与运用表改成财务计划现金流量表

在《建设项目经济评价方法与参数》第一、二版中，“资金来源与运用表”是一个辅助性的报表（见表 4-13），但对如何使用与分析这个表格未作详细论证。在 2002 年出版的《投资项目可行性研究指南》中，仍然保留这个表格（见表 4-14），只是科目作了一些变动①。表 4-13 的科目主要考察项目可支配与运用的资金，其中包括非现金的科目，如折旧、摊销，利润是可流出也可以留存在项目（或企业）。表 4-14 比表 4-13 的改进在于它重点考察项目资金的流入与流出科目，不再理会不可流入或流出的资金，如折旧、摊销与说不清的利润。

表 4-13　资金来源与运用表（《建设项目经济评价方法与参数》第一、二版）

单位：万元

序号	项　目	合计	1	2	3	4	5	6
1	资金来源	208499	47985	15286	21621	30325	24855	68426
1.1	利润总额	71263	0	1027	9923	19114	20357	20841
1.2	折旧费	23867	0	5747	5260	4773	4287	3800
1.3	摊销费	1058	0	212	212	212	212	212

① 这两张表不是来自同一个项目，表格中的数据不可比。

续表 4-13

序号	项　目	合计	1	2	3	4	5	6
1.4	长期借款	29685	29685	0	0	0	0	0
1.5	流动资金借款	13904	0	5561	4171	4171	0	0
1.6	其他短期借款	0	0	0	0	0	0	0
1.7	自有资金	25148	18300	2739	2054	2054	0	0
1.8	其他	0	0	0	0	0	0	0
1.9	回收固定资产余值	22822	0	0	0	0	0	22822
1.10	回收流动资金	20752	0	0	0	0	0	20752
2	资金运用	167814	47985	15183	20623	24552	22809	36662
2.1	固定资产投资（含方向税）	47083	47083	0	0	0	0	0
2.2	建设期利息	902	902	0	0	0	0	0
2.3	流动资金	20752	0	8301	6226	6226	0	0
2.4	所得税	23517	0	339	3275	6308	6718	6878
2.5	应付利润	31972	0	0	0	0	16092	15880
2.6	长期借款本金偿还	29685	0	6544	11123	12018	0	0
2.7	流动资金借款偿还	13904	0	0	0	0	0	13904
2.8	偿还其他应付款	0	0	0	0	0	0	0
2.9	短期借款本金偿还	0	0	0	0	0	0	0
3	盈余资金	40685	0	103	997	5773	2046	31765
4	累计盈余资金		0	103	1101	6874	8920	40685

表 4-14　资金来源与运用表（《投资项目可行性研究指南》） 单位：万元

序号	项　目	合计	1	2	3	4	5	6
1	资金流入	242935	47937	24792	34306	47558	44171	44171
1.1	营业收入	154277	0	15051	26340	37629	37629	37629
1.2	增值税销项税额	26227	0	2559	4478	6397	6397	6397
1.3	收到的税费返回	597	0	58	102	146	146	146
1.4	长期借款及债券	36738	29174	3025	2269	2269	0	0
	建设投资借款	29174	29174	0	0	0	0	0
	流动资金借款	7563	0	3025	2269	2269	0	0
1.5	短期借款	2608	0	2608	0	0	0	0
1.6	项目资本金	22488	18763	1490	1118	1118	0	0
1.7	其他	0	0	0	0	0	0	0

续表 4-14

序号	项　　目	合计	1	2	3	4	5	6
2	资金流出	236451	47937	24792	33796	38514	41931	49481
2.1	经营成本	42884	0	5137	7594	10051	10051	10051
2.2	增值税进项税额	4572	0	446	781	1115	1115	1115
2.3	增值税	21655	0	2113	3697	5282	5282	5282
2.4	营业税金及附加	2166	0	211	370	528	528	528
2.5	所得税	26864	0	990	4001	7117	7356	7400
2.6	建设投资（不含建设期利息）	47083	47083	0	0	0	0	0
2.7	增加流动资金	11289	0	4515	3387	3387	0	0
2.8	各种利息及融资费用支出	6360	854	1912	1639	1046	454	454
2.9	偿还债务本金（含利息资本化）	39346	0	9467	12328	9988	0	7563
	偿还长期债务本金	29174	0	9467	9720	9988	0	0
	偿还流动资金借款	7563	0	0	0	0	0	7563
	偿还短期借款	2608		0	2608	0	0	0
2.10	分配股利或利润	34232	0	0	0	0	17145	17087
2.11	其他	0	0	0	0	0	0	
3	盈余资金（1－2）	6484	0	0	510	9044	2240	－5310
4	累计盈余资金	0	0	0	510	9554	11794	6484

2000 年新的会计制度正式发布企业“现金流量表”，从运营、投资与筹资三个方面考察项目（企业）的现金流。这次会计制度改革便于推行现代企业制度。《建设项目经济评价方法与参数》（第三版）遵循的一个基本原则是与现行会计和税务制度保持一致。“现金流量表”与“资金来源与运用表”根本目的都是逐期考察项目（企业）的净现金流余额——项目（企业）的生命线，所以最终结果是一致的，用途也是一致的。因此，三版使用会计上使用的“现金量表”代替“资金来源与运用表”。然而，企业的现金流量表是当期值，项目的“现金流量表”是预测值，此外，用于项目盈利能力分析的基本报表“现金流量表”已经沿用多年，故将“资金来源与运用表”换成“财务计划现金流量表”的称谓。财务计划现金流量表见表 4-15。

表 4-15　财务计划现金流量表　　单位：万元

序号	项　　目	合计	1	2	3	4	5	6
1	经营活动净现金流量	86617	0	14725	20918	17200	16991	16782
1.1	现金流入	153033	0	22792	32560	32560	32560	32560
1.1.1	营业收入	132272	0	19700	28143	28143	28143	28143
1.1.2	增值税销项税额	20760	0	3092	4417	4417	4417	4417
1.1.3	补贴收入	0	0	0	0	0	0	0
1.1.4	其他流入	0	0	0	0	0	0	0

续表 4-15

序号	项目	合计	1	2	3	4	5	6
1.2	现金流出	66416	0	8067	11642	15360	15569	15778
1.2.1	经营成本	42666	0	7428	8809	8809	8809	8809
1.2.2	增值税进项税额	2457	0	366	523	523	523	523
1.2.3	营业税金及附加	1830	0	273	389	389	389	389
1.2.4	增值税	13113	0	0	1041	4024	4024	4024
1.2.5	所得税	6350	0	0	880	1615	1823	2032
1.2.6	其他流出	0	0	0	0	0	0	0
2	投资活动净现金流量	-62245	-60627	-1398	-220	0	0	0
2.1	现金流入	0	0	0	0	0	0	0
2.2	现金流出	62245	60627	1398	220	0	0	0
2.2.1	建设投资	60627	60627	0	0	0	0	0
2.2.2	维持运营投资	0	0	0	0	0	0	0
2.2.3	流动资金	1618	0	1398	220	0	0	0
2.2.4	其他流出	0	0	0	0	0	0	0
3	筹资活动净现金流量	1086	60627	-9723	-11675	-11404	-11056	-15682
3.1	现金流入	63591	61972	1398	220	0	0	0
3.1.1	项目资本金投入	20485	20000	420	66	0	0	0
3.1.2	建设投资借款	41972	41972	0	0	0	0	0
3.1.3	流动资金借款	1133	0	979	154	0	0	0
3.1.4	债券	0	0	0	0	0	0	0
3.1.5	短期借款	0	0	0	0	0	0	0
3.1.6	其他流入	0	0	0	0	0	0	0
3.2	现金流出	62505	1345	11122	11895	11404	11056	15682
3.2.1	各种利息支出	9847	1345	2776	2245	1704	1161	616
3.2.2	偿还长期债务本金	41972	0	8346	8369	8393	8419	8446
3.2.3	偿还流动资金借款本金	1133	0	0	0	0	0	1133
3.2.4	偿还短期借款本金	0	0	0	0	0	0	0
3.2.5	股利分配	9553	0	0	1281	1308	1477	5488
3.2.6	其他流出	0	0	0	0	0	0	0
4	净现金流量	25457	0	3604	9023	5796	5935	1100
5	累计盈余资金	0	0	3604	12626	18422	24357	25457

4.59 如何进行项目财务生存能力分析

净现金流是现代企业生存、发展或盈余最敏感的指示。财务生存能力分析（financial viability analysis），应在财务分析辅助表和利润与利润分配表的基础上编制财务计划现金流量表，通过考察项目计算期内的投资、融资和经营活动所产生的各项现金流入和现金流出，计算净现金流量和累计盈余资金，分析项目是否有足够的净现金流量维持正常运营，以实现财务可持续性。

财务计划现金流量表是在现行会计制度规定的现金流量表的基础上，增加净现金流量与累计盈余资金二项，后者以货币资金的成分之一进入资产负债表。

（1）财务可持续性应首先体现在有足够大的经营活动净现金流量，其次各年累计盈余资金不应出现负值。若出现负值，应进行短期借款，同时分析该短期借款的年份长短和数额大小，进一步判断项目的财务生存能力。短期借款体现在财务计划现金流量表中，其利息应计入财务费用。为维持项目正常运营，还应分析短期借款的可靠性。通常项目运营期初的还本付息负担较重，应特别注重运营期前期的财务生存能力分析。

（2）财务生存能力分析亦应结合偿债能力分析进行，如果拟安排的还款期过短，致使还本付息负担过重，导致为维持资金平衡必须筹借的短期借款过多，可以调整还款期，减轻各年还款负担。

（3）财务生存能力分析亦可用于资金结构分析，通过调整项目资本金与债务资金结构或资本金内部结构等，使得财务计划现金流量表中不出现或少出现短期借款。

（4）财务生存能力分析可用于非营利性项目补贴收入的测算。如项目产出使用现行交易价格，当运营期长年发生短期借款，表明现行交易价格无法满足项目生存，项目本身无能力实现自身的资金平衡，此时需要根据投资人设定的基准收益来反推项目预期财务价格，两种价格之差即为需要政府提供给项目的补贴；如项目产出使用现行价格时仅在运营期初出现短期借款，则表明使用现行价格项目可以具备持续发展的能力。项目的预期财务价格应按照保本微利原则确定，则运营期通常不应出现短期借款，项目也不需要政府补贴。

4.60 什么是财务分析的逻辑框图

财务分析的步骤很多，数据间的关系复杂，相互引用甚多，计算繁杂。但是，这些关系是固定的，数学计算是有规律可循的，也就是说明，可以将计算过程、步骤归纳总结，用数学模型来表述，给人以直观的了解。图4-2就是财务分析的一个简明扼要的分析逻辑框图。该图将项目应提供的初始数据（浅灰色文框）、中间计算过程（白色文框）和项目分析指标（深灰色文框）清晰地从上到下地排到，使读者对数据的关系与衔接、财务分析的过程全都一目了然，从总体上把握财务分析的内容与精髓。

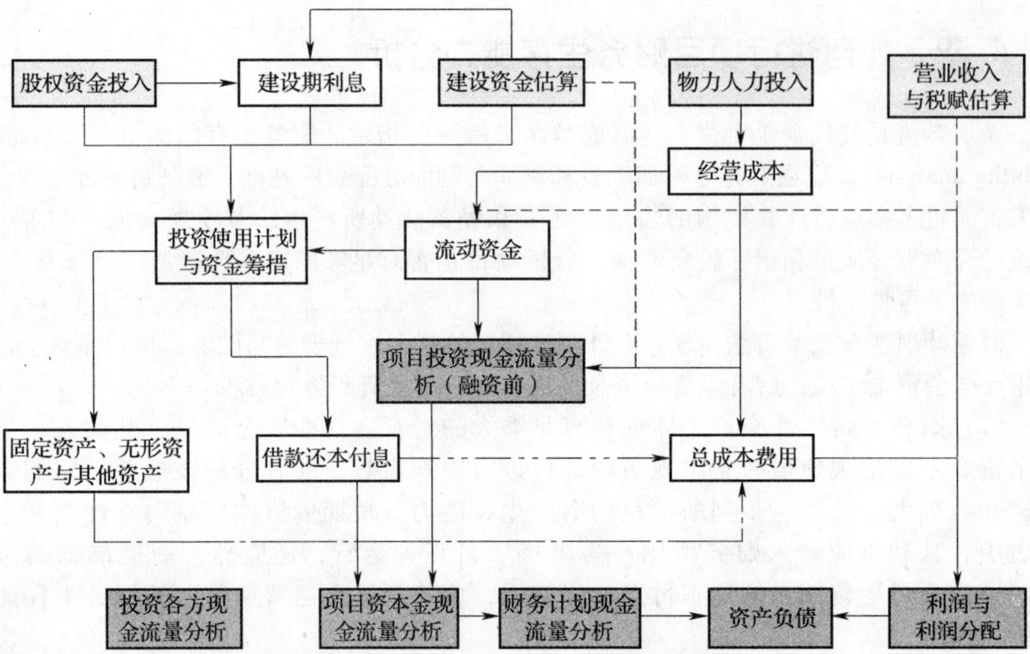

图 4-2　投资项目财务分析逻辑框图

4.61　非营利性项目财务分析的重点是什么

非营利性项目可以分为以下三类：

第一类，项目经济实体实行自主经营、自负盈亏的项目，以及采用特许经营模式的项目。

第二类，项目因政策性原因造成产出价格（收费）不到位，难以补偿项目运营成本、回收投资，需要政府在一定时期给予运营补贴的项目。

第三类，项目完全没有运营收入，全部由政府投资建设，并给予长期运营补贴的项目。

非营利性项目的财务分析的重点应根据项目类型确定：

对于第一类项目，财务分析方法与一般项目基本相同，但盈利能力分析应在政府的价格政策导向和合理利润的前提下进行。特许经营项目的财务分析要受特许权协议内容的制约，其分析应从政府和投资方不同角度进行。

对于第二类项目，财务分析重点是生存能力分析和偿债能力分析。应根据项目收入抵补支出的程度，区别对待。收入补偿费用的顺序应为：补偿生产经营耗费、缴纳流转税、偿还借款利息、计提折旧和偿还借款本金。其中：

（1）营业收入在补偿生产经营耗费、缴纳流转税、偿还借款利息、计提折旧和偿还借款本金后尚有盈余，表明项目财务有生存能力和一定的盈利能力，其财务分析方法与一般项目基本相同。

(2) 对一定时期内收入不足以补偿全部成本费用，但通过在运营期内价格（收费）逐步到位，可实现其设定的补偿生产经营耗费、缴纳流转税、偿还借款利息、计提折旧、偿还借款本金的目标，并预期在中、长期将产生盈余的项目，可只进行财务生存能力分析和偿债能力分析。由于项目运营期内需要政府在一定时期给予补贴或优惠政策扶持，应估算项目各年所需的政府补贴数额，并进行政府提供补贴的可靠性分析。对于实行项目法人内部调剂的项目，应对项目间的交叉补贴情况进行分析和评价，以保证项目具有可持续的经费来源。

对于第三类项目，因没有营业收入，主要进行财务生存能力分析，不进行盈利能力分析。这类项目通常由政府直接投资并提供运营补贴，应合理估算项目运营期各年所需政府补贴数额，并进行政府提供补贴的可靠性分析；对使用债务资金的项目，还应结合借款偿还要求进行分析。

4.62　非营利性项目财务基准收益率的作用是什么

在一般营利性项目财务分析中，基准收益率作为判别项目在财务上可接受的依据。在某些非营利性项目（如市政公用设施项目）的经济评价方法中，也给出了一些行业基准收益率，这些基准收益率不能作为判别项目在财务上可接受的唯一依据，通常只用来倒推项目预期财务价格，是估算价格（收费）水平的基本参数。当然，对于不同的现金流以及盈利性指标，应使用不同的基准收益率。

基准收益率在计算净现金流量时仍然起折现率的作用。在基准收益率确定以后，如果财务计划现金流量表中不长期出现短期借款，即可以判断项目在财务上是可以接受的。

4.63　在什么情况下要倒推产品（服务）的价格

在既定的投资回报率下（一般是项目资本金内部收益率，也可为债务融资前所得税后基准收益率），倒推计算产出的价格，目的是考察项目产出的价格是否有市场竞争能力。如电力系统一般都使用投资人设定的权益投资收益率倒算上网电价。

在政府定价机制的条件下，项目产出的交易价格不抵成本，或投资回报太低，达不到社会投资者预期的收益水平，可按投资者预期投资回报率倒算产出的预期财务价格，预期财务价格与政府定价之间的差额是项目应得的财政补贴。

4.64　如何做特许权经营项目的财务分析

特许权经营项目是政府与企业合作共同开发的项目。在这种项目中，政府一般是不直接投资的，项目用款都来自企业投资人。企业投资的营利性与政府主导的非营利性是一对矛盾。因此，财务分析应分别从合作双方来进行：

从社会投资者的角度应考察：

(1) 尽管整个项目是非营利性的，但从企业投资者的角度看项目应当是营利性的。

所以，应当合理确定社会投资者的投资收益率。由于非营利性项目，如市政项目，现金流长期稳定，投资风险相对较低，项目总体收益水平也相对较低，社会投资者宜将其投资作为长期战略投资，而不应按其他领域的投资收益率来确定其在市政项目的投资收益率。

（2）在政府确定的价格框架下，合理估算项目的收益缺口，提出具体的政策建议。

（3）优化融资方案，降低资金成本，以改善项目的财务生存能力及偿债能力，提高社会投资的盈利能力。

（4）合理安排还贷计划与利润分配方式（如还贷期间可不分红），以保障项目的财务生存能力。

从政府的角度应考察：

（1）确定政府是否应为项目出资，如果需要政府出资，应合理确定政府为项目出资的比例及出资额度。

（2）在可能的条件下，政府应在资金、建设用地、税收等方面给予必要的扶持和优惠政策。

（3）如果项目需要政府长期补贴才能维持运营，政府在签订正式协议之前应当对项目运行成本作深入的调查，测算各年度政府补贴额，并分析政府补贴的支付能力。

（4）对于吸引社会资金投入的项目，要从公众利益出发，合理确定整个项目融资前财务内部收益率，使其一般不超过基准收益率，以吸引长期战略投资，防止投资中的短期行为对资源造成破坏性开发，促进节约资源与能源、保护环境、安全生产的资金优先进入市政项目。

（5）为吸引社会资金投入，政府可在投资方式（直接、资本金、补助）、出资比例、优惠政策等方面选择向社会投资者“直接让利”、其他方式的“间接让利”或项目范围外补偿的方式“让利”。

（6）采用特许权经营模式的项目，以政府收（指政府代理机构从用户收缴的费用）支（指政府代理机构向特许经营商支付的费用）平衡为原则，合理确定基本（保底）付费量及付费价格，防止居民与财政长期负担过重，影响当地社会经济发展；有条件时，可以分析政府现金流，测算因为项目建成投产，政府的长期获利能力。

4.65 为何《建设项目经济评价方法与参数》（第三版）不再要求做外汇平衡表

《建设项目经济评价方法与参数》（第二版）规定涉及外汇收支的项目要做外汇平衡分析，这是因为在20世纪90年代，我国处在短缺经济时代，外汇是稀缺资源，国家对外汇与进出口进行严格管制。编制外汇平衡表目的是考察项目用汇情况，保证项目与外汇管理部门的外汇使用与调拨做到计划有序。

进入21世纪后，我国外汇由短缺逐渐变为盈余，国家可以保证生产性用汇随时兑换，项目经济评估可以按照完全使用人民币结算，需要用汇时可以按市场汇率随时掉换余缺，外汇管制已经由行政管理为主变为以市场管理为主，在这种情况下，为了避免做无谓的工作，减轻工作量，《建设项目经济评价方法与参数》（第三版）不再要求做外汇平衡表。

对于用汇较多的项目，特别是要求考察进出口额变动的项目，可根据项目实际外汇收支自行编制外汇平衡表。

第5章　费用效益分析

5.1　什么是费用效益分析，其作用是什么

费用效益分析是从经济学的角度考察项目发生的效益流与费用流，利用货币的时间价值原理，通过比较经济效益与经济费用，估算项目的经济效率，分析项目对社会福利的贡献，推动资源优化配置。

经济学意义上的效益与社会上通常理解的经济效益不同，社会上通常理解的经济效益其实是财务或者说货币收益的多少，经济学意义的效益指项目对全社会福利做出的贡献。同样，经济学意义的费用与社会上通常理解的费用也不同，经济学意义上的费用指项目对社会各类资源的耗费，社会上通常理解的费用指货币支出。

项目“有经济效率”（effectiveness）是指项目创造的经济效益的价值高于项目耗费的经济资源的价值。

费用效益分析“有助于设计和选择能够对一个国家的福利做出贡献的项目”[①]。

5.2　为什么要作费用效益分析

对于大部分项目而言，财务分析是从项目实体的角度分析项目的获利性。然而，有些为公众提供服务的非营利项目，如垃圾处理项目，在现行市场交易价格的条件下不具财务获利性，因此私人（企业）投资就没有积极性，于是，这类项目投资必须由政府进行干预——政府直接进行投资、用未来政府收益作担保、给予项目税收优惠或财政补贴、通过各项政策对投资方向进行调整、通过市场准入进行控制。

在进行这些干预活动之前，政府应当向公众说明政府干预的必要性与经济合理性，费用效益分析就是论述项目经济合理性的最有效工具。费用效益分析不只考虑项目实体的收益与成本，还考察项目为社会各类群体福利做出的贡献，也考察项目耗费的社会资源（含生态与环境资源）。如果项目对社会的贡献大于耗费的社会资源，项目经济上就是合理的，政府利用纳税人的钱进行适度干预也才是有理由的。费用效益分析能有助确定项目应由私人部门还是公共部门承担；估算项目对财政的影响；确定成本回收计划是否有效和公平；评价项目的潜在环境影响和对扶贫工作所起的作用。

政府参与的程度取决于体制机构状况，也取决于法律、法规和政治条件以及外部环境，这些条件和环境因国家而异，而在一个特定国家，每年也各不相同。除经济条件外，还要考虑公平、政治和战略问题。因此，没有任何严格和可靠的规则，能够使决策者准确无误地得出这样的结论：政府参与会使国家更加富裕。每一个项目是否需要政府参与必须

---

① 世界银行．投资运营的经济分析［M］．北京：中国计划出版社，2001：1．

根据其自身的实际情况来决定。

在完善的市场经济体系下，竞争市场机制能够对经济资源进行有效配置，产出的市场价格将以货币形态反映边际社会效益，而投入的市场价格将反映边际社会机会成本。利润最大化自然会导致资源的有效配置，财务分析与费用效益分析的结论一致，不需单独进行经济费用效益分析。

在现实经济中，由于市场本身的原因及政府不恰当的干预，都可能导致市场配置资源的失灵，市场价格难以反映投资项目的真实经济价值，客观上需要通过费用效益分析来反映投资项目的真实经济价值，判断投资的经济合理性，为投资决策提供依据。

对于企业投资的项目而言，费用效益分析可以帮助政府管理部门掌握与了解项目对公众利益的影响，估量项目对其他利益相关者的直接或间接影响，采取必要的限定措施，确定政府的管理策略。按照我国目前投资项目管理制度，涉及公众利益的企业投资项目是要经过政府投资主管部门核准的，政府核准的一项重要内容是项目是否对社会其他成员、环境和生态造成不利影响，政府投资主管部门应在估量这些影响的性质与大小后决定是否核准该项目。

费用效益分析比较项目的费用效益流量与财务现金流量存在的差别，分析造成这些差别的原因，提出相关的政策调整建议；对于市场化运作的基础设施等项目，费用效益分析论证项目的经济价值，为制订财务方案提供依据；识别各利益相关者为项目付出的代价及获得的收益，通过对受损者及受益者的费用效益比较，为社会评价提供依据。

5.3　费用效益分析与财务分析有何异同

费用效益分析在一些国际组织的书籍中也称经济分析，使用这种称谓目的是将其区别于以项目实体为对象的财务分析。费用效益分析与财务分析的主要区别列于表5-1中。

表5-1　费用效益分析与财务分析的区别

	财务分析	费用效益分析
主体	项目实体	全社会利益相关者
分析对象	现金流	可货币化的费用效益流
流入	营业收入、补贴、赠款、贷款	社会福利的增加
流出	投资费用、经营费用、税赋、利息	社会资源的耗费
价格体系	市场交易价格（投入用到厂财务价格，产出用出厂财务价格），考虑通货膨胀	反映经济价值的影子价格或计算价格，不考虑通货膨胀
范围	项目财务边界	直接影响与间接影响 项目实体、其他利益相关者与环境
经济学原理	货币的时间价值	货币的时间价值

续表 5-1

	财务分析	费用效益分析
资本金约束	有限	满足需要
判别基准	财务基准收益率	经济折现率
目的	选择项目，投资回报最大化	选择项目、优化资源配置、增进社会福利
税收与财政补贴处理	包括在现金流中	不包括作为转移支付的所得税和补贴，投入与产出的税赋视条件而定
贷款与利息处理	包括在现金流中	国内、外贷款及利息都作为转移支付*
分析方式	利用预测数据，通过遵循财务会计制度的数学模型，计算财务指标	根据项目具体情况，识别并估算相关的费用与效益，按照基本模式计算费用效益指标

注：*世界银行．农业项目经济分析［M］．北京：中国财政经济出版社，1987：36-40.

5.4 为什么要让“国民经济评价”回归“费用效益分析”

《建设项目经济评价方法与参数》（第三版）用“经济费用效益分析”取代了“国民经济评价”。至2006年第三版发布，“国民经济评价”在我国已经使用了19年，不仅在项目可行性研究与工程咨询界“深入人心”，而且已经深入教育界——几乎所有的大学教材都使用这一称谓，并“影响了一代人”。“国民经济评价”这一称谓在我国被广泛采纳有历史的原因，但也不能掩盖这一称谓的不科学性，第三版编制组经过缜密的研究决定用“费用效益分析”取代“国民经济评价”①。由于社会上不少人对这个称谓的更换仍有许多

① 编制《建设项目经济评价方法与参数》（第三版）的主要国外参考资料为：

Belli P Anderson JR, Barnum HN, et al. Economic Analysis of Investment Operation ［M］. Washington: World Bank, 2001. 中译本：P. 贝利. 投资运营的经济分析：分析方法与实际应用［M］. 建设部标准定额所，译. 北京：中国计划出版社，2002.

Asia Development Bank. Guidelines for the Economic Analysis of Projects ［M］. Manila: ADB, 1997.

UK Treasure. Appraisal and Evaluation for Central Government ［M］. London: Stationery Office, 1997. 中译本：中央政府的评估与评价［M］. 可行性研究与项目评价分会，2003.

Asia Development Bank. Economic Analysis of Water Supply Projects ［M］. Manila: ADB, 1999. 中译本：供水项目经济分析［M］. 北京：可行性研究与项目评价分会，2003.

Asia Development Bank. Framework for Economic and Financial Appraisal of Urban Development Sector Project ［M］. Manila: ADB, 1994; 中译本：市政部门项目财务与经济分析框架［M］. 北京：可行性研究与项目评价分会，2003.

European Communites. Financial and Economic Analysis of Development Projects ［M］. Brussels: Office of official Publication of the European Communities, 1997. 中译本：发展项目财务与经济分析手册［M］. 北京：机械工业出版社，2004.

不理解，故笔者多花些笔墨给予解释。

费用效益分析的思想起源于19世纪。法国人杜庇依（Jules Dupuit）于1844年在《市政工程效用的度量》一文中第一次提出消费者剩余的概念，并指出市政工程效益所产生的影响与该工程计划的直接收入不是一码事；美国建国之初，杰弗逊政府的财政部长加拉丁（Albert Gallatin）就提出要“比较水利建设的费用与效益”；美国于1902年颁布的《联邦开垦法案》和1936年颁布的《洪水控制法案》都明确要求“公共投资”的“效益必须超过费用”①。“项目效益”包括项目业主的财务收入以及项目业主以外的其他社会群体或机构从项目获得的收益；“项目费用”包括项目业主发生的财务支出以及项目业主以外的其他社会群体或机构因项目发生的费用。“项目业主以外的社会群体或机构”发生的费用和效益通常称为“社会费用”与“社会效益”，所以有些学者也称费用效益分析为“社会费用效益分析”。费用效益分析的方法实际上是利用经济学的原理，估算项目在全社会范围内总的效益与费用，乃至净效益，以满足政府部门对公共投资决策的需要，同时也使政府投资决策对公众有一个透明的交代。企业（项目）财务分析使用货币时间价值原理计算财务现金流量，费用效益分析则将货币时间价值原理用于费用与效益流量，这是费用效益分析得名的真正原因。

费用效益分析方法源于西方国家，至今仍被发达国家政府广泛用于公共投资决策的前期研究。美国政府对公共投资效益的关注一直延续到现代：美国政府管理与预算办公室1992年发布文告“A－94”，即《政府计划费用效益分析指南与折现率》，要求所有发生3年或3年以上支出与收入的规划与公共政策都要用费用效益分析方法进行评估，其折现率每年都由管理与预算办公室更新；美国国家医学科学院（National Institute of Health）1999年发布了《Cost－Benefit Analysis Guide for NIH IT Projects》。据不完全了解，主要发达国家，如英国、法国、加拿大、德国、法国、澳大利亚、芬兰、丹麦和日本的政府部门或专业机构，都发布了适用于各类或部分专业公共投资的费用效益分析用的指南或手册，用以指导公共投资决策。

20世纪60年代以后，随着“二战”后世界经济的复苏，一些国际组织开始大规模地对发展中国家进行项目援助，以此促进这些国家经济社会的发展。这些国际组织的援助项目从一开始就遵守市场经济的法则，不是无偿地给予援助，而是以某种形式的银团向受援国发放主权信用的项目贷款。于是，银团、受援国政府与项目业主成为相互关联的三个利益主体，在考察项目的费用和效益时，银团、受援国政府与项目业主的观点就会出现不一样的情况。例如，项目业主考虑盈利性或生存能力，受援国政府考虑财政还款能力，银团则以受援国政府的经济担保能力为基础，考虑项目经济上的合理性以及财务的可持续性。

发展中国家的市场机制一般不健全，存在严重的市场垄断和价格扭曲。而不健全的市场使援助项目财务净效益估算严重失真，对此，国际组织通常采用费用效益分析方法估算项目的经济价值，即不仅计算项目实体的财务现金流，而且计算项目实体外产生的“社会效益”与“社会费用”。这一时期费用效益分析的发展以项目投入与产出的经济价值（即

① 克尼斯. 环境保护的费用效益分析［M］. 北京：展望出版社，1989：3－5.

影子价格）的计算为重要标志。计算影子价格的目的是寻求在资源最优利用情况下资源的经济价值，先后出现了 OECD 法（L－M 法）、UNIDO 法和 WB（S－V－T 法）法。其实这几种方法都关注外贸投入与产出的影子价格，其差别在于计算影子价格的约束条件或参考基准不一样。

与此同时，这几种方法对费用效益分析的称谓也出现差别：OECD 法、WB 法以及世界银行、亚洲开发银行、欧盟等国际组织近年的出版物都将费用效益分析纳入经济分析的范围，UNIDO 法则称其为国民经济评价。“经济分析”强调费用效益分析的经济学（特别是福利经济学）属性，分析项目对社会福利的贡献，不但分析总体，更注重分析个体。“国民经济评价”名义上是评价受援国的国民经济，本质上则是从银团的角度来考察项目对受援国是否有益，只要对受援国整体有益或是对受援国中央政府有益就是好项目，因为对受援国整体经济有好处，就不怕受援国还不了银团的借款。项目贷款决策在银团董事会通过，强调费用效益分析的受益主体，而忽视了受援国国内存在的多个目标群体（如地方政府），其实有些目标群体可能因项目而受到不利的影响，如水库非自愿移民。此外，由于一般发展中国家地域不大、国家经济规模较小，一个项目对于一个国家的影响往往是比较大的，因此很自然就可过渡到“国民经济”的层次。

在改革开放初期，一般发展中国家市场存在的问题也出现在我国：计划经济主导、供求矛盾突出、价格严重扭曲、通货膨胀肆虐，更为严重的是投资主体单一——政府掌握着全国的投资计划与资金，政府也是获利主体的唯一代表，一切从“国家的角度”出发变成了“国家的利益”。在这个时期，国际组织借助向中国发放项目贷款之机，推广它们的方法，特别设立技术援助项目以资助中国政府，结合中国的实际情况，将项目可行性研究与经济评价的费用效益分析方法“国产化”，我国于 1987 年发布的《建设项目经济评价方法与参数》（第一版）就是最好的体现。

在项目评价方法“国产化”的初期，影响最大的要属联合国工业发展组织（UNIDO）于 1972 年出版的《项目评价准则》①，其中译本于 1984 年在我国正式出版发行，它是当时翻译最完整、表述最到位的一本书，而且受国际组织资助的外国专家来华讲学也是以该书为教材。该书第一篇的标题为“国家效益费用分析方法介绍”，其后的章节名称分别为“商业盈利性及其局限”、“国民经济的盈利性”；第三篇用两章分别介绍了“国家计划在项目形成和评价中的作用”与“国家参数：定义、作用及推导”。将费用效益分析方法冠以“国家计划”、“国民经济的盈利性”和“国家参数”的提法，无疑给当时饱受计划经济体制思想禁锢的我国政府官员和学者带来了新思想、新途径。于是，UNIDO 法被全盘接受，“国民经济评价”成了“费用效益分析”的代名词。之所以会出现这样的情况，主要是因为国民经济评价恰好适用于计划经济时代唯一的投资主体——国家——进行投资决策的需要，同时，它也深深地灌输了一种思想，即符合政府的利益就等于符合全民的利益，而此种思想在我国项目经济评价领域主导了近 20 年。

---

① United Nation Industrial Development Organization. Guidelines for Project Evaluation [M]. Viena: UNIDO, 1972.

直至 2006 年，介绍项目经济评价的大学教材几乎全都在使用“国民经济评价”一词，仅有个别的学者在使用“费用效益分析”，甚至许多实际工作者只知“国民经济评价”而不知“费用效益分析”为何。

自 1992 年以后，中国改革开放进入了新的发展时期，计划经济机制已经逐步被市场经济机制取代，在投资领域最显著的变化是投资主体多元化，即政府、企业、外资、个人都可以进行投资。与投资主体多元化协同发生的变化是项目涉及的利益群体多元化：国家不再是项目唯一的受益者代表，政府管理机构、政府投资代理机构、企业、项目的目标群体（包括项目受益群体与项目受损群体）都是项目的利益相关群体，它们通过项目可能受益，也可能受损。在这一时期，“国家”与“政府”的概念已经开始区分：“国家”是权力的象征，它应当是绝大多数群众利益的代表；“政府”是行使国家权力的机构，是执政党或多数民意的代表。在这种环境下，仅一个“为了国家的利益”的“国民经济评价”结论就无法涵盖多个群体各自的利益，可能不为其所接受。

在我国经济理论与实际工作中，“国民经济”有固定的含意。中国人民大学设置了国内唯一的国民经济学专业，该专业对国民经济学的权威定义为：“国民经济学专业是从宏观、战略的角度来研究国民经济与社会发展问题，具有宏观性、战略性和前瞻性的特点。它是用宏观的、战略的、全局性的眼光来分析研究国民经济这个大系统中的各个问题，并对国民经济与社会的发展作出预测与规划。它的基本内容是对宏观经济管理理论与方法的研究。本专业包括 7 个研究方向：战略与规划，宏观调控与政策，投入产出与经济预测，产业结构与政策，区域经济发展，国民经济核算，社会发展及其社会政策。”我们据此可认为国民经济专业主要研究的是宏观经济问题。如果把这个定义拓展到项目经济评价，“国民经济评价”就应当是研究项目对宏观经济的影响，而这有悖于费用效益分析本来的初衷，即研究项目业主以外发生的社会费用与效益。

项目经济分析使用影子价格，国民经济核算使用市场价格，用影子价格计算的效益与费用是一种虚拟的效益与费用，估算出的费用与效益不可能计入银行账户，也就不可能加到国民经济总产值或国民收入之中。由于项目经济评价用的影子价格与现行国民经济核算用的市场价格口径不对，因此在实际工作中可能造成误解。

20 世纪末，全世界开始注重环境保护，环境经济学也就应运而生。环境经济学的主要任务是将各种社会活动（包括投资项目活动）对环境的影响定量化、货币化，利用经济学的原理进行分析。有许多学者认为，项目不仅要对项目业主以外的社会群体和机构产生影响，让它们发生费用或获得效益，而且某些项目还会对环境会产生巨大的影响，并且这些影响不容易落实到某个社会群体或机构身上。因此，他们主张项目除了能产生前述的“社会费用”和“社会效益”外，还会产生“环境费用”与“环境效益”，货币化后的环境费用与环境效益可以很自然地进入项目的费用流或效益流中，与传统的费用效益分析方法浑然一体，共同利用经济学原理分析考察项目总的经济影响。环境费用相对容易计量与货币化，环境效益可按表 5-2 的总经济价值分类逐一定量化。在定量化的基础上，可根据效益的特点，分别选用生产率法、隐含价值法、调查法与替代市场法对其进行货币化。

表 5-2 总经济价值分类表*

总经济价值				
使用价值			非使用价值	
直接使用价值	间接使用价值	选择价值	存在价值	遗赠价值
可直接消费的产出 • 食品 • 生物量 • 休闲 • 健康	功能性收益 • 生态功能 • 洪灾控制 • 暴雨保护	未来的直接或间接价值 • 生物多样性 • 受保护的栖息地	将使用或不使用权留给后代所带来的价值 • 生物栖息地 • 不可逆的变化	从知晓某种东西持续存在所获取的价值 • 生物栖息地 • 濒危的物种

注：*经济合作发展组织. 环境项目和政策的评价指南［M］. 北京：中国环境科学出版社，1996：17.

这时的费用效益分析可以称为经济费用效益分析，以区别于传统的社会费用效益分析。也有经济学家称这种经济分析为“扩展的费用效益分析”（extended cost benefit analysis），以与传统的只包含前述“社会影响”的“社会费用效益分析”相区别。货币化的环境影响也不能计入银行账户，同样不能进入国民经济核算，不能估算对以实际货币衡量的宏观经济的影响。

在我国可行性研究与项目评估工作中，也存在着“国民经济评价”被滥用的情况。笔者所说的“滥用”不是指计算过程中人为地调整参数以获得有利于投资者结论的行为，而是指将“国民经济评价结论”作为一部分垄断行业利用国家公共权力部门推动投资活动的依据。

在公共事务中有一个“少数服从多数”的原则，这条原则用于项目投资领域就意味着：一项投资对大多数人有利就是合理的，而不管少数人的利益是否受到严重损害。于是，这条原则在部分垄断行业投资时被滥用——只要国民经济评价合理，项目就应建设运营。“国民经济评价是从国家的角度考虑”，从国家的角度考虑也就“等于”从大多数人利益的角度考虑，少数因项目受到利益损害的人必须服从多数因项目获益的人，为项目让路，这是今天有可能利用公权的人批评甚至迫害利益受损人的“尚方宝剑”。

但是，在经济学中还有一个非常重要的“帕累托改进”原则——在总资源不变的情况下，如果对某种资源配置状态进行调整，使一些人的境况得到改善，应使其他人的状况至少不变坏。通俗地讲，“帕累托改进”意指任何变革都不能“损人利己”。使用这项原则意味着：在进行项目经济分析时，不但要从总体上分析项目的经济效率，而且还应具体分析每一利益相关者的经济状态，特别是受项目损害的利益相关者的状态，找出解决问题的办法，包括寻找替代方案和给予经济补偿，使受损的利益相关者最终的状态不至变坏。“帕累托改进”意味着国家利益和公众利益，换句话说国民经济评价结论，与个人利益完全有可能不一致，甚至是对立的。在这种情况下，项目投资人或决策人不能置受损人的利益不顾，一味地强调顾大局，而是应当进行利益相关者的费用效益分析，补偿他们的损失，以达到“帕累托改进”的目标，这对于建立以人为本的和谐社会有重要意义。

有趣的是，向中国推介“国民经济评价”的 UNIDO 自己也放弃了这个称谓，1986 年 UNIDO 出版了一本《项目评估实用指南——发展中国家社会费用效益分析》①，在这本书中“费用效益分析”被当做书名的一部分，书中先叙述项目的财务获利性与分析框架，接着进行传统费用效益分析，最后重点还描述了效益在社会群体间的分配问题。这本书虽然有作者署名，但标志着 UNIDO 对费用效益分析的态度转变。

进入 21 世纪以来，中国初步建立了社会主义市场经济体系，所有的经济活动都要按照市场经济的规律与制度进行。2004 年国务院发布了《国务院关于投资体制改革的决定》，明确对政府投资实行审批制度，企业投资项目实行核准制与备案制。政府投资项目其实就是公共投资项目，适用于西方国家公共投资项目的费用效益分析同样适用于中国的政府投资项目，适用于发达国家的环境经济学也适用于当今的中国社会，对于一些财务收益不好或没有财务收益的项目，政府有责任向公众说明投资的理由，定量分析总是比定性分析更有说服力。

总之，从费用效益分析的起源、使用条件、应用范围来看，在现今的中国，“国民经济评价”都不是一个合适的称谓，相比较而言，费用效益分析则更能全面反映它的本质与精髓。

5.5 什么项目应当作费用效益分析

从经济学的角度看，具有下列特征之一的项目应当作费用效益分析：

——具有自然垄断性特征，不能由市场力量自发配置经济资源的项目；

——产出物具有公共产品特征，不具有市场价格，或者虽有市场价格，但不能确切反映其真实社会效益或成本的项目；

——涉及环境资源、公共利益、整体布局等外部性，财务价格不能反映其真实社会效益或成本的项目；

——市场发育不完善，或市场化程度较低，存在信息不对称，市场价格难以真实反映其经济价值的项目；

——国家控制的战略性资源开发，如原油、煤炭开采、采矿、电力等项目；

——受市场准入等限制，各种税收、补贴及其他行政性干预手段导致项目财务效益或费用产生扭曲，使得财务效益不能反映真实经济价值的项目。

从管理的角度看，具有下列特征之一的项目应当作费用效益分析：

——政府投资用于关系国家安全、国土开发和市场不能有效配置资源的公益性和公共基础设施建设项目、保护和改善生态环境项目、重大战略性资源开发项目；

① United Nation Industrial Development Organization. Guide to Practical Project Appraisal - Social Benefit-Cost Analysis in Development Countries [M]. Viena : UNIDO, 1986.

——政府各类专项建设基金投资用于交通运输、农林水利等建设项目；

——利用国际金融组织和外国政府贷款，需要政府担保的基础设施建设项目；

——非政府投资建设的涉及国家经济安全、影响环境资源、公共利益、可能出现垄断、涉及整体布局等公共性问题，需要政府核准的建设项目。

5.6 费用效益分析中投入产出的经济价值应使用“计算价格”还是“影子价格”称谓

费用效益分析与财务分析最主要的区别之一是：前者使用影子价格，后者使用市场价格。影子价格源于运筹学里的线性规划，是在既定资源约束条件下实现目标函数时得到的对偶解。这个对偶解被称为“影子价格”是针对资源实际价格而言的，即先有了“竿”，然后才有太阳底下的“影”，没有“竿”就无从有“影”。在传统的费用效益分析中，投入与产出都有“实际价格”或“现行市场价格”，如果这个市场价格不是由市场机制形成的，它就不可能反映投入产出的经济价值，那么就可设定资源最优配置的条件，在确定的目标下，计算能反映其经济价值的“影子价格”。对于项目中使用的投入产出，包括劳动力与外汇，亚洲开发银行主张用其“经济价值”表现。

在许多项目中，费用或效益根本就没有市场价格，例如1公顷林地退耕还林涵养水分的价格，高速公路节省旅行时间的价格，空气质量恶化引发呼吸道疾病造成的费用（价格），卫生防疫减少一例发病率、降低一例死亡率的价格，培训教师提高授课质量和学生升学率的效益等等。没有市场价格并不等于这些活动不会有经济产出，其内在的经济价值只是目前未能找到公认的简便方法来计量与表达，但通过努力在将来是可以实现的。将上述几种情况中的估计价格称为影子价格虽然可以为人理解，但未免过于牵强。

在 Little 和 Mirrlees 的专著《Project Appraisal and Planning for Developing Countries》① 中，他们指出经济学家使用影子价格“是一种不幸”，并主张使用“计算价格”，且在该书中用“计算价格”代替“影子价格”。受其影响，泛美开发银行有关的专著则直接用《项目评价的计算价格及测算》作为书名。在欧盟2008年出版了《Guide to Cost-Benefit Analysis of Investment Projects》一书中，投入产出的货物使用“影子价格”表示，其他投入产出则直接用“计算价格”表述。因此，对于前述没有市场价格的投入与产出，如果其经济价值能够计算出来，用“计算价格”表达是比较贴切的。

影子价格的使用已经比较久远，至今国内外不少专业人士仍在使用这一称谓。当然，在充分了解其经济理论的情况下，怎么使用都无妨。不过，如果用“计算价格”表示没有市场价格的投入与产出的经济价值，就不会有先有“竿”后有“影”的问题，再者，计算价格与影子价格都表示在特定条件下资源最优配置时的经济价值；因此，建议用“计算价格”代替“影子价格”，或使用亚洲开发银行的提法，即“经济价格”，这样做不仅没有本质的影响，而且可使表述统一，避免没有市场价格的投入产出的经济价值用“影子价

① Little I. M. D., J. A. Mirrlees. Project Appraisal and Planning for Developing Countries [M]. New York: Basic Book Inc., 1974: 36.

格”表示所出现的逻辑不对应。

5.7　费用效益分析有哪几种方式

费用效益分析可以在识别经济费用流与经济效益流的基础上，直接编制费用效益流量表，计算经济净现值或经济内部收益率等指标，判断项目的经济合理性；也可以在财务分析的基础上，将项目投资现金流量表中相关的现金流出与流入转换成经济费用效益流，计算经济净现值或经济内部收益率等指标，判断项目的经济合理性。

5.8　直接编制费用效益流量表的步骤如何

第一步：识别与项目功能直接有关的费用与效益要素（项目经济分析中最重要的一步），也包括一次性间接影响；

第二步：对费用与效益要素进行量化；

第三步：用货币单位对费用与效益估价；

第四步：编制费用效益流量表；

第五步：计算费用效益分析指标，分析判断项目的经济可行性；

第六步：从不同利益相关者的角度分摊效益与费用，研究每个利益相关者的经济效率。

5.9　直接效益与间接效益的区别与联系

项目的经济效益包括项目的直接效益与间接效益。

直接效益是项目产出未经过再加工可直接消费的产品或服务（直接使用价值）的货币表现。如从森林砍伐的木材，可以用于建筑、造纸、薪柴等，纺织品可以用来做衣裳面料、床单、包裹等。森林和纺织品的这些使用价值就是项目的直接效益。

间接效益不是项目主要目的，而是项目本身附带功能增加的社会福利的货币表现。如森林可以为动物提供栖息地、净化空气、提供氧气、防止风沙、改善气候等，新建公路可以使与其并行的其他公路交通流量减少、提高通行能力与速度等。森林与公路的这些附带功能产生的使用价值就是项目的间接效益。

间接效益有时也体现为项目目标，但它不是项目目标主要载体。如新建高速铁路目的是缩短旅客在两地的出行时间，其直接效益体现在新建铁路上，然而新建铁路也使原有铁路线的客源分流，减少拥挤，增加了原有线路上旅客的舒适度。

直接效益发生在产品的提供者与消费者身上。间接效益发生在除生产者与消费者外的第三者身上。

间接效益还可体现为将来的直接或间接使用价值（选择价值），如生物多样性、保护生态等；为后代保留的使用价值与非使用价值（遗赠价值），如生态等；基于道德与信念认识到继续存在的价值（存在价值），如濒危物种、生态等。

5.10 费用效益估算有哪些基本原则

项目投资所造成的经济费用或效益的计算，应在利益相关者分析的基础上，研究在特定的社会经济背景条件下相关利益主体获得的收益及付出的代价，计算项目相关的费用和效益。费用与效益估算按以下原则估算：

支付意愿（Willingness To Pay，WTP）原则：支付意愿是社会成员（消费者）因社会状态的改善（如获取、消费或享用各种物品、服务的增加和环境改善等）而愿意付出的最高货币额。

受偿意愿（Willingness To Accept Compensation，WTAC or WTA）原则：受偿意愿指社会成员（消费者）因社会状态的改变（如获取、消费或享用各种物品、服务的减少和环境变坏等）使其福利水平下降而要求给予的最低补偿额。

机会成本（Opportunity Cost）原则：项目投入的经济费用的计算应遵循机会成本原则，用于分析项目所占用的所有资源的机会成本。机会成本应按资源的次优有效利用所产生的效益进行计算。

实际价值计算原则：项目经济费用效益分析应对所有费用和效益采用反映资源真实价值的实际价格进行计算，不考虑通货膨胀因素的影响，但应考虑相对价格变动。

5.11 支付意愿与受偿意愿应如何正确使用

支付意愿可用于度量项目正面的效果，也可用于度量预防损失或放弃财产权利的成本。受偿意愿一般用于度量忍受损失可获得的补偿。在涉及财产权时，二者应小心区别使用。如果居民对被污染的湖泊没有财产权，则评估污染处置时应使用居民的支付意愿；如果居民对被污染的湖泊有财产权时，则评估污染处置时应使用受偿意愿。支付意愿与受偿意愿二者度量会有较大的差别。

在进行调查时，环境效益可以是环境质量改善的最高支付意愿，也可以是放弃改善机会的最小受偿意愿；环境费用可以是避免环境恶化的最高支付意愿，也可以是承受环境恶化的最小受偿意愿。

支付意愿较多地受个体福利的影响，特别是收入水平的影响，而受偿意愿则不受个体福利的影响，多数情况下随受访者的社会与文化背景变化，有时完全没有边界。

5.12 费用效益估算应注意哪些事项

遵循有无对比的原则。“有无对比”是项目分析的基本法则，是边际经济学在投资领域的具体应用，项目计算期内“有项目”相对“无项目”的变化是投资效果的具体表现，费用与效益有无对比的计算指标是投资经济效率的具体表现。

合理确定效益和费用的空间范围和时间跨度。在财务分析中，项目的边界是项目实体现金流入、流出的边界。在费用效益分析中，不仅要考虑项目实体边界内的经济效益流与经济费用流，还要考虑项目产生的外部效果，如化工厂废气飘浮的范围或蜜蜂放飞的区域，有些项目甚至要考虑跨国界的费用（亚洲开发银行在我国云南思茅环境项目的费用效益分析中就考虑跨界的外部效果），所以项目空间范围一般要比项目实体大。有些项目的外部效果会延迟出现，如放射性物质或生物体腐烂，这时就应考虑滞后发生的费用。

正确识别正面和负面外部效果。实际工作中，正面的外部效果是增加社会福利，对政府有关部门批准项目有促进作用，往往容易被人们识别，有时甚至被夸大，而负面的外部效果往往会使一些利益相关者受到损害，有时会引发社会矛盾，给政府有关部门不利的影响，所以往往不被重视或有意隐瞒。正确识别并估算正面与负面的外部效果对于恰当评估项目的社会贡献有至关重要的作用。

防止误算、漏算或重复计算。由于工程咨询人员未能掌握全面的评估知识，对项目环境缺少详细的研究，有时可能会将本不是项目的效益（费用）当做项目的效益（费用），如公路项目将在公路上跑的车辆的运行费用当做公路的养护费；有时可能会遗漏一些本应计入的效益（费用），如养蜂使得农作物增产带来的效益可能被养蜂人忽略；有时可能会将间接效益当做直接效益重复计算，例如，公路项目的直接效益是消费者时间节约，路通后沿线房地产价格上扬，消费者出行时间节约是项目的直接效益，房地产价格上扬的原因也是消费者出行时间节约，所以如果将出行时间节约作为公路项目效益，再将房地产价格上扬作为公路项目的效益就是将时间节约的效益重复计算一次。

对项目涉及的所有成员及群体的费用和效益作全面分析。费用效益分析要全面考察项目对全社会福利的贡献与资源的耗费，因此不仅要考察投资者与直接消费者发生的费用流与效益流，还要考察与项目有直接或间接利益相关者的费用与效益，以发现各利益相关者从项目中获益或受损的情况，以利作出正确的投资决策。

正确识别和调整转移支付，根据不同情况区别对待。详见下两个问题。

5.13 转移支付是什么意思，都有哪些财务流量属于转移支付

转移支付（transfer payment）是指货币资金在不发生相应货物和服务交换，即国内资源总量不发生增减的情况下，在一国之内不同利益群体间的转移。投资项目的转移支付是指项目费用或效益从项目实施机构向本国其他群体或个人的再分配，或从其他机构向项目实施机构转移。

税赋（含关税）是居民或企业向政府的转移支付，补贴是政府向企业或居民的转移支付，馈赠是居民之间或企业与居民之间的转移支付，贷款与债务清偿只是资金使用权的转移。以上列举的转移支付均未增加社会福利，也未增加整个社会的资源消耗，只是把货币的所有权和支配权从一部分社会实体转移到另一部分社会实体。

税赋是居民或企业根据法律要求向政府缴纳其所得的一部分，对于居民或企业来说，可以作为成本，但从全社会来说，并未减少社会福利，从全社会来看，税赋不是一种费用，只是项目产生的一部分社会福利的所有权与支配权发生了变化。对于居民或企业而言，一笔开支究竟应视为转移支付还是当做商品或劳务费用，应取决于这笔开支是对项目

所需商品或劳务的一种补偿，还是仅仅把部分效益从项目转移到整个社会，用于社会一般目的。

补贴是一种流向与税赋相反的转移支付——从政府向居民或企业流。企业以补贴价格购买原材料，增加了企业的净效益，但未能降低原材料的生产成本，或降低社会资源的消耗，所以它也是一种转移支付。补贴有多种形式，如对项目产出给予补贴，也可以通过投资补助的方式减少投资者的直接投资费用，还可以通过提高竞争性商品的关税或禁止进口，以使商品价格保持在较高的水平上。最后一种补贴被称作间接转移支付，因为它是最终消费者通过超额税赋给予生产者的补贴。

贷款也是一种转移支付。对于投资人而言，贷款增加了他当前可支配的资金，而还本付息又减少了他可支配的资金。但是，银行放贷与项目借贷并未增加社会福利或增加社会资源消耗。例如甲农民向乙农民借款买化肥，使用化肥是一种社会资源消耗，是经济费用，但是由于借款，乙农民就不能购买化肥，甲农民可以购买化肥，对社会而言没有增加资源的消耗，只是资金的支配权从乙农民处转移到甲农民处。反过来，借款偿还也是一样，资金支配权从甲农民处转移到乙农民处，社会资源－化肥－消耗量未发生变化，所以还款也是一类转移支付。

建设期利息是在项目建设期发生的利息，在财务分析中要将其资本化，与本金累加，增加投资总额。在费用效益分析中，建设期利息与经营期利息没有区别，都被视为转移支付，必须从资本总额中扣除。

国外借款和还本付息与国内借款和还本付息一视同仁——均视为转移支付。因为，经济分析不关心资本的来源——国内还是国外、哪个银行，经济分析只关心需要资金的总额，并认为全部资金国内都能满足供应，它可以视各贷款银行都为国内银行，只不过是贷款利息与贷款条件不同而已。因此，国外借款和还本付息应当被视为转移支付。

5.14 行政罚款是否应视为转移支付

在实际经济生活中，国家有关行政主管部门要对造成环境与社会负面影响的项目（企业）按现行有效的规制进行罚款，如排污费。这些罚款是项目的现金流出，未形成实际资源消耗，似乎应与税收和补贴同等对待，在费用效益分析中作为转移支付剔除。但是，罚款是因为负面的外部效果，这些负面外部效果的化解一般由政府处理，也就是说，社会负担了外部费用，发生了资源的耗费，因此这部分罚款不能作为转移支付剔除。

5.15 费用效益分析中流转税应全部剔除吗？具体情况如何处理

流转税是商品流通环节的税赋，具体有增值税、消费税、营业税等。

（1）对于产出品，增加供给满足国内市场供应的，影子价格按支付意愿确定，含流转税；替代原有市场供应的，影子价格按机会成本确定，不含流转税。

（2）对于投入品：用新增供应来满足项目的，影子价格按机会成本确定，不含流转税；挤占原有用户需求来满足项目的，影子价格按支付意愿确定，含流转税。

(3) 在不能判别产出或投入是增加供给还是挤占（替代）原有供给的情况下，可简化处理为：产出的影子价格一般包含实际缴纳流转税，投入的影子价格一般不含实际缴纳流转税。

对于流转税，亚洲开发银行有如表 5-3 的处理原则（详见附录 4：经济费用与效益的估价）：

表 5-3　主要项目投入和产出的估价

<table>
<tr><th>产品</th><th>可外贸否</th><th>项目影响</th><th>经济价格</th><th>估价的基础</th></tr>
<tr><td rowspan="4">产出</td><td rowspan="2">可外贸</td><td>增加供给</td><td>需求价格</td><td>WMP（=FOB），世界市场价格，离岸价</td></tr>
<tr><td>不增加供给</td><td>供给价格</td><td>WMP（=CIF），世界市场价格，到岸价</td></tr>
<tr><td rowspan="2">不可外贸</td><td>增加供给</td><td>需求价格</td><td>DMP+CT，国内市场价格加净消费税</td></tr>
<tr><td>不增加供给</td><td>供给价格</td><td>DMP－PT－OS，国内市场价格减净生产税减营业利润</td></tr>
<tr><td rowspan="4">投入</td><td rowspan="2">可外贸</td><td>增加供给</td><td>供给价格</td><td>WMP（=CIF），世界市场价格，到岸价</td></tr>
<tr><td>不增加供给</td><td>需求价格</td><td>WMP（=FOB），世界市场价格，离岸价</td></tr>
<tr><td rowspan="2">不可外贸</td><td>增加供给</td><td>供给价格</td><td>WMP（=FOB），世界市场价格，离岸价</td></tr>
<tr><td>不增加供给</td><td>需求价格</td><td>DMP+CT，国内市场价格加净消费税</td></tr>
</table>

注：表中 CT 表示净消费税，PT 表示净生产税，OS 表示营业利润，DMP 表示国内市场价格，WMP 表示世界市场价格。

5.16　费用效益分析中建设投资的进项税是否应剔除

在东北进行了几年的试点后，2009 年我国增值税全面由生产型转变为消费型，在财务分析中，建设投资中的设备购置与安装工程费包含的进项税可以在经营期进行抵扣，减少项目的支出，提高项目的财务效益。由于建筑企业实行营业税制而不是增值税制，所以建筑工程费中没有抵扣的税金。

费用效益分析主要分析项目或政策对社会福利的影响。实行消费型增值税，增加了项目的财务效益，也增加了社会福利。但是，由于在费用效益流量表中没有税赋，社会福利的增加只能通过项目初始投入——建设投资的减少来实现，所以，建设投资中可抵扣的进项税应从建设投资总额中剔除。

5.17　存在市场价格的货物或服务的经济价格（影子价格）用什么方法估算

具有市场价格的货物或服务，其费用或效益的计算应该遵循下列原则：

（1）若该货物或服务处于竞争性市场环境中，市场价格能够反映支付意愿或机会成本，应采用市场价格作为计算项目投入物或产出物影子价格的依据。

（2）如果项目的投入物或产出物的规模很大，项目的实施将足以影响其市场价格，导致“有项目”和“无项目”两种情况下市场价格不一致，在项目评价实践中，取二者的平均值作为测算影子价格的依据。

（3）对于可外贸货物，其投入物或产出物价格应基于口岸价格进行计算，以反映其价格取值具有国际竞争力。计算公式为：

出口产出的影子价格(出厂价) = 离岸价(FOB)× 影子汇率 - 出口费用　(5-1)

进口投入的影子价格(到厂价) = 到岸价(CIF)× 影子汇率 + 进口费用　(5-2)

其中：

离岸价（FOB）是指出口货物运抵我国出口口岸交货的价格；

到岸价（CIF）是指进口货物运抵我国进口口岸交货的价格，包括货物进口的货价、运抵我国口岸之前所发生的境外的运费和保险费；

进口或出口费用是指货物进出口环节在国内所发生的所有相关费用，包括运输费用、储运、装卸、运输保险等各种费用支出及物流环节的各种损失、损耗等。

存在市场价格的货物或服务的经济价格计算方式选择见图 5-1。

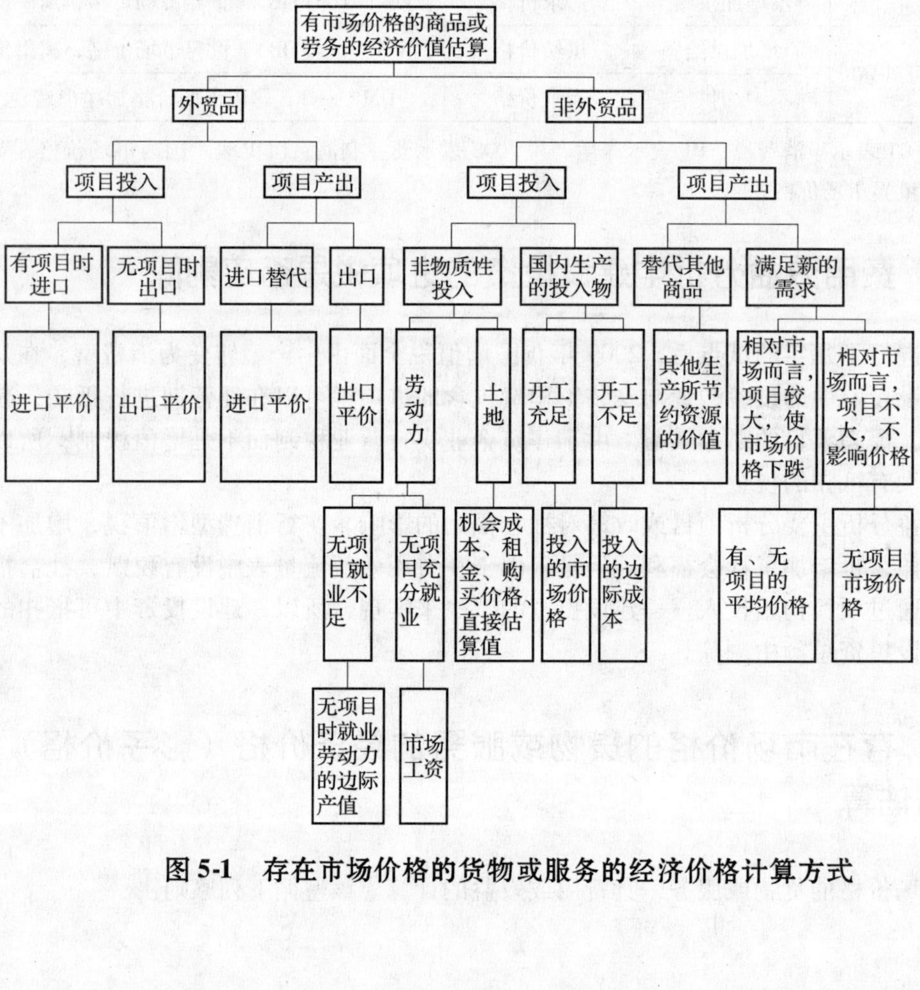

图 5-1　存在市场价格的货物或服务的经济价格计算方式

5.18　出口平价与进口平价是什么意思

出口平价（export parity price）：出口平价是指货物或服务在出口地点估定的离岸价格，其中剔除了税金和补贴，并对到达某一地点的国内运输费用作了适当调整。也就是说，出口平价是剔除税金和补贴的价格，即出口商为了使在国内市场销售或出口之间无任何差别，必须接受的在国内市场所出售货物或服务的价格。

进口平价（import parity price）：进口平价是货物或服务在某一特定地点估定的到岸价格。进口平价包括经过对运输费用作出适当调整的货物到岸价格，但不包括税金和补贴。进口平价是用来衡量国内生产者愿意接受的、为在自由贸易条件下在国内市场销售而在本国所生产之货物和服务的价格。

5.19　外部效果的含意是什么

外部效果（externalities），也称外部性，是指项目的产出或投入给他人带来费用或效益但项目自身却没有为此付出代价或因此获得效益。这里的“他人”指既不是产品提供者也不是产品消费者的第三者。具体地说，当经济代理人生产或消费某种产品或服务的活动，对其他生产者或消费者的福利产生直接的影响时，外部效果就存在。外部效果可能是正的，也可能是负的。正的外部效果可以减少与项目不相关的经济代理人的生产成本，例如养蜂人的蜜蜂把花粉传授给邻居的苹果园；也可以增加另一经济代理人的享乐，例如音乐家们为自己的乐趣而进行的演奏使周围的人得到音乐享受。负外部效果会增加其他经济代理人的生产成本或减少他们的享乐。交通堵塞和各种形式的环境污染（如化工厂排出的废气造成附近农作物减产），就是负外部效果的例子。再如，造成严重食品安全事故的三鹿奶粉案，企业一时获得盈利，但却让社会其他成员与政府付出了沉重的代价。据温家宝总理 2010 年 2 月 27 日回答网民问题时披露，三鹿奶粉案“我们普查了受到奶粉影响的儿童达到 3000 万，国家花了 20 亿。同时，给受到奶粉影响的儿童上了保险，为期 20 年”。类似的负面外部效果也出现在淮河流域，大量小造纸厂排出的污水使得整个淮河流域的水受到严重污染，生态造成破坏，20 世纪末国家环境保护部启动了大规模的淮河流域环境治理项目，投入大量资金，到目前为止也未取得实质性的环境改善。

5.20　为何将外部效果内部化，有何好处

外部效果内部化是指在项目经济评价的过程中，将项目原来财务边界外的费用或效益变成财务边界内的费用或效益，减少财务效益与费用的不确定性，提高经济评价的可靠性。简单地说，外部效果内部化是指将经济费用或效益变成财务费用或效益。例如，新建水库蓄水后往往会使库区内的老鼠迁移，迁移的老鼠如果将鼠群内的鼠疫传给人类，就会造成人类的鼠疫。人类的鼠疫传播就是水库项目的外部效果。鼠疫是严重的传染性疾病，水库所在地卫生部门将会花费巨额资金与人力进行鼠疫防治，这些人力与物力费用一般都

不由水库投资人支付，而是由当地政府支付。如果在水库的投资额中计入鼠疫防治费用，就将外部费用变成了投资人的费用，实现了外部费用内部化，可以大大减轻项目的不确定性。

5.21 人力资本增值的效益如何估算

对于项目的实施可能引起人力资本增值的效果，如教育项目引起的人才培养和素质提高，在劳动力市场发育成熟的情况下，其价值应根据“有项目”和“无项目”两种情况下的税前工资率的差别进行估算。详细分析请参考附录 2.6“生命价值的估算”。

5.22 生命价值如何估算

对于项目的效果表现为增加或减少死亡的价值，应尽可能地分析由于死亡风险的增加或减少的价值，根据社会成员为避免死亡而愿意支付的价格进行计算。在缺乏估算人们对生命的支付意愿的资料时，可通过人力资本法，通过分析人员死亡所带来的为社会创造收入的减少来评价死亡引起的损失，以测算生命的价值，或者通过分析不同工种的工资差别来测算人们对生命价值的支付意愿。详细分析请参考附录 2.6“生命价值的估算”。

5.23 健康改善的价值如何估算

对于表现为对人们健康影响的效果，一般应通过分析疾病发病率与项目影响之间的关系，测算发病率的变化所导致的收入损失，看病、住院、医药等医疗成本及其他各种相关支出的变化，并综合考虑人们对避免疾病而获得健康生活所愿意付出的代价测算其经济价值。详细分析请参考附录 2.2“卫生保健项目的经济评价”。

5.24 时间节约的效益如何估算

对于表现为时间节约的项目效果，应按照有无对比的原则分析“有项目”和“无项目”情况下的时间耗费情况，区分不同人群、货物，根据项目具体特点测算时间节约的价值。

（1）出行时间节约的价值是指为了得到这种节约受益者所愿意支付的货币数量。在项目经济费用效益分析中，应根据所节约时间的具体性质分别测算。

1）如果所节约的时间用于工作，时间节约的价值应为将节约的时间用于工作带来的产出增加，由企业负担的所得税前工资、保险、退休金及有关的其他劳动成本综合分析计算。

2）如果所节约的时间用于闲暇，应从受益者个人的角度，综合考虑个人家庭情况、收入水平、对闲暇的偏好等因素，采用意愿调查评估的方法进行估算。

（2）货物时间节约的价值是指应为得到这种节约受益者所愿意支付的货币数量。在项目经济费用效益分析中，应根据不同货物对时间的敏感程度测算其时间节约价值。

详细分析请参考附录 2.5“旅客出行和货物运输时间节约价值”。

5.25　环境外部效果的估算方法

为对投资项目进行全面的经济费用效益分析，应重视对环境影响外部效果的经济费用效益分析，尽可能地对环境成本与效益因素进行量化，在可行的情况下赋予经济价值，并纳入整个项目经济费用效益分析的框架体系之中。对于投资项目环境影响的量化分析，应从社会整体角度对投资项目环境影响的经济费用和效益进行识别和计算。

（1）如果项目对环境的影响可能导致受影响的区域生产能力发生变化，可以根据项目所造成的相关产出物的产出量变化，对环境影响效果进行量化。如果产出物具有完全竞争的市场价格，应直接采用市场价格计算其经济价值；如果存在市场扭曲现象，应对其市场价格进行相应调整。

（2）如果不能直接估算拟建项目环境影响对相关产出量的影响，可以通过有关成本费用信息来间接估算环境影响的费用或效益。

1）替代成本法。分析为了消除项目对环境的影响，可采取其他方案来替代拟建项目方案，需要增加的投资作为项目方案环境影响的经济价值。

2）预防性支出法。以受影响的社会成员为了避免或减缓拟建项目对环境可能造成的危害，所愿意付出的费用，作为对环境影响的经济价值进行计算的依据。

3）置换成本法。对项目实际造成的生产性资产的损失，通过测算其置换成本，即为恢复其生产能力必须投入的价值，作为对环境影响进行量化的依据。

4）机会成本法。通过评价因保护某种环境资源而放弃某项目方案所损失的机会成本，来评价该项目方案环境影响的损失。

5）意愿调查评估法。通过对利益相关者的支付意愿或接受补偿的意愿进行调查，作为估算环境价值的依据。

（3）对于无法通过产出物市场价格或成本变化测算其影响的环境价值，应采用各种间接评估的方法进行量化。

1）隐含价值分析法。通过对受项目环境影响的一些对象的隐含价值分析，间接地测算环境影响的经济价值。

2）产品替代法。对人们愿意换取某种环境质量的其他替代物品的价值进行分析，间接测算人们对环境影响价值的支付意愿。

3）成果参照法。通过参照其他方面对环境影响经济费用效益分析的研究成果，作为估算本项目环境影响经济价值的参考依据。

5.26　不存在市场价格的货物或服务的经济价格用什么方法估算

在环境经济分析中，项目的效益统由总经济价值表示，其中的使用价值与非使用价值的估算原则与估算方法又多种多样，OECD 将这些算法概括为图 5-2。

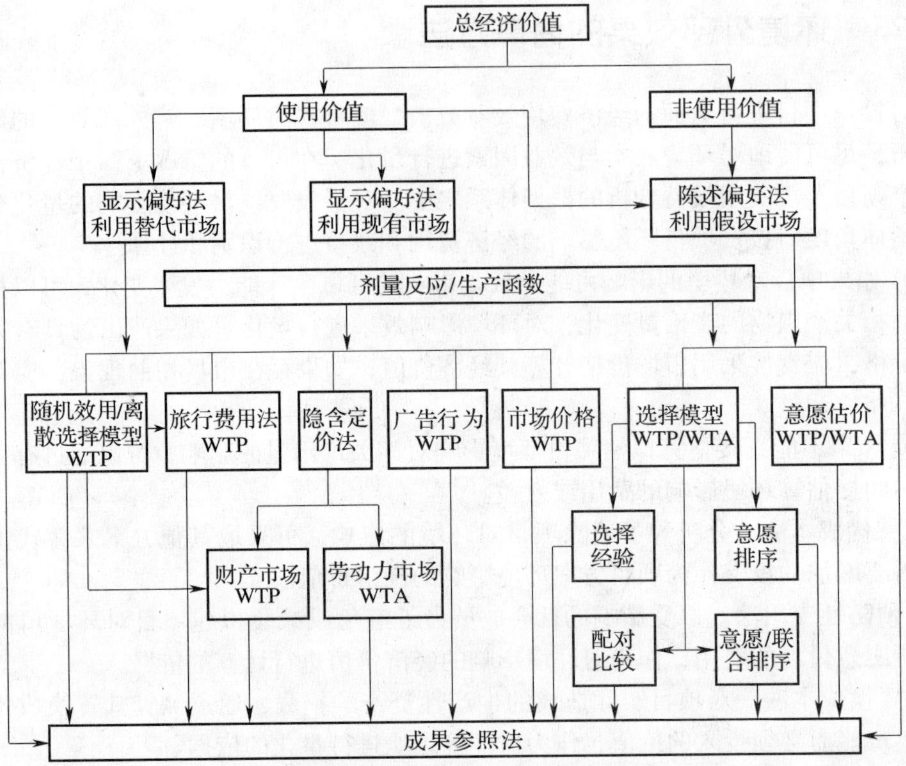

图 5-2　总经济价值估算框架

注：WTP 指支付意愿；WTA 指受偿意愿。

在这个图的下部可以看到，成果参照法可以与任何估算方法连用，它揭示的最重要信息是：咨询评估人员不是每个项目都要自己从意愿调查法开始从头做起，完全可以根据文献资料，借鉴别人的研究成果，根据项目的实际情况进行估计。当然，被参照的项目在各个方面应当尽可能与拟议项目有可比性。

5.27　直接使用价值和间接使用价值与直接效益（费用）和间接效益（费用）的关系如何

直接使用价值和间接使用价值是环境经济学的概念，是识别环境效益的有效工具，它也可用于非环境效益与费用的识别。直接效益与间接效益是一般项目区分效益的界限，可是这个界限比较模糊。实际上，环境经济学引入的直接使用价值和间接使用价值同一般项目的直接效益和间接效益既有区别也有联系。

例如，互联网的主要功能是为世界范围内的用户提供快速电子化信息交流。互联网有许多正面的外部效果，直接作用包括大大缩短信息交流时间，扩大信息传播的空间，促进信息传播方式的改变，大量增加信息提供与使用的用户；间接作用包括促进各行业技术进步，促进政府与企业管理体制的改革，促进教育与学习方式改革，改变公众的生活方式，运营商提供的部分免费服务大大降低了社会交易成本，节省公众时间与交通成本。互联网也有一些负面作用：增加信息识别工作量与费用，增加信息安全和保密的难度与成本，不良信息（色情与恐怖）传播对社会造成危害等。以上互联网的正面与负面、直接与间接的效益和费用混在一起不易区分，将它们分列于表 5-4 就可以明显区分出来。

表 5-4　互联网费用效益识别

产出		直接使用（可直接消费的产品）	间接使用（功能效益）
效益	直接	为世界范围内的用户提供快速电子化信息交流（交易价格）	大大缩短信息交流时间，扩大信息传播的空间，促进信息传播方式的改变，大量增加信息提供与使用的用户；（支付意愿）
	间接	—	促进各行业技术进步，促进政府与各类机构管理体制与管理方式的改革，促进教育与学习方式改革，改变公众社会生活方式，运营商提供的免费服务大大降低了社会交易成本，节省公众时间与交通成本
投入		直接投入	间接投入
费用	直接	增加信息识别工作量与费用（交易价格），增加信息安全和保密的难度与费用（交易价格）	—
	间接	—	不良信息（色情与恐怖）传播对社会安全、青年成长造成危害

在表 5-4 中，产出可以直接使用，并发挥各类功能，直接（一次）功能为直接效益，间接（二次）功能为间接效益。费用栏的间接投入的费用就可视为间接费用。该表比较清晰地表明了直接使用价值、间接使用价值、直接效益、间接效益的关系。

表 5-5 是公路项目费用效益识别的例子。在该例中，新建公路可直接增加线路上的交通流量，同时节省时间、节省运行费用、减少交通事故是新建公路发挥的功能，是新建公路的直接效益。新建公路使既有公路及辅助连接路上流量减少，从而使既有公路及辅助连接路上车速提高，流量增加，也会产生效益，但这些效益是不是发生在新建公路上，而是发生在既有公路及辅助连接路上，所以是间接效益。这个例子说明同样的效益发生在不同的地方或主体上有可能作用不同。

表 5-5 公路项目费用效益识别

产出		直接使用（可直接消费的产品）	间接使用（功能效益）
效益	直接	拟议项目公路上人员与车辆出行增加（交易价格）	拟议项目公路节省时间、节省运行费用、减少交通事故
	间接	既有公路及辅助连接路上人员与车辆出行减少（交易价格）	既有公路及辅助连接路上节省时间、节省运行费用、减少交通事故 项目区经济社会发展与公众生活方式变化
投入		直接投入	间接投入
费用	直接	工程建设与运营（交易价格）	—
	间接	—	环境污染影响与治理、社会影响

5.28 劳动力影子价格如何计算

项目占用的人力资源，是项目实施所付出的代价。如果项目的财务工资与人力资源的经济价值，即影子价格之间存在差异，应对财务工资进行调整计算，以反映其真实经济价值。

人力资源投入的影子价格 = 劳动力机会成本 + 新增资源消耗

劳动力机会成本是由于拟建项目占用人力资源而使其不能在用于其他地方或享受闲暇时间而被迫放弃的价值，应根据项目所在地的人力资源市场及劳动力就业状况，按下列原则进行分析确定：

—过去受雇于别处，由于本项目的实施而转移过来的人员，其影子工资应是其放弃过去就业机会的工资（含工资性福利）及支付的税金之和。

—对于自愿失业人员，影子工资应等于本项目的使用所支付的税后净工资额，以反映边际人工投入到劳动力市场所必须支付的金额。

—非自愿失业劳动力的影子工资应反映他们为了工作而放弃休闲愿意接受的最低工资金额，其数值应低于本项目所支付的税后净工资，并大于最低生活保障收入。当缺少信息，可以按非自愿失业人员接受的转移支付收入和税后净工资率的平均值近似测算。

新增资源耗费是指劳动力在本项目新就业或由其他就业岗位转移到本项目而发生的经济资源消耗，而这种消耗与劳动者生活水平的提高无关。在分析中应根据劳动力就业的转移成本测算。

5.29 土地的影子价格如何估算

土地是一种重要的经济资源，项目占用的土地无论是否需要实际支付财务成本，均应按照土地用途的机会成本原则或消费者支付意愿的原则计算影子价格：

（1）生产性用地，主要指农业、林业、牧业、渔业及其他生产性用地，按照这些生产用地未来可以提供的产出物的效益及因改变土地用途而发生的新增资源消耗进行计算。

即：土地的经济成本 = 土地机会成本 + 新增资源消耗 (5-3)

其中，土地的机会成本应按照社会对这些生产用地未来可以提供的消费产品的支付意愿价格进行分析计算，一般按照项目占用土地在“无项目”情况下的“最佳可行替代用途”的生产性产出的净效益现值进行计算。

新增资源耗费应按照在“有项目”情况下土地征用造成原有地上附属物财产的损失及其他资源耗费来计算。土地平整等开发成本应计入工程建设成本中，在土地经济成本估算中不再重复计算。

（2）对于非生产性用地，如住宅、休闲用地等，应按照支付意愿的原则，根据市场交易价格测算其影子价格。

（3）在费用效益分析中，应根据项目计算期内未来土地用途的可能变化，合理预测项目占用土地的影子价格，并应按以下要求进行计算：

1）通过政府公开招标取得的国有土地使用权出让，以及通过市场交易取得的已出让国有土地使用权，应按市场交易价格计算其影子价格；

2）未通过正常市场交易取得的土地使用权，应分析价格优惠或扭曲情况，参照当地正常情况下的市场交易价格，调整或类比计算其影子价格；

3）当无法通过正常市场交易价格类比确定土地影子价格时，应采用收益现值法或以土地开发成本加开发投资应得收益确定；

4）由于土地开发规划许可的取得会对土地市场价格产生影响，土地价值的估算应反映实际的或潜在的规划批准情况，应分析规划得到批准的可能性及其对地价的影响。如果土地用途受到限制，其影子价格就会被压低。应分析这些限制被解除的可能性，以及解除限制对土地价值的影响；

5）项目征用农村用地，应按土地征用费调整计算其影子价格。其中耕地补偿费及青苗补偿费应视为土地机会成本，地上建筑物补偿费及安置补偿费应视为新增资源消耗。这些费用如果与农民进行了充分协商并获得认可，可直接按财务成本计算其影子价格；若存在征地费优惠，或在征地中没有进行充分协商，导致补偿和安置补助费低于市场定价，应按当地正常征地补偿标准调整计算土地的影子价格；

6）在征地过程中收取的征地管理费、耕地占用税、耕地开垦费、土地管理费、土地开发费等各种税费，应视为转移支付，不列入土地经济费用的计算。

5.30 费用效益流量表如何编制，用什么指标进行判断

与财务分析一样，费用效益分析应编制费用效益流量表（见表5-6），以便计算相应

的经济分析指标。

表 5-6 费用效益流量表

序号	项 目	合计	计 算 期					
			1	2	3	4	……	n
1	效益流量							
1.1	项目直接效益							
	……							
1.2	项目间接效益							
	……							
1.3	资产余值回收							
2	费用流量							
2.1	期初建设投资							
2.2	期间维持运营投资							
2.3	流动资金							
2.4	经营费用							
2.5	项目间接费用							
	……							
3	净效益流量（1－2）							
计算指标： 经济内部收益率（%） 经济净现值 i_e（万元）								

效益流量包括：项目的直接效益、间接效益等。

费用流量包括：项目的期初建设投资、期间维持运营的投资、流动资金投资、经营成本、间接费用等。

5.31 费用效益分析有哪些判定指标

费用效益分析用的判定指标有：经济效益费用比、经济净现值和经济内部收益率。

经济效益费用比（R_{BC}）系指项目在计算期内效益流量的现值与费用流量的现值之比，应按下式计算：

$$R_{BC} = \frac{\sum_{t=1}^{n} B_t (1 + i_e)^{-t}}{\sum_{t=1}^{n} C_t (1 + i_e)^{-t}} \tag{5-4}$$

式中　B_t——第 t 期的经济效益；

C_t——第 t 期的经济费用。

如果经济效益费用比大于1，表明项目资源配置的经济效率达到了可以被接受的水平。

经济净现值（*ENPV*）系指项目按照社会折现率将计算期内各年的经济净效益流量折现到建设期初的现值之和，应按下式计算：

$$ENPV = \sum_{t=1}^{n} (B - C)_t (1 + i_e)^{-t} \tag{5-5}$$

式中　B——经济效益流量；

C——经济费用流量；

$(B - C)_t$——第 t 期的经济净效益流量；

i_e——社会折现率；

n——项目计算期。

在经济费用效益分析中，如果经济净现值等于或大于0，表明项目可以达到符合社会折现率的效率水平，认为该项目从经济资源配置的角度可以被接受。

经济内部收益率（*EIRR*）系指项目在计算期内经济净效益流量的现值累计等于0时的折现率，应按下式计算：

$$\sum_{t=1}^{n} (B - C)_t (1 + EIRR)^{-t} = 0 \tag{5-6}$$

如果经济内部收益率等于或者大于社会折现率，表明项目资源配置的经济效率达到了可以被接受的水平。

5.32　为什么应从项目投资现金流量表而非项目资本金现金流量表向费用效益流量表过渡

费用效益流量表可以独立编制，也可以在财务分析的现金流量表的基础上进行数据修正后编制。由于在财务分析中设有项目投资现金流量表和资本金现金流量表两个报表，编制费用效益流量表时需确定从哪个过渡。

费用效益分析主要是考察项目的经济效率，它要求项目的投入和产出均按其经济价值表示，在计算项目的直接经济效益与经济费用同时，还要计算项目的间接效益与间接费用，或称外部性。但是，费用效益分析对项目所需资金未作出过任何限定，这隐含着一个基本假定——项目所需资金全部都可由投资者满足，也就是说，费用效益分析不必考虑债务融资的问题，也就不必考虑借款本金与利息偿还的问题。

项目资本金现金流量表是债务融资后的现金流量表，包含借款本金偿还与利息支付等现金流出，所以如果是从项目资本金现金流量表过渡到费用效益流量表，就必须考虑利息支出与借款本金的调整。按照世界银行的观点，这两笔资金都是转移支付。费用效益分析中，转移支付既不能作为经济效益，也不能作为经济费用，必须从现金流量表中剔除。此外，项目资本金现金流量表的投资只列了项目资本金，一般来讲，项目资本金只占项目建设投资的一定比例，通常会小于40%。如果从该表过渡到费用效益流量表，必须将项目投资额调整为项目建设投资额，否则将大大高估项目的经济效益。因此，与其从项目资本金现金流量表扣除转移支付并补充建设投资，还不如直接从项目投资现金流量表直接过渡到费用效益流量表来得简单明了。

5.33 费用效益分析为何不作偿债能力分析

费用效益分析主要考察资金使用的经济效率，解决项目是否应当由政府干预的问题，它是从整个社会来考察项目，其重要的假设条件是项目需用的资金量不受约束，即需要多少资金就有多少资金，并按资金使用计划及时足额供给。再说得更明白一点，费用效益分析中不考虑债务资金借贷，所以就没有还款问题，也就不必作偿债能力分析。

财务分析中资产负债率也是偿债能力分析的一个指标。既然没有借款，资产负债率就肯定永远是0，自然不必作偿债能力分析。

5.34 费用效益流量表中的“资产余值”代表什么

在《建设项目经济评价方法与参数》的三个版本中，费用效益流量表的流入部分包括“资产余值”一项，实际工作中资产余值一般是用计算期末的固定资产残值表示。对此，一些学者提出异议。

在财务分析的现金流量表中，“项目计算期末”一方面表示计算期结束，另一方面也表示要进行企业清算。企业清算就意味着所有剩余资产均要重新估值，并将变现的资金返回给投资人，“回收固定资产余值”是投资者的现金流入，故在现金流量表中的现金流入中单列“回收固定资产余值”一项是有道理的。

在费用效益分析的费用效益流量表中，“资产余值”如果是“固定资产余值”，意味着固定资产一定经过了“折旧”过程。与财务分析不同，费用效益分析不考虑折旧，也就是说项目投资形成的资产没有折耗，应始终保持其原有价值。对一些技术寿命相对较长、投资额又相对较大的基础设施项目，如内河航道、港口、地铁涵洞、铁路路基、水库大坝等，在投资计划的计算期内，如30年，费用效益分析中资产完全没有折旧，在计算期末将形成相当大的折现资产净值，按照传统的方法以这个数值作为资产余值，将对项目的经济效益较大的正面影响，以致使几乎所有的项目在经济上都是合理的，甚至可能作出错误的投资决策，所以这种作法是不可接受的。“资产余值”不应等同“固定资产余值”的概念，在实际工作中更不应用“固定资产余值”代替“资产余值”。

在费用效益流量表中，可归属“效益流”的内容列在上半部，可归属“费用流”的内容列在下半部。进入上半部的流量既需要有对应的效益属性，又需要发生在对应的时间点。对于“资产余值”，我们必须找到它的效益属性与发生的时间点——计算期末，才能将其计入效益流。

很遗憾，从《建设项目经济评价方法与参数》第一版到第三版，均未明确说明“资产余值”的效益属性，亦未说明其应当发生的时间点，所以，“资产余值”列入效益流的合理性就值得怀疑了。

有学者在讨论“项目余值”时认为，“计算期末的固定资产残值应该是‘净余值’。如果能够变卖，应该是变卖市场价值（假定没有价格扭曲）扣除变卖过程中的清理、交易等环节费用后的差额。如果转为他用或者继续使用，理论上应该是转为其他用途或者继续使用所可能产生的净效益，其计算依据应遵循‘机会成本’原则”。这段话隐含着另一层意思：存在另外一个财务主体。笔者认为费用效益分析是经济学分析，一般不涉及特定财务主体，所以上述说法不成立。如果将上述“变卖过程”换成“投入另一个项目”，则机会成本的概念才趋合理。

有学者在讨论“项目余值”认为，“对于大型基础设施项目（如大型水下工程），由于其资产专用性等特征，其初始投资很容易完全沉没下来，项目投资所形成的资产在计算期后转为其他用途的机会成本可以忽略不计。在这种情况下，尽管固定资产的折旧还有很多没有计提，甚至根本就不提折旧，根据按照‘机会成本’计算的原则，其残值可以视为0。尤其是当计算期较长时，这种处理方式更可被认可。”笔者认为水下工程、河道等转为其他用途的可能性很小，“转为其他用途的机会成本可以忽略不计”应当变为“转为其他用途的机会成本无限大”。

项目计算期，特别是财务分析的计算期，只是评估人员考察项目经济费用与效益的时间段，并不意味着计算期以后项目不继续产生经济效益、发生经济费用。理论上来说，费用效益分析是考察项目对社会福利的贡献，由于社会福利是可以长期存续的，所以费用效益分析的计算期可延长至项目技术寿命期，如 50 年。

从项目财务分析计算期末到项目技术寿命期，按照保守的做法，即便项目效益与费用都保持不变，每年仍然会有可观的净效益，将其折现到计算期末并累加，体现了项目在计算期之后到技术寿命结束的净效益，一些发达国家称之为“项目余值”或“持续价值”，作为项目的净经济效益，列入费用效益流量表。

“项目余值”体现了其效益属性，也可指定其发生在项目计算期末，符合“效益流”的基本要求。从“资产余值”到“项目余值”不仅仅只是名称的替换，更重要的是经济内涵的改变。

“项目余值”理论上可以通过下述公式计算：

$$\sum_{t=T+1}^{\infty} \frac{(B_t - C_t)}{(1+r)^{t-1}} \tag{5-7}$$

式中 T——评估期；

r——社会折现率；

B_t——第 t 年收益；

C_t——第 t 年费用。

实际工作中，上式计算的终点不能取无限大，而要取项目技术寿命期。对于港口、大坝等项目技术寿命可取 50 年 ~60 年，对于工业项目，技术寿命不宜超过 30 年，而且应视行业不同应适当调整。

由于费用效益长期预测有很大的不确定性，实际工作中本规定用“可折旧资产 10% 的原值”来替代“项目余值”。

有学者认为，计算期是分析项目设定的时间界限，超过时间界限，不管是费用还是效益，通通可以不计，不同意用“项目余值”取代“资产余值”。

本问题看似小问题，但目前国内尚无统一认识，可以算作悬而未决的问题吧，请读者继续深入研究探讨。

5.35 影子汇率换算系数取值为 1.08 合适吗

在费用效益分析中，外汇被视为一种特殊投入，汇率是其价格。受关税、进出口补贴、外汇管制、进出口配额的限制，实际汇率或官方汇率也与外汇的经济价值发生背离，因此，费用效益分析中也有必要用能反映汇率经济价值的影子汇率取代实际汇率，实际工作中可使用影子汇率换算系数乘以实际汇率求得。由于汇率是全国统一的，影子汇率换算系数就是国家级的评价参数，一般由国家投资主管部门组织测定与发布。

在《建设项目经济评价方法与参数》（第三版）的编制过程中，主编单位组织过影子汇率的测算。根据均衡汇率的原理，测算了影子汇率换算系数为 1.04①。主编单位“考虑到进口增值税税率一般为 17%，出口产品通常免征增值税，再考虑非贸易外汇收支不征收增值税，非贸易外汇收支占我国外汇收支一定比例，最终影子汇率换算系数取值为 1.08”。对此取值，笔者以为不妥。

在费用效益分析中引入影子汇率的本意是体现外汇固有的经济价值，消除实际汇率的扭曲。1994 年我国外汇储备只有 200 多亿美元，通货膨胀率达到 25%，平均关税率高达 50%，外汇是极度稀缺的经济资源。《建设项目经济评价方法与参数》（第二版）公布的影子汇率换算系数为 1.08，这个数值大体反映了计划经济末期外汇短缺、汇率严重扭曲的情况。目前，由于我国产品在世界市场的竞争力增强，2010 年第一季度国家外汇储备已达到 24000 亿美元，我国对美国与欧洲的贸易出现巨额顺差，贸易磨擦不断，这集中反映出实际汇率的低估，人民币自 2005 年开始进入升值通道；加入 WTO 后，我国平均关税率降到不足 10%，汇率的市场形成机制正在逐步完善，汇率偏离其经济价值已有了根本改善。在这种情况下，仍然保持 1.08 的影子汇率换算系数，就是坚持人民币汇率仍然保持 10 余年前的扭曲水平，这与当前大的宏观背景完全背道而驰。

在财务分析中，进口货物人民币价的计算公式为：CIF × 实际汇率 × ［1 + （1 + 进口关税率） × 增值税率 + 进口关税率 + 贸易费用率］；在费用效益分析中，一般应去除财务分析中税赋等转移支付，进口货物人民币价的计算公式应为：CIF × 影子汇率 + 贸易费用。

《建设项目经济评价方法与参数》（第三版）在确定影子汇率换算系数时又“考虑到进口增值税税率一般为 17%，出口产品通常免征增值税”，将均衡影子汇率换算系数又增加 0.04，等于又将转移支付重新计入进口货物的影子价格中，与费用效益分析的基本原理不符。

对于转移支付，《建设项目经济评价方法与参数》（第三版）也不是一概而论的。根据流转税（增值税也是一种流转税）是构成消费者支付意愿的组成部分，该书提出：

---

① 建设部标准定额研究所. 建设项目经济评价参数研究，中国计划出版社，2004.

"1）对于产出品，增加供给满足国内市场供应的，影子价格按支付意愿确定，含流转税；顶替原有市场供应的，影子价格按机会成本确定，不含流转税。2）对于投入品，用新增供应来满足项目的，影子价格按机会成本确定，不含流转税；挤占原有用户需求来满足项目的，影子价格按支付意愿确定，含流转税。3）在不能判别产出或投入是增加供给还是挤占（替代）原有供给的情况下，可简化处理为，产出的影子价格一般包含实际缴纳流转税，投入的影子价格一般不含实际缴纳流转税"。上述原则同样适用于进出口的投入与产出。汇率是一种特殊投入物，可简化成上述第三个原则的情况。如果将该原则用于出口产品，出口产品的人民币价格应按下式计算：FOB×影子汇率×［1+（1+出口关税率）×增值税率+出口关税率-贸易费用率］。

《建设项目经济评价方法与参数》（第三版）对影子汇率换算系数考虑了增值税等流转税，如果不了解该系数的确定过程，再用上式计算，等于将增值税重复计算一次。

根据影子汇率的基本定义与宏观经济的走向，特别是人民币汇率的走向，作者建议在实际工作中将影子汇率换算系数取1.0，至多取1.04。

5.36　不同地区、不同行业项目费用效益分析中社会折现率都要取完全相同的数值吗

经济折现率（economic discount rate）是费用效益分析重要的参数，用以判断一般项目的经济效率是否达到社会平均水平。

在历版《建设项目经济评价方法与参数》中，经济折现率均被称为社会折现率，这有其历史原因。费用效益分析因为不仅考察对投资实体的财务影响，还要考虑项目对社会其他成员的经济影响，所以有些学者称其为"社会费用效益分析"，于是，社会费用效益分析中使用的折现率被称这"社会折现率"。严格地说，这种称谓是不太科学地，因为费用效益分析是从利益相关者分析出发，考察各利益相关者发生的经济学意义上的费用与效益，只有"经济折现率"才能体现出本来的含义。

由于某国的货币是本国境内各行各业生产的各种商品交换的等价物，汇率则是一国货币与他国货币交换的换算率，所以汇率要在一个国家疆界内使用同一数值。

原则上，经济折现率在一个国家境内应使用同一数值，但必须有一个前提条件：国内各地区经济发展没有太大的差距，这是由经济折现率估算方法所决定的。目前，世界通行的计算经济折现率方法为社会时间偏好率与资本的社会机会成本的加权平均。对于疆界比较小的国家，地区之间发展水平差距不大，地区间社会时间偏好率与资本的社会机会成本也差别不大，所以一般使用统一的经济折现率。如欧洲国家，每一个疆界都是不很大，不同国家经济社会发展不平衡，各国的经济折现率也都不同。对于地域辽阔的国家，地区之间经济、社会发展差距较大，地区间社会时间偏好率与资本的社会机会成本也会有较大差异，如果使用同一经济折现率，必然使经济效率高的地区受益，经济效率低的地区受较大的不利影响然。所以，尽管有统一的货币疆界，但不意味着必须使用统一的经济折现率。目前，欧盟国家使用统一货币欧元，但是由于各国发展不平均，各个国家在做费用效益分析时仍然沿用自己的经济折现率。例如，2003年法国取8%，德国取3%，英国取6%。

我国也有学者根据我国东、中、西部经济社会发展的状况，也利用社会时间偏好率与资本的社会机会成本，测算出东、中、西部经济折现率。

根据国际上有关文献，不同行业投资项目作费用效益分析时经济折现率也可取不同的数值。例如，英国政府的公共投资的折现率取6%，美国取3%；国际组织在发展中国家的项目使用8% ~12%的折现率，因为这些项目大多是生产性项目；世界卫生组织在2003年发表的《Guide to Cost-effectiveness Analysis》中建议：在基本方案分析中，费用与效果都用3%折现，在敏感性分析中，健康的效果折现率取0，费用的折现率取6%；欧盟1994年在《The Economic Appraisal of Environmental Projects and Policies：a Practical Guide》中建议对于环境项目取低折现率或零折现率，因为："远期可能发生的环境破坏经过折现可以减小到忽略不计"；"未来长期可以产生环境效益的项目与有近期效益的项目相比，前者未受到公平对待"；"高的折现率可以加速自然资源开发"；"投资项目应考虑效益在代际之间的公平分配"。

可见，对于不同行业、不同地区使用不同的社会折现率是有先例的，也是合情合理的，只是在使用时要根据项目的具体情况小心选择使用。

5.37 计划经济与社会主义市场经济条件下费用效益分析重点有何不同

在20世纪80年代大规模地推广费用效益分析方法时，我国实行计划经济体制，大部分产品价格都由政府根据生产计划与生产成本制定，价格严重背离经济价值，使得资源配置不当，整体经济效率低下。与此同时，产品供应严重不足，形成"稀缺经济"的态势，增加供给满足民众需要是社会投资的主要任务。在这种情况下，价格扭曲是经济活动的主要矛盾，外部正面或负面的社会与环境影响不是项目要面临的主要问题，所以用经济价值表示投入产出是项目费用效益分析的主要任务，也就使估算投入与产出的影子价格成了费用效益分析（当时称国民经济评价）的重中之重，政府投资主管部门也花费了大量的资金与人力，提供大批货物的影子价格，在客观上将项目费用效益分析推上了新高度。

从20世纪90年代起，特别是进入21世纪以后，我国社会主义市场经济体制逐步形成与完善，大部分商品供求平衡，在这种情况下，除了个别关系国计民生的产品价格外，绝大多数商品价格是由供求机制决定，也就是说项目的主要投入与产出基本不存在价格扭曲的现象。在这个阶段，项目的投资主体发生了根本性的变化——由单一的政府投资变为包括政府的多元化投资体制，项目利益主体的多元化也使投资目标多元化——为个人、为企业、为大众。与此同时，人民生活水平与质量有了显著提高，社会需求已经由温饱型转变为舒适型，经济、环境与社会协调发展成了社会舆论的主流，民众更多地关心项目对自己与其他社会群体的影响，政府也更多地关注项目对环境与生态的影响。在新时期，项目财务分析与费用效益分析是为了两个完全不同的目的，费用效益分析要求项目能使社会福利最大化，外部效果成了费用效益分析的重点，也对费用效益分析方法的推广与使用提出了新的要求。

我国费用效益分析重点由影子价格测算转移到更多的关注项目的外部效果也是顺应了世界潮流。以世界银行出版的项目经济评价专著为例，1975 年 Lyn Squire 和 Herman van der Tak 合著的《Project Economic Analysis》一书的中文版为《项目经济分析—影子价格的推导与计算》（清华大学出版社，1985 年）；1974 年由 Little 与 Mirrlees 合著的《Project Appraisal and Planning for Developing Countries》，绝大部分篇幅也是在讨论影子价格测算方法；1991 年由 William A. Ward，Barry J. Deren 和 Emmanuel H. D'Silva 合著的《The Economics of Project Analysis》中文版为《项目经济学》（水利水电出版社），则以影子价格的理论分析见长；2001 年 Pedro Belli，Jock Anderson，Howard Barnum，John Dixon 和 Jee-Peng Tan 合著的《Economic Analysis of Investment operations》中文版为《投资运营的经济分析：分析方法与实际应用》，则在简单扼要介绍影子价格的计算以后，将重点放在识别教育、运输、环境等方面的效益，增加利益相关者分析等内容。该书成为 21 世纪以后项目经济评价引用最多的书籍。20 世纪末与 21 世纪初，环境问题受到发达国家与发展中国家的重视，将环境影响定量化与货币化并纳入费用效益分析已经成为项目分析的新趋势，教育与卫生的费用效益分析已经相当成熟，扶贫、安全、减少犯罪等领域的费用效益分析也有新的进展，在发达国家中，环境、教育、卫生费用效益分析的经济参数也作了大量的研究。随着经济全球化，地球村成为一个世界大市场，发展中国家价格扭曲也在逐步消失，从世界范围看，费用效益分析的主要研究与发展方向是不存在市场价格的效益与费用估算。在这一点上，《建设项目经济评价方法与参数》（第三版）的编制组正是顺应了这个大潮流。

5.38　为何费用效益分析在我国开展得不尽如人意

从 1987 年原国家计委推出了《建设项目经济评价方法与参数》已经过去了 20 多个年头了，客观地说，除个别行业或项目外，大部分项目的费用效益分析都流于形式，未能发挥其应有的作用，其原因大体有以下几方面：

投资管理部门认识不足、管理不善。尽管政府相关文件中都规定费用效益分析方法适用项目的范围，但是投资主管部门，特别是地方投资主管部门，在实践中重实的（财务分析）、轻虚的（费用效益分析），对于未按规定编制费用效益分析表、计算费用效益分析指标的项目，也睁一只眼、闭一只眼，放任马虎过关。费用效益分析法除考虑投资人的费用效益之外，更要考察其社会费用与效益，投资管理部门对费用效益分析结果把关不严或轻视费用效益分析的作用，实质上是漠视公众长远利益的表现。

中央政府、地方政府与投资人利益博弈结果不一致。中央政府往往从全国经济统筹发展考察项目；地方政府则从地方经济发展考察项目，中央政策有利的就执行，中央政策不利的就奉行“多一事不如少一事”的原则，能不作费用效益分析就不作，或者马马虎虎做；投资人，特别是私企投资人，是要求自己的投资收益最大化，在满足强制性的政府约束条件后，一般不会自愿再承担他应尽的社会责任——减少负面的外部经济影响。投资项目经济利益的三方博弈的结果往往是中央让地方、地方让企业，最后受害的是公众。

工程咨询人员经济学的基本功底不够。费用效益分析是以经济学的理论为基础，从经济学的角度分析项目，要求工程咨询人员不仅熟悉工程技术，还要能根据经济学理论识别项目的费用与效益因素。目前我国工程咨询人员大部分都是工科出身，经济学理论的基础相对薄弱，面对项目往往不知如何使用经济学理论，并由此产生对费用效益分析的畏惧，在实际工作中也拿不出有说服力的费用效益分析报告，影响了费用效益分析方法的推广与普及。

工程咨询人员思想方法有待更新。与财务分析的非常具体的操作方法（method）相比，费用效益分析可被看成“术”，它主要讲理论，介绍考察项目的思想方式（approach）。我国教育体制与工程咨询实践更多地介绍如何按部就班地“作”，特别是倾向于有“标准模式”，于是就要求有具体的操作“方法”。西方国家教育体制是介绍思想方法与分析思路，他们经济评价的书籍多使用“分析”、“指南”、“导则”等标题，要求读者学习后能举一反三，独立工作。在这方面最典型的例子就是LFA（Logical Framework Approach，逻辑框架术/法）的应用。LFA本身就是一个研究问题的框架，或说是思路，它在西方国家与国际组织中被广泛应用，在20世纪末项目经济评价开始推广时就被介绍到我国。但是，由于LFA是一个“术”，与国人的思维方法不同，所以就未被广泛应用。有鉴于此，我国工程咨询人员必须更新思想方法，学会独立思考与分析，才能使费用效益分析在我国投资领域真正发挥作用。

令人信服的基本经济参数不完备。不论是调整价格扭曲还是估算外部效果，费用效益分析都需要大量的经济参数。《建设项目经济评价方法与参数》第一、二版都给出了大量测算影子价格的参数，姑且不论这些参数的准确性如何，它们对推动费用效益分析发挥了应有的作用。当前，大量投入产出价格扭曲的现象基本不存在了，费用效益分析的重点是项目的外部效果，这就要求能将外部效果数量化，然后再货币化，以形成以货币表示的费用流或效益流。外部效果数量化涉及外部效果的客观测度或群体调查，后者则要寻找一个公认的或市场认同的货币量表示单位外部效益。二者相比，前者经过咨询评估人中的努力尚有可能解决，后者则需要长时间的市场实践才能得出，如目前气候与环境保护方面的二氧化碳交易，就基本有一个供求双方认同的市场价格——每吨二氧化碳的交易价格为15～25欧元。马克思在介绍商品经济起源时讲过用几支羊换一头牛，各方先就交换量达成共识，然后用统一的货币来表示。如同人们在草地上踏的多了，总能走出一条路一样，只要外部效果数量化与货币化的实践的多了，就可以找到其公认的货币表示。目前最急需的是没有市场价格的投入或产出的经济价值估算参数，如时间价值、生命价值、疾病或伤残经济费用、教育程度与人力资本价值关系等。

咨询评估的经费与时间不充裕。在以投资推动我国经济发展的形势下，“上项目”是中央政府、地方政府与企业老总们最为关心的工作，“时间就是金钱”成为一时响亮的口号，表现在项目前期工作中，咨询评估限时限量，现场走马观花，可研报告未能深入分析与研究，评估报告草草而就，在这种情况下，费时费力的费用效益分析就更无人问津了。

高等教育与执业教育中费用效益分析推广不力。在我国的大学工程经济或技术经济专业教育中，尤其在注册咨询工程师执业教育中，重财务分析、轻费用效益分析，与项目经济评价有关的经济理论介绍的较为肤浅，造成大部分工程咨询人员经济理论基础薄弱，费用效益分析开展不好。

科学研究经费不足。科研经费不足导致不能开展卓有成效的理论研究，特别是不能开展大规模的调查研究，测算相关的经济参数。

第6章　改扩建项目与并购项目

6.1　改扩建项目有何特点

改扩建项目，含改建、扩建与更新项目，具有以下主要特点：

（1）项目是既有企业的有机组成部分，同时项目的活动与企业的活动在一定程度上是有区别的；

（2）项目的融资主体是既有企业，项目的还款主体是既有企业；

（3）项目一般要利用既有企业的部分或全部资产与资源，且不发生资产与资源的产权转移；

（4）建设期内既有企业生产（运营）与项目建设一般同时进行。

6.2　改扩建项目为何一定要用“有无对比”法

“有无对比”是投资项目分析的基本法则，这一点在改扩建项目中体现得最为明显。改扩建项目的主体——既有企业——在“无项目”时仍然进行生产，有现金流入流出、有银行借款与还款。在“有项目”状态下，既有企业一部分或者全部资产用于项目，项目使用的既有企业的资产生产的一部分原有产品可能停产，另一部分原有产品仍然生产，也可能原有产品不停产但产量会发生变化。同时，由项目投资形成的新资产投入使用后会有新产品产出，或增加原有产品产量，或改善原有产品质量，增加企业收益。于是，在“有项目”情况下，企业的收益不仅来源于先期投资形成资产的产出，还来源于本项目投资形成生产能力的产出。与此同时，企业的投入既包括生产原有产品需要的投入，也包括生产新产品需要的投入。在这种情况下，企业的效益是前期投资形成的资产与本项目投资形成的资产共同作用的结果，使用总投入与总产出是无法度量项目投资的效果。

项目投资形成的资产是增量资产，要考察增量资产的效益，效益必须通过比较增量产出与增量投入才能得出。增量产出（收益）是“有项目”的产出减“无项目”的收益，增量投入是“有项目”的投入减“无项目”的投入。于是，“有无对比”成了改扩建项目经济评价的必然选择。

6.3　改扩建项目需要哪几类基础数据

改扩建项目需要“有项目”、“无项目”、“新增”、“增量”和“现状”五类数据。

“有项目”（with project），指既有企业进行投资活动后，在项目的经济寿命期内，在项目范围内可能发生的效益与费用流量。“有项目”的流量是时间序列的数据。

“无项目”（without project），指既有企业利用拟建项目范围内的部分或全部原有生产设施（资产），在项目计算期内可能发生的效益与费用流量。“无项目”的流量是时间序列的数据。

“增量”（increment）是“有项目”的流量减“无项目”的流量，是时间序列的数据。“有项目”的投资减“无项目”的投资是增量投资；“有项目”的效益减“无项目”的效益是增量效益；“有项目”的费用减“无项目”的费用是增量费用。

“现状”数据是项目实施前的资产与资源、效益与费用数据，也可称基准值（Baseline），是一个时点数。“现状”数据对于比较“项目前”（before project）与“项目后”（after project）的效果有重要作用。现状数据也是预测“有项目”和“无项目”的基础。现状数据一般可用实施前一年的数据，当该年数据不具有代表性时，可选用有代表性年份的数据或近几年数据的平均值。其中，对生产能力的估计应慎重取值。

“新增”（additional）数据是项目实施过程各时点“有项目”的流量与“现状”数据之差，也是时间序列的数据。新增建设投资包括建设投资和流动资金，还包括原有资产的改良支出、拆除、运输和重新安装费用。新增投资是改扩建项目筹措资金的依据。

“无项目”时的效益由“老产品”产生，费用是为“老产品”投入；“有项目”时的效益一般由“新产品”与“老产品”共同产生；“有项目”时的费用包含为“新产品”的投入与为“老产品”的投入。“老产品”的效益与费用在“有项目”与“无项目”时可能有较大差异。

6.4　改扩建项目经济评价主要包括什么内容

与新建项目一样，改扩建项目经济评价包括盈利能力分析、偿债能力分析、不确定性分析和风险分析等内容，在条件许可的情况下也可开展费用效益分析。改扩建项目经济评价使用的表格和指标与新建项目基本相同。

改扩建项目一方面要使用既有企业的部分资产，另一方面又有新的资产投入，在评价时要同时兼顾新、老资产的使用，新、老产品的生产，新、老原材料的投入，新、老债务偿还的安排等，所以盈利能力分析必须用增量数据，偿债能力分析则可能需要某些既有企业的数据，利用“有项目”情况下的表格全面分析项目偿还债务的资金流向。

6.5　为何改扩建项目要强调界定项目范围

项目范围的界定是改扩建项目经济评价中非常重要的一环。范围界定合适与否同项目的经济效益和评价的繁简程度有直接关系。

（1）对于“整体改扩建”的项目，项目范围包括整个既有企业，除要使用既有企业的部分原有资产、场地、设备，还要另外新投入一部分资金进行扩建或技术改造。企业的投资主体、融资主体、还债主体、经营主体是统一的，项目的范围就是企业的范围。“整体改扩建项目”不仅要识别和估算与项目直接有关的费用和效益，而且要识别和估算既有企业其余部分的费用和效益。

（2）对于“局部改扩建”项目，项目范围只包括既有企业的一部分，只使用既有企业的一部分原有资产、资源、场地、设备，加上新投入的资金，形成改扩建项目；企业的投资主体、融资主体与还债主体仍然是一致的，但可能与经营主体分离。整个企业只有一部分包含在项目“范围内”，还有相当一部分在“企业内”但属于项目“范围外”。

（3）在保证项目的费用与效益口径一致以及不影响分析结果的情况下，应尽可能缩小项目的范围，有可能的话，只包括与项目直接关联的财务费用与效益。在界定了项目的范围后，就应当正确识别与估算项目范围内、外的费用与效益。

6.6 《建设项目经济评价方法与参数》（第三版）改扩建方法为何不再强调需要项目“范围外”的数据

在《建设项目经济评价方法与参数》第一、二版中，为了进行项目盈利能力分析，必须对项目进行“有无对比分析”；为了进行清偿能力分析，必须把项目“范围内”与“范围外”能用于还款的资金统筹考虑，用“总量”安排还款计划。

这一方法的基本原理是正确的，因为项目评估的基本原则之一是“有无对比”原则。即将“有项目”（项目活动发生）时建设和运营期内的现金流与“无项目”（项目活动不发生）时的建设和运营期内的现金流进行对比，从“增量”现金流量中考察项目的盈利能力。新建项目的“无项目”状态是逐年的现金流量都为0，因此，新建项目本质上也是用了“有无对比”法。由于改扩建项目是在原有企业的法律管辖范围内进行的，为项目出面融资的主体为原有企业，而不是项目实体。银行在给企业发放贷款时首先要考虑借款企业的信用等级，其次要考虑企业当时在贷款银行的借款与还款状况。债权人银行催还借款的对象是原有企业法人，于是，项目的实物载体与项目还款的实体发生错位。因此，按合同条款清偿贷款时，不仅要考虑利用项目自身还款资金来源，而且要考虑企业实体其他资金对还款能力的补充，即“总量”清偿。

尽管改扩建项目评估方法在理论上是正确的，但是在实际应用中却难于推广。原因有三：一是难于界定项目的“范围”；二是企业的数据难于获得；三是难于对项目“范围外”的流量进行预测。

界定项目范围是项目评估的重要步骤之一。在新建项目中，项目的财务边界就是项目的范围，投入项目的资金、项目的收益和经营费用也全都在项目的范围以内。但是在改扩建项目中，项目可能利用原有企业旧有的一部分资源，也可能利用企业旧有的全部资源。在前一种情况下，需确定哪些资源在项目“范围内”，这些资源现在的价值如何；哪些资源在项目“范围外”，那些资源现在的价值如何。

在界定了项目的范围后，就要识别项目范围内、外的费用与效益流量，并且要对范围内、外的费用效益流量进行预测。实事求是地说，预测项目的费用与效益流量本身就不是一件容易的事，但这是一件必须做、也是有可能做的事。然而，预测项目“范围外”的费用与效益流量就更困难了，有时甚至不可能做到，特别是对于最近几年通过并购进行资产组合建立的大型跨地区企业集团，这些企业集团只有一个法人，所有财权都集中在集团总部，借贷由总部统一进行，各地区原有的“企业”成了集团的一个“车间”，项目只能在

“车间”的地域内进行，项目“范围外”可能涉及多个地域，多种产品，多种投入，多种资本的流入与流出形式。在某种意义上说，项目评估人员不可能搞清“范围外”的费用、效益、资金和现金流量。这一不可克服的困难是造成改扩建项目评估方法在实际工作中很少应用的主要原因。

因此，缩小改扩建项目涉及的范围，特别是“范围外”的边界，使项目评估需要收集的数据是必要的与可行的，就成为改扩建项目经济评价方法改革的主要任务。考虑到以上因素，《建设项目经济评价方法与参数》（第三版）不再提改扩建“范围外”的边界，目的是使改扩建项目经济评价方法更为简便易行。

6.7 改扩建项目财务分析的步骤如何

笔者的思路是保留“有无对比”的精华，甩掉“项目范围外”的包袱，增设项目改进企业绩效的指标，使改扩建评估方法更方便地应用。

具体做法是：

（1）明确界定改扩建的范围，将“范围内”可使用的原企业的资源准确估价；

（2）对“无项目”时项目范围内的费用和效益流量进行预测；

（3）对“有项目”时项目范围内的费用和效益流量进行预测；

（4）构造“增量”现金流表，计算“有项目”时项目范围内的增量内部收益率和净现值，并以这两个指标作为项目的盈利指标；

（5）构造“范围内”“无项目”时的利润与利润分配表、财务计划现金流量表、资产负债表；

（6）构造“范围内”“有项目”时的利润与利润分配表、财务计划现金流量表、资产负债表；

（7）计算项目“范围内”“有项目”对“无项目”的销售收入、销售税金及附加、利润总额、所得税、税后利润和净现值的增长率，作为项目对原企业的绩效改善的指标；

（8）构造“有项目”长期借款偿还表，只列项目“范围内”的借款和还款计划，考察“有项目”情况下的利息备付率和偿债备付率。如果两个备付率长期小于1，则说明项目还款需要企业资助，如果远高于1，说明项目盈余对企业偿还债务会有积极的贡献。在某些项目中，“有项目”的长期债务偿可能还包括与项目有直接关联的既有企业其他债务的偿还；

（9）比较各期项目“范围内”“有项目”时的资产负债率与“无项目”时的资产负债率，查看“有项目”对“无项目”资产负债率的改善情况。

以上做法仍然保留了原方法增量分析的长处，第1~4步用“有无对比法”考察了项目增量的盈利能力，这些工作是原有方法中必须作的；第7步不用增加多少计算就可得出传统的非折现指标和折现指标，这些指标使项目对企业绩效的改善一目了然；第8步虽然只计算了范围内的还款能力，省掉了不可能搞清楚的项目“范围外”的大量数据；第9步则通过“项目范围内”资产负债率的变化，了解项目对“项目范围内”资产负债率改变的贡献。

6.8 改扩建项目的资本金与债务资本来源于何处

当企业采用既有法人融资方式，项目使用的全部资本，权益资本与债务资本，都来源来既有企业。这里说的权益资本与债务资本都是相对于项目而言，不是对企业而言。

利用企业的资产变现或资产所有权变现获得的资金以及企业的盈余资金，投资于本企业的改扩建项目时，不可能确定这些资本是由企业的权益资本还是债务资本形成的，但是可以将其视为项目的非债务性资金，即项目资本金的组成部分。

既有企业专门为改扩建项目向金融机构贷款，在财务分析时可以作为项目的债务资本。既有企业内部核算时向项目放贷，也可以视为项目的债务资本。既有企业为改扩建项目申请的主权外债，应当视为项目的债务资本。

当既有法人在改扩建项目中直接使用本单位的非现金资产时，其资产价值不能作为新增投资，不能计入项目资本金，但应计入“有项目”的项目总投资（总资产）中。

6.9 改扩建项目为何要分别进行既有企业层次与项目层次的分析

改扩建项目的本质特征是利用既有企业的部分有形与无形资源，项目的融资主体是既有企业，改扩建项目中的权益资本出自既有企业，项目使用的债务资金由企业而不是项目本身偿还。换句话说，项目的投资决策由企业作，项目使用的资本来源于企业，项目只是一个成本与利润中心。

除了使用的困难之外，改扩建评估方法也存在不足之处。评估方法虽然回答了项目本身的盈利能力问题，却未解决通过改扩建会给原有企业现有财务状况带来什么改善，也未明确回答究竟原有企业为项目还款作了多少贡献，这是“总量”清偿不能解决的问题。

从法律上讲，改扩建项目是由既有企业出面向银行借款，当然还款的财务主体是既有企业，也就只应考虑既有企业的偿债能力。然而，既有企业借款是为了项目，不管项目将来是否独立核算，都应当考察项目本身的还款能力，这是企业财务管理本身的需要。因此，改扩建项目的偿债能力分析宜进行两个层次的分析：

（1）项目层次的偿债能力分析，编制借款还本付息计划表并分析拟建项目“有项目”时的收益偿还新增债务的能力，计算利息备付率和偿债备付率，考察还款资金来源（折旧、摊销、利润）是否能按期足额偿还借款利息和本金，若还款资金来源足以还款或倘有节余，表明项目自身的还款能力强；若项目自身的还款资金来源不足，应由既有企业动用盈余资金补足，或采用其他方式还款。计算得到的项目偿债能力指标可以表示项目用自身的各项收益抵偿债务的能力，显示项目对企业整体财务状况的影响。虽然债务偿还是企业行为，但项目层次偿债能力指标可以给企业法人和银行重要的提示：即项目本身收益是否可能完全偿还债务，是否会因此增加企业法人的债务负担。若项目范围内“无项目”时倘有借款（整体改扩建），应用“有项目”的整体收益一并偿还，需要编制“有项目”的借款还本付息计划表，包括新增借款和原有借款。

（2）企业层次的借款偿还能力。项目决策人（既有企业）要根据企业的经营与债务情况，在计入项目借贷及还款计划后，估算既有企业总体的偿债能力。银行等金融部门在作贷款决定之前，往往要了解现有企业财务状况，尤其是企业的债务情况（含原有贷款、其他拟建项目贷款和项目新增贷款），考虑企业的综合偿债能力，企业应根据债权人的要求提供相应的资料。在项目产出与企业产出相同或相近时，企业的资本成本与项目的资本成本相同；在企业资本投向其他行业时，项目的资本成本与其他行业的投资风险或投资机会成本相近。

（3）在项目范围与企业范围一致时（整体改扩建），“有项目”数据与报表都与企业一致，可直接利用企业财务报表进行借款偿还计算、资金平衡分析和资产负债分析。

（4）在改扩建项目范围与企业范围不一致时（局部改扩建），偿债能力分析就有可能出现项目和企业两个层次。

（5）在直接用增量进行简化时，仅有项目一个层次，同时应结合企业现行财务状况进行分析。

（6）对于一些信誉好的公司，或者银行已通过信用评级，并授以一定的授信额度的公司，这些公司的贷款项目一般只需进行项目层次的偿债能力分析。

（7）对于财务状况良好的大公司进行建设的小项目，一般也只需进行项目层次的偿债能力分析。

改扩建项目是实现既有企业总体战略目标的手段，其目的是通过实施项目，提高既有企业总体经济效益。企业总体经济效益可表现在多个方面。对于有直接财务收益的改扩建项目，项目的增量收入或减少亏损一定会增加既有企业的经济效益；对于环境治理与保护的项目，既有企业不能得到直接的财务收益，但是可能减少排污费，进而节约了生产成本，减少社会为治理污染发生的费用，从而节约了经济费用，最终提高了既有企业的财务与经济效率。改扩建项目对既有企业的生产活动可能还有“乘数效应”，或对既有企业上下游产业链条有带动作用。

分析项目对既有企业经济效益的影响，在财务上主要看营业收入和利润总额的影响，这两个指标比较直观，计算也比较简单。由于有分配的影响，税后利润一般不作为考核指标，净现金流量由于受到既有企业本身现金流量的影响，也不作为考核指标。对于整体改扩建项目，有条件时也可以作财务或经济净现金流分析。

改扩建项目的投资决策要考虑项目与既有企业两方面的因素。首先考虑项目级的因素：能否在预定时间内收回投资？有无盈利能力？如果能盈利，盈利水平是否达到预期的水平？项目是否有能力偿还与项目有关的债务？如果项目自身还款资金不足，需要既有企业支持多少资金？什么时候支持？项目财务持续能力如何？项目的经济合理性是否有保障？资源配置是否合理？

如果说，考虑项目层次的因素是改扩建项目投资决策的“必要条件”，那么项目给既有企业带来的实惠是改扩建项目投资决策的“充分条件”，这就是先作项目分析，然后求出“有项目”与“现状”之差，即“新增”数值。“新增”数值就是项目给企业带来的“实惠”。有些项目，如环境治理或保护项目，本身可能无收益，也不可能靠项目自身的能力偿还借款，但是，污染减少节省了成本，能使企业整体效益提高，为既有企业实现战略目标创造了有利条件。所以，既有企业绩效指标的改善程度也是改扩建项目投资决策重要的因素。

6.10 改扩建项目为何不再使用“建设起点年”

在《建设项目经济评价方法与参数》（第二版）中，改扩建项目的部分表格中都设“建设起点年”一列，在第三版中未再明确说明要另设建设起点年。设立“建设起点年”有两个作用：一是为收集项目开始前三年企业内与项目有关经营资料提供目标数据集，二是为损益表、现金流量表和资产负债表三个企业报表资料与项目报表资料进行对比，三是为个别表格的累计求和科目准备数据，便于查找与计算。

在编制第三版时，编制组对大量的改扩建项目报表进行了统计分析，发现真正在报表计算过程中必需的数据只有一、二个，大量的“建设起点年数据”都“闲置”在报表中，等于空占了一列。发挥作用的一、二个数据大多用于累计求和，可以在报表的其他地方单独显示出来，不一定要占一列。所以，第三版中未强调一定要有“建设起点年”数据，目的是节省资源缩小报表占用的篇幅，同时也不会影响计算结果的正确性。

6.11 改扩建项目使用的财务分析报表格式如何

《建设项目经济评价方法与参数》（第三版）未给出改扩建项目财务分析的报表格式，为便于读者在实际中操作，现以某项目为例，将其主要报表格式分列如下（表 6-1 ~ 表 6-31）：

表 6-1　新增建设投资估算表　　单位：万元

序号	项　目	建筑工程费	设备购置费	安装工程费	工器具费	其他费用	其中外币	合计	合计比例
1	工程费用	400	836	60	20	0	50	1316	65.7%
1.1	引进工程	0	471	0	0	0	50	471	23.5%
	引进设备（CIF）	0	360	0	0	0	50	360	0
	关税及增值税	0	103	0	0	0	0	103	0
	进口设备外贸及财务费用	0	7	0	0	0	0	7	0
1.2	国内配套工程	400	365	60	20	0	0	845	42.2%
2	工程建设其他费用	0	0	0	0	302	7	353	0
2.1	建设用地费	0	0	0	0	200	0	200	10.0%
2.2	待摊投资	0	0	0	0	0	0	0	0.0%
2.3	无形资产	0	0	0	0	62	7	113	5.7%
2.3.1	场地使用权	0	0	0	0	0	0	0	0
2.3.2	专利及专有技术费	0	0	0	0	62	7	113	50

续表 6-1

序号	项　　目	建筑工程费	设备购置费	安装工程费	工器具费	其他费用	其中外币	合计	合计比例
2. 3. 3	其他	0	0	0	0	0	0	0	0
2. 4	其他资产	0	0	0	0	40	0	40	2. 0%
2. 4. 1	生产准备费	0	0	0	0	10	0	10	0
2. 4. 2	其他	0	0	0	0	30	0	30	0
	工程费用和工程建设其他费用小计	400	836	60	20	353	57	1669	83. 3%
3	预备费	0	0	0	0	335	8	335	16. 7%
3. 1	基本预备费	0	0	0	0	230	6	230	11. 5%
3. 2	涨价预备费	0	0	0	0	105	3	105	5. 2%
4	总计	400	836	60	20	688	65	2004	100. 0%
5	各项费用占总估算价值的比例	20. 0%	41. 7%	3. 0%	1. 0%	34. 3%	0	100. 0%	0
不含增值税工程费用和工程建设其他费用小计			1539	不含增值税建设投资		1874	不含税与含税建设投资之比		0. 9351182

表 6-2　流动资金估算表（有项目）

单位：万元

序号	项　　目	最低周转天数	周转次数	计算期					
				1	2	3	4	5	6
一	“有项目”流动资金								
1	流动资产	0	0	793	1050	1318	1628	1628	1628
1. 1	应收账款	60	6	311	449	544	659	659	659
1. 2	存货			445	558	731	924	924	924
1. 2. 1	原材料（含外购件）	0	0	103	199	283	371	371	371
	老产出原材料 1	60	6	13	12	11	11	11	11
	老产出原材料 2	60	6	12	12	10	10	10	10
	老产出原材料 3	60	6	0	0	0	0	0	0
	老产出原材料 4	60	6	0	0	0	0	0	0
	新产出原材料 1	60	6	0	34	50	67	67	67

续表 6-2

序号	项　目	最低周转天数	周转次数	计算期 1	2	3	4	5	6
	新产出原材料 2	60	6	0	0	0	0	0	0
	新产出原材料 3	60	6	0	0	0	0	0	0
	新产出进口原材料 4	60	6	0	0	0	0	0	0
	新产出进口原材料 5	60	6	0	0	0	0	0	0
	新产出进口原材料 6	60	6	0	0	0	0	0	0
	外购件	60	6	71	120	181	241	241	241
	辅助材料	60	6	7	21	31	42	42	42
1. 2. 2	其他材料	0	0	0	0	0	0	0	0
1. 2. 3	燃料	60	6	4	4	3	4	4	4
1. 2. 4	外购件及燃料进项税	60	6	14	24	36	49	49	49
1. 2. 5	在产品	30	12	171	185	231	287	287	287
1. 2. 6	产成品	20	18	153	146	176	214	214	214
1. 3	现金	15	24	37	43	44	45	45	45
	预付账款	0	0	0	0	0	0	0	0
	小计	0	0	793	1050	1318	1628	1628	1628
2	流动负债	0	0	133	220	296	389	389	389
2. 1	应付账款	50	7. 2	133	220	296	389	389	389
	预收账款	0	0	0	0	0	0	0	0
3	流动资金	0	0	660	830	1022	1239	1239	1239
4	流动资金本年增加额	0	0	510	171	192	217	0	0
5	流动资金借款额	0	0	462	581	715	867	486	105
6	流动资金借款利息	0	0	27	34	42	42	50	45
二	新增流动资金	0	0	510	680	872	1089	1089	1089
	其中：借款	0	0	357	476	610	762	381	0
	自有资金	0	0	153	204	262	327	708	1089
	新增流动资金本年增加额	0	0	510	171	192	217	0	0
三	“无项目”流动资金	0	0	630	561	561	561	561	561
四	增量流动资金	0	0	30	269	461	677	677	677

表6-3　流动资金估算表（无项目）　　单位：万元

序号	项　　目	最短周转天数	周转次数	计算期					
				1	2	3	4	5	6
1、	流动资产	0	0	751	693	693	693	693	693
1.1	应收账款	60	6	279	291	291	291	291	291
1.2	存货	0	0	440	369	369	369	369	369
1.2.1	原材料（含外购件）	0	0	95	105	105	105	105	105
	老产出原材料1	60	6	13	14	14	14	14	14
	老产出原材料2	60	6	12	14	14	14	14	14
	老产出原材料3	60	6	0	0	0	0	0	0
	老产出原材料4	60	6	0	0	0	0	0	0
	外购件	60	6	64	71	71	71	71	71
	辅助材料	60	6	7	7	7	7	7	7
1.2.2	燃料	60	6	4	4	4	4	4	4
1.2.3	外购件及燃料动力进项税	60	6	17	19	19	19	19	19
1.2.4	在产品	30	12	183	143	143	143	143	143
1.2.5	产成品	20	18	140	97	97	97	97	97
1.3	现金	15	24	33	33	33	33	33	33
	预付账款	0	0	0	0	0	0	0	0
	小计	0	0	751	693	693	693	693	693
2	流动负债	0	0	121	131	131	131	131	131
2.1	应付账款	50	7.2	121	131	131	131	131	131
	预收账款	0	0	0	0	0	0	0	0
3	流动资金	0	0	630	561	561	561	561	561
4	流动资金本年增加额	0	0	430	-69	0	0	0	0
5	流动资金借款额	0	0	441	393	393	393	393	393
6	流动资金借款利息	0	0	26	24	24	24	24	24

表 6-4　总成本费用估算表（有项目）　　单位：万元

序号	项　　目	合计	计算期					
			1	2	3	4	5	6
1	外购材料费	9819	598	1142	1638	2147	2147	2147
	其中：外购半成品	6565	424	723	1084	1445	1445	1445
2	外购燃料及动力	1366	224	211	186	248	248	248
3	职工薪酬费	2848	411	487	487	487	487	487
4	修理费	360	24	67	67	67	67	67
5	其他费用	3383	469	555	574	595	595	595
6	经营成本	17777	1726	2463	2952	3545	3545	3545
7	折旧费	2596	204	701	701	701	234	57
8	摊销	113	8	23	23	23	23	15
9	利息支出	363	35	115	76	42	50	45
	流动资金借款利息	239	27	34	42	42	50	45
	长期借款利息	113	8	70	35	0	0	0
	短期借款利息	11	0	11	0	0	0	0
10	总成本费用	20850	1973	3301	3752	4310	3852	3661
	其中：固定成本	9664	1152	1948	1928	1914	1456	1266
	可变成本	11186	821	1353	1824	2396	2396	2396

表 6-5　总成本费用估算表（无项目）　　单位：万元

序号	项　　目	合计	计算期					
			1	2	3	4	5	6
1	外购材料费	3588	551	608	608	608	608	608
	其中：外购半成品	2502	382	424	424	424	424	424
2	外购燃料及动力费	1200	198	200	200	200	200	200
3	职工薪酬费	2469	411	411	411	411	411	411
4	修理费	122	20	20	20	20	20	20
5	其他费用	2229	369	372	372	372	372	372
6	经营成本	9609	1550	1612	1612	1612	1612	1612
7	折旧费	675	337	337	0	0	0	0
8	摊销	20	4	4	4	4	4	0
9	财务费	159	34	28	26	24	24	24
10	总成本及费用	10462	1925	1982	1641	1639	1639	1635

表 6-6 ~ 表 6-15 的格式与新建项目的格式基本一样，在此略去。

表 6-6 "有项目"外购原材料费估算表（略）

表 6-7 "有项目"外购燃料动力费估算表（略）

表 6-8 "有项目"职工薪酬估算表（略）

表 6-9 "有项目"修理费用估算表（略）

表 6-10 "有项目"其他费用估算表（略）

表 6-11 "无项目"外购原材料费估算表（略）

表 6-12 "无项目"外购燃料动力费估算表（略）

表 6-13 "无项目"职工薪酬估算表（略）

表 6-14 "无项目"修理费用估算表（略）

表 6-15 "无项目"其他费用估算表（略）

表 6-16 固定资产折旧费估算表

单位：万元

序号	项目	折旧年限	起点值	计算期					
				1	2	3	4	5	6
一	"有项目"折旧费								
1	可利用原有固定资产								
1.1	房屋、建筑物	6							
1.1.1	原值		238	358	358	358	358	358	358
1.1.2	当期折旧费		0	57	57	57	57	57	57
1.1.3	净值		238	301	245	188	131	75	18
1.2	机器设备	4							
1.2.1	原值		442	622	622	622	622	622	622
1.2.2	当期折旧费		0	148	148	148	148	0	0
1.2.3	净值		442	474	327	179	31	31	31
2	新增固定资产								
2.1	房屋、建筑物	4							
2.1.1	原值		0	0	746	746	746	746	746
2.1.2	当期折旧费		0	0	177	177	177	177	0
2.1.3	净值		0	0	568	391	214	37	37
2.2	机器设备	3							
2.2.1	原值		0	0	1008	1008	1008	1008	1008
2.2.2	当期折旧费		0	0	319	319	319	0	0
2.2.3	净值		0	0	689	369	50	50	50
2.3	维持运营投资								

续表 6-16

序号	项　　目	折旧年限	起点值	计算期					
				1	2	3	4	5	6
2.3.1	原值		0	0	0	0	0	0	0
2.3.2	当期折旧费		0	0	0	0	0	0	0
2.3.3	净值		0	0	0	0	0	0	0
3	合计								
3.1	原值		680	980	2733	2733	2733	2733	2733
3.2	当期折旧费		0	204	701	701	701	234	57
3.3	净值		680	776	1828	1128	427	193	137
二	"无项目"折旧费	4							
1	原值		1400	1420	1420	1420	1420	1420	1420
2	当期折旧费		650	337	337	0	0	0	0
3	净值		750	413	76	76	76	76	76

表 6-17　无形资产摊销估算表　　单位：万元

序号	项　　目	推销年限	起点年值	计算期					
				1	2	3	4	5	6
一	"有项目"无形资产								
1	可利用原有无形资产	5							
1.1	原值		20	20	20	20	20	20	20
1.2	当期摊销		0	4	4	4	4	4	0
1.3	净值		20	16	12	8	4	0	0
2	新增无形资产	5							
2.1	原值		0	0	113	113	113	113	113
2.2	当期摊销		0	0	11	11	11	11	11
2.3	净值		0	0	102	91	80	69	58
3	合计								
3.1	原值		0	20	133	133	133	133	133
3.2	当期摊销		0	4	15	15	15	15	11
3.3	净值		0	16	114	99	84	69	58
二	"无项目"无形资产	5							
	原值		20	20	20	20	20	20	20
	当期摊销		0	4	4	4	4	4	0
	净值		20	16	12	8	4	0	0

表 6-18　其他资产摊销估算表　　单位：万元

序号	项　目	摊销年限	起点年值	计算期					
				1	2	3	4	5	6
一	"有项目"其他资产								
1	可利用原有其他资产	5							
1.1	原值		20	20	20	20	20	20	20
1.2	当期摊销		0	4	4	4	4	4	0
1.3	净值		20	16	12	8	4	0	0
2	新增其他资产	5							
2.1	原值		0	0	40	40	40	40	40
2.2	当期摊销		0	0	4	4	4	4	4
2.3	净值		0	0	36	33	29	25	22
3	合计								
3.1	原值		0	20	60	60	60	60	60
3.2	当期摊销		0	4	8	8	8	8	4
3.3	净值		0	16	48	41	33	25	22
二	"无项目"其他资产	5							
1	原值		30	30	30	30	30	30	30
2	当期摊销		10	6	6	6	6	6	0
3	净值		20	24	18	12	6	0	0

表 6-19　"有项目"营业收入、营业税金及附加估算表　单位：万元

序号	项　目	单位	计算期					
		增值税率	1	2	3	4	5	6
1	营业收入		1440	3735	4763	5950	5950	5950
1.1	有项目产出一（老产出）		1440	1360	1200	1200	1200	1200
	单价	元	200000	200000	200000	200000	200000	200000
	数量	t	72	68	60	60	60	60
	销项税额	17%	245	231	204	204	204	204
1.2	有项目产出一（新产出）		0	2375	3563	4750	4750	4750
	单价	元	250000	250000	250000	250000	250000	250000
	数量	t	0	95	143	190	190	190
	销项税额	17%	0	404	606	808	808	808

续表 6-19

序号	项　目	单位 增值税率	计算期 1	2	3	4	5	6
2	营业税金及附加		11	41	50	61	61	61
	消费税	0	0	0	0	0	0	0
	城市维护建设税	7%	7	28	35	42	42	42
	教育费附加	3%	3	12	15	18	18	18

表 6-20　“无项目”营业收入、营业税金及附加估算表（略）

表 6-21 增量增值税

单位：万元

序号	项　目	合计	计算期 1	2	3	4	5	6
1	有项目实缴增值税	2699	0	382	500	605	605	605
2	无项目运营增值税	797	119	136	136	136	136	136
3	无项目新增固定资产增值税	2	2	0	0	0	0	0
4	增量增值税	1903	–117	246	365	470	470	470

表 6-22　利润及利润分配表（有项目）

单位：万元

序号	项　目	合计	计算期 1	2	3	4	5	6
1	营业收入	27788	1440	3735	4763	5950	5950	5950
2	营业税金及附加	283	11	41	50	61	61	61
3	总成本费用	20850	1973	3301	3752	4310	3852	3661
4	营业利润	6655	–543	393	961	1579	2037	2228
5	投资收益	0	0	0	0	0	0	0
6	补贴收入	0	0	0	0	0	0	0
7	营业外净收入（减：支出）	335	85	50	50	50	50	50
8	利润总额	6990	–458	443	1011	1629	2087	2278
9	弥补以前年度亏损	458	0	443	15	0	0	0
10	应纳税所得额	6990	0	0	995	1629	2087	2278
11	所得税	1747	0	0	249	407	522	569

续表 6-22

序号	项　　目	合计	计算期					
			1	2	3	4	5	6
12	净利润	5242	-458	443	762	1222	1565	1708
13	期初未分配利润	0	0	-458	-60	283	0	0
14	可供分配的利润	0	-458	-15	702	1505	1565	1708
15	提取法定盈余公积金	570	0	44	76	122	157	171
16	可供投资者分配的利润	4437	-458	-60	626	1383	1409	1538
17	应付优先股股利	0	0	0	0	0	0	0
18	提取任意盈余公积金	0	0	0	0	0	0	0
19	应付普通股股利	0	-458	-60	626	1383	1409	1538
20	投资各方利润分配	0	0	0	343	1383	1409	1538
	其中：甲方	0	0	0	171	691	704	769
	乙方	0	0	0	103	415	423	461
	丙方	934	0	0	69	277	282	308
21	未分配利润	0	-458	-60	283	0	0	0
22	息税前利润	7353	-424	558	1087	1671	2138	2323
23	息税折旧摊销前利润	0	-211	1281	1810	2394	2394	2394

表 6-23　利润及利润分配表（无项目）　　单位：万元

序号	项　　目	合计	计算期					
			1	2	3	4	5	6
1	营业收入	9440	1440	1600	1600	1600	1600	1600
2	营业税金及附加	80	12	14	14	14	14	14
3	总成本及费用	10462	1925	1982	1641	1639	1639	1635
4	营业利润	-1102	-497	-395	-55	-53	-53	-49
5	投资收益	0	0	0	0	0	0	0
6	补贴收入	0	0	0	0	0	0	0
7	营业外净收入（减：支出）	300	50	50	50	50	50	50
8	利润总额	-802	-447	-345	-5	-3	-3	1
9	所得税	0	0	0	0	0	0	0.26997
10	息税折旧摊销前利润	0	-71	25	25	25	25	25

表 6-24　增量利润总额及税赋估算表　　　　单位：万元

序号	项　目	合计	计算期					
			1	2	3	4	5	6
1	增量营业收入	18348	0	2135	3163	4350	4350	4350
2	增量补贴收入		0	0	0	0	0	0
3	增量营业税金及附加	203	-1	27	36	47	47	47
4	增量总成本费用	10388	48	1320	2110	2671	2213	2026
	其中：经营成本	8168	176	851	1340	1934	1934	1934
	其中：折旧费	1922	-133	363	701	701	234	57
	摊销费	93	4	19	19	19	19	15
	原材料燃料	6397	73	545	1016	1588	1588	1588
	营业外净支出	0						
5	增量利润总额	7757	-47	788	1016	1632	2090	2277
6	增量所得税	1862	0	111	253	407	522	569
7	增量调整所得税	2002	0	219	267	413	529	575
8	增量增值税	2044	0	270	365	470	470	470
9	增量税赋合计	4109	-1	408	654	924	1038	1086

表 6-25　项目投资现金流量表（增量）　　　　单位：万元

序号	项　目	合计	计算期					
			1	2	3	4	5	6
1	增量现金流入	22204	0	2498	3700	5090	5090	5827
1.1	营业收入	18348	0	2135	3163	4350	4350	4350
1.2	补贴收入	0	0	0	0	0	0	0
1.3	销项税额	3119	0	363	538	740	740	740
1.4	回收固定资产余值	60	0	0	0	0	0	60
1.5	回收流动资金	677	0	0	0	0	0	677
2	增量现金流出	0	2084	1457	2106	2937	2720	2720
2.1	建设投资	1984	1984	0	0	0	0	0
2.2	流动资金	677	30	239	192	217	0	0
2.3	经营成本	8168	176	851	1340	1934	1934	1934
2.4	进项税额	1088	12	93	173	270	270	270

续表 6-25

序号	项　目	合计	计算期					
			1	2	3	4	5	6
2.5	增值税	1903	-117	246	365	470	470	470
2.6	营业税金及附加	203	-1	27	36	47	47	47
2.7	维持运营的投资	0	0	0	0	0	0	0
3	所得税前增量净现金流量	8181	-2084	1041	1594	2153	2369	3107
4	所得税前累计增量净现金流量	0	-2084	-1042	552	2705	5074	8181
5	增量调整所得税	0	0	219	267	413	529	575
6	所得税后增量净现金流量	6179	-2084	823	1327	1740	1840	2532
7	所得税后累计增量净现金流量	0	-2084	-1261	66	1807	3647	6179

计算指标：

所得税前财务内部收益率：70.7%　　所得税后财务内部收益率：56.9%

所得税前财务净现值（$i_c=12\%$）：4391 万元　　所得税后财务净现值（$i_c=10\%$）：3543 万元

所得税前投资回收期：2.65 年　　所得税后投资回收期：2.95 年

表 6-26　项目资本金现金流量表（增量）　　单位：万元

序号	项　目	合计	计算期					
			1	2	3	4	5	6
1	增量现金流入	22205	0	2498	3700	5090	5090	5828
1.1	营业收入	18348	0	2135	3163	4350	4350	4350
1.2	补贴收入	0	0	0	0	0	0	0
1.3	销项税额	3119	0	363	538	740	740	740
1.4	回收固定资产余值	61	0	0	0	0	0	61
1.5	回收流动资金	677	0	0	0	0	0	677
2	增量资金流出	15772	1177	1996	2809	3210	3269	3310
2.1	项目资本金	1279	1105	51	58	65	0	0
2.2	借款本金偿还	1064	0	530	534	0	0	0
2.3	借款利息偿还	204	1	87	51	18	27	21
2.4	经营成本	8168	176	851	1340	1934	1934	1934

续表 6-26

序号	项　目	合计	计算期					
			1	2	3	4	5	6
2.5	进项税额	1088	12	93	173	270	270	270
2.6	增值税	1903	-117	246	365	470	470	470
2.7	营业税金及附加	203	-1	27	36	47	47	47
2.8	所得税	1862	0	111	253	407	522	569
3	增量净现金流量	6433	-1177	502	891	1879	1821	2517
计算指标： 资本金财务内部收益率：80.3% 资本金财务净现值（$ic=14\%$）：3160 万元								

表 6-27　项目投资现金流量表（有项目）　　单位：万元

序号	项　目	合计	计算期					
			1	2	3	4	5	6
1	现金流入	33884	1685	4370	5572	6962	6962	8334
1.1	营业收入	27788	1440	3735	4763	5950	5950	5950
1.2	销项税额	4724	245	635	810	1012	1012	1012
1.3	回收固定资产余值	134	0	0	0	0	0	134
1.4	回收流动资金	1239	0	0	0	0	0	1239
1.5	其他收入	0	0	0	0	0	0	0
2	现金流出	26766	5408	3285	4004	4834	4617	4617
2.1	建设投资	2004	2004	0	0	0	0	0
2.2	利用原有资产净值	1020	1020	0	0	0	0	0
2.3	流动资金	1089	510	171	192	217	0	0
2.4	经营成本	17777	1726	2463	2952	3545	3545	3545
2.5	进项税额	1895	139	229	309	406	406	406
2.6	增值税	2699	0	382	500	605	605	605
2.7	营业税金及附加	283	11	41	50	61	61	61
2.8	维持运营的投资	0	0	0	0	0	0	0
3	所得税前净现金流量	7118	-3723	1085	1569	2127	2344	3717
4	所得税前累计净现金流量		-3723	-2639	-1070	1057	3401	7118
5	调整所得税	2437	-105	315	447	593	593	595

续表 6-27

序号	项　　目	合计	计算期					
			1	2	3	4	5	6
6	所得税后净现金流量	4681	−3618	770	1122	1535	1751	3122
7	所得税后累计净现金流量		−3618	−2848	−1727	−192	1559	4681

计算指标：

所得税前财务内部收益率：39.1%　　所得税后财务内部收益率：27.6%

所得税前财务净现值（$i_c=12\%$）：3222 万元　　所得税后财务净现值（$i_c=10\%$）：2088 万元

所得税前投资回收期：3.50 年　　所得税后投资回收期：4.11 年

表 6-28　借款还本付息表（有项目）

单位：万元

序号	项　　目	合计	计算期					
			1	2	3	4	5	6
1	借款偿还							
1.1	年初借款本息累计	0	0	1064	534	0	0	0
	本金	0	0	1060	534	0	0	0
	建设期利息	0	0	4	0	0	0	0
1.2	本年借款	1060	1060	0	0	0	0	0
1.3	本年应计利息	131	33	65	33	0	0	0
1.4	计入建设期利息	33	33	0	0	0	0	0
	计入生产期利息	98	0	65	33	0	0	0
1.5	本年还本付息	0	29	595	567	0	0	0
	还本	1064	0	530	534	0	0	0
	付息	126	29	65	33	0	0	0
1.6	年末借款本息累计	0	1064	534	0	0	0	0
2	A 人民币							
2.1	年初借款本息累计	0	0	138	71	0	0	0
2.1.1	本金	0	0	134	71	0	0	0
2.1.2	建设期利息	0	0	4	0	0	0	0
2.2	本年借款	134	134	0	0	0	0	0
2.3	本年应计利息	17	4	9	4	0	0	0
2.4	计入建设期利息	4	4	0	0	0	0	0
	计入生产期利息	13	0	9	4	0	0	0
2.5	本年还本付息	0	0	76	76	0	0	0

续表 6-28

序号	项目	合计	计算期					
			1	2	3	4	5	6
2.5.1	还本	138	0	67	71	0	0	0
2.5.2	付息	13	0	9	4	0	0	0
2.6	年末借款本息累计	0	138	71	0	0	0	0
3	B 人民币							
3.1	年初借款本息累计	0	0	600	300	0	0	0
3.1.1	本金	0	0	600	300	0	0	0
3.1.2	建设期利息	0	0	0	0	0	0	0
3.2	本年借款	600	600	0	0	0	0	0
3.3	本年应计利息	68	17	34	17	0	0	0
3.4	计入建设期利息	17	17	0	0	0	0	0
	计入生产期利息	51	0	34	17	0	0	0
3.5	本年按约定还本付息	0	17	334	317	0	0	0
3.5.1	还本	600	0	300	300	0	0	0
3.5.2	付息	68	17	34	17	0	0	0
3.6	年末借款本息累计	0	600	300	0	0	0	0
4	C 外币							
4.1	年初借款本息累计	0	0	45	23	0	0	0
4.1.1	本金	0	0	45	23	0	0	0
4.1.2	建设期利息		0	0	0	0	0	0
4.2	本年借款	45	45	0	0	0	0	0
4.3	本年应计利息	6	2	3	2	0	0	0
4.4	计入建设期利息	2	2	0	0	0	0	0
	计入生产期利息	5	0	3	2	0	0	0
4.5	本年按约定还本付息	0	2	26	24	0	0	0
4.5.1	还本	45	0	23	23	0	0	0
4.5.2	付息	6	2	3	2	0	0	0
4.6	年末借款本息累计	0	45	23	0	0	0	0
计算指标	利息备付率	0	0.00	4.85	14.23	0.00	0.00	0.00
	偿债备付率	0	0.00	1.99	2.56	0.00	0.00	0.00

注：A 人民币的有效年利率为 6.36%；B 人民币的有效年利率为 5.74%；C 外币的有效年利率为 7.00%。

表 6-29　企业原有借款还本付息表　　单位：万元

序号	项　　目	合计	计算期					
			1	2	3	4	5	6
1	企业原有借款余额（人民币）	0	135	85	35	0	0	0
2	本年还本付息	0	58	55	37	0	0	0
2.1	还本	135	50	50	35	0	0	0
2.2	付息	15	8	5	2	0	0	0
3	年末借款本息累计	0	85	35	0	0	0	0

注：企业原有借款余额的有效年利率为 5.85%。

表 6-30　财务计划现金流量表（有项目）　　单位：万元

序号	项　　目	合计	计算期					
			1	2	3	4	5	6
1	经营活动现金流量	0	-105	1305	1562	1987	1872	1825
1.1	现金流入	32846	1770	4420	5622	7012	7012	7012
1.1.1	营业收入	27788	1440	3735	4763	5950	5950	5950
1.1.2	增值税销项税额	4724	245	635	810	1012	1012	1012
1.1.3	补贴收入	0	0	0	0	0	0	0
1.1.4	其他流入	0	85	50	50	50	50	50
1.2	现金流出	0	1875	3115	4061	5025	5139	5187
1.2.1	经营成本	17777	1726	2463	2952	3545	3545	3545
1.2.2	增值税进项税额	1895	139	229	309	406	406	406
1.2.3	营业税金及附加	283	11	41	50	61	61	61
1.2.4	增值税	2699	0	382	500	605	605	605
1.2.5	所得税	1747	0	0	249	407	522	569
1.2.6	其他流出	0	0	0	0	0	0	0
2	投资活动现金流量	0	-2513	-171	-192	-217	0	0
2.1	现金流入	0	0	0	0	0	0	0
2.1.1	投资收益	0	0	0	0	0	0	0
2.2	现金流出	0	2513	171	192	217	0	0
2.2.1	建设投资	2004	2004	0	0	0	0	0
2.2.2	维持运营投资	0	0	0	0	0	0	0
2.2.3	流动资金	1089	510	171	192	217	0	0

续表 6-30

序号	项目	合计	计算期					
			1	2	3	4	5	6
2.2.4	其他流出	0	0	0	0	0	0	0
3	筹资活动现金流量	0	2618	-714	-797	-1208	-1840	-1963
3.1	现金流入	0	2736	171	192	217	0	0
3.1.1	项目资本金	1299	1125	51	58	65	0	0
3.1.2	建设投资借款	1064	1064	0	0	0	0	0
3.1.3	流动资金借款	762	357	120	134	152	0	0
3.1.4	债券	0	0	0	0	0	0	0
3.1.5	短期借款	190	190	0	0	0	0	0
3.1.6	其他流入	0	0	0	0	0	0	0
3.2	现金流出	0	118	885	988	1425	1840	1963
3.2.1	各种利息支出	396	68	115	76	42	50	45
3.2.2	偿还建设借款本金	1199	50	580	569	0	0	0
3.2.3	偿还流动资金借款本金	762	0	0	0	0	381	381
3.2.4	偿还短期借款本金	190	0	190	0	0	0	0
3.2.5	股利分配	4672	0	0	343	1383	1409	1538
3.2.6	其他流出	0	0	0	0	0	0	0
4	盈余资金	1449	0	420	573	562	32	-139
5	累计盈余资金	0	0	420	994	1556	1588	1449

表 6-31 资产负债表（有项目） 单位：万元

序号	项目	计算期					
		1	2	3	4	5	6
1	资产	3637	3591	3710	3858	3634	3423
1.1	流动资产	793	1470	2312	3184	3216	3077
1.1.1	货币资金	37	464	1038	1601	1633	1494
	现金	37	43	44	45	45	45
	累计盈余资金	0	420	994	1556	1588	1449
1.1.2	应收账款	311	449	544	659	659	659
1.1.3	预付账款	0	0	0	0	0	0
1.1.4	存货	445	558	731	924	924	924

续表 6-31

序号	项目	计算期					
		1	2	3	4	5	6
	其他（含固定资产进项税）	130	130	130	130	130	130
1.2	在建工程	1907	0	0	0	0	0
1.3	固定资产净值	776	1828	1128	427	193	137
1.4	无形及递延资产净值	32	163	140	117	95	80
2	负债及所有者权益	3637	3591	3710	3858	3634	3423
2.1	流动负债总额	429	350	426	519	519	519
2.1.1	短期借款	190	0	0	0	0	0
2.1.2	应付账款	133	220	296	389	389	389
2.1.4	其他（含预收账款和应缴税金）	106	130	130	130	130	130
2.2	长期负债总额	1611	1150	715	867	486	105
2.2.1	建设投资借款	1064	534	0	0	0	0
2.2.2	流动资金借款	357	476	610	762	381	0
2.2.3	企业原有借款	190	140	105	105	105	105
	负债小计	2040	1500	1142	1386	1005	624
2.3	所有者权益	1597	2091	2568	2472	2628	2799
2.3.1	资本金	1506	1546	1590	1640	1640	1640
2.3.2	资本公积	449	461	474	489	489	489
2.3.3	累计盈余公积金	50	94	171	293	449	620
2.3.4	未分配利润	-408	-10	333	50	50	50
计算指标：							
	资产负债率（%）	56	42	31	36	28	18

除以上表格外，还需要补充企业内与项目有关的资产负债数据，借款余额、还款计划等资料，在此省略。读者可根据项目实际情况补充或增减相关数据，或设立中间过渡表格。

6.12 什么情况下改扩建项目经济评价可以简化处理

改扩建项目一般要用到“有项目”、“无项目”、“现状”、“新增”和“增量”数据，增大了数据预测的工作量；在企业规模比较大时，有些必要的企业数据比较难于获得，或即使得到了可靠性也比较差；还款主体与经营主体异位，一般要进行项目层次与企业层次的分析。因此，改扩建项目经济评价比较复杂，在项目评价的实践中，往往简化处理按新建项目进行评价。

（1）项目与既有企业的生产经营活动相对独立。在这种情况下，项目的边界比较清楚，可以进行独立经济核算，项目的费用与效益比较好识别，现金流入与流出比较好测度，符合新建项目评价的基本条件，可简化处理。

（2）以增加产出为目的的项目，增量产出占既有企业产出比例较小。在这种情况下，既有企业产出规模大，项目的增量产出不会对既有企业现金流量产生较大影响，项目实际上也相对独立，可以简化成新建项目处理。

（3）利用既有企业的固定资产量与新增量相比较小。被使用的既有企业的固定资产量小，意味着“有项目”情况下现金流入与流出基本不受既有企业的影响，新增投资是项目建设期内主要的现金流出，项目其他现金流入和流出也是总现金流的主要组成部分，所以可以简化处理，使用新建项目的评价过程。

（4）效益和费用的增量流量较容易确定。“有无对比”是项目评价的根本原则，对比的结果是求出增量现金流量，增量现金流量可直接用于项目（含新建项目）的盈利能力分析。新建项目实际是改扩建项目的特例，“无项目”的净现金流量为零，也不利用既有企业的任何资产，增量现金流量可以视作“无项目”的流量为零时“有项目”的现金流量。

（5）对于可以进行简化处理的项目，一定要阐明简化处理的理由，不能直接用新建项目的作法进行估算和分析。

6.13 改扩建项目经济评价应注意什么问题

（1）计算期的可比性。根据“费用与效益口径一致”的原则，既有企业改扩建项目经济评价的计算期一般取“有项目”情况下的计算期。如果“无项目”的计算期短于“有项目”的计算期，可以通过追加投资（局部更新或全部更新）来维持“无项目”的计算期，延长其寿命期至“有项目”的结束期，并于计算期末回收资产余值；若在经济或技术上延长寿命不可行，则适时终止“无项目”的计算期，其后各期现金流量计为零。

（2）原有资产利用的问题。既有企业改扩建项目范围内的原有资产可分为：“可利用的”与“不可利用的”两个部分。“有项目”时原有资产无论利用与否，均与新增投资一起计入投资费用。“可利用”的资产要按其净值提取折旧与修理费。“不可利用”的资产如果变卖，其价值按变卖时间和变现价值计作现金流入（新增投资资金来源），不能冲减新增投资。如果“不可利用的”资产不变现或报废，就仍然是资产的一部分，但是计算项目的折旧时不予考虑。

（3）停产减产损失。改扩建项目的改建活动与生产活动总是同时进行，但一般总会造成部分生产停止或减产。这一部分停产减产损失的直接结果是减少“老产品”的营业收入，同时也会减少相应的生产费用。这些流量的变化均应在销售收入表和生产成本表中有所体现，最终反映在现金流量表中，因此不必单独估算。

(4) 沉没成本处理。沉没成本是既有企业过去投资决策发生的、非现在决策能改变(或不受现在决策影响)、已经计入过去投资费用回收计划的费用。如前期工程为后期工程预留的场地与设备，均为前期工程的沉没成本，不计入后期投资决策费用。沉没成本是“有项目”和“无项目”都存在的成本，对于实现项目的效益不会增加额外的费用。对于项目是否应当实施的决策来说，沉没成本不应当包括在项目增量费用之中。改扩建项目的经济效果不取决于项目开始前已经支出多少费用，而仅仅取决于在改扩建过程中新投入的费用。改扩建项目的效益也只能是超出原有项目效益之上的部分。对沉没成本的这种处理办法可能导致项目的内部收益率很高，但这恰恰反映了当前决策的性质。如果为了弄清原来投资决策是否合理，可以计算整个项目（有项目状态，包括已经建成和计划实施的项目）的收益率，这时就应把沉没成本计算在内。

(5) 机会成本。如果项目利用的现有资产，有明确的其他用途（出售、出租或有明确的使用效益)。那么将资产用于该用途能为企业带来的收益被看做项目使用该资产的机会成本，也是无项目时的收入，按照有无对比识别效益和费用的原则，应该将其作为无项目时的现金流入。

6.14 并购项目有几类，各有何显著特点

并购是现代企业的一类投资活动，由于它具备项目一时一事一议的特点，也可称并购项目。并购项目包括兼并、收购与合并三类。并购本质上是产权交易活动。并购的目的在于取得管理、经营、财务协同效益，降低经营成本，或获得特殊资源，提高市场竞争力。企业进行并购活动时，可以只进行产权交易，完全没有固定资产投资活动，但也可能在并购策划时会考虑产权交易完成后的固定资产投资活动。

兼并指一个企业通过购买等有偿方式取得其他企业的产权，使其失去法人资格或虽保留法人资格，但变更投资主体的一种行为。

兼并有狭义和广义之分。狭义的兼并是指一个企业通过产权交易获得其他企业的产权，使这些企业的法人资格丧失，并获得企业经营管理控制权的经济行为。这相当于吸收合并。广义的兼并是指一个企业通过产权交易获得其他企业产权，并企图获得其控制权，但是这些企业的法人资格并不一定丧失。广义的兼并包括狭义的兼并、收购。

收购是指一家企业用现金、股票或者债券等支付方式购买另一家企业的股票或者资产，以获得该企业的控制权的行为。

收购有两种形式：资产收购和股权收购。资产收购是指一家企业通过收购另一家企业的资产以达到控制该企业的行为。股权收购是指一家企业通过收购另一家企业的股权以达到控制该企业的行为。

按收购方在被收购方股权份额中所占的比例，股权收购可以划分为控股收购和全面收购。控股收购指收购方虽然没有收购被收购方所有的股权，但其收购的股权足以控制被收购方的经营管理。控股收购又可分为绝对控股收购和相对控股收购。并购方持有被并购方股权 51% 或以上的为绝对控股收购。并购方持有被并购方股权 50% 或以下但又能控股的为相对控股收购。全面收购指收购方收购被收购方全部股权，被收购方成为收购方的全资

子公司。

收购与兼并的主要区别是，兼并使目标企业和并购企业融为一体，目标企业的法人主体资格消灭，而收购常常保留目标企业的法人地位。

合并（Consolidation）是指两个或两个以上的企业互相合并成为一个新的企业。合并包括两种法定形式：吸收合并和新设合并。吸收合并是指两个或两个以上的企业合并后，其中一个企业存续，其余的企业归于消灭，用公式可表示为：A + B + C + …… = A（或 B 或 C……）。新设合并是指两个或两个以上的企业合并后，参与合并的所有企业全部消灭，而成立一个新的企业，用公式表示为：A + B + C…… = 新的企业。

合并主要有如下特点：第一，合并后消灭的企业的产权人或股东自然成为存续或者新设企业的产权人或股东；第二，因为合并而消灭的企业的资产和债权债务由合并后存续或者新设的企业继承；第三，合并不需要经过清算程序。

6.15 并购有哪些具体分类形式

（1）横向并购、纵向并购和混合并购。

按并购双方的行业关系，并购可以划分为横向并购、纵向并购和混合并购。

横向并购（即水平并购）指并购双方处于相同或横向相关行业，生产经营相同或相关的产品的企业之间的并购。

纵向并购（即垂直并购）指生产和销售过程处于产业链的上下游、相互衔接、紧密联系的企业之间的并购。

混合并购指即非竞争对手又非现实的或潜在的客户或供应商的企业之间的并购。

（2）直接并购和间接并购。

按并购双方是否直接进行并购活动，并购可以划分为直接并购和间接并购。

直接并购又称协议收购，指并购企业直接向目标企业提出并购要求，双方通过一定程序进行磋商，共同商定并购的各项条件，然后根据协议的条件达到并购目的。

间接并购又称要约收购，指并购企业不直接向目标企业提出并购要求，而是通过证券市场以高于目标企业股票市价的价格收购目标企业的股票，从而达到控制目标企业的目的。

（3）新设型并购、吸收型并购和控股型并购。

按并购完成后目标企业的法律状态来分，并购可以划分为新设型并购、吸收型并购和控股型并购。

新设型并购指并购双方都解散，成立一个新的法人的并购。

吸收型并购指目标企业解散而为并购企业所吸收的并购。

控股型并购指并购双方都不解散，但被并购企业所控股的并购。

（4）现金购买资产式并购、现金购买股票式并购、股票换取资产式并购和股票互换式并购。

按并购方的出资方式，并购可以划分为现金购买资产式并购、现金购买股票式并购、股票换取资产式并购和股票互换式并购。

现金购买资产式并购指并购企业用现金购买被并购方全部或绝大部分资产所进行的并购。

现金购买股票式并购指并购企业用现金购买目标企业的股票所进行的并购。

股票换取资产式并购指并购企业向目标企业发行股票，以换取目标企业的大部分资产而进行的并购。

股票互换式并购指并购企业直接向目标企业的股东发行股票，以换取目标企业的股票而进行的并购。

（5）强制并购和自由并购。

按并购企业是否负有并购目标企业股权的强制性义务，并购可以划分为强制并购和自由并购。

强制并购指并购企业持有目标企业股份达到一定比例，可能操纵后者的董事会并对股东的权益造成影响时，根据《证券法》的规定，并购企业负有对目标企业所有股东发出收购要约，并以特定价格收购股东手中持有的目标企业股份的强制性义务而进行的并购。

自由并购指并购方可以自由决定收购被并购方任一比例股权的并购。

（6）杠杆收购和非杠杆收购。

按并购企业是否利用自己的资金，并购可以划分为杠杆收购和非杠杆收购。

杠杆收购指并购企业通过信贷所融资本获得目标企业的产权，并以目标企业未来的利润和现金流偿还负债的并购方式。

非杠杆收购指并购企业不用目标企业的自有资金及营运所得来支付或担保并购价金的并购方式。

6.16　并购项目经济评价包括什么主要内容

并购项目经济评价的主要内容包括：

（1）分析目标企业所处行业地位、竞争对手、行业发展趋势、市场格局与前景；

（2）分析目标企业经营管理现状、资产与债务结构、盈利能力、管理水平并预测发展前景；

（3）分析既有企业管理能力与水平、财务状况、品牌商誉、市场份额、融资能力、企业现状等；

（4）测算并购成本；

（5）测算改组改造所需投资；

（6）预测并购收益和经营费用；

（7）构造并购后的现金流量表，依据内部收益率等指标，判断目标企业的价值与并购的可行性；

（8）评估并购风险分析。

6.17　并购成本包括什么

并购成本包括产权交易价格（目标企业价格）、咨询费、律师费、佣金等，以及收购后对企业的改造、改组、人员安置与遣散费用等。

6.18 如何对并购目标企业价格进行评估

并购项目评价的其核心内容之一是并购企业价值评估，这是决定并购企业股权转让价格的关键。企业价值是公司所有的投资人对于公司资产要求权价值的总和，企业价值可分为三个层次，即企业的基础价值、内在价值和战略价值。

基础价值（basic value），即净资产价值，是目标企业转让的价格下限；内在价值(internal value)，是目标企业在持续经营的情况下可能创造出的预期的现金流量价值，是目标企业的动态价值；战略价值（strategic value）是指并购完成后，经过总体重组与协同，使得外部交易内部化、生产要素重新组合、市场份额进一步扩展、消除或减轻竞争压力、绕过各种限制或贸易壁垒、规避各种风险和税收、提高垄断地位、拓展新的利润增长点，从而取得的规模经济效益。确定合理的并购价格区间时，需要综合考虑企业的三种价值。

6.19 如何估算并购目标企业的价格

并购价格估算方法包括收益现值法、账面价值调整法、财务比率法、市场比较法等：

（1）收益现值法，是将拟投资企业的未来收益换算成现值的各种评估方法的总称。从投资人、企业的定义来看，收益现值法是评估企业价值的一条最直接、最有效的方法。企业价值的高低主要取决于其未来的获利能力，而不是现实存量资产的多少。

收益现值法是从目标企业未来收益的角度，在公司“持续经营”的假定前提下，将目标企业未来预测的现金流量进行贴现，计算目标企业的价值，并以此为基础确定测算目标企业的最高收购价格。采用收益现值法估算目标企业价值的收购价格，可由下列公式计算：

$$MAP = \sum_{t=0}^{n} \frac{CF_t}{(1+k)^t} + \frac{CF_{n+1}/(k-g)}{(1+k)^n} - L \tag{6-1}$$

式中 MAP——应付兼并方的最高购买价格；

k——被兼并公司的加权平均资本成本；

n——被兼并公司预期成长的计算时间；

CF_t——被兼并公司在兼并后第 t 期所有资本产生的税后净现金流量；

g——被兼并公司第 t 年后的 CF_t 成长率；

L——被兼并公司负债的市场价值。

CF_t的计算公式为：

$$CF_t = \text{经营利润} \times (1-\text{所得税率}) + \text{折旧和其他非现金支出} - \text{增量营运资金和固定资产等支出} \tag{6-2}$$

（2）账面价值调整法或重置成本法，其评估思路是从企业重建的角度，即在评估点时企业的投入成本之和，或再造一个与被评估企业完全相同的企业所需的投资，并把这个投资额作为被评估的企业价值。

企业账面价值等于企业资产减去企业负债，但由于不能反映通货膨胀、技术贬值和企业组织资本等，基于历史成本记录形成的账面价值很有可能不等于其市场价值。因此需要对账面价值进行调整。

账面价值调整法是从资产成本的角度，以目标企业的资产净值为基础估算确定收购价格，即按照财务报表中的资产净值，采用经过注册会计师审计调整后的资产账面价值进行估算。它是目标企业价值评价估算的基本依据。

账面价值调整的方法通常有重置成本法和资产变现法。

$$企业价值 = 调整后的总资产 - 调整后的总负债 \tag{6-3}$$

账面价值法通常只应用在企业破产清算或资产出售时的价值评估，对企业整体的出售，特别是对高科技企业和服务类企业尤其不适用，因为这些公司的组织资本产生了大量价值。

（3）市场比较法是通过把被评估企业与类似的上市公司或已交易的非上市公司的市盈率（或市净率）作为倍数，乘以被评估企业的当期收益（或净资产），从而计算出企业的市场价值。运用市场比较法需要有高度发达的证券市场为前提，要有足够多的上市公司做备选参照物。

（4）财务比率法基于类似的资产应有类似的价值的理念。财务比率法采用目标企业与可比公司的财务比率比较的方法来估算目标企业的价值，包括市盈率（P/E）、市值/账面价值比率、公司价值/$EBIT$系数等方法，这是投资银行和商业经纪人通常采用的简单估算方法。

如果可比企业为上市公司，目标企业的价值可以采用下面的公式估算：

$$目标企业价值 = 可比企业的 P/E 系数 \times 目标企业的盈利 \tag{6-4}$$

或：

$$目标企业价值 = 目标企业 EBIT \times 可比企业的 EBIT 倍数 \tag{6-5}$$

式中 $EBIT$——企业息税前利润；

$EBIT$倍数 = 公司价值/$EBIT$。

$$对于上市公司，公司价值 = 公司股票市值 + 未偿还净债务 \tag{6-6}$$

以上每种方法都有其适用条件。虽然并购价格最终取决于市场，但并购价格的估算为企业并购谈判提供了一个价格基础。

上述方法中，理想的方法是收益现值法，最简便的方法是市场比较法。但是，在我国企业并购、股份制改制的估值中，广泛采用的却是重置成本法。原因在于：

（1）根据中国资产评估协会的专业操作标准规定，企业整体评估一般要求采用成本法，收益法是作为验证法。

（2）我国国有企业资产盘子大，非经营性资产占相当大比例，由于国有企业的法人缺位，运用收益法很容易造成国有资产流失。

（3）我国传统企业效益低下，采用收益现值法缺乏市场基础。

（4）我国的市场机制不完善，企业经营受政府宏观调控的影响大，且法制不健全，未来收益不可控因素多，难以估算未来收益。

6.20 如何评估并购项目效益

并购效益评价包括企业自身的效益和由于并购带来的企业整体协同效益。前者包括资本经营效益、经济增加值、市场增加值三个方面，后者包括财务协同效应和经营协同效应。

（1）资本经营效益，评价指标包括投资回报率、总资产收益率等，主要反映并购后的当期经营效益。将目标企业并购后的资本经营效益与并购前进行比较，从而衡量并购对目标企业所产生的绩效增长。

（2）市场增加值。收购后目标企业的市场价值与收购前的市场价值的比较，其差额为市场增加值。

（3）经济增加值（*EVA*）。收购企业将投资于目标企业的资本变现的收益与资本的机会成本进行比较，两者的差额就是企业的增值收益。

$$EVA = (ROC - k) \times \text{现有资产的账面价值} \quad (6\text{-}7)$$
$$= EBIT\,(1 - \text{税率}) - k \times \text{现有资产的账面价值}$$

式中 ROC = 资本收益率 = $EBIT \times (1 - \text{税率})$ / 现有资产的账面价值；

$EBIT$——息税前利润；

k——加权平均的资本成本。

（4）协同效应。包括财务协调效应和经营协同效应。

财务协同效应。财务协同效应包括通过业务多样化来降低经营风险，或是收购一家资金短缺但有投资机会的公司获得的商业机会，或是收购一家享受税收优惠企业带来的税收节余等。

经营协同效应。由于目标企业控制着某种关键资源、技能或能力，如果与收购企业资源结合，将产生更大的价值。当处于同一业务领域的两家企业发生水平并购时，由于生产规模提高、成本降低，边际利润水平提高；当收购原材料供应商或产品的分销商或零售商时，协调效应来自对价值链的更完整控制。

利用有无对比和现金流量分析方法，评估经营协同效应。首先，分别评估收购公司和目标企业的价值，根据各企业的现金流计算现值，汇总得到并购前的公司价值；其次，考虑并购完成后企业预期增长率或成本的下降，重新评估公司价值；最后，将“有并购”的公司价值减去“无并购”的公司价值，得到并购协同效应的价值。

第7章　不确定性分析与风险分析

7.1　投资项目的不确定性与风险有何区别与联系

投资项目的不确定性（uncertainty）指影响项目目标的某一因素的变动未来可能会发生，也可能不发生。如果因素的变动发生，则其状况、发生的时间、发生的可能性（概率）、与预期状态的偏离程度等都是未知的。

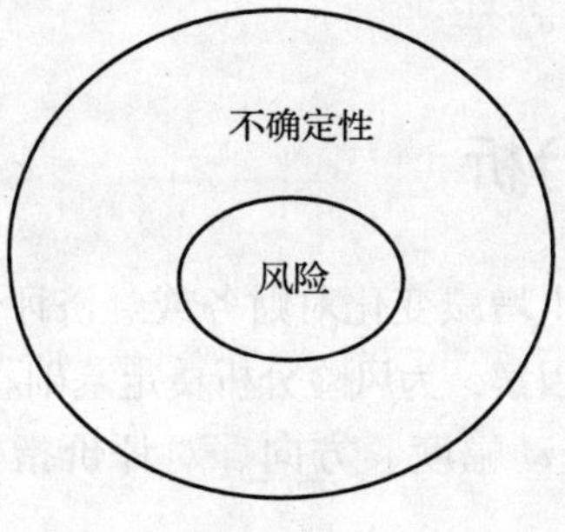

图7-1　不确定性与风险关系

可行性研究与项目评价中风险（risk）指某些可能发生的事件对项目目标产生不利的影响。风险的三要素为风险事件，风险发生的可能性和风险事件对项目目标造成的损失。风险事件（risk event）指风险因素发生变化的某种状态，含其相对于常态的偏离程度与发生的可能性。

图7-1表示不确定性与风险的包含关系。此图表示风险只是不确定性的一小部分，不确定性的范围则大得多。

7.2　盈亏平衡分析是不确定性分析吗

盈亏平衡点（Break - Even Point，BEP）是项目的盈利与亏损的转折点，在这一点上运营收入等于总成本费用。盈亏平衡分析通过计算项目达产年的盈亏平衡点，分析项目成本费用与收入的平衡关系。盈亏平衡分析只用于财务分析。

在《建设项目经济评价方法与参数》第一、二、三版中，盈亏平衡分析与敏感性分析一起被列入不确定性分析与风险分析的章节，使读者认为盈亏平衡分析就是不确定性分析的内容。

按不确定性的定义，设计人员、评估人员应当完全不能确定影响项目目标的因素的变动情况。盈亏平衡分析则是按照已经设计好的产量变化估算成本与收益的平衡关系。在这个意义上，盈亏平衡分析不宜作为不确定性分析的内容。

那么为什么从第一版开始盈亏平衡分析就被列入不确定性分析呢？笔者查阅了早期国外资料，发现在联合国工业发展组织出版的《Manual for the Preparation of Industrial Feasibility Studies》一书中，盈亏平衡分析与敏感性分析和风险分析同列在 Financial Evaluation under Conditions of Uncertainty 一节中。联合国工业发展组织的这本书是《建设项目经济评价方法与参数》第一、二版最重要的参考依据，并被翻译成中文，这对于在改革开放初期如饥似渴地学习国外技术的编制组来说无疑影响巨大，因此，盈亏平衡分析就顺理成章地归于不确定性分析。

为确定盈亏平衡分析是否应归入不确定性分析，笔者查阅了近几年出版的国外权威资料，包括世界银行的《投资运营的经济分析》、亚洲开发银行的《Guidelines for the Financial Analysis of Projects》与《Guidelines for the Economic Analysis of Projects》、英国财政部的《THE GREEN BOOK：Appraisal and Evaluation in Central Government，2003》、欧盟的《发展项目财务与经济分析手册》以及《Guide to Cost - Benefit Analysis of Investment Projects》等，在“风险与不确定性”章节中均未见到盈亏平衡分析的内容，仅有《发展项目财务与经济分析手册》一书将盈亏平衡分析作为财务分析的一项内容。

由以上分析可见，由于历史的原因，盈亏平衡分析被误划归不确定性分析，其实它应是项目财务分析的一项内容，也可以作为财务分析的一项指标。在得出这一结论后，作者认为本章不宜再讨论盈亏平衡分析，好在许多企业理财或财务管理的书籍中都有这部分内容，可供读者参阅。至于让它回归财务分析则是后人的任务。

7.3　什么是敏感性分析，如何作敏感性分析

敏感性分析（sensitivity analysis）是分析不确定性因素发生增减变化对财务或经济评价指标产生的影响，通过计算敏感度系数和临界点，找出主要敏感因素，为风险分析奠定基础。

敏感性分析是典型的不确定性分析，因为敏感因素的变动幅度、方向、对评价指标的影响力等事前都不明确。

敏感性分析常用的不确定因素为产出价格、投入价格、建设投资、经营成本、汇率、生产负荷等。

一般项目只进行单因素敏感性分析，以寻找最敏感的因素，供进一步风险分析使用。多因素敏感性分析只能进行情景分析，计算在不确定因素最不利变化组合的情况下评价指标的变化。

敏感性分析可以采用图形法、敏感度系数与临界点等方法进行。

敏感性分析可以在财务分析时进行，也可以在费用效益分析时进行。在费用效益分析中，国际组织通常将社会折现率亦作为一种要考虑的敏感性因素。

7.4　如何用作图法进行单因素敏感性分析

传统的敏感性分析是用作图法进行，具体做法是先设定不确定因素的正、反方向的变化范围，然后在其他因素不变的条件下，计算每一不确定因素变动幅度的评价指标值（如内部收益率、净现值等）并记录下来，形成一张敏感性分析数据表，见表 7-1。

表 7-1　敏感性分析数据表

序号	敏感因素	变化率（%）	项目财务分析指标		
			FIRR（%）	*FNPV*	*Pt*
		0	16.05	9365	4.37
1	建设投资	30	8.77	-2569	5.29
		20	10.75	1420	5.09

续表 7-1

序号	敏感因素	变化率（%）	项目财务分析指标		
			FIRR（%）	FNPV	Pt
		0	16.05	9365	4.37
1	建设投资	10	13.13	5398	4.75
		－10	19.69	13320	3.99
		－20	24.35	17263	3.63
		－30	30.47	21195	3.28
2	产出价格	30	31.16	35069	3.45
		20	26.31	26501	3.69
		10	21.29	17933	3.99
		－10	10.53	797	4.87
		－20	4.64	－7806	5.46
		－30	－1.68	－16427	6.00
3	原材料价格	30	13.79	5821	4.57
		20	14.55	7002	4.50
		10	15.30	8184	4.43
		－10	16.79	10546	4.31
		－20	17.53	11727	4.25
		－30	18.26	12909	4.19
4	汇率	30	14.73	8023	4.57
		20	15.15	8471	4.50
		10	15.58	8918	4.44
		－10	16.54	9811	4.30
		－20	17.07	10258	4.23
		－30	17.63	10703	4.16
5	负荷	30	29.10	31463	3.55
		20	24.90	24097	3.77
		10	20.56	16731	4.04
		－10	11.32	1999	4.79
		－20	6.33	－5390	5.28
		－30	1.01	－12803	5.87

在表 7-1 的基础上，利用软件的作图函数即可绘出图 7-2。

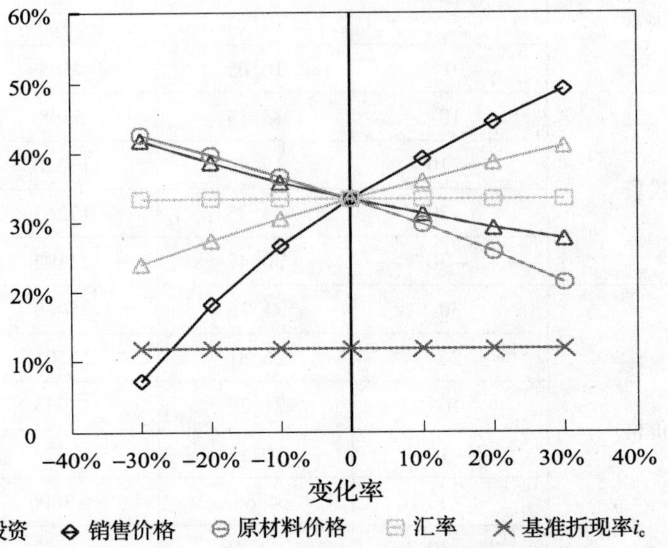

图 7-2 敏感性分析图

7.5 多因素敏感性分析如何做

多因素敏感性分析需要同时改变两个或两个以上敏感因素，然后计算各个评估指标，将每组敏感因素的计算结果记录在事先设定的表格中，如表 7-2 所示。在双因素敏感性分析表中应重点关注最有利与最不利两种情况，见表中黑斜体字，它们给投资人提供了项目效益的边界。多因素敏感性分析也可称情景分析法。

表 7-2 双因素敏感性分析表

收入变动 \ 投资变动		−15.0%	−10.0%	0	10.0%	15.0%
−15.0%	*FNPV*（万元）	24072	11217	−14493	−40204	***−53059***
	FBCR	1.11	1.05	0.94	0.86	***0.82***
	FIRR（%）	5.61%	4.73%	3.10%	1.61%	***0.90%***
−10.0%	*FNPV*（万元）	38343	25488	−222	−25933	−38788
	FBCR	1.18	1.11	1.00	0.91	0.87
	FIRR（%）	6.50%	5.61%	4.00%	2.50%	1.81%

续表 7-2

收入变动 \ 投资变动		-15.0%	-10.0%	0.0%	10.0%	15.0%
0	*FNPV*（万元）	66886	54031	28320	2610	-10245
	FBCR	1.31	1.23	1.11	1.01	0.97
	FIRR（%）	8.13%	7.24%	5.61%	4.14%	3.45%
10.0%	*FNPV*（万元）	95428	82573	56863	31152	18297
	FBCR	1.44	1.36	1.22	1.11	1.06
	FIRR（%）	9.62%	8.72%	7.08%	5.61%	4.93%
15.0%	*FNPV*（万元）	***109699***	96844	71134	45423	32568
	FBCR	***1.50***	1.42	1.28	1.16	1.11
	FIRR（%）	***10.32%***	9.42%	7.77%	6.30%	5.61%

7.6 什么是敏感度系数，如何估算

敏感度系数（sensitivity indicator）是评价指标变化率与不确定性因素变化率之比，该比率可以定量地反映出评价指标相对于不确定因素变化的敏感程度。可由公式计算：

$$S_{AF}=\frac{\Delta A/A}{\Delta F/F}$$

式中 S_{AF}——敏感度系数；

$\Delta F/F$——不确定性因素的变化率；

$\Delta A/A$——不确定性因素发生变化时，评价指标的相应变化率。

敏感度系数可以为正，也可以为负。正的敏感度系数表示不确定因素与指标同方向变化，负的敏感度系数表示不确定因素与指标反方向变化。敏感度系数的绝对值表示评价指标对不确定因素变化的敏感程度。

7.7 什么是临界点，如何估算

临界点（switch value），也称转换值，是使项目由可行变为不可行时，允许不确定因素变化的极限值，一般采用不确定性因素相对基本方案的变化率或其对应的极限数值表示。

临界点一般采用试算法求得，即预先设计不确定因素向不利方向的变动幅度，考察评

估指标与判定条件（净现值等于0）的差额。如果差额的绝对值大于预先设定数值，则让不确定因素继续同方向变动，直至差额小于预先设定的数值，此时的不确定因素的数值就是临界值。

敏感度系数、临界值和临界点的计算结果可归并成一张表格，见表7-3。

表7-3　敏感性分析表

序号	敏感因素	变化率（%）	项目投资财务内部收益率（%）	敏感度系数	临界点（%）	临界值
		0	16.05			
1	建设投资	10	13.13	-1.82	22.18	74076
		-10	19.69	-2.27		
2	销售价格	10	21.29	3.27		
		-10	10.53	3.44	-10.23	
3	原材料价格	10	15.30	-0.47	74.47	
		-10	16.79	-0.46		
4	汇率	10	15.58	-0.29	216.17	22.76
		-10	16.54	-0.31		
5	负荷	10	20.56	2.81		
		-10	11.32	2.94	-11.89	88.11%

7.8　风险分析的任务与步骤是什么

风险分析（risk analysis）的主要任务是识别项目可能的风险因素，估计风险事件发生的可能性及由此造成的影响，并提出防止或减少不利影响的对策等一系列彼此关联的活动。风险分析包括风险识别、风险估计、风险评价和风险应对四个阶段。

风险识别（risk identification）是从系统的观点出发，采用逐步分解的方法，找出对项目产生不利影响的独立因素，找出关键的影响因素，为风险应对提供处理对象。

风险估计（risk estimation）是利用客观资料或主观判断，估算风险事件发生的概率，以及对项目造成的不利影响。

风险评价（risk assessment）是在风险估计的基础上，通过相应的指标体系和评价标准，对风险的发生概率和损失程度进行综合的评定。

风险应对（risk handling）是根据风险评价的结论，针对引发风险的因素或事件的情况，提出回避、控制、转移或自担等措施的建议。

风险分析的步骤见表7-4。

表 7-4　风险分析步骤

风险识别	步骤 1	1	设立适宜的风险分析内容和目标
		1.1	保证有足够的信息以开展风险分析
		1.2	明确分析目标、条件和要求
		1.3	确定假设条件
		1.4	确定项目成功的关键判据
	步骤 2	2	收集有关风险信息
		2.1	风险细分
		2.2	分析每个子项（或称目标、子目标）包含的内容
		2.3	分析子项之间的关系：独立性及相关性
		2.4	列出可能的风险原因
		2.5	识别每个子项的基本风险因素
		2.6	准备子项风险清单
	步骤 3	3	风险分类
		3.1	根据风险原因对风险进行分类
		3.2	定性分析影响的效果：风险发生的可能性及后果
		3.3	判断风险因素的权重
		3.4	填写子项风险清单
风险估计	步骤 4	4	风险量化估计
		4.1	确定是否需要进行定量估计
		4.2	运用 AHP、CIM、Monte - Carlo 定量分析风险发生的可能性及后果，获得风险等级的概率分布、最可能发生的风险等级
		4.3	按照风险的影响程度对其进行排队
		4.4	绘制风险等级概率分布图和表
		4.5	风险确定项目综合风险等级
风险评价与对策	步骤 5	5	风险综合评价
		5.1	确定每个风险或每组风险水平
		5.2	根据风险等级的判别标准衡量其可接受性
	步骤 6	6	制订风险对策
		6.1	为不能接受的风险设计替换方案
		6.2	制订项目全过程风险控制方案
		6.3	建立项目实施与运营过程风险监控信息系统

7.9 投资项目经济评价中可能发生主要的风险因素是什么

影响项目实现预期经济目标的风险因素来源于法律、法规、政策、市场供需、资源开发与利用、技术的可靠性、工程方案、融资方案、组织管理、环境与社会、外部配套条件等一个方面或几个方面。影响项目经济效益的风险因素可归纳为下列内容：

（1）项目收益风险：产出品的数量（服务量）与预测（财务与经济）价格；

（2）建设风险：建筑安装工程量、设备选型与数量、土地征用和拆迁安置费、人工、材料价格、机械使用费及取费标准等；

（3）融资风险：资金来源、供应量与供应时间等；

（4）建设工期风险：工期延长；

（5）运营成本费用风险：投入的各种原料、材料、燃料、动力的需求量与预测价格、劳动力工资、各种管理费取费标准等；

（6）政策风险：税率、利率、汇率及通货膨胀率等。

7.10 为什么要引入综合风险评估矩阵对风险进行区分与评估

投资项目的风险一般都不是单一风险。风险的三要素是发生的可能性（概率）、影响程度（造成的损失）与触发风险的事件。对于单一风险，三要素容易识别与处理。对多于一个风险的复合风险，每个独立风险也包含上述三要素，但是综合在一起的复合风险一般不易讨论综合风险事件，但是可以讨论综合概率以及在这一概率下可能造成的综合损失。换句话说，综合风险必须保持概率与损失这两个风险的基本要素。

在投资项目分析的许多文件（如原国家计委推荐的《投资项目可行性研究指南》）与教科书（如中国工程咨询协会考试教材《投资项目分析与决策》）中，经常出现笼而统之的风险等级概念，其要害之处是只考虑损失的可接受程度，不考虑风险发生的概率。有兴趣的读者可以看附录1中“风险等级划分与风险因素的独立性”。

《建设项目经济评价方法与参数》（第三版）引入世界银行综合风险评估矩阵（亚洲开发银行也有类似的矩阵），确保进入矩阵的每个独立风险都体现出概率与损失这两个风险的基本要素，许多个风险合成效果也可以体现概率与损失这两个风险的基本要素。

矩阵列表法简单直观，将风险因素出现的可能性及对项目的影响程度构造一个矩阵，表中每一单元对应一种风险的可能性及其影响程度。为适应现实生活中人们往往以单一指标描述事物的习惯，将风险的可能性与影响程度综合起来，用某种级别表示，见表7-5。

该表的最显著特点是以风险应对的方式来表示综合风险等级。

综合风险等级分为K、M、T、R、I五个等级：

K（Kill）表示项目风险很高，出现这类风险就要放弃项目；

M（Modify plan）表示项目风险强，需要修正拟议中的方案，通过改变设计或采取补偿措施等；

表 7-5　综合风险评估矩阵

综合风险等级		风险影响的程度			
		严重	较大	适度	低
风险的可能性	高	K	M	R	R
	较高	M	M	R	R
	适度	T	T	R	I
	低	T	T	R	I

T（Trigger）表示风险较强，设定某些指标的临界值，指标一旦达到临界值，就要变更设计或对负面影响采取补偿措施；

R（Review and reconsider）表示风险适度（较小），适当采取措施后不影响项目；

I（Ignore）表示风险低，可忽略。

落在该表左上角的风险会产生严重后果；落在这个表左下角的风险，发生的可能性相对低，必须注意临界指标的变化，提前防范与管理；落在该表右上角的风险影响虽然相对适度，但是发生的可能性相对高，也会对项目产生影响，应注意防范；落在该表右下角的风险，损失不大，发生的概率小，可以忽略不计。

在表 7-6 中，序号①、②……表示若干个独立风险因素，其在表格中所处的位置表示该风险发生的可能性与造成损失的程度。本项目 6 项风险有 5 项均处于表 7-5 的 T 区，表示应十分关注各类风险因素的临界值，并提出风险应对措施。

表 7-6　某项目综合风险评估矩阵

风险损失程度 / 风险等级 / 风险发生的可能性	严重	较大	一般	很小
高				
较高				
较低		②		
很低	①，⑤	④，⑥	③	

7.11　使用概率树如何进行风险分析

概率树分析是假定风险变量之间是相互独立的，在构造概率树的基础上，将每个风险变量的各种状态取值组合计算，分别计算每种组合状态下的评价指标值及相应的概率，得到评价指标的概率分布，并统计出评价指标低于或高于基准值的累计概率，计算评价指标的期望值、方差、标准差和离散系数。可以绘制以评价指标为横轴，累计概率为纵轴的累计概率曲线。概率树示意图7-3、表7-7与图7-4说明计算项目净现值的期望值和净现值大于或等于零的累计概率的计算步骤。

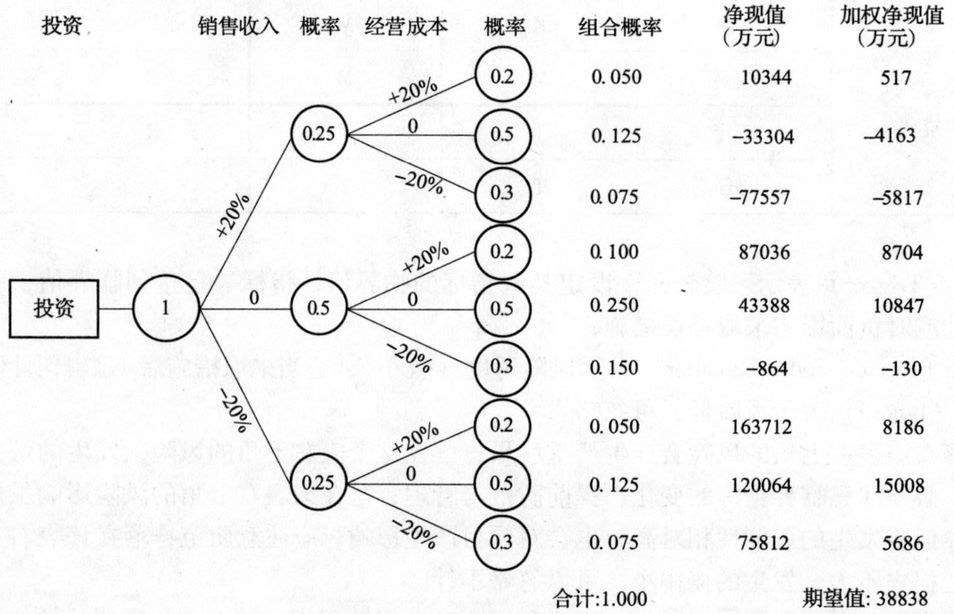

图7-3 概率树示意图

表7-7 累计概率表

净现值（万元）	概率	累计概率
-77557	0.075	0.075
-33304	0.125	0.200
-864	0.150	0.350
10344	0.050	0.400
43388	0.250	0.650
75812	0.075	0.725
87036	0.100	0.825
120064	0.125	0.950
163712	0.050	1.000

（1）通过敏感性分析，确定风险变量；

（2）判断风险变量可能发生的情况；

（3）确定每种情况可能发生的概率，各种情况发生的概率之和必须等于1；

（4）求出可能发生事件的净现值、加权净现值，然后求出净现值的期望值；

（5）将净现值及其发生概率按净现值的大小进行排序，并计算排序后的累计概率；

（6）用插入法求出净现值大于或等于零的累计概率。

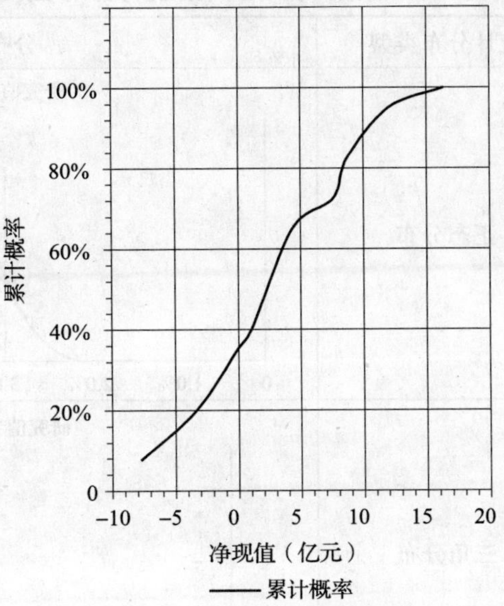

图 7-4　累计概率图

7.12　使用蒙特卡洛分析法如何进行风险分析

蒙特卡洛模拟法（Monte – Carlo Simulation）又称随机模拟法或统计试验法，是一种通过对随机变量进行统计试验和随机模拟，求解数学、物理以及工程技术等有关问题的近似的数学求解方法。

蒙特卡洛模拟技术，是用随机抽样的方法抽取一组满足输入变量的概率分布特征的数值，输入这组变量计算项目评价指标，通过多次抽样计算可获得评价指标的概率分布及累计概率分布、期望值、方差、标准差，计算项目可行或不可行的概率，从而估计项目投资所承担的风险。模拟过程：

（1）通过敏感性分析，确定风险变量；

（2）构造风险变量的概率分布模型；

（3）为各输入风险变量抽取随机数；

（4）按各风险因素的概率分布将抽得的随机数转化为各输入变量的抽样值；

（5）将抽样值组成一组项目评价基础数据；

（6）根据基础数据计算出评价指标值；

（7）整理模拟结果所得评价指标的期望值、方差、标准差和它的概率分布及累积概率，绘制累计概率图，计算项目可行或不可行的概率。

表 7-8 为某案例的风险因素统计分布图形，表 7-9 为各风险因素统计分布的参数。图 7-5 ~ 图 7-10 为经过 4000 次模拟计算，内部收益率与净现值的统计分布直方图、累计频率图与敏感性分析图。显然，内部收益率呈 β 分布，净现值正态分布。由此可见，评估指标的统计分布不一定与风险因素的统计分布一致。

表 7-8　某案例风险因素统计分布图形

风险因素	统计分布类型	分布图形
价差预备费 (Escalation)	正态分布	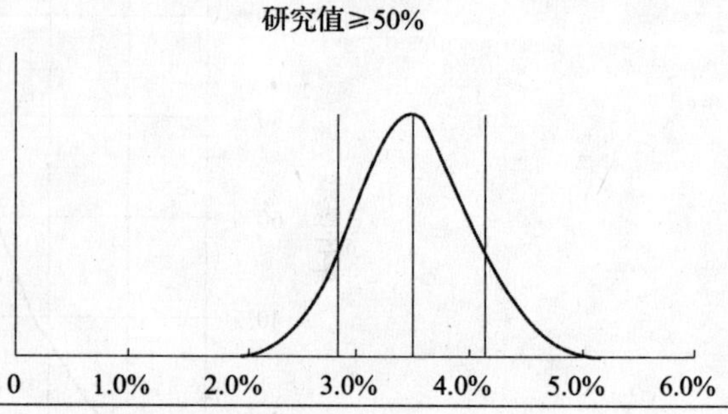
初始固定成本 (Initial Fixed Cost)	三角分布	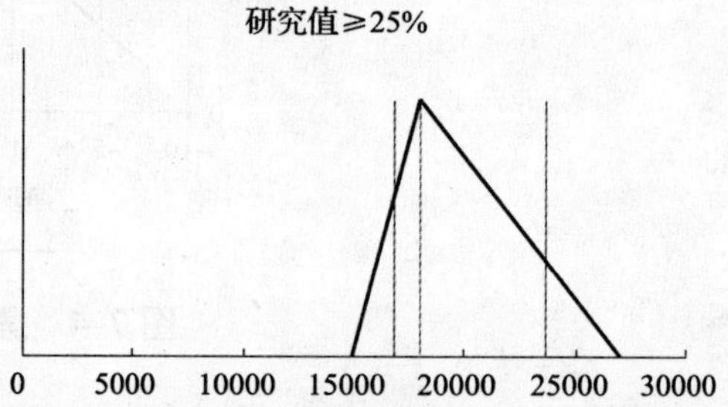
初始价格 (Initial Price)	贝塔分布	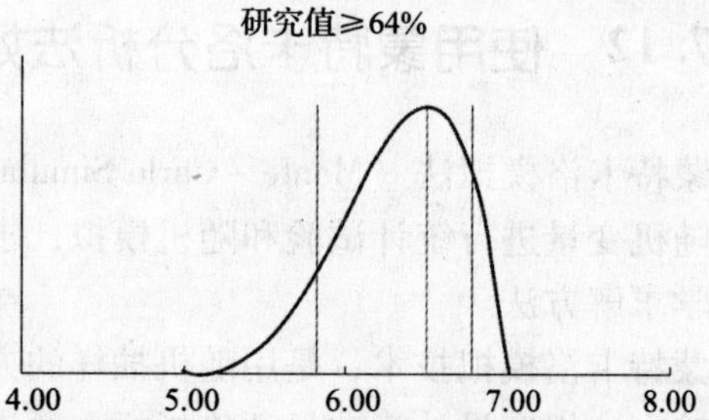
初次装运 (Initial Shipments)	伽玛右分布	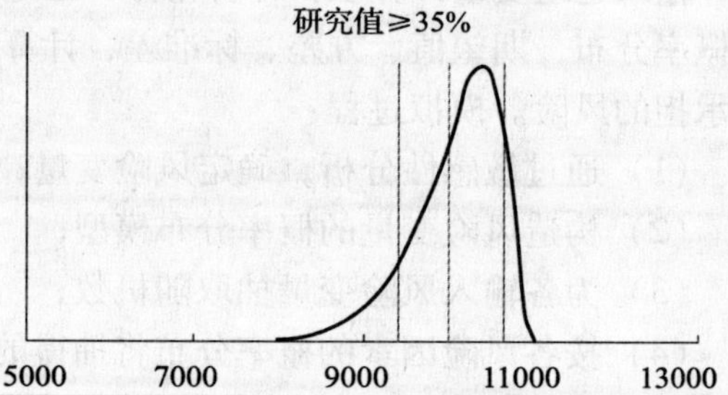
初始可变成本 (Initial Variable Cost)	伽玛左分布	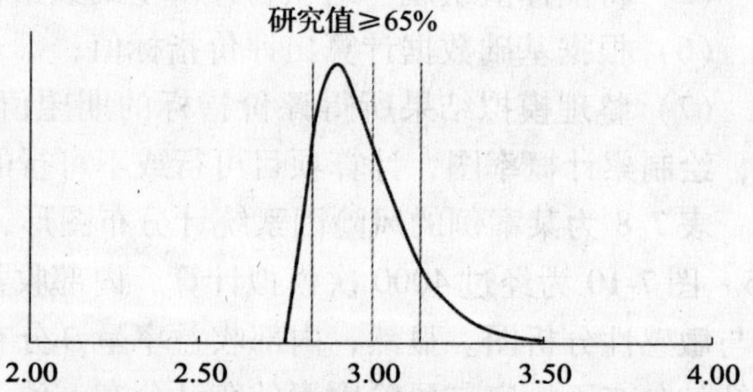

续表 7-8

风险因素	统计分布类型	分布图形
投资 (Investment)	离散分布	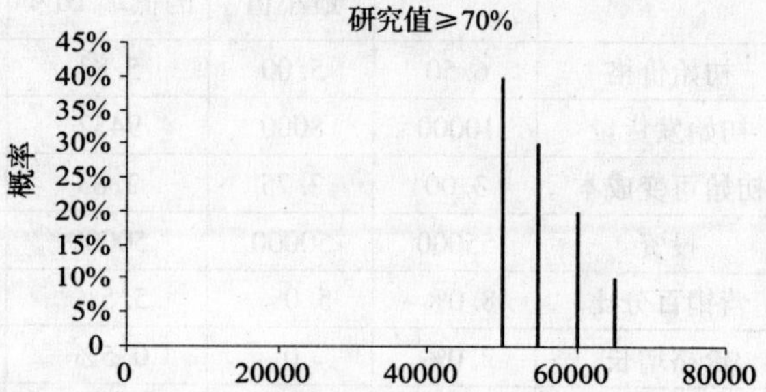
营销百分率 (Marketing Percent)	均匀分布	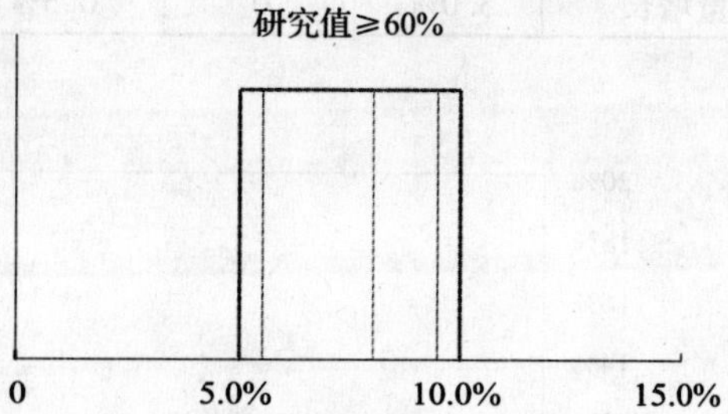
价格上涨 (Price Growth)	对数正态	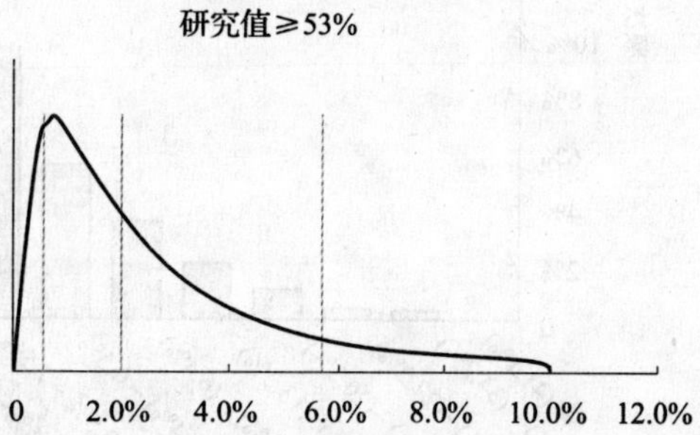
产量增长 (Volume Growth)	自定义分布	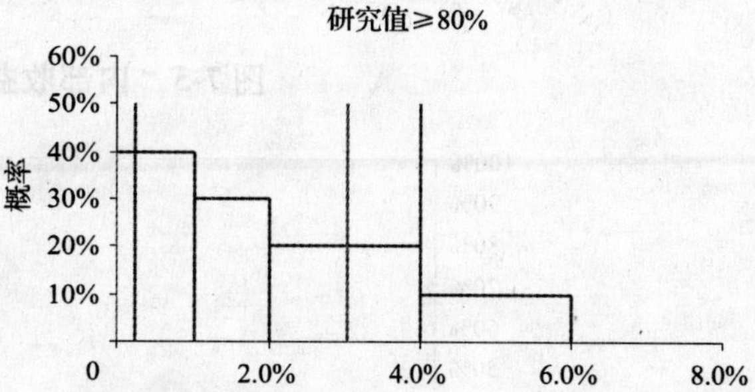

表 7-9　某案例各风险因素统计分布参数

风险因素	基本方案	允许的最小值	90% 置信度的低端 10%	期望值	90% 置信度的高端 10%	允许的最大值	统计分布类型
价差预备费	3.5%	2.0%	2.9%	3.5%	4.1%	6.0%	正态分布
初始固定成本	18000	15000	16873	20000	23690	27000	三角分布

续表 7-9

风险因素	基本方案	允许的最小值	90% 置信度的低端 10%	期望值	90% 置信度的高端 10%	允许的最大值	统计分布类型
初始价格	6.50	5.00	5.83	6.33	6.77	7.00	贝塔分布
初始发货量	10000	8000	9432	10112	10677	11000	伽玛右分布
初始可变成本	3.00	2.75	2.83	2.97	3.14	3.50	伽玛左分布
投资	55000	50000	50000	55000	65000	65000	离散分布
营销百分比	8.0%	5.0%	5.5%	7.5%	9.5%	10.0%	均匀分布
价格增长	2.0%	0	0.5%	1.8%	5.7%	10.0%	对数正态
产量增长	3.0%	0	0.3%	1.8%	4.0%	6.0%	自定义分布

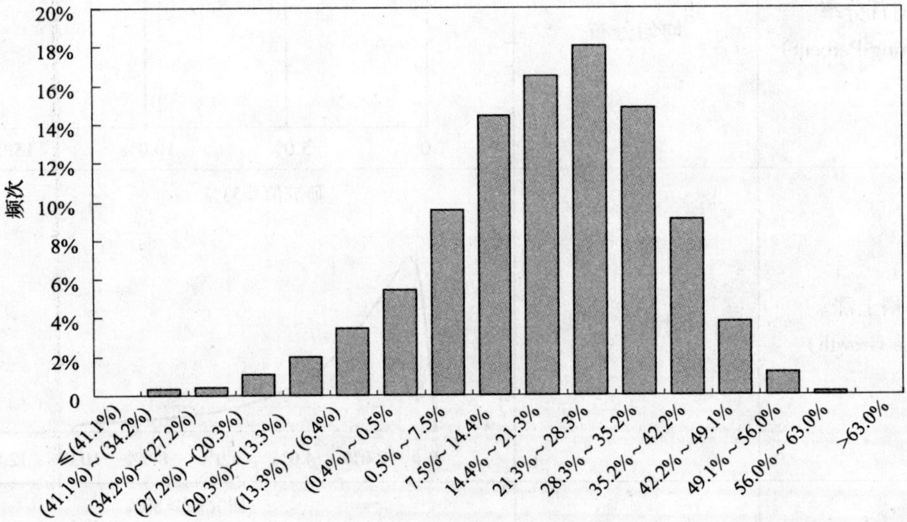

图 7-5　内部收益率直方图

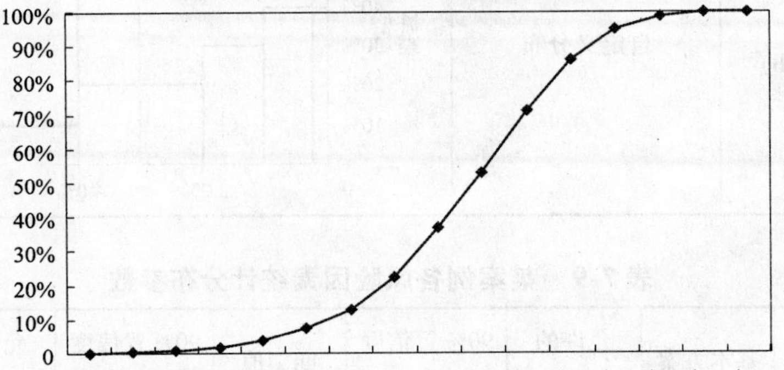

图 7-6　内部收益率累计频次图

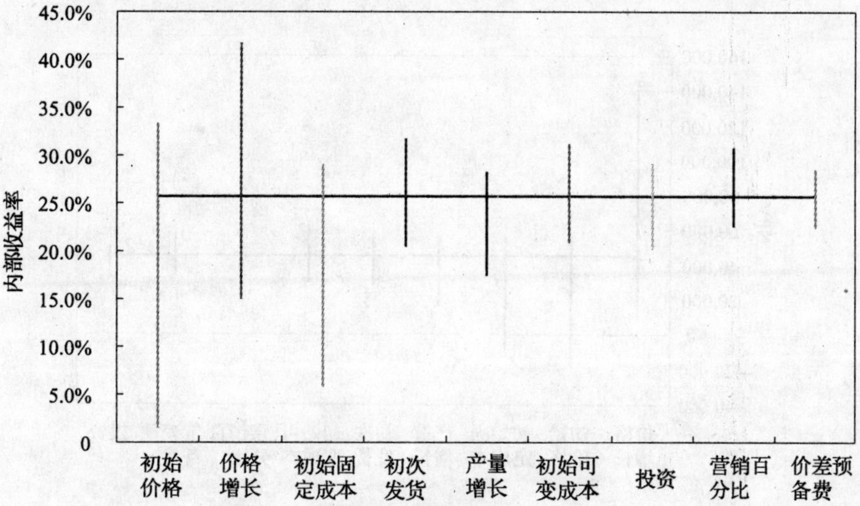

图 7-7　内部收益率敏感度报告图

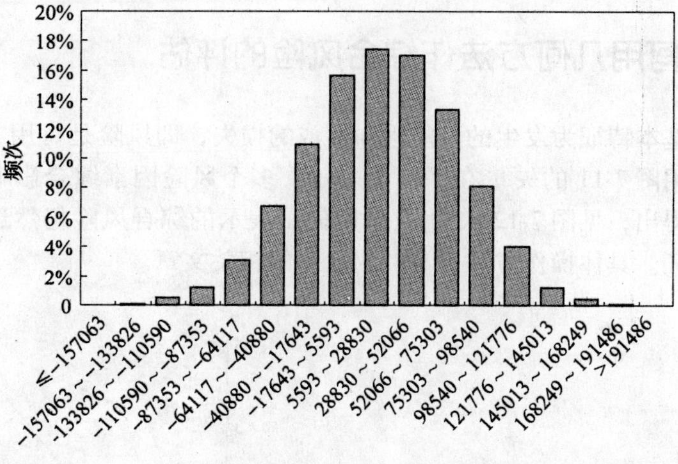

图 7-8　NPV 直方图

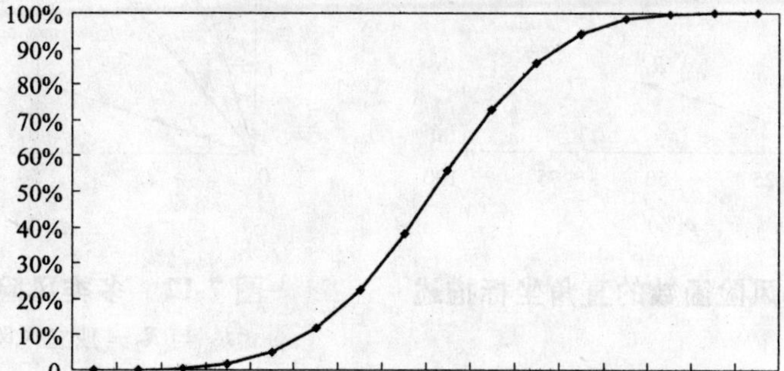

图 7-9　NPV 累计频次图

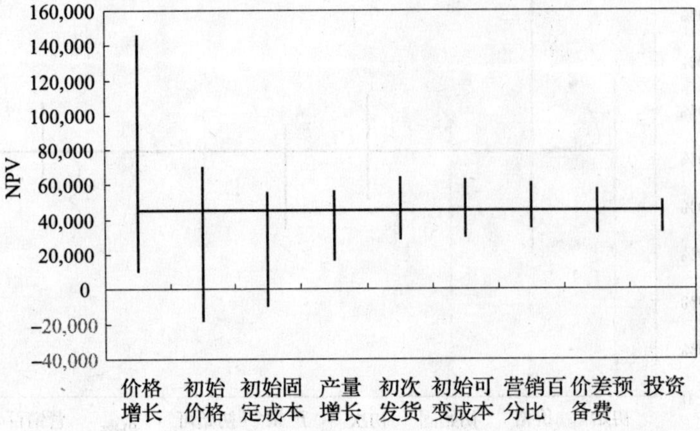

图 7-10 NPV 敏感度报告图

7.13 如何用几何方法作综合风险的评估

风险因素的基本特征为发生的可能性与造成的损失，即风险是可用二元变量表示的函数，于是就可以用图 7-11 的矢量在平面上表示。多个风险因素综合影响可以用各个风险因素的矢量求和得出，见图 7-12 矢量 R'。用矢量表示的综合风险仍然还可以体现出可能性与损失两个特征。具体操作方法请参阅附录 2 的相关文章。

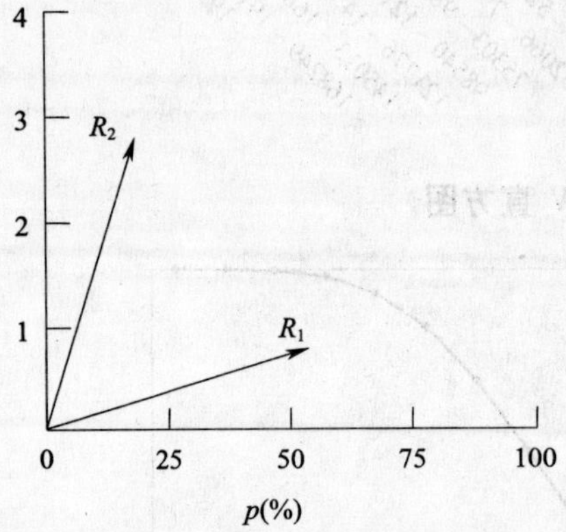

图 7-11 单风险函数的直角坐标描述

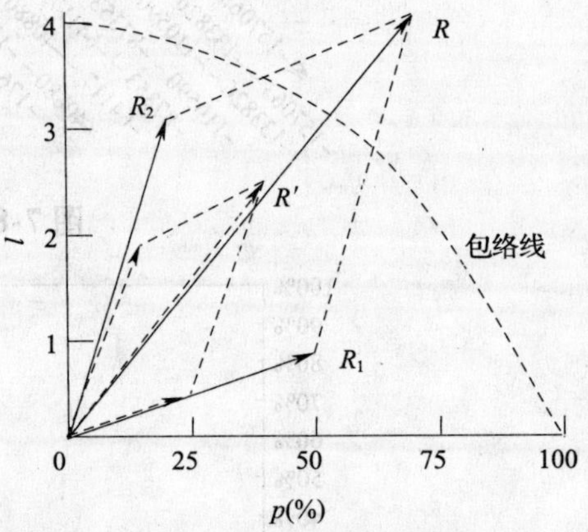

图 7-12 多类风险并存的合成

R_1 与 R_2—独立风险因素矢量；

R—R_1 与 R_2 权重相等时合成的风险矢量；

R'—R_1 与 R_2 权重不等时合成的风险矢量；

R 与 R'的实际夹角为 0

7.14　几种风险分析方法的优缺点及使用中应注意的地方

几种风险分析方法的优缺点见表 7-10。

表 7-10　几种风险分析方法的优缺点

特征	综合风险评估矩阵法	概率树法	蒙特卡洛法	加权矢量和法
能否保留综合风险的概率与损失两个要素	能	不能	不能	能
有无数量结果	无	有	有	有可能
能否给出综合风险的直观效果	能	不能	不能	能
有无风险应对的思路	有	无	无	无
风险因素的主观估计对结果的影响程度	低	高	低	一般
结果直观程度	好	一般	一般	好
风险因素概率分布	无要求	三角分布	正态、三角、β、γ、离散、均匀分布都有可能	无要求
专家调查复杂程度	简单	一般	一般	简单
使用方便程度	高	低	低	低
独立风险是否需要进行高层次的归并	一般不需要	需要	需要	需要

除极少数项目外，风险分析可能使用的时间较短，费用有限，不可能作非常详细的调查，这就限制了风险分析的深度。从风险因素的特征看，我们不仅要考虑风险造成的损失，更要考虑风险发生的可能性，也就是说风险会造成不确定的损失，换一个角度说，一般项目风险分析不需要十分精确。另一方面，对于绝大多数风险分析结果的使用者——投资人来说，他们不需要了解风险分析的计算过程，只需了解综合风险的特征，以便从总体上把握项目效益不确定程度，所以风险分析的结果越直观越好。再者，风险分析的目的是防范风险，提出应对风险的措施，应能给投资人提示风险应对的信息的风险分析方法才是好方法。从以上几点我们不难看出，综合风险评估矩阵法是比较实用的方法，值得推广应用。

7.15　风险分析工作的重点是什么

风险应对只能对于不可分解的风险因素才有实际可操作性，对于综合风险不可能有操作性。就像医生一样，不能只凭感觉上的表现下药，只有找到病根，才能药到病除。综合风险或较高层次的风险只能提供一些概念性的东西，它对于风险的应对没有什么实际作用，最多也只是提出一些警告的信息。所以，投资项目的风险分析应把工作重点放在风险因素的分解与找出应对措施，不宜把过多的精力放在风险因素的合成上。

第 8 章　费用效果分析与方案经济比选

8.1　为什么要引入费用效果分析法

投资项目涉及工业、农业、交通运输业、服务业、医疗、教育等众多行业，各行业的成本或费用都可以用货币计量。大部分行业的产出可以用市场价格，也就是用货币计量，这类项目可以通过直接比较项目的收益（或效益）与成本（费用），考察产出是否大于投入，估算项目投资的效率，具体是用财务分析与费用效益分析方法。但是，也有部分行业的产出可以用常用单位计量却没有市场价格，不能直接用货币体现，于是这类项目就不能通过比较投入与产出货币额的大小考察投资效率。为了解决这一问题，必须使用不完全依赖货币表示投入与产出的分析方法，即费用效果分析（cost effect analysis）方法。

8.2　收益、效益、效果与效用有何区别与联系

在投资项目经济评价中，收益（revenue）、效益（benefit）、效果（effect）与效用（utility）都可用来表示项目的产出。收益用于表示财务收入，效益表示从经济学看的社会福利增加，收益与效益都可以用货币表示；效果是可以用现有手段测量的以物理、化学、生物等数量表示的项目产出，效用则是经济学上人们可以感觉的非实物差异，效果与效用都不可以用货币表示。

8.3　费用效果分析的功效是什么

费用效果分析指通过比较项目预期的效果与所支付的费用，判断项目的费用有效性或经济合理性，是建设项目经济评价基本分析方法之一。效果难于或不能货币化，或货币化的效果不是项目目标的主体时，在经济评价中应采用费用效果分析法，其结论作为项目投资决策的依据。

费用效果分析法不能计算项目的收益率或净现值等指标，它不能对只有一个方案的项目的经济效率作出判断，只能通过比较几个方案的费用效果比，从中选取最佳的方案。因此，费用效果分析法从本质上是方案比选法，但是它只适用于效果不能货币化的方案比选。

8.4　使用费用效果分析法的项目应满足什么条件

使用费用效果分析法的项目应满足下列条件：

（1）备选方案不少于两个，且为互斥方案或可转化为互斥型的方案；

（2）备选方案应具有共同的目标，目标不同的方案、不满足最低效果要求的方案不可进行比较；

（3）备选方案的费用应能货币化，且资金用量不应突破资金限制；

（4）效果应采用同一非货币计量单位衡量，如果有多个效果，其指标加权处理形成单一综合指标；

（5）备选方案应具有可比的寿命周期。

8.5 费用效果分析的步骤如何

费用效果分析应遵循如下步骤：

（1）确立项目目标；

（2）构想和建立备选方案；

（3）将项目目标转化为具体的可量化的效果指标；

（4）识别费用与效果要素，并估算各个备选方案的费用与效果；

（5）利用相关指标，综合比较、分析各个方案优缺点；

（6）推荐最佳方案或提出优先采用的次序。

8.6 费用效果分析可以采用什么指标

费用效果分析可采用效果费用比为基本指标，应按下式计算：

$$R_{E/C} = \frac{E}{C} \tag{8-1}$$

式中 $R_{E/C}$——效果费用比；

E——项目效果（可以采用任何非货币量纲）；

C——项目的计算期费用（用货币表示），用现值或年值表示。

有时也可采用费用效果比指标，按下式计算：

$$R_{C/E} = \frac{C}{E} \tag{8-2}$$

$R_{E/C}$的例子是万元造价能建成的平米数，$R_{C/E}$的例子是每平方米建筑面积的造价。不管是$R_{E/C}$还是$R_{C/E}$都是一个非货币量纲与一个货币量纲的比。

8.7 费用效果分析都有什么方法

费用效果分析可以采用最大效果法或最小费用法。

最大效果法指在费用一定的情况下，选择效果最高的方案，使用效果费用比。

最小费用法指在效果一定的情况下，选择费用最低的方案，使用费用效果表。

增量分析法指当效果与费用均不固定，且分别具有较大幅度的差别时，应比较两个备选方案之间的费用差额和效果差额，分析获得增量效果所付出的增量费用是否值得，不可盲目选择效果费用比 $R_{E/C}$ 大的方案或费用效果比 $R_{C/E}$ 小的方案。

采用费用效果增量分析时应先确定基准指标（截止指标）$[E/C]_0$ 或 $[C/E]_0$。如果增加的效果能够抵补增加的费用，选择费用高的方案，否则，选择费用低的方案。

8.8 费用效果分析的适用范围是什么

广义的费用包括财务分析中的成本或费用效益分析中的费用，效果指不能货币化的产出。费用效果分析既可以应用于财务现金流，也可以用于费用效益流。用于前者，主要用于项目各个环节的方案比选，项目总体方案的初步筛选；用于后者，除了可以用于上述方案比选、筛选以外，对于项目主体效益难于货币化的，则取代费用效益分析，并作为经济分析的最终结论。

8.9 方案比选包括什么内容

方案指对拟建项目的系统构想，包括项目目标、技术、工艺、时间（时机）、地点（场址）、使用的资源、活动、组织机构、资金来源、约束（外部）条件等的总体论述。方案比选就是比较每个备选方案的技术、经济、环境、社会等方面的因素，从中选取最可行的方案的过程。投资项目可行性研究就是全面比较多个方案的各种因素，从中选取最可行的方案的过程。

8.10 方案经济比选是什么意思

方案经济比选指在其他条件（目标、工艺、技术、设备、时机、场址等）基本确定的情况下，仅从财务或经济的角度考察项目，比较项目的投入与产出，依据效率原则选择最可行的方案，在《建设项目经济评价方法与参数》（第三版）中主要用于投入与产出均可以用货币表示的方案比选。

8.11 方案经济比选可采用什么方法

方案经济比选可采用下列三种基本方法：

（1）效益比选方法包括净现值比较法、净年值比较法、差额投资内部收益率比较法。

1）净现值比较法，比较备选方案的财务净现值或经济净现值，以净现值大的方案为优。比较净现值时应采用相同的折现率。

2）净年值比较法，比较备选方案的净年值，以净年值大的方案为优。比较净年值时应采用相同的折现率。

3）差额投资财务内部收益率法，使用备选方案差额现金流，应按下式计算：

$$\sum_{t=1}^{n}\left[(CI-CO)_{大}-(CI-CO)_{小}\right](1+\Delta FIRR)^{-t}=0 \tag{8-3}$$

式中 $(CI-CO)_{大}$——投资大的方案的财务净现金流量；

$(CI-CO)_{小}$——投资小的方案的财务净现金流量；

$\Delta FIRR$——差额投资财务内部收益率。

计算差额投资财务内部收益率（$\Delta FIRR$），与设定的基准收益率（i_c）进行对比，当差额投资财务内部收益率大于或等于设定的基准收益率时，以投资大的方案为优，反之，投资小的方案为优。在进行多方案比较时，应先按投资大小，由小到大排序，再依次就相邻方案两两比较，从中选出最优方案。

4）差额投资经济内部收益率（$\Delta EIRR$）法，可用采经济净现金流量替代式（8-3）中的财务净现金流量，进行方案比选。

（2）费用比选方法包括费用现值比较法、费用年值比较法。

1）费用现值比较法，计算备选方案的总费用现值并进行对比，以费用现值较低的方案为优。

2）费用年值比较法，计算备选方案的费用年值并进行对比，以费用年值较低的方案为优。

（3）最低价格（服务收费标准）比较法，在相同产品方案比选中，以净现值为零推算备选方案的产品最低价格（P_{min}），应以最低产品价格（P_{min}）较低的方案为优。

以上三种基本方法都可以划归确定性方法。

8.12 有什么不确定性与风险分析方法可用来对方案进行比选

在多方案比较中，除采用上述基本比选方法外，还应分析不确定性因素和风险因素对方案比选的影响，判断其对比较结果的影响程度，必要时，应进行不确定性分析或风险分析，以保证比选结果的有效性。在比选时应遵循效益与风险权衡的原则。不确定性因素下的方案比选可采用下列方法：

（1）折现率调整法，调高折现率使备选方案净现值变为零，折现率变动幅度小的方案风险大，折现率变动幅度大的方案风险小。

（2）标准差法，对备选方案进行概率分析，计算出评价指标的期望值和标准差，在期望值满足要求的前提下，比较其标准差，标准差较高者，风险相对较大。

（3）累计概率法，计算备选方案净现值大于或等于零的累计概率，估计方案承受风险的程度，方案的净现值大于或等于零的累计概率值越接近于1，说明方案的风险越小；反之，方案的风险大。

8.13 方案比选时应注意什么问题

方案比选时应注意下列问题：

（1）备选方案提供的信息资料应可靠、均衡；

（2）同时进行财务分析和经济费用效益分析时，方案经济比选主要应按经济费用效益分析的结论选择方案；

（3）备选方案的经济指标的取值比较差异不大时，不能依此判定方案的优劣，只有经济指标的取值存在足够的差异，且估算和测算的误差不足以使评价结论出现逆转时，才能认定比较方案有显著的差异，并据此判定方案的优劣。

（4）备选方案的计算期不同时，宜采用净年值法和费用年值法。如果采用差额投资内部收益率法，可将各方案计算期的最小公倍数作为比较方案的计算期，或者以各方案中最短的计算期作为比较方案的计算期。在某些情况下还可采用研究期法。

（5）方案比选中经济评价指标的应用范围见表 8-1。

表 8-1　方案比选中经济评价指标的应用范围

指标 用途	净现值	内部收益率
方案比选（互斥方案选优）	无资金限制时，可选择 *NPV* 较大者	一般不直接用，可计算差额投资内部收益率（ΔIRR），当 $\Delta IRR \geqslant i_c$ 时，以投资较大方案为优
项目排队（独立项目按优劣排序的最优组合）	不单独使用	一般不采用（可用于排除项目）

附录1　相 关 论 文

附录 1.1 投资项目评价的经济学原理概述

伴随着我国改革开放的脚步，投资项目评价（包括技术评价、经济评价、环境评价、社会评价等）被引入我国投资领域，政府投资主管部门将项目评价列为投资项目决策的必要程序，同时还发布了一些有关项目评价的政策性与技术性文件，以推广使用项目评价的实施，对投资项目决策科学化发挥了重要作用。

然而，由于项目评价主要用在大型工程上，因此其主要使用者被以解决实际工程问题为目标，多从个别的经济学理论找答案。20 世纪 80 年代项目评价被引入我国，我国经济理论界也将它作为技术经济学的主要研究方向之一，实事求是地说，当时只是介绍了一些国际组织项目评价的方法，未对理论做过系统的研究，尽管解决了一些实际工作中存在的困惑，但总的来说对项目评价的深入研究不够，客观上影响了我国项目评价理论与实际工作水平的提高。在项目评价引入我国的 30 年之后，我们有必要梳理一下项目评价中所用到的经济学理论，以便推动对项目评价经济学理论的进一步研究，促进投资项目科学决策水平的提高。本文尝试对项目评价使用的主要经济学理论做简要的概述。

一、项目评价的价值理论

见本书问题 1. 24。

二、边际经济学原理

边际效用、边际成本、边际收益是经济学中最常出现的名词。边际一词源于英文 Margin。《Oxford Advanced Learner's Dictionary》对 Margin 的解释主要有以下 4 种：

（1） the empty space at the side of a page;

（2） the difference in the number of votes, points etc that exists between the winners and the losers of a competition or election;

（3） the difference between what it costs a business to buy or produce something and what they sell it for;

（4） an additional amount of something such as time, money, or space that you include in order to make sure that you are successful in achieving something。

其中，第一种解释为“边”或“边际”，是贴切地表达。在投资领域，笔者认为第 4 种解释似乎更为确切，是用“货币的增量”（additional amount of money），扩大生产规模或提高服务质量。

在投资领域，“有无对比”是项目评价的基本法则之一。“有无对比”是指“有项目”相对于“无项目”的对比分析。“无项目”状态指不对该项目进行投资时，在计算期内，与项目有关的资产、费用与收益的预计发展情况；“有项目”状态指进行该项目投资后，在计算期内，资产、费用与收益的预计情况。如附图 1. 1-1 所示。

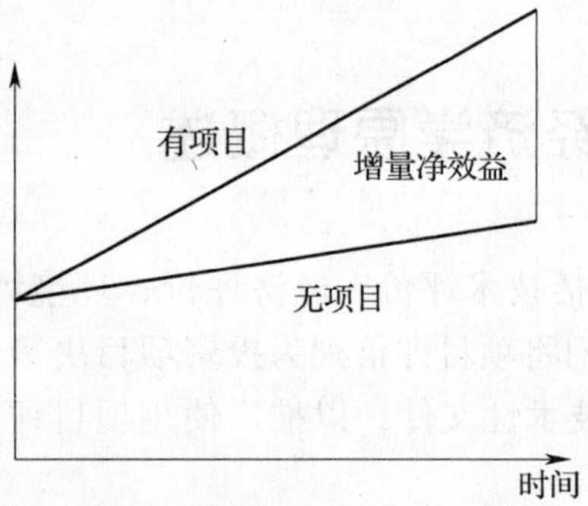

附图 1.1-1　项目“有无对比”

相对存量资产而言，投资项目是投入增量资金，形成增量资产。“有无对比”是指在新增（或增量）投资的作用下，项目产生增量效益，排除了项目实施以前各种条件的影响，突出项目投资活动的效果。所以，投资项目经济评价主要是研究增量资本产生的效果是否超过其成本的问题，它是边际经济学的最重要的实际应用之一。

在经济学中，边际盈利点是生产者增加生产一个单位产量所获得的报酬刚好超过生产成本时的产量。在项目经济评价中，盈亏平衡点（break-even point，BEP）是项目的盈利与亏损的转折点，即在这一点上，销售（营业、服务）收入等于总成本费用，正好盈亏平衡，用以考察项目对产出品变化的适应能力和抗风险能力。如果产量超过 BEP 了，项目开始盈利，产量低于 BEP 了，项目就处于亏损状态。可见，项目经济评价中的盈亏平衡分析的主要理论依据也是边际经济学理论。

增量的概念也可用于方案比选，如在项目设计时可以计算两个或多个方案的边际净现值和边际内部收益率（或称差额内部收益率），从中选择最优方案。

三、货币的时间价值

见本书问题 1.32。

四、效用理论

效用理论是微观经济学的重要基础，它也是投资项目经济评价的理论基础。费用效益分析中经济折现率（社会折现率）的测度理论基础就是效用理论。

附图 1.1-2 是推导经济折现率的两期模型框架（two-period model）。C_t、C_{t+1} 分别表示 t 与 $t+1$ 的排他性消费（只消费自身，不消费其他），X 点的消费包括 C_t 上的消费 C_0 与 C_{t+1} 上的消费 C_1，T 与 T' 分别是在 C_t 与 C_{t+1} 上的消费，I_0 为 C_t 上由未实现的消费转成的投资。SS' 代表消费的社会福利函数（无差异曲线），TT' 为消费转换的前沿线。根据这个框架可以推导出社会时间偏好率 s 与社会资本成本 r 的表达式。在此基础上，根据机会成本与生产函数估算出 r，同时利用消费的边际效用递减模型估算出 s，最后再求 r 与 s 的加权平均，得出经济折现率。

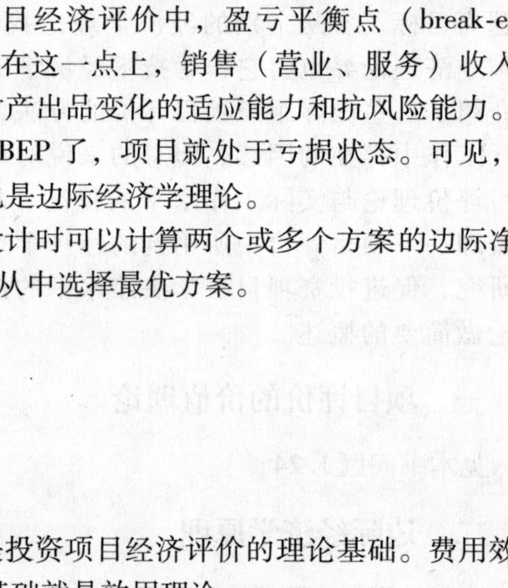

附图 1.1-2　社会折现率分析原理框架

在卫生项目（health project）中，健康期望寿命年、质量调整生命年与伤残调整寿命年限等常用指标既不是货币表示的指标，也不是现实生活中可计量的效果指标，而是效用指标。在交通项目中，时间价值估算可通过寻求各项活动时间效用函数的极大化求得。见附图 1. 1-3。

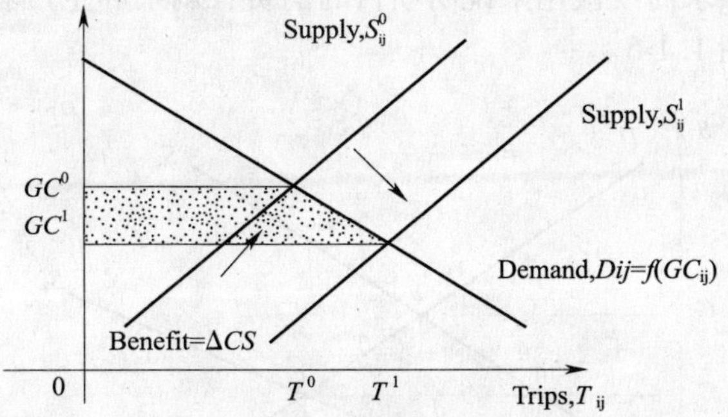

附图 1. 1-3　根据消费者剩余估算项目经济效益

五、供求理论

供给与需求理论是微观经济学最重要的基础理论，一般投资项目都在微观经济学研究的范畴内，所以供需理论在投资项目理论分析中占有非常重要的地位。

成功的项目需求预测必须保证供给与需求平衡，特别是目标市场的供给与需求平衡。

在项目投入产出价格受到各种干预发生扭曲时，供求曲线就成为估算其经济价值（影子价格）的最有力工具，主要是利用供求曲线在不同条件下的移动情况，分析项目投入产出的经济价值。如世界银行利用供求曲线分析需缴纳消费税的商品的经济价格、进口货物的经济价格、缴纳进口关税的进口货物的经济价格、潜在外贸货物的经济价格以及外汇的经济价格（影子汇率），如附图 1. 1-4。亚洲开发银行则更为详细地分析了竞争市场的经济效益与费用、扭曲市场的经济效益（产出）与费用（投入）、出口与可出口产出的经济效益、进口与可进口投入的经济费用，甚至还分析一些天然的非外贸品，如城市公共交通、管道供水、不收费的健康服务等的经济价值。

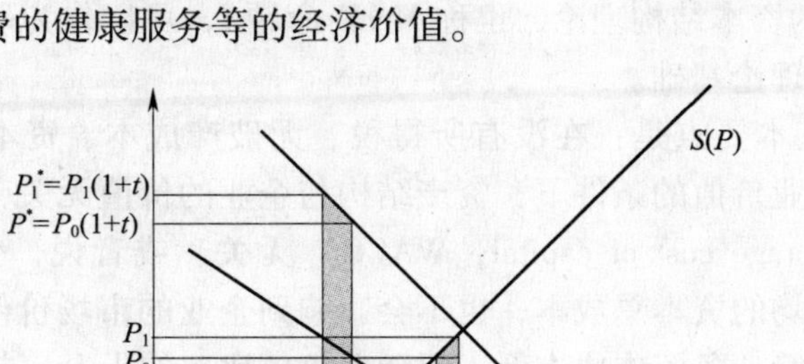

附图 1. 1-4　需缴纳进口关税的货物的经济价格

在费用效益分析中，税赋是一种转移支付，一般情况下应予以剔除，根据近几年的研究，流转税不应全部都剔除，要视项目投入的供求情况而定，这一结论也是利用供给与需求曲线分析得出。

在交通项目中，供求曲线被用来说明项目的消费者剩余和生产者剩余，进而说明项目的费用与效益，见附图 1. 1-5。

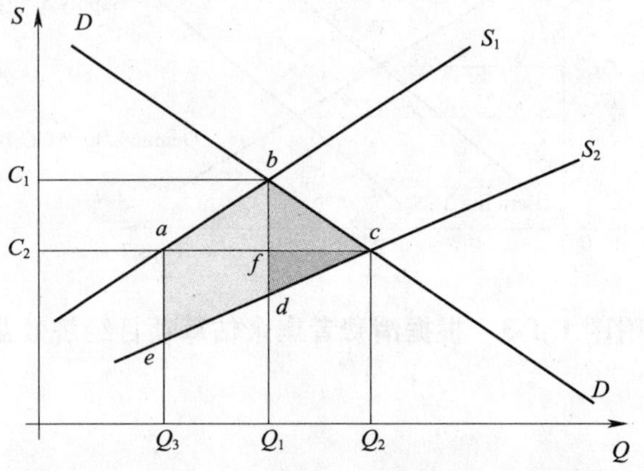

附图 1. 1-5　交通项目费用效益估算

六、资本资产定价模型

见本书问题 3. 28

七、资本结构理论

债务融资前所得税前财务基准收益率可取项目拟定资本结构下的加权平均资本成本。对于此论断的理论依据，业内鲜有著述。

笔者认为由两位诺贝尔经济学奖获得者莫迪格利安尼和米勒（Franco Modigliani & Merton Miller）提出的资本结构理论，也称 M&M 命题 I，可以作为确定债务融资前所得税前财务基准收益率的理论基础。

M&M 命题 I 的基本要点是：在没有所得税、无破产成本、资本市场是完善的、公司的股息政策不影响企业价值的条件下，资产结构与企业的价值无关，且与企业加权平均资本成本（weighted average cost of capital，WACC）无关。或者说，公司资产结构的变动，不会影响企业加权平均的资本总成本，也不会影响到企业的市场价值。这是因为，相对于权益资本成本言，尽管债务资本成本低，但随着负债比率的上升，投资者会要求较高的收益率，因而企业的权益资本成本也会上升，也就是说，负债增加所降低的资本成本，会被权益资本成本的上升所抵消，更多的负债无助于降低资金总成本。

实际运行的企业几乎完全不能满足 M&M 命题 I 的假设条件，但是债务融资前、所得税前的项目（企业）却能满足 M&M 命题 I 的最主要的基本假定：没有所得税；项目在可以预见的将来会正常经营，不会破产；资本市场的资金是充裕的；项目利润分配原则经股东共同商议在项目寿命期内不会发生变化。因此，不管项目的资产是全部由权益资本形成还是由权益资本与债务资本共同形成，项目的价值不会发生变化。这个价值正是债务融资前所得税前的项目价值。此时，项目的资本成本等于权益资本和债务资本任意组合的成本，即加权平均资本成本WACC（不含税）。因此，我们可以用投资人预先设定的资本结构比例、用权益资本成本和债务资本成本来计算WACC（不含税）。

《建设项目经济评价方法与参数》（第三版）中，项目投资现金流量表设有所得税前与所得税后两个净现金流量，于是也就伴生了需要两个盈利能力的判别基准。笔者曾经于2008年发表文章讨论债务融资前所得税后项目财务基准收益率的确定方法，方法理论上成立，但在实际工作使用中操作略有不便。为方便实际操作，另行推导如下。

项目投资现金流量表是假定不考虑使用债务资金的现金流量表，所以可视项目投资的全部资金来源于项目的权益资本。令$PV(A)$表示项目“税前”净现值，$PV(T)$表示项目应付所得税的现值，$PV(A\text{-}T)$表示项目“税后”净现值，E表示权益资本。根据现金流量的叠加原理，有：

$$PV(A-T)=PV(A)-PV(T) \qquad \text{（附录1.1-1）}$$

等式右边提出因子$PV(A)$后有：

$$\left(1-\frac{PV(T)}{PV(A)}\right)PV(A) \qquad \text{（附录1.1-2）}$$

（附录1.1-1）式两边再同除以权益资本E，则有：

$$\frac{PV(A-T)}{E}=\left(1-\frac{PV(T)}{PV(A)}\right)\frac{PV(A)}{E} \qquad \text{（附录1.1-3）}$$

式（附录1.1-3）中，$\frac{PV(A-T)}{E}$表示“所得税后”权益资本收益率，$\frac{PV(T)}{E}$表示“所得税前”权益资本收益率，可分别用i_{ct}与i_c表示，则式（附录1.1-3）可写成：

$$i_{ct}=\left(1-\frac{PV(T)}{PV(A)}\right)i_c \qquad \text{（附录1.1-4）}$$

式（附录1.1-4）表示所得税后的收益率等于所得税前收益率乘以因子$1-\frac{PV(T)}{PV(A)}$。也就是说，如果能估算出所得税前基准收益率i_c，就可以根据式（附录1.1-4）算出所得税后基准收益率i_{ct}。如果我们能在资本资产定价模型的基础上算出项目的WACC，并以其作为所得税前基准收益率，则很容易确定所得税后基准收益率。式（附录1.1-4）中$PV(A)$与$PV(T)$都可以用所得税前i_c算出，解决了中央财经大学徐晓军的论文《我国行业投资风险系数研究》中没有提供计算净现值所需预先设定基准收益率的问题。

新的推导不仅建立了债务融资前所得税前基准收益率与所得税后基准收益率的确定性关系，同时也建立了债务融资前所得税前与所得税后两个现金流盈利能力判定基准的确定性关系。如果所得税前盈利能力得以确认，所得税后的盈利能力也就确定了，于是，再分别设定所得税前与所得税后双重盈利能力判据就没有必要了。由此，笔者建议项目投资现金流量表取消“调整所得税”与“所得税后净现金流量”两项数据，也取消所得税后基准收益率指标。

八、机会成本与沉没成本

机会成本与沉没成本是经济学上的两个基本概念，而不是财务与会计成本的概念。

机会成本表示资源在其最佳替代用途中体现的价值，它不是通常意义上的成本，不是一种实际支出或费用，而是选定某方案可能损失的收入或收益。机会成本在项目经济评价中使用较多，比如在确定项目财务基准收益率时，投资人一方面要考虑项目的资本成本（往往用 WACC），另一方面还要比较如果该笔资本支出用于其他次优项目可能获得的收益，即资本的机会成本。又如，费用效益分析中，如果项目产生的环境价值（效益）未被计入，则它就作为机会成本变成费用。在财务分析中，外购投入物的机会成本使用市场价格。在经济分析中，外购投入物的机会成本是当其作为中间投入的货物或服务时在最佳非项目替代使用中的边际社会价值，或是作为最终货物或服务使用时按支付意愿度量的使用价值。

沉没成本是指业已发生或承诺、无法回收的成本支出，如因失误造成的不可收回的投资。沉没成本是一种历史成本，对现有决策而言是不可控成本，不会影响当前行为或未来决策。

衡量投资项目成本，只能包含因进行或选择该行动方案而发生的相关成本。相关成本指与特定决策、行动有关的，在分析评价时必须加以考虑的成本。非相关成本则指在决策之前就已发生或不管采取什么方案都要发生的成本，它与特定决策无关，因而在分析评价和最优决策过程中不应纳入决策成本的范畴，如过去成本、账面成本等。沉没成本是就决策或经济评估而言的，从会计成本核算角度看，其实并不存在什么沉没成本。例如，一个已发生了咨询费和开办费的投资项目，当环境发生某种变化需要重新决策时，这些费用作为沉没成本不应当纳入决策成本范围考虑。但在具体会计核算时，则应视决策结果的不同而进行相应的处理：如果最后决定放弃该项目，这些费用应当计入当期投资损益；如果项目继续，则根据会计准则在该项目的受益期内进行成本分摊。可见，为财务报告目的而获得的某项经济活动的成本对于决策目的来说并不总是恰当的。

九、帕累托改进理论

在公共事务中有一个“少数服从多数”的原则，这条原则用于项目投资领域就意味着：一项投资对大多数人有利就是合理的，而不管少数人的利益是否受到严重损害。于是，这条原则在部分垄断行业投资时被滥用——只要“国民经济评价”合理，项目就应建设运营。“国民经济评价是从国家的角度考虑”，似乎从国家的角度考虑也就“等于”从大多数人利益的角度考虑，少数因项目受到利益损害的人必须服从多数因项目获益的人，为项目让路，这是今天有可能利用公权的人批评甚至迫害利益受损人的“尚方宝剑”。

但是，在经济学中还有一个非常重要的“帕累托改进”原则——在总资源不变的情况下，如果对某种资源配置状态进行调整，使一些人的境况得到改善，应使其他人的状况至少不变坏。通俗地讲，“帕累托改进”意指任何变革都不能“损人利己”。使用这项原则意味着：在进行项目经济分析时，不但要从总体上分析项目的经济效率，而且还应具体分析每一利益相关者的经济状态，特别是受项目损害的利益相关者的状态，找出解决问题的办法，包括寻找替代方案和给予经济补偿，使受损的利益相关者最终的状态不致变坏。“帕累托改进”意味着国家利益和公众利益与个人利益完全有可能不一致，甚至是对立的。在这种情况下，项目投资人或决策人不能置受损人的利益不顾，一味地强调顾大局，而是应当进行利益相关者的费用效益分析，补偿他们的损失，以达到“帕累托改进”的目标，这对于建立以人为本的和谐社会有重要意义。

社会评价是投资项目评价的重要领域，在今天“构建和谐社会”的大趋势下，社会评价“以人为本”的理念正逐渐被政府与公众接受。社会评价的重要内容之一是非自愿移民。世界银行的非自愿移民的业务政策提出移民的政策目标为：

（1）探讨一切可行的项目设计方案，以尽可能避免或减少非自愿移民。

（2）如果移民不可避免，移民活动应作为可持续发展方案来构思和执行。应提供充分的资金，使移民能够分享项目的效益。应与移民进行认真的协商，使他们有机会参与移民安置方案的规划和实施。

（3）应帮助移民努力提高生计和生活水平，至少使其真正恢复到搬迁前或项目开始前的较高水平。

世界银行非自愿移民的政策目标恰恰符合前面所述的帕累托改进原则。

十、实物期权

传统项目经济评价是在既定的假设条件下，利用折现现金流量（discounting cash flow，DCF）估算项目的净现值或内部收益率，并参照事先设定的基准收益率判定项目投资是否可以取得预期的回报，进行投资决策。对于项目业主不能掌握的外部因素，利用敏感性分析，向决策人提供外部因素向不利方向变化可容忍的临界点。然而，敏感性分析对不确定性因素的估值范围一般不会超过30%，这个范围的变动幅度对于一些不确定性因素变化幅度很大（或风险很大）的项目而言显得微不足道，或者说对其可能获得的风险收益会严重低估。

早在20世纪60年代项目经济评价理论界就开始探讨期权的应用。实物期权（real options）的概念最初是由Stewart Myers提出的，他指出“一个投资方案其产生的现金流量所创造的利润，来自于目前所拥有资产的使用，再加上一个对未来投资机会的选择。也就是说企业可以取得一个权利，在未来以一定价格取得或出售一项实物资产或投资计划，所以实物资产的投资可以应用类似评估一般期权的方式来进行评估，同时又因为其标的物为实物资产，故将此性质的期权称为实物期权”。

“从实物期权的视角审视某投资行为（假定该投资完全不可逆，项目价值来自于它产生的现金流的净现值），根据投资目的的不同可能存在两种理解：第一，该投资行为可以视为是期权的购买：如果该投资是通过支付沉没成本获得进一步购买具有波动价值资产的权利，我们可将该投资引起的沉没成本视为期权费用。第二，该投资行为可以视为是期权的执行，如果该投资发生以前已经存在初始投资，投资者现在的投资可以视为是以预先设定的执行价格购买了一种价值波动的资产，这应该理解为期权的执行。”

广义地说，实物期权是以期权概念定义的现实选择权。实物期权法为企业管理者提供了如何在不确定性环境下进行战略投资决策的思路。理想状态下，战略投资可能获得的收益等于利用DCF估算的净现值与利用实物期权估算法获得的期权之和，在这个意义上，实物期权为投资项目价值正确的评估开辟了新思路。

实物期权的一般形式包括放弃期权、扩展期权、收缩期权、选择期权、转换期权、混合期权、可变成交价期权以及隐含波动率期权等。30 多年来，国内外学者在投资领域利用这些实物期权类型开展了探索性的应用，探索的主要方向包括房地产开发、自然资源开发、高技术、风险投资、收购与兼并等领域。

实物期权的历史不太长，理论上虽然有重大突破，但先天不足，如不存在公开交易的期权价格、标的资产的当前价格很难确定、实物期权的成熟期并不固定、价值漏损的数量难以事先知晓等。更重要的是投资决策人应具备估量项目风险收益的潜在本能以及拥有承受风险损失的心理与财务两方面的准备，但就目前而言，尽管学术界常有此类研究报道，投资人实际接受的并不多，国际组织有关经济评价指南的正式文件中也未曾提及。笔者相信，随着信息处理技术和风险应对手段的完善，传统的 DCF 法与实物期权法相结合，必将开辟项目经济评价的新时代。

十一、投入产出技术

投入产出技术是由诺贝尔经济学奖得主瓦西里·列昂捷夫（Wassily W. Leontief）于 20 世纪 30 年代提出，最先用于国民经济部门平衡预算，是模拟国家宏观经济平衡与调控的重要工具。经过多年的发展，在地区、部门和企业管理上也都有广泛的应用。20 世纪 80 年代初，我国物价部门编制了仅包括Ⅰ、Ⅱ象限的 755 阶（产品）与 239 阶（行业）半投入产出表，并用其进行无数次价格改革方案模拟，为我国价格改革成功立下汗马功劳。

由于投入产出成功地用于价格改革，在我国投资主管部门与价格主管部门的支持下，笔者使用上述半投入产出表，利用分解成本的原理，分别计算社会折现率和货物影子价格换算系数，其成果用于原国家计委于 1987 年与 1993 年发布的《建设项目经济评价方法与参数》。

在国外，项目经济评价有一个以欧洲学者为代表的“影响学派”，该学派对项目进行总体经济分析时使用了传统的费用效益分析法，还采用了完整的投入产出表（包括Ⅰ、Ⅱ、Ⅲ象限），估算项目的直接增加值（直接工资＋直接税赋＋直接财务费用＋直接营业利润）与间接增加值（间接工资＋间接税赋＋间接财务费用＋间接营业利润），然后估算项目的总增加值，并依此来分析项目对经济增长、外汇、公共资金和收入分配的影响。

十二、科斯理论

以诺贝尔经济学奖得主罗纳德·哈里·科斯（Ronald Harry Coase）名字命名的科斯理论是项目经济评价两个重要方面的理论基础。

项目经济评价主要包括两个方面：以现行财务、会计、税收制度为依据，以项目实体为载体的财务分析；以经济学理论为基础，包括项目实体、受项目影响的社会其他成员以及环境发生的费用与效益为对象的费用效益分析。按联合国环境规划署的说法，包括环境影响费用效益分析被称为“扩展的费用效益分析”。费用效益分析的本质是考虑项目实体产生的“外部性”（externality），而外部性则是古典经济学与科斯理论的重要内涵。

在经济学历史上，减少外部性曾经是政府干预的一个重要理由，经济学最早提出解决外部性的办法是征收“庇古税”。科斯在其著名的“社会成本问题”一文中以自由放牧的牛群给农庄的作物造成损害为例，说明私人生产的“社会成本”以及“外部性”，并提出用参与各方间的谈判来解决外部性问题。他认为如果其中的交易成本不大，那么谈判可能得到最终解决方案。科斯提出解决外部性的设想是，只要在交易过程中不存在交易成本，并且产权是明确界定的，则不论产权在谁一方，市场机制会自动使资源配置达到帕累托最优；在交易成本大于零的现实世界，一旦考虑到市场交易的成本，合法权利的初始界定以及经济组织形式的选择将会对资源配置效率产生影响；因为交易费用的存在，不同的权利界定和分配，则会带来不同效益的资源配置，所以产权制度的设置是优化资源配置的基础。

当前通过资本市场进行的企业兼并、收购活动的本质是产权的交易，尽管产权交易成本不为零，但是通过企业通过并购进行重组，选择更合理的组织方式，总体会提高资源的使用效率。《建设项目经济评价方法与参数》（第三版）称兼并收购活动为“并购项目”，因为并购是企业投资活动的一种，具有一时、一事、一议的特点，符合“投资项目”的定义。并购项目经济评价的目的是在寻求最高的并购收益，或最低的并购成本。既然科斯理论是产权交易基础理论，它自然成为并购项目经济评价的基础理论之一。

以上笔者概述了投资项目评价中使用的主要经济学理论，有些是针对整个项目评价的（如项目评价的价值），有些是针对社会评价的（如帕累多改进理论），大部分是适用于经济评价的，还可能其他更多的经济学理论也用于投资项目评价。值得注意的是，这些理论与众多诺贝尔经济学奖得主的名字联系在一起，可见项目评价的经济学理论基础是多么深奥与坚实。本文论述到的一些经济学原理（特别是供求理论与效用理论）在投资项目评价中还可举出大量其他用途，然而宥于笔者才学与能力的限制，不能可将全部经济学理论在一篇文章中罗列出来，评述的理论可能挂一漏万，有些理解可能存在偏颇，但希望通过此文引起同行关注，并推动项目评价领域的经济学理论研究。

（载自《技术经济》2010 年 7 期）

附录 1.2　工程造价、项目总投资、流动资金有关概念辨析

近日偶然读到工程造价业近期发布的几份资料，其都涉及工程造价、建设项目总投资和流动资金的界定。这些概念在实际工作部门和理论界经常出现混淆，有一定的普遍性，故做如下讨论。

一、工程造价业对建设项目总投资的界定

中国建设工程造价管理协会 2007 年发布的《建设项目投资估算编审规程》（CECA/GC 1-2007）将建设项目投资构成用附表 1.2-1 表示。

附表 1.2-1　建设项目总投资构成表

<table>
<tr><th colspan="4">费用项目名称</th><th>资产类别归并
（限项目经济评价用）</th></tr>
<tr><td rowspan="23">项目总投资</td><td rowspan="20">建设投资</td><td rowspan="3">第一部分
工程费用</td><td>建筑工程费</td><td rowspan="16">固定资产费用</td></tr>
<tr><td>设备购置费</td></tr>
<tr><td>安装工程费</td></tr>
<tr><td rowspan="15">第二部分
工程费用</td><td>建设管理费</td></tr>
<tr><td>建设用地费</td></tr>
<tr><td>可行性研究费</td></tr>
<tr><td>研究试验费</td></tr>
<tr><td>勘察设计费</td></tr>
<tr><td>环境影响评价费</td></tr>
<tr><td>劳动安全卫生评价费</td></tr>
<tr><td>场地准备及临时设施费</td></tr>
<tr><td>引进技术和引进设备其他费</td></tr>
<tr><td>工程保险费</td></tr>
<tr><td>联合试运转费</td></tr>
<tr><td>特殊设备安全监督检验费</td></tr>
<tr><td>市政公用设施费</td></tr>
<tr><td>专利及专有技术使用费</td><td>无形资产费用</td></tr>
<tr><td>生产准备及开办费</td><td>其他资产费用</td></tr>
<tr><td rowspan="2">第三部分
预备费用</td><td>基本预备费</td><td rowspan="4">固定资产费用</td></tr>
<tr><td>价差预备费</td></tr>
<tr><td colspan="3">建设期利息</td></tr>
<tr><td colspan="3">固定资产投资方向调节税（暂停征收）</td></tr>
<tr><td colspan="3">流动资金</td><td>流动资产</td></tr>
</table>

由全国造价工程师执业资格考试培训教材编审组组织编写的2009年版全国造价工程师执业资格考试培训教材之《工程造价计价与控制》中，有“我国现行建设项目总投资构成”，见附图1.2-1。

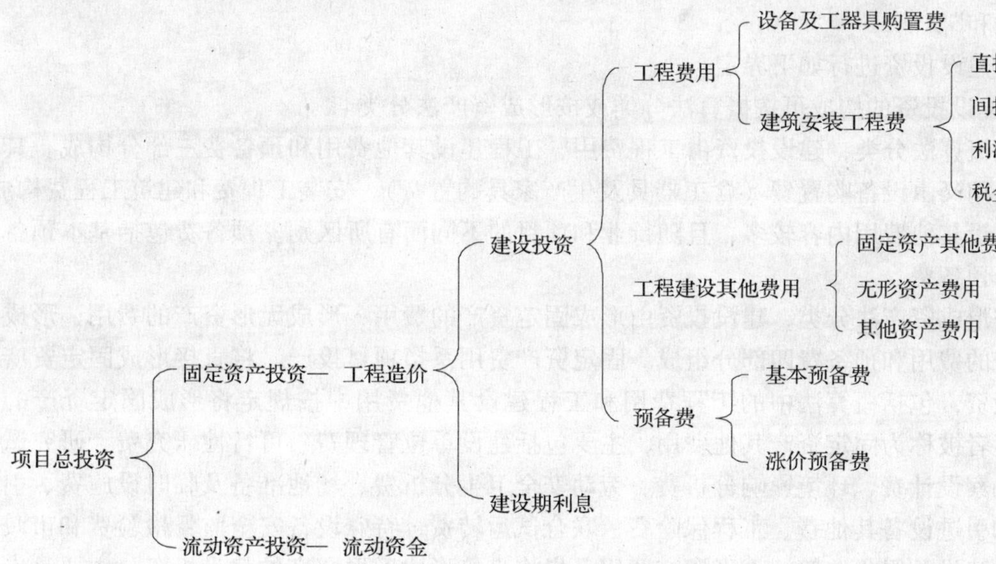

附图1.2-1　《工程造价计价与控制》中的我国现行建设项目总投资构成图

建设部发布的《市政工程投资估算编制办法》，将建设项目总投资构成用附图1.2-2表示。

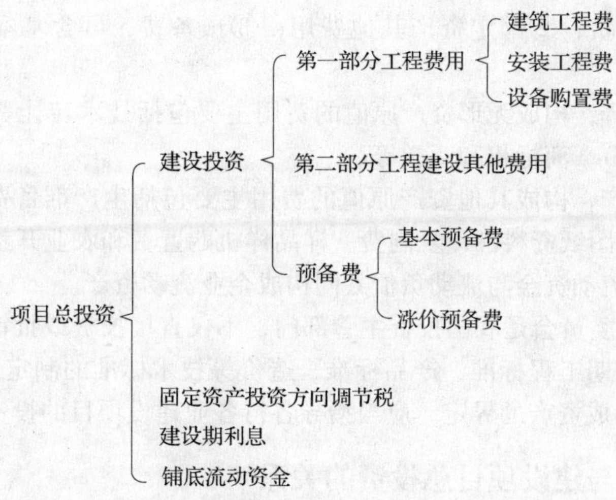

附图1.2-2　《市政工程投资估算编制方法》中的建设项目总投资构成图

以上文件或出版物都是由中国工程造价界权威机构发布，均涉及项目总投资的组成、总投资与工程造价的联系与区别、总投资形成的资产。为了开展进一步的讨论，我们先看看国内有关部门对建设项目总投资的相关论述。

二、国家发展和改革委员会对建设项目总投资的界定

由国家发展和改革委员会2006年发布的《建设项目经济评价方法与参数》（第三版）（以下简称《方法与参数》）中，建设项目总投资定义为“建设投资、建设期利息和流动资金之和”。

对建设投资进行如下界定：

“建设投资的构成可按概算法分类或按形成资产法分类。

按概算法分类，建设投资由工程费用、工程建设其他费用和预备费三部分构成。其中工程费用又由设备购置费（含工器具及生产家具购置费）、安装工程费和建筑工程费构成；工程建设其他费用内容较多，且随行业和项目的不同而有所区别。预备费包括基本预备费和涨价预备费。

按形成资产法分类，建设投资由形成固定资产的费用、形成无形资产的费用、形成其他资产的费用和预备费四部分组成。固定资产费用系指项目投产时将直接形成固定资产的建设投资，包括概算法中的工程费用和工程建设其他费用中按规定将形成固定资产的费用，后者被称为固定资产其他费用，主要包括建设单位管理费、可行性研究费、研究试验费、勘察设计费、环境影响分析费、劳动安全卫生分析费、场地准备及临时设施费、引进技术和引进设备其他费、工程保险费、联合试运转费、特殊设备安全监督检验费和市政公用设施建设及绿化费等；无形资产费用系指将直接形成无形资产的建设投资，主要是专利权、非专利技术、商标权、土地使用权和商誉等。其他资产费用系指建设投资中除形成固定资产和无形资产以外的部分，如生产准备及开办费等。”

《方法与参数》对总投资各项费用形成的资产作如下划分：

“1）形成固定资产，构成固定资产原值的费用包括：①工程费用，即设备购置费、安装工程费和建筑工程费；②固定资产其他费用；③预备费，可含基本预备费和涨价预备费；④建设期利息。

2）形成无形资产，构成无形资产原值的费用主要包括技术转让费或技术使用费（含专利权和非专利技术）、商标权和商誉等。

3）形成其他资产，构成其他资产原值的费用主要包括生产准备费、开办费、出国人员费、来华人员费、图纸资料翻译复制费、样品样机购置费和农业开荒费等。

4）总投资中的流动资金与流动负债共同构成企业流动资产。”

国家发展和改革委员会是我国投资主管部门，不仅直接投资或批审项目，还直接领导项目前期、中期和后期工程标准、产品标准、造价等技术标准的制定。因此，《方法与参数》对总投资及其形成资产的界定，应当指导各行各业建设项目的投资估算与资产划分。

三、工程造价与建设项目总投资的关系

建设项目的投资是资金所有者为了获取未来的收益或利润，在项目策划、实施和运营期初向项目其他直接利益相关者支付的费用。

工程造价是业主（投资人）在项目竣工之前与竣工之时支付给项目参与单位的总费用，包括前期研究的费用（如可行性研究报告、工程设计、工程咨询），还包括项目开工

直至试生产的费用。在图附录1.2-1中，建筑安装工程费的组成包括“利润”和“税金”。税金指的是施工企业缴纳的房产税、车船使用税、土地使用税、印花税等。利润与税金都是从施工企业的角度计算的，而不是从投资人的角度计算的。

根据《工程造价计价与控制》的介绍，“1978年世界银行、国际咨询工程师联合会（FIDIC）将项目总建设成本（相当于我国的工程造价）统一规定为直接建设成本、间接建设成本、应急费和建设成本上升四部分组成。”

将世界银行对这四部分的规定具体内容（本文不再赘述）与《方法与参数》中关于建设投资的详细组成对照，可以得出结论：直接建设成本大体相当于工程建设费用；间接成本大体相当于工程建设其他费用；应急费大体相当于基本预备费；建设成本上升大体相当于涨价（价差）预备费。

也就是说，项目的建设投资大体上相当于国际组织定义的工程造价。如果前段中“相当于我国的工程造价”成立，项目的建设投资内含大体上相当于我国目前使用的工程造价的内涵。笔者认为“工程造价与项目建设投资只是在不同经济范畴内对同一事物的不同称谓。项目建设投资是从出资人的角度考察项目的资本费用，多用于项目前期工作；工程造价往往是从实施单位的角度考察项目预计或实际发生的费用，多用于项目实施阶段。”

从世行等国际组织定义的项目总建设成本的支付内容可以看出，总建设成本不包括支付给债权人（金融机构）的费用。工程造价支付的主体是投资人，费用的受体是不包括金融机构在内的众多参与单位。

建设期利息是项目筹措并占用债务资金，在建设期发生的利息。建设期利息由投资人支付给债权人，而不是支付给项目具体的参与单位，因此它不应是工程造价的组成部分。按照我国现行会计制度规定，建设期利息应当资本化，不管在建设期是否偿还，均计入项目固定资产。

然而，在《工程造价计价与控制》提供的项目总投资构成图形中，工程造价包括建设投资与建设期利息，与上述界定相违。

四、固定资产投资与工程造价

在《工程造价计价与控制》提供的项目总投资构成图形中，项目总投资首先分为固定资产投资与流动资产投资，进而固定资产投资又被等同于工程造价。

根据2006年财政部发布的“企业会计准则第30号——财务报表列报”，企业的资产可分为流动资产与非流动资产两大类，负债可分为流动负债与非流动负债两大类：

“第十二条　资产和负债应当分别流动资产和非流动资产、流动负债和非流动负债列示。

金融企业的各项资产或负债，按照流动性列示能够提供可靠且更相关信息的，可以按照其流动性顺序列示。

第十三条　资产满足下列条件之一的，应当归类为流动资产：

（一）预计在一个正常营业周期中变现、出售或耗用；

（二）主要为交易目的而持有；

（三）预计在资产负债表日起一年内（含一年，下同）变现；

（四）自资产负债表日起一年内，交换其他资产或清偿负债的能力不受限制的现金或现金等价物。

第十四条　流动资产以外的资产应当归类为非流动资产，并应按其性质分类列示。

第十五条　负债满足下列条件之一的，应当归类为流动负债：

（一）预计在一个正常营业周期中清偿；

（二）主要为交易目的而持有；

（三）自资产负债表日起一年内到期应予以清偿；

（四）企业无权自主地将清偿推迟至资产负债表日后一年以上。

第十六条　流动负债以外的负债应当归类为非流动负债，并应按其性质分类列示。”

企业会计准则的第4号、第5号和第6号分别论述了固定资产、生物资产、无形资产三项。其他资产则分别在其他准则中分述。以上资产分类普遍适用于全社会各行各业。在财务管理中，项目被视为“微型企业”，所以企业财务管理中有关资产的概念与内涵同样适用于投资项目。对于形成固定资产的工程建设项目，非流动资产不包括生物资产这一项，但是包括固定资产、无形资产和其他资产。

按照资产法划分项目投资，可以将形成固定资产、无形资产和其他资产的投资合并归于非流动资产投资，而不是统归于固定资产投资。因此，《工程造价计价与控制》中将总投资的划分为固定资产投资与流动资产投资的表述不当，会使读者尤其是初学者建立错误的概念。

五、建设项目流动资产与流动资金的关系

为说明流动资产与流动资金的关系，我们按《企业会计通则》的规定，将企业（项目）的资产负债表用附图 1.2-3 表示。

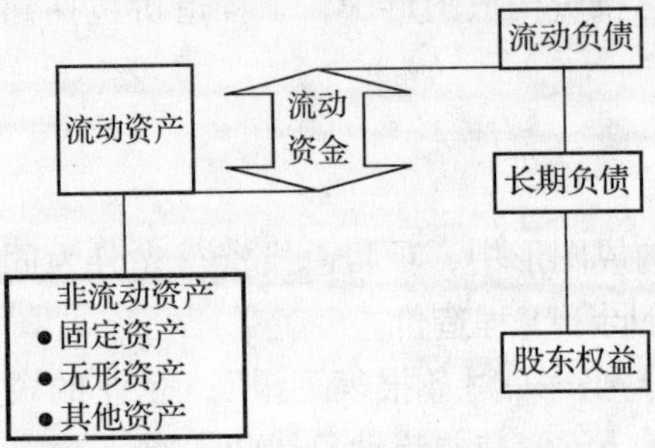

附图 1.2-3　资产负债表构成示意图

为了说明流动资产与流动资金的关系，笔者查阅了维基百科（Wikipedia）网站。该网站是一个百科全书式的专业术语网站，它的术语都可让全世界数以百万计的查阅者免费查阅、自由编辑和修改，术语网页上还有以往修改记录。如果某位读者进行了有益的改动，后续读者一般都认可，如果某次修改不当或有误，马上就会被其他读者发现，并立刻进行再修改。所以，这个网站的术语定义是科学、严格、权威的。

维基百科对流动资产的英文定义如下：

Current asset：In accounting, a current asset is an asset on the balance sheet which is expected to be sold or otherwise used up in the near future, usually within one year, or one business cycle -whichever is longer. Typical current assets include cash, cash equivalents, accounts receivable, inventory, the portion of prepaid accounts which will be used within a year, and short-term investments.

Current Assets = Cash + Bank + Debtors + Bills Receivable +

Short Term Investment + Inventory + Prepaid Expenses （附录1.2-1）

维基百科对流动资金的英文定义如下：

Working capital：Working capital, also known as net working capital, is a financial metric which represents operating liquidity available to a business. Along with fixed assets such as plant and equipment, working capital is considered a part of operating capital. It is calculated as current assets minus current liabilities. If current assets are less than current liabilities, an entity has a working capital deficiency, also called a working capital deficit.

Working Capital = Current Assets - Current Liabilities （附录1.2-2）

以上定义可以视为国际会计通行的定义，与国外权威财会教科书的定义是相同的，《方法与参数》对流动资金的定义与上述定义是完全一致的。

严格地说，公式

流动资金 = 流动资产 - 流动负债 （附录1.2-3）

不可以转换成公式

流动资产 = 流动资金 + 流动负债 （附录1.2-4）

从纯数学意义上讲，式（3）与式（2）是等效的。从经济意义上讲，流动资产有具体内容和相应会计科目，如式（1）；流动负债也有具体内容和相应会计科目。如果使用求和公式（4），不光要有数值上的相等，还要应有相应经济内含的汇集。但是，2001年《企业会计制度》和2006年《企业会计准则》中都没有流动资金的经济内含与会计科目，所以流动资金只是流动资产与流动负债的“数量差”，流动资产与流动资金的关系只能用减法公式表达，不宜用加法公式。这一点《方法与参数》条文说明的表述也不完全妥当。

然而，在《建设项目投资估算编审规程》中，流动资金被归属为流动资产。既然流动资产与流动资金没有相加的关系，在没有充分详细说明的情况下，该规程的表述有可能误导没有基本知识的读者，使其建立一个错误的概念。对于数以十万计的没有受过严格专门教育的基层造价工程师和咨询师来说，这一可能性还是很大的。

在《工程造价计价与控制》中，流动资金干脆就被视为流动资产投资。如果这一逻辑成立，那么流动负债也可以成为“流动资产投资”。显然，这种“归并”也是不正确的。

在我国学术界，还流行着“广义流动资金”的概念。如著名的MBA智库百科网站①就有：

“广义的流动资金，指企业全部的流动资产，包括现金、存货（材料、在制品及成品）、应收账款、有价证券、预付款等项目。以上项目皆属业务经营所必需，故流动资金有一通俗名称——营业周转资金。”

这一定义中所列的会计科目均属于流动资产的范围，而不是流动资金。产生这种错误的原因是由于流动资金的英文表述为“working capital。”capital 一词可翻译成“资金”，也可以翻译成“资本”或“资产”。所以，在我国出版的许多中文教科书和学术资料中，“working capital”称为“流动资本”或“流动资产”。但是，在国外教科书和网站上，“working capital”只有一个解释——Current Assets minus Current Liabilities。在英文中，资

① http：//wiki. mbalib. com/wiki/% E6% B5% 81% E5% 8A% A8% E8% B5% 84% E9% 87% 91

产总是用 assets 表述，不会用 capital 表述。所以，对一些流行中文网站的学术定义一定要进行甄别，不可轻易引用。

六、铺底流动资金

在《市政工程投资估算》中，“总投资”为建设投资、建设期利息与铺底流动资金之和。

有关铺底流动资金的定义出自国务院《关于固定资产投资项目试行资本金制度的通知》(国发〔1996〕35 号）的规定：

“在投资项目的总投资中，除项目法人（依托现有企业的扩建及技术改造项目，现有企业法人即为项目法人）从银行或资金市场筹措的债务性资金外，还必须拥有一定比例的资本金。投资项目资本金，是指在投资项目总投资中，由投资者认缴的出资额，对投资项目来说是非债务性资金，项目法人不承担这部分资金的任何利息和债务；投资者可按其出资的比例依法享有所有者权益，也可转让其出资，但不得以任何方式抽回。

作为计算资本金基数的总投资，是指投资项目的固定资产投资与铺底流动资金之和。”

在这一段文字中，“总投资”前面有严格的定语——“作为计算资本金基数的”。它指的不是“项目总投资”，而是指“作为计算资本金基数的总投资”。按文件的表述应有下式：

$$\text{作为计算资本金基数的总投资} = \text{固定资产投资} + \text{铺底流动资金} \quad \text{(附录 1. 2-5)}$$

铺底流动资金这一概念的提出是有其历史根源的。在 20 世纪 80 年代，我国政府为了利用市场机制提高政府投资的效率，将不计投资回报的政府“拨款”改为“贷款”，使得那些年代大型政府投资项目从项目开工建设起就背上了几乎不可解脱的沉重债务包袱。为解决这一不合理的现象，国务院建立了项目资本金制度，免除了后续项目沉重的债务负担。与此同时，为了防止投资总额中没有计列项目竣工后所必需的、长期占用的流动资金，减少投资总额，蒙混项目审批的现象，国务院要求在项目资本金中必须计列“铺底流动资金”。

由前所述，固定资产投资等于建设投资与建设期利息之和。按照国务院文件的规定，铺底流动资金一般为流动资金的 30%。所以，“作为计算资本金基数的总投资”应当比前述“项目总投资”小，二者的差额为所须流动资金的 70%。用这一投资额进行项目经济评价，由于“总投资”少了，项目的效益就会虚高，有可能会造成决策失误。

由于某些部门或学者对此理解不够，以为“作为计算资本金基数的总投资”就是项目总投资，为了应对各种官僚式的管理需要，因此才派生出“规模总投资”、“报批总投资”与“总资金”等没有确切经济学含意的画蛇添足式的名词。

由上所述，《市政工程投资估算》中“项目总投资”只是相当于“作为计算资本金基数的总投资”，而不是完全意义上的项目总投资。

综上所述，在第一节中提到的造价业的三个文件中，项目总投资、工程造价、流动资金以及总投资形成的资产等概念都存在一些问题。笔者建议将附图 1. 2-1 改造如附图 1. 2-4，供读者参考。

总投资构成 — 建设投资构成 — 资产归属

- 项目总投资
  - 建设投资（工程造价）
    - 工程费用
      - 设备及工器具购置费 — 固定资产
      - 建筑安装工程费
        - 直接费 — 固定资产
        - 间接费 — 固定资产
        - 利润 — 固定资产
        - 税金 — 固定资产
    - 工程建设其他费用
      - 固定资产其他费用 — 固定资产
      - 无形资产费用 — 无形资产
      - 其他资产费用 — 其他资产
    - 预备费
      - 基本预备费 — 固定资产
      - 涨价预备费 — 固定资产
  - 建设期利息 — 固定资产
  - 流动资金

附图 1.2-4　项目总投资与资产构成图

（载自《技术经济》　2009 年第 8 期）

附录1.3 计算“期”与净现值

在投资项目评价工作中，计算期（period 或 cycle）指从项目投入大量资金开始到项目结束（指项目的经济寿命）的时间区间。计算期内计算时间的单元称为“期”，英文用“term”表示。在中文里，计算期与“期”常常容易混淆，但在英文中，period 与 term 就不会混淆。在我国投资项目评价的一般文献中，通常默认“期”为一年。但是，实际工作中一些投资项目的经济寿命相对较短，随着投资项目评价工作的深入开展，要求工作做得越来越细，必须区分小于一年的现金流量，因此，项目计算期内的时间单元就不能再选“年”，而要选有别于“年”的其他时间单元，或其他“期”。在理论上，“期”可以是任意长度的时间单元，但在实践上，可以选用的时间单元只有“年”、“半年”或“季”。

本文要讨论计算的时间单元不同，对净现值与内部收益率等指标的计算结果有无影响。内部收益率是使得现金流入等于现金流出时的折现率，净现值是在给定折现率的条件下计算出的净现值。为研究上面提出的问题，我们有必要先研究一下折现公式。折现的公式为：

$$\frac{1}{(1+i)^n}$$

式中，i 表示折现率，n 表示计算期。如果将第1期、第2期、第3期……第 n 期的折现系数公式依次排开，可有下式：

$$\frac{1}{1+i} \quad \frac{1}{(1+i)^2} \quad \frac{1}{(1+i)^3} \quad \frac{1}{(1+i)^4} \cdots\cdots \frac{1}{(1+i)^n}$$

这个排列好的式子实际是数学上的一个幂级数。式中每一项的数值只与折现率 i 的取值与该项在级数中的位置 n 有关，而与计算折现的时间单元“期”的长短无关。

既然折现系数的取值与计算折现的时间单元的取值无关，那么内部收益率与净现值的计算是否也与时间单元的长短无关呢？回答是否定的。

实际上，折现率 i 的大小与时间单元的长短有关。折现率表示投资人推迟消费期望得到的回报，所以推迟的时间越久，期望得到的回报应当越高。然而实践中绝大多数的折现率是按年计取，与计算的时间单元按年计相一致。因此，就有如下转换公式：

$$1+i=(1+I)^p$$

式中，I 表示按年度计算的折现率，i 表示由非整数年的时间单元表示的“期折现率”，p 是一个分数，表示时间单元占一个年度的比例，如3/12就表示一个季度占一年的1/4。有了以上公式，我们就可以把按“期”计算出来的折现率转换成按年度计算的折现率，或把按年计算的折现率转换成按“期”的折现率。如年折现率为10%，如果选半年作时间单位，按上式可以计算出折现率为4.881%。

现在的问题是如果选用季或半年为时间单位，对给定的现金流量，计算出的年度折现率和净现值与选用年作时间单位的计算结果是否相同？为此，我们不妨通过实证研究来寻求答案。

我们知道一个时段的现金流动是逐天、逐月累积而成，所谓现金流动时点是指累积的现金流量在指定的时点发生流入或流出。附表 1. 3-1 是以年末为现金流动时点的现金流量表。我们将各个时段的现金流量都放在表格单元的右边，以示累积后的现金流动发生在时段的末点。我们再把年度的现金流量等量地分成上半年与下半年两份，分别放入上半年与下半年的单元中，如第 2 年的现金流量为零，它表面上可以等效地分解成第二年的上半年 -30，下半年 30；或第二年的上半年 -10，下半年 10；或干脆第二年的上半年与下半年的现金流量都为零。

附表 1. 3-1　年末为现金流动时点的现金流量表

	指标		时间/现金流量										累计现金流量	换算成年度 *IRR*
以年为时间单位	*IRR*	*NPV*	1		2		3		4		5			
	41. 60%	99. 59		-100		0		80		100		100	180	41. 60%
以半年为时间单位	*IRR*	*NPV*	0. 5	1	1. 5	2	2. 5	3	3. 5	4	4. 5	5		
	18. 26%	100. 81	-50	-50	-30	30	40	40	50	50	50	50	180	39. 86%
	18. 50%	101. 21	-50	-50	-20	20	40	40	50	50	50	50	180	40. 42%
	18. 74%	101. 62	-50	-50	-10	10	40	40	50	50	50	50	180	41. 00%
	18. 99%	102. 02	-50	-50	0	0	40	40	50	50	50	50	180	41. 60%

从附表 1. 3-1 我们可以看出，由以年为时间单元的现金流量计算出的内部收益率（折现率）为 41. 6%，净现值为 99. 59（折现率为 10%）；从四种以半年为时间单元的现金流量中，我们可以计算出各种方案的内部收益率和净现值。从所列示的结果看，各种方案的年度内部收益率和净现值都与按年度计算的结果有所差异。

如果现金流量折现与现金流动实际发生的时间无关，只与累积量发生的时间有关，就不应当产生这些差异。那么，产生这些现实差异的原因只能是现金流动的时点与流动量的大小。以第一年为例，年末发生的 100 个单位的现金流出，按 10% 的折现率，折现到年初等于 -90. 91。若还是这些现金流出量，上半年流出 50 个单位，折现率取 4. 881%（由前面给出的公式算出），折现到年初的现值为 -47. 67，下半年流出的 50 个单位，折现到年初的现值为 -45. 45，全年的折现现金流量为 -93. 12，此值与累积现金流量发生在年末的结果相差 2. 21。以后各年的现金流动所发生的结果与第一年的结果有大体相同差异，因而各种方案的累积净现值都按年度计算的结果有差异。

该表的最后一列是用以半年为时间单位的现金流量计算出的内部收益率折算成以年为时间单位的内部收益率。从这一列我们可以看到，不同现金流动方案得出的内部收益率也与按年度的计算结果有所差异。这些差异正是由于现金流动发生的时点不同造成的。

类似地，我们可以有以年初为现金流动时点的现金流量表，在附表 1. 3-2 里，所有的现金流量数据都列于各个单元的左边，以示现金流动发生在各时段之初，同时也假定所有的现金流都折现到第一年年初。

附表 1.3-2　年初为现金流动时点的现金流量表

	指标		时间/现金流量										累计现金流量	换算成年度 *IRR*
以年为时间单位	*IRR*	*NPV*	1		2		3		4		5			
	41.60%	100.15	-100		0		80		100		100		180	41.60%
以半年为时间单位	*IRR*	*NPV*	0.5	1	1.5	2	2.5	3	3.5	4	4.5	5		*IRR* 年
	18.26%	101.40	-50	-50	-30	30	40	40	50	50	50	50	180	39.86%
	18.50%	101.81	-50	-50	-20	20	40	40	50	50	50	50	180	40.42%
	18.74%	102.21	-50	-50	-10	10	40	40	50	50	50	50	180	41.00%
	18.99%	102.61	-50	-50	0	0	40	40	50	50	50	50	180	41.60%

从附表 1.3-2 我们也可以观察到类似附表 1.3-1 的结果，但两个表同一单元的数值也是有细微的差异。两个表计算出的内部收益率完全一样（不论是以半年为时间单位，还是换算后以年度为时间单位），说明内部收益率的计算结果与现金流量发生的时点无关，也证实了数学级数的理论。两个表计算出的净现值略有不同，体现了现金流动发生时点差异的影响，但影响在百分位以下。

从上面的例子我们已经看到了，如果要将季度或半年为时间单位，相应的流量应当分解成季度或半年的流量，同时计算出的内部收益率也要换算成年度的内部收益率，然而累积净现值可保持不动。

在什么情况下用季度或半年为时间单位呢？一般在项目周期较短、计算要求精确时应当采用季或半年为时间单位。理论上，也不排除以 7 个月、13 个月或任意时间长度为时间单元的可能，只不过在实践上用的很少。

最后，再讨论一下计算期的起始点问题。我国不少学者致力于研究现金流量表，一些学者强调“先有投入、后有产出”，主张投资阶段的现金流出应当体现在年初，因此应为建设期的投入增设一个“零年”。应当说“先有投入、后有产出”的原理是对的，但是，如果将投入放在年初计算，而将产出放在年末计算，就违反了所有现金流动都发生在相同时点的假设。同时，增设“零年”，实际上是将投入放在“零年”年末，这样做无异于增加了一个计算“期”。由于计算期延长一“期”，而且延长的这一“期”在现金流的早期，我们知道早期的现金流对计算的结果有较大的影响，所以，这种做法的计算结果与没有“零年”的计算结果有显著的差异也就不足为怪了。再有，若把投资的流出也放在年末，增加一个“零年”，实际上只不过是把时间的坐标向前平移一下，对于整个计算结果也不会有什么大的影响。

（载自“投资项目评价与经营决策信息资料”2003 年第 9 期）

附录 1.4 “0”与“1”之争

——再论计算“期”与净现值

“0”与“1”是两个自然数，也是二进制的两个基本数字元素，同时也是整个布尔代数的基础。在投资项目评价工作中，也存在着“有项目”与“无项目”的两种基本状态，说得广义一点，也是近似的“0”与“1”。本文要讨论的是投资项目评价中的又一个“0”与“1”，即计算期的起点是“0 期”，还是“1 期”。

要将此问题讨论清楚还得回顾去年笔者撰写的“计算‘期’与净现值”。在那篇文章中，笔者从幂级数的概念出发，利用实际数例，讨论了折现的问题。折现实际上是通过如下的幂级数来实现的：

$$\frac{1}{1+i}\quad\frac{1}{(1+i)^2}\quad\frac{1}{(1+i)^3}\quad\frac{1}{(1+i)^4}\cdots\cdots\frac{1}{(1+i)^n}$$

式中，i 表示折现率，n 表示计算的周期数。在利用幂级数做折现时，幂级数每项的值只与折现率 i 和期数 n 有关，而与计算现金流量的时间单元的长短无关。在继续讨论之前，我们有必要先做以下几个假设：

- 计算现金流量的时间单位“期”是可以分解的，如将年分解为半年或季；
- 每“期”内，现金流量可能是连续的或离散的发生，最后用累积值表示；
- 各“期”内的累积现金流量应发生在各“期”的同一时点上，如期初、期中或期末；
- 折现的基准时点是整个计算期的起始点。

费用（投资）的投入是为了将来的收益，从理论上讲，费用从投入之时就要开始折现。我们不妨假设有如附表 1.4-1 的现金流量：

附表 1.4-1

项目	0	1	2	3	4	累计值
幂级数值	1	0.909090	0.826446	0.751314	0.683013	0
现金流量	100	100	100	100	100	500
折现后现金流量	100	90.909090	82.644628	75.131480	68.301345	416.986544

在该表中，第一行是幂指数；第二行是幂级数的值，其中折现率取 10%；第三行是现金流量，各期均为 100；第四行是用各项幂级数与当期现金流量的乘积。在这里是故意将“起始期”的序数定为“0”，目的是求得该项幂级数的值为“1”。从这里，我们似乎可以得出“起始期”不折现！然而，事情并不那么简单。

如果承认前述假设是正确的话，不妨把“起始期”由年分解为两个半年，我们再构造一个现金流量表，见附表 1.4-2，该表中 IRR 与 NPV 都是用 Excel 计算出来的。

附表 1.4-2

	指标		时间/现金流量								累计现金流量	换算成年度 *IRR*
以年为时间单位	*IRR* 年	*NPV*	1		2		3		4			
	26.19%	37.497	-100		0		80		100		80	26.19%
以半年为时间单位	*IRR* 半年	*NPV*	0.5	1	1.5	2	2.5	3	3.5	4		*IRR* 年
	11.75%	37.202	-50	-50	-30	30	40	40	50	50	80	24.87%
	11.94%	37.606	-50	-50	-20	20	40	40	50	50	80	25.30%
	12.13%	38.009	-50	-50	-10	10	40	40	50	50	80	25.74%
	12.34%	38.413	-50	-50	0	0	40	40	50	50	80	26.19%

在附表 1.4-2 里，每年都被分为两个半年，各为一个现金流量的“期”，每半年有一半的现金流量。为了计算内部收益率，我们把首期的现金流量定为流出，取值为负。在计算半年期的 NPV 时，折现率为 4.881%。从表中我们可以看出，以年和半年分别为现金流量计算的时间单位，求得的内部收益率和净现值是略有差异的。

现在的问题是：第二个半年的现金流量要不要折现？如果计算现金流量的时间单位为“年”，且“第一年”的“序号”定为“0”，按照表附录 1.4-1 的公式，这些现金流量都不折现”。然而，如果计算现金流量的时间单位为“半年”，仍然假定第一个半年的“序数”为“0”，那么，第二个半年的“序数”无论如何都不可能取“0”，最起码也只得取“1”。此时，第二个半年折现的基准时点也不再是年初了，而是年中的 6 月 30 日。这时候就产生两个矛盾：一为前半年的现金流量不折现，后半年的现金流量按系数 4.881% 折现了，全年的累计折现现金流量与时间单位按年计、且年序取“0”的不同；二是折现的基准时点不同，前半年为年初，后半年为年中。

我们还可以将计算现金流量的时间单元进一步缩短为季、月或日等时间单位，这样一来，第一“期”的时间越来越短，后面“期”折现的幂指数值越来越大，与序数为“0”的第一年不折现的理论越来越不符合。由这些矛盾我们可以看出，折现幂级数的起点从“0”开始只是一种数学的理想。从而，我们可以得出如下结论：“现金流量不是‘当期’不折现，而是‘当时’不折现”，即现金流发生之时不折现，其后的时间都要折现。或者换句话说，“只有零点，没有零期（年）”。

我们再从计算工程的角度研究一下这个问题。目前，投资项目经济评价的计算工作大多由计算机执行软件程序来完成。当前，项目评价的软件不外乎两大类，一类用高级语言编程，如 C，C++，VB 等，或用数据库；另一类用电子表格，如现在流行的 Lotus 和 Excel。前一类程序必须用幂级数的公式，按计算数学的要求编程，当然也会遇到我们前述的问题。后一类则由电子报表本身提供的财务函数，如 IRR 和 NPV 函数进行计算。然而，不同电子报表提供的函数在使用条件上是有所不同的。对于计算 NPV 的函数，Lotus 的表达式为：

@NPV（折现率，选区，[类型]）

其中，选区即计算期内的全部现金流量，类型为“0”或“1”；“0”表示现金流量发生在期末，且此为默认值；“1”表示现金流量发生在期初。

由此可见，Lotus 给了我们现金流发生时点的选择权力。以上面表格中的数字为例，如果类型选用默认值，所有现金流都发生在各期期末，最后一行的净现值 38.413；如果类型选“1”，所有现金流都发生在各期期初，则净现值为 40.2874。此值与按附表 1.4-1 提供的幂指数计算的结果相同。

在 Excel 中，NPV 的表达式为：

NPV（rate，value1，value2，……）

在 Excel 的 NPV 的帮助中有如下的解释：

rate 为某一期间的贴现率（即折现率），是一个固定值。

value1，value2，……为 1 至 29 个参数，代表支出及收入。

value1，value2，……在时间上必须有相等的间隔，并且都发生在期末。

此外，还特别举例说明了：如果第一笔现金流发生在第一个周期的期初，则第一笔现金必须加入到函数 NPV 的结果中，而不应当包含在 values 的参数中。

由此可以看出，在 Excel 中，无论你怎样设定时序，是从“0”开始，还是从“1”开始，甚至从“-3”开始，第一个单元的数值（参数）都是要折现的。不经意的人在使用 Excel 的 NPV 函数计算净现值时，不是全都注意到了这一硬性的规定。也就是说，他们以为将期序从“0”开始，“第一期”就可以不折现，实际上，Excel 的 NPV 的函数只认时间的间隔，即只认“期数”，而不认开始点，第一期的值也是折现的，计算结果亦为 38.413，与他们的愿望完全相反！

如果读者仔细地话，就会发现表 1 中的现金流量都放在每个单元格的右边，这是我们故意这么做，意思是表示现金流量发生在每个时段的期末。在笔者的前一篇文章中，也曾将发生在期初现金流量放于单元的左侧。在这种情况下，计算的 IRR 与上表相同，只是各种情况的 NPV 均略大于上表的数字。读者可以利用 Lotus 进行试算。

从以上理论分析的结果看，投资项目评价中的折现不能强调“当期”不折现，而应强调“当时”不折现；从电子表格的实践结果看，大多数 Excel 用户无法避免第一期现金流的折现；从现金流量发生的实际看，绝大多数项目起始期的现金流都是在一个时间段（期）内非连续地发生，其累计值一般可默认为期末发生，所以，**计算 NPV 和 IRR 的时序不宜盲目地强调以“0”为期序的开始，建议以“1”为期序的开始，同时规定现金流量发生在各期的期末（Excel 规定现金流量发生在各期期末，Lotus 也默认现金流发生在各期期末）。如果发生在起始点之前的现金流量数额较小，可以另行加入累计折现现金流量，对计算结果并无显著影响；如果在起始点确有大量现金流量发生，建议采用电子表格 Excel 的默认做法。**

（载自“投资项目评价与经营决策信息资料” 2004 年第 3 期）

附录 1.5 风险等级划分与风险因素的独立性

——对《投资项目可行性研究指南》中风险等级划分的商榷

一

等级是事物（包括实物）某一属性表现程度的划分。例如，风力可按其强弱分为 1～12 级，这里，风力是表征风的强度的属性。同样，风向也是风的一种属性，它有东南西北之分，也有东南、东北、西南、西北之分，如果平面按 360°划分，风向可以划分得更细。有时我们也可以把事物的两个属性一起进行描述，以风的属性为例，“东南风五级”就把风向和风力这两种属性同时进行了概括。

但是，我们也要注意到，在区分事物的属性时，两种属性不能互相依赖，互相关联，必须彼此独立。还以风的等级为例，风向与风力是彼此相互独立的两个属性，五级风可能是东南方向，也可能是西北方向；同样，东北风可能是一级，也可能是三级，还可能是八级。东南风与六级风没有必然的因果关系，也不会互相影响。

我们常说的风险也有若干种属性。如人们一般认为风险会造成一定的损失，风险的损失就是风险的一种属性；又如，风险有时也被定义为不确定性发生的概率，发生的概率也是风险的一种属性。

去年四月出版的《投资项目可行性研究指南》（中国电力出版社 2002 年出版，以下简称《指南》）专设了风险分析一章，对投资项目风险分析提出了规范性要求，无疑对加强可行性研究中的风险分析有重要的指导和推动作用。但是，《指南》对风险等级的划分值得商榷。在《指南》的第 79 页，对风险等级的划分有如下的叙述：

风险等级分为一般风险、较大风险、严重风险和灾难性风险。

(1) 一般风险，风险发生的可能性不大，或者即使发生，造成的损失较小，一般为影响项目的可行性。

(2) 较大风险，风险发生的可能性较大，或者发生后造成的损失较大，但造成的损失程度是项目可以承受的。

(3) 严重风险，有两种情况，一是风险发生的可能性大，风险造成的损失大，使项目由可行变为不可行；二是风险发生后造成的损失严重，但是发生的概率很小，采取有效的防范措施，项目仍然可以正常实施。

(4) 灾难性风险，风险发生的可能性很大，一旦发生将产生灾难性后果，项目无法承受。

从上面一段的文字，我们可以看出，《指南》没有注意风险造成的损失与风险发生的可能性这两个属性的相互独立性。例如，灾难性风险是指“风险发生的可能性很大，一旦发生将产生灾难性后果”。这句话给人的印象是：灾难性风险指风险发生的可能性大而且后果严重，把风险发生的可能性大与灾难性后果限定为同时发生。固然，灾难性后果是灾难性风险的必要条件，但是，现实世界中灾难性后果发生的可能性（如果利用数学的语言，称为概率）通常不大，因为，我们不能经常性地生活在灾难深重的环境中。投资项目当然也是这样，经常性灾难性风险是任何项目都不能承受的，往往在工程设计过程中就已经回避或进行了预处理。又如，一般风险是指“风险发生的可能性不大，或者即使发生，造成的损失较小”。风险发生的可能性不大并不意味着风险造成的损失一定就小，实际上一些风险，如地震，发生的可能性就比较小，但是它往往造成灾难性的损失。当然造成较小损失的风险一定要归属一般风险的范畴。

在实际生活中，损失不严重的风险有可能会大量发生，即发生的概率比较高；损失严重的风险发生的可能性应当是不大的，即发生的概率比较小。由此可以看出，风险损失的程度与风险发生的可能性应当是相互独立的两个属性，应当应当把这两个属性作为相互独立的因素分别考虑。我们已经习惯了预报天气时说“明日下暴雨的概率为60%”，这里暴雨是一个属性，表示雨量的大小与密集程度，概率为另一个属性，表示下雨的可能性。今后我们在描述风险时，也要把风险的两个属性——损失程度与发生概率——同时进行描述，如五级地震发生的可能性有30%，五级地震是风险的损失程度，30%是发生的可能性。

说到风险的独立性，还有一点要强调的是风险因素的独立性。投资项目的风险可能由多种因素触发，进行风险分析的首要步骤就是识别风险因素。业经识别的风险因素也应当是相互独立的。如地震和蝗虫就是两个相互独立的风险因素，但是地震和由其引发的海啸就不是相互独立的风险因素。

识别风险因素就是确认对投资项目必定会带来不利影响的不可控因素。不可控指风险因素发生的时间不可控，发生的范围不可控，发生造成的损失一般不可预计。只能通过客观记录（如水文记录）或主观调查（专家调查法）确定它发生的可能性或概率分布。

二

在投资项目评价的实际工作中，目前还没有用风险的损失与发生的概率同时来描述风险的习惯，投资决策者还未形成依据风险的损失与发生的可能性来进行投资决策的思维模式，他们不会问“项目因风险而失败的可能性有多大?”，他们往往习惯地问“风险有多大?”，面对这样的实际情况，项目设计人员与工程咨询人员一方面要做耐心的解释工作，另一方面也要设法解燃眉之急。

现在的问题是我们如何将两个独立的属性结合在一起为风险划分等级。在用相互独立的两个变量共同描述一个事物时，我们经常用矩阵的方式进行表述。这样做可以把变量的独立性充分地体现，同时又不会遗漏可能发生的状态。

在为风险划分等级之前，要先对风险的两个属性——风险损失与风险发生的可能性（概率）——进行分级。一般来说，风险的损失可以分为很大、较大、一般、较小和很小五类；风险发生的可能性亦可粗略地分为很大、较大、一般、较小和很小五类，可见附表1.5-1的主栏与宾栏。为了便于进行后面的推导，可以将这五类分别以5，4，3，2，1五个数字代表。

附表 1.5-1 风险等级分类

风险损失 / 风险级别 / 风险发生的可能性	很大（5）	较大（4）	一般（3）	较小（2）	很小（1）
很大（5）					
较大（4）					
一般（3）					
较小（2）					
很小（1）					

如果我们只考虑风险的单个属性，那么按以上的分类，就可以给风险的损失或风险发生的可能性分别定级。然而，按照《指南》的思路，风险等级是我们对风险发生的可能性与造成的损失的综合判断。由于必须同时考虑两个相互独立的因素，所以，仅用以上方法就不能恰当地划分风险等级，必须采用其他方法——矩阵列表法进行。参照上面的分类方法，我们也可将风险等级分为五级：很大、较大、一般、较小、很小，并且分别对应五个数字：5，4，3，2，1。

人们对风险的损失及其发生的可能性这两个属性可能有某种倾向性认识，用经济学的述语称偏好，用数学的述语称加权。例如，对于损失很大的风险，不管发生的可能性有多大，有些人都把它们归入风险很大这一类。又如，对于损失很小的风险，不管发生的可能性有多大，有些人都把它们归入风险很小这一类。前者是从“悲观”或“保守”的观点进行分类，后者是从“乐观”或“激进”的观点进行分类。如果用“乐观”的观点对风险损失及其发生可能性进行分类，我们就将附表 1.5-1 中每一空白单元对应的风险损失和风险发生可能性这两个属性的量化数值取极小。例如，对位于第一行第三列的单元，风险等级为 3 [= MIN（5，3）]，见附表 1.5-2 中灰底单元。

附表 1.5-2 风险等级分类（乐观的观点）

风险损失 / 风险级别 / 风险发生的可能性	很大（5）	较大（4）	一般（3）	较小（2）	很小（1）
很大（5）	5	4	3	2	1
较大（4）	4	4	3	2	1
一般（3）	3	3	3	2	1
较小（2）	2	2	2	2	1
很小（1）	1	1	1	1	1

如果用“悲观”的观点为同一个单元定级，空白单元对应的风险损失和风险发生可能性这两个属性的量化数值就取极大，风险等级就为 5 [= MAX（5，3）]，见附表 1.5-3 中灰底单元。

附表 1.5-3 风险等级分类（悲观的观点）

风险损失 / 风险级别 / 风险发生的可能性	很大（5）	较大（4）	一般（3）	较小（2）	很小（1）
很大（5）	5	5	5	5	5
较大（4）	5	4	4	4	4
一般（3）	5	4	3	3	3
较小（2）	5	4	3	2	2
很小（1）	5	4	3	2	1

如果用“折中”的观点再为同一单元定级，空白单元对应的风险损失和风险发生可能性这两个属性的量化数值取极小与极大的平均值，风险等级就可定为4＝［（MAX（5，3）＋MIN（5，3））／2］，见附表1.5-4中灰底单元。

附表 1.5-4 风险等级分类（折中的观点）

风险损失 / 风险级别 / 风险发生的可能性	很大（5）	较大（4）	一般（3）	较小（2）	很小（1）
很大（5）	5	4.5	4	3.5	3
较大（4）	4.5	4	3.5	3	2.5
一般（3）	4	3.5	3	2.5	2
较小（2）	3.5	3	2.5	2	1.5
很小（1）	3	2.5	2	1.5	1

如果我们用几何平均的方法对每一个单元的以上两种属性进行加权，可以得到附表1.5-5的结果（表中的数字都是四舍五入后的结果）。

附表 1.5-5 风险等级分类（几何平均）

风险损失 / 风险级别 / 风险发生的可能性	很大（5）	较大（4）	一般（3）	较小（2）	很小（1）
很大（5）	5	4.5	3.9	3.2	2.2
较大（4）	4.5	4	3.5	2.8	2
一般（3）	3.9	3.5	3	2.4	1.7
较小（2）	3.2	2.8	2.4	2	1.4
很小（1）	2.2	2	1.7	1.4	1

仔细观察附表 1.5-2 ~ 附表 1.5-5，我们可以发现，附表 1.5-2 与附表 1.5-3 对应单元的数值差别较大，因此不宜作为确定风险等级的依据。而附表 1.5-4 与附表 1.5-5 内对应单元的数值相对比较一致，更值得注意的是，这些数值与经验丰富的专家填出的数值相当接近，附表 1.5-6 给出了专家填出的风险等级评估表。

附表 1.5-6　风险等级专家评估表

风险级别 / 风险损失 / 风险发生的可能性	很大（5）	较大（4）	一般（3）	较小（2）	很小（1）
很大（5）	5	5	4	3	2
较大（4）	5	4	3	3	2
一般（3）	4	3	3	2	2
较小（2）	3	3	2	2	1
很小（1）	2	2	2	1	1

附表 1.5-4 ~ 附表 1.5-6 给出同一种风险等级分布的格局：矩阵的左上方的风险等级较高，沿着对角线，风险的等级在逐渐降低，矩阵右下方的风险等级最低。从折中的观点看（附表 1.5-4），风险损失大而且风险发生的可能性大，风险等级高是在我们的常识之内，我们必须对风险十分关注。风险发生的可能性很大，但是风险损失很小，风险的等级可以定为 3 级，或称一般风险；同样，风险的损失很大，但风险发生的可能性很小，风险等级亦可定为 3 级。若风险等级为 3，我们对它就不能掉以轻心。风险损失小而且发生的可能性也小，风险等级低也在情理之中。

在对风险分类有了客观的分类之后，下一步就有应如何应对的问题。这里，我们引述世界银行在 2002 年 8 月的一份关于社会分析的正式资料中列举的社会风险评价矩阵，其格式见附表 1.5-7。我们保留了原表的格式和用语（如风险的重要性与前几个表中风险损失相当），但从中也可以看出其风险分类思路。

附表 1.5-7　社会风险评价矩阵

风险的可能性	风险的重要性			
	低	适度	强	高
高	R	R	MP	K
强	R	R	MP	MP
适度	I	R	T	T
低	I	R	T	T

在上表中，K（Kill）表示取消拟议中的项目，放弃原有的设计，重新进行项目设计，因原设计方案的风险太高；MP（Modify plan）表示修订拟议中的项目，通过改变设计或引

入补偿措施等活动后，预测可能的风险；T（Triger）表示设立一些可度量的指标，一旦达到了该指标的额定值即启动设计修改，或用这些指标来说明分配、补偿或不利影响等；R（Review and reconsider）表示重新评估与考虑；I（Ignor）表示忽略。落在这个表右上角的风险，必须注意防范与管理；落在这个表右下角的风险是重要的，但一般是不可能出现的，一般称它们为偶然计划；落在该表左上角的风险虽然相对适度，但要定期检查与再评估；落在该表左下角的风险，损失不大，发生的概率小，可以安心地忽略不计。

利用矩阵列表法划分风险等级的好处是充分体现了风险属性的相互独立性，同时也弥补了《指南》中风险等级划分过于简单的不足。在投资项目风险分析的实践中，通常要用专家调查法对每一类风险造成的损失程度与发生的可能性进行调查，得到主观的风险损失程度分布与风险发生可能的概率。在此调查的基础上，风险分析专业人员就可以利用矩阵列表法为投资项目的这类风险进行归类，得出每一位专家对该投资项目风险等级的评价，然后，再对所有专家的风险等级评价进行综合分析，最后得出项目的风险等级。应当说，这样确定的风险等级划分较为科学，而且其结果人们与对风险的一般认知也是一致的。

以上仅是笔者对风险等级划分方法的粗浅认识，纯属学术讨论，可能是管窥之见，提出来与作者进行商榷，提出的方法与不一定完美，但目的是完善风险分析的方法，亦望同行专家指正。

（载自《中国工程咨询》　2003 年第 4 期）

附录 1.6 投资项目多因素风险分析与加权矢量和

投资项目风险分析是项目评价的重要内容，而且越来越受到项目业主、设计人员与咨询人员的重视。2002 年中国国际工程咨询中心编写了“投资项目可行性研究指南”，第一次将风险分析列为可行性研究的必要组成部分，这是可行性研究的重大进步。然而，该书中关于风险等级的划分却引入了模糊不清的概念。为此，笔者曾撰文[1]指出风险有发生的可能性（概率）与造成损失（影响）两个独立的属性（严格地说是概率的期望值与损失的期望值），在对任何一种独立风险进行描述时，必须同时记述这两个属性。

一、单个风险因素特征的二维描述

附表 1. 6-1 用表格的方式对风险特征进行二维描述

附表 1. 6-1 单个风险因素的二维特征

风险发生的可能性	风险损失			
	轻微	较轻	较重	严重
小				B
较小				
较大	A			
很大				C

附表 1. 6-1 中，风险 A 发生的可能性较大，但只会造成轻微的损失，如冬季下雪；风险 B 发生的可能性很小，但会造成严重的损失，如地震与海啸。如果风险位于附表1. 6-1 左上方的位置，风险的应对相对简单，如果风险位于附表 1. 6-1 右下方位置，如风险 C，则必须认真研究该风险产生的原因，找出规避的办法，或干脆放弃项目或方案。该方法可以有针对性地应对与管理单个风险，其应对措施是一对一的。

单个风险的这种特征可以用函数表述，风险 R 可视为可能性 p 与造成的损失 l 的函数，函数 R（p，l）是一个二维函数。于是，可以将附表 1. 6-1 的定性描述改用直角坐标系中的矢量表示，见附图 1. 6-1。

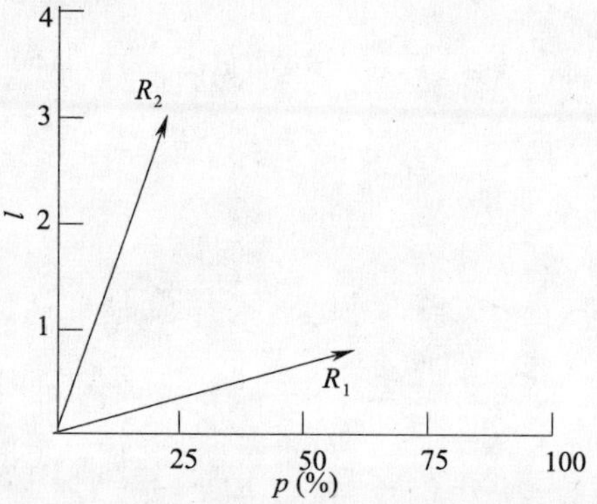

附图 1. 6-1 单风险函数的直角坐标描述

图中，l 采用模糊指数示 1，2，3，4 分别代表损失轻微、较轻、较重与严重 4 个等级；p 采用模糊指数 25%、50%、75% 和 100% 分别代表可能性（发生的概率）小、较小、较大与大 4 个等级。矢量 R_1 表示一个发生的可能性为 60%，造成微小的损失的风险；矢量 R_2 表示发生的可能性为 25%，但却能造成较大损失的另一个风险。

二、多风险因素描述

实际项目面临的风险可能不止一个，尤其在大型项目中，可能面临多项风险。例如，水库项目可能有工程技术风险、投资风险、环境风险等。上述风险还是比较笼统的，它们一般要再进行分解，如工程技术风险可以分解为技术方案、设备、工程地质等几项较为具体的风险因素。

（一）项目风险的分解

项目风险的分解（或称识别），可以用层次图形表示，见附图 1.6-2。R 表示项目全部风险影响的结果，R_1、R_2 与 R_3 是三类主要的风险。其中，R_2 是独立的不宜再分解的风险因素。R_1 可以再分解为三个独立的风险因素 F_{11}、F_{12} 与 F_{13}，R_3 可以再分解为二个独立风险因素 F_{31} 与 F_{32}。对于每一个独立的风险因素，都应有第一节所述的“可能性”与“损失程度”两个相互独立的属性。

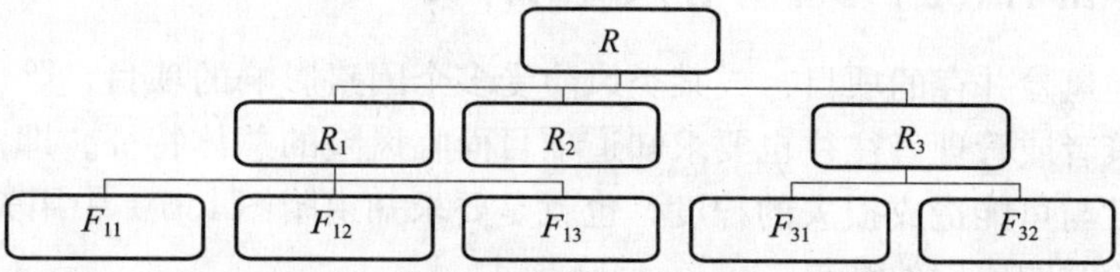

附图 1.6-2　项目风险因素的分解

风险分解是投资项目风险分析最重要的一步，它确认风险因素，以便于项目设计人员或决策者根据项目的特点与环境条件，找出规避风险的措施或方案，这是风险分析的目的。上述风险因素的逐层分解过程可以称为风险的“正向分析风险”。如果仅为了找出风险因素及与之相应的应对措施，“正向风险分析”是必需的，也是足够的。

（二）风险因素的权重

在实际工作中，并不是所有风险因素都会同时发挥同样的作用。还以水库项目为例，在工程技术风险中，工程地质的风险可能就比设备风险重要得多，因为水轮机出现风险最多是少发电或不发电，工程地质情况不清可能造成水库大坝垮裂。就是说，同一级别的不同风险因素存在不同的权重。

层次分析法被广泛运用于复杂问题的分析，它也可以用来确定同一个层次风险因素的权重。通过专家调查，可以初步确定不同风险因素相对重要的程度，并以此建立判断矩阵，判断矩阵的特征向量就是同一层次风险因素的权重。附表 1.6-2 根据层次分析法中两两因素相对重要程度的九级划分，示意性地给出判断矩阵。表中第四行第三列元素为7，表示 F_{13} 的重要程度为 F_{12} 的重要程度的7倍；第三行第四列的元素为1/7，表示 F_{12} 的重要程度为 F_{13} 的重要程度的1/7。

附表 1.6-2　风险因素权重判断矩阵

项目	F_{11}	F_{12}	F_{13}
F_{11}	1	1/3	4
F_{12}	3	1	1/7
F_{13}	1/4	7	1

不同层次的风险因素不可以共用一个判断矩阵。在水库项目例子中，R_1、R_2 与 R_3 可以用一个判断矩阵确定权重，F_{11}、F_{12} 与 F_{13} 可以用另一个判断矩阵确定权重，R_2 与 F_{11}、F_{12}、F_{13}、F_{31} 和 F_{32} 都是独立风险因素，但 R_2 与其他风险因素不在一个层次，R_2 不可以与其他独立风险因素形成判断矩阵。

三、权重相同情况下多个并存风险的合成

对于有多类风险并存的项目，或某类风险受多个因素影响的项目，除了找出应对与管理措施外，决策者或管理者往往也要求知道项目面临风险的总体特征，即多类风险共同作用出现的可能性与可能造成损失的程度，也就是要求知道附图 1.6-1 中用矢量 R_1 与 R_2 表示的两个独立风险共同作用的结果。

我们知道矢量可以进行数学运算，如矢量加法、矢量与标量的乘法、矢量与矢量的点乘等。矢量与标量的乘法实际上就是在原方向上增减原矢量的尺度；矢量的点乘可能改变矢量的方向，也可能变成了标量。所以，矢量的几种乘法不适用于我们分析的情况。矢量的加法是两个风险矢量保持各自方向的条件下，其分量（可能性与损失程度）分别相加。矢量相加的这个特点使我们可以将它用于多个独立风险共同作用效果的测量，几个独立风险矢量相加可以保持合成适量仍然具有“可能性”与“损失”这两个基本特征。

利用平行四边形方法对矢量求和，得到 R_1 与 R_2 相加的结果为 R。R 的横坐标与纵坐标分别给出二个独立风险合成作用的可能性与损失，如附图 1.6-3 所示。如果从统计分析的观点看，R 的坐标表示合成作用的“期望可能性”与“期望损失”。

得到上述结果的前提是：两个风险的重要性相同，而且同时发生作用。然而，现实世界中出现这种情况的几率极小。假如 R_1 与 R_2 发生的概率分别为50%与60%，造成的损失分别为2（较轻）与3（较重），按矢量加法原则，则 R 发生的概率将为110%，其损失之和也将大于4（严重）。体现在附图 1.6-3 上，R 已经位于纵坐标4（严重）与“100%”包络线之外。所以，简单的矢量相加不能完全解决问题。

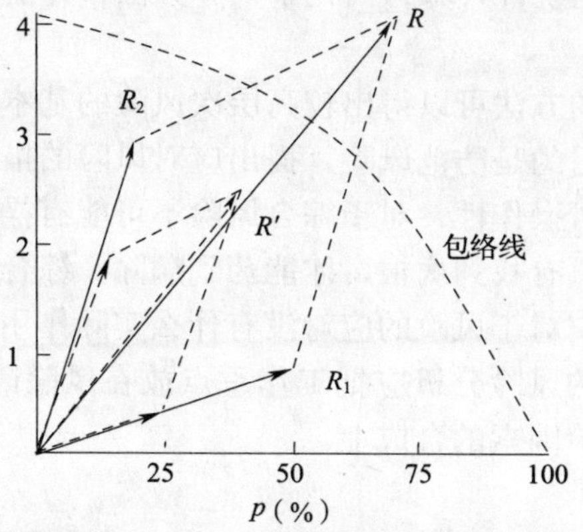

附图 1.6-3　多类风险并存的合成

R_1 与 R_2—独立风险因素矢量；

R—R_1 与 R_2 权重相等时合成的风险矢量；

R'—R_1 与 R_2 权重不等时合成的风险矢量；

R 与 R'的实际夹角为0。

四、考虑权重情况下的多类并存风险的合成

多因素风险的权重表示投资人看待风险因素的相对重要性。如果风险因素 R_1的权重为 W_1，风险因素 R_2的权重为 W_2，W_1与 W_2是标量，进行矢量求和时考虑权重因素，那么 R_1 与 R_2的矢量和 R' 的表达式为：

$$R' = W_1 R_1 + W_2 R_2$$

式中，$W_1 R_1$表示标量 W_1与矢量 R_1的乘积，仍然是一个矢量，保持原方向，只是长度为原先的 W_1倍。同理，$W_2 R_2$也是矢量，长度也只原先的 W_2倍。

如果 W_1为0.4，W_2为0.6，代入上式中，得到可以得到 $R' = 0.4\ R_1 + 0.6\ R_2$。用虚线表示的加权矢量和 R'与用实线表示的未加权矢量和 R 的方向相同（注：为了使读者容易理解并看清楚，附图1.6-3中 R 与 R'有一个很小的夹角），但是在长度上缩短了，落在 l 与 p 的包络线之内，概率坐标永远小于等于100%，损失坐标永远在4（严重）以内，完全满足我们进行多因素风险分析的需要。

多个风险因素合成的问题，总结起来说就是利用加权矢量加法，对同一层次（例如第二节层次结构图的第三层）的风险因素 F_{11}、F_{12}与 F_{13}进行矢量相加，求出其上一层次 R_1 综合风险的基本特征：可能性与损失程度。如果第二层还有其他风险因素，仍然采用加权矢量加法，由 R_1、R_2与 R_3求更高层次风险的基本特征。与“正向风险分析”相对应，加权矢量和的方法可称为“反向风险合成”法。

结论：本文从风险因素具有发生的可能性与造成损失相互独立的特征出发，将风险因素用二维向量唯一表示；利用层次分析法的基本原理，求出多个风险因素的相对权重；利用权重与矢量求和方法，计算多个风险矢量的合成矢量——总体风险——的特征，从而免

除了多因素风险分析繁杂的统计计算，简化了计算方法，并能保证计算结果符合投资决策的需要。

虽然通过加权矢量和的方法可以得出较高层次风险的基本特征，但这不是风险分析必须做的工作。风险分析的目的是防范风险，提出应对风险的措施。风险应对只能对于不可分解的风险因素才有实际可操作性，对于综合风险不可能有操作性。就像医生一样，不能只凭感觉上的表现下药；只有找到病根，才能药到病除。综合风险或较高层次的风险只能提供一些概念性的东西，它对于风险的应对没有什么实际作用，最多也只是提出一些警告的信息。所以，投资项目的风险分析应把工作重点放在风险因素的分解与找出应对措施，不宜把过多的精力放在风险因素的合成上。

（载自《化工技术经济》 2006 年第 4 期）

附录1.7 投资项目指标体系与投资项目周期管理信息系统

一、投资项目后评价要求建立项目管理信息系统

为加强投资项目管理，提高投资决策水平和投资效益，完善投资决策机制，国务院投资体制改革决定提出建立“投资项目后评价制度”。投资项目后评价基本含义可归纳为：在项目实施过程中的某一阶段或竣工验收后的某一时点，对其进行全面系统的回顾和总结，并将项目实施过程及项目完成后的最终成果和影响与项目决策时确定的各项计划和目标进行全面系统的对比，找出差异，分析原因，得出经验教训，提出改进建议，反馈给决策部门的工作。

后评价（Evaluation）主要方法是将事前与事中或事后的相关信息进行对比，从差异中寻找问题或成绩。在后评价过程中，最主要的困难是相关信息的资料不足，或是找不到，或是找到了口径对不上，或是干脆就没有历史记录。这样就可能使后评价对成绩估计不足，或问题找的不对，严重的会造成后续投资决策失误。

投资项目还有一个监督（Monitoring）过程，它是将项目实施中的实际结果（信息）与项目设计时的各种目标（信息）对照，找出差异，分析原因，提出改进或防范措施，保障项目顺利实施。在广义上，监督也属后评价的范畴。

后评价一般是项目结束以后进行，项目结束以后再回头找项目进行中或项目立项前的有关信息是根本不可能的。为了保证后评价的质量，提高科学决策水平，必须从项目初期就开始积累相关信息，建立项目管理信息系统。

二、投资项目周期管理

投资项目管理贯穿于整个项目周期。项目周期是项目策划、项目机会研究、项目可行性研究、项目评估、项目决策、项目实施、项目后评价等项目阶段的总称。投资项目管理对于不同的利益相关群体有不同的内涵。设计单位的项目管理从机会研究开始，到工程验收结束；施工单位的项目管理从项目施工开始，到工程完工验收结束；项目出资人与业主的项目管理从项目策划开始，到项目还清债务结束。

投资项目管理是为了实现项目基本目标，建立必要的管理组织机构，协调项目设计与实施单位的工作，针对项目实施过程中暴露出的问题采取必要的措施，保证完成项目目标。

投资项目管理的基本手段是收集项目周期内各个阶段的基本信息，对照项目设计阶段提供的信息（项目的详细具体目标），进行比较，找出差异，研究应对措施并实施这些措施。

三、管理信息系统对信息的要求

随着信息技术的发展，管理信息系统（Management Information System，MIS）已经变

成不可缺少的现代管理工具。管理信息系统的处理对象是信息，更具体地说是二进制数字信息。早期的计算机只能处理数字和字符（文字），通过最近这二十几年的发展，表格、图形、声音、影像等复杂信息也可以在高性能、大容量的计算机上加工、处理、保存、传输，这就为建立高效的管理信息系统提供了硬件保证。

管理信息系统要求信息格式基本统一，以便硬件、软件对其进行归一化的处理。管理信息系统要求信息便于在现有手段下及时采集、输入、输出。

四、项目评价指标与指标体系

（一）项目评价指标与指标体系

项目评价指标是项目周期内各类项目活动性状的描述，是项目投入、产出、结果和影响的度量。指标可以是定量的，也可以是定性的，一般以定量指标为主，定性指标为辅。评价指标的具体数值是项目活动成效的具体反映，在某些情况下可以利用专家调查法将定性指标转化为定量指标。

不加规范的单个指标的集合可能是杂乱无章的指标组合，不能用来分析问题。有目的、有计划地将单个指标按一定的规则组合，就可以建立起一个指标体系，指标体系可以系统地反映一个事物（包括项目）各个时期的全貌，便于进行内部与外部的监督和评价。

（二）确定指标的原则

- 指标定义必须清楚、无二异性；
- 指标应有可测度性，并必须有可验证的手段（方法或数据）。不易直接测定的指标可以选取间接可测定指标估算，在某些情况下，可以使用超前指标；
- 指标应考虑测度的经济性；
- 指标与评价的目标应有高度相关性，适于项目后评价的投入、产出、结果和影响分析；
- 指标要结合行业和项目特点选用；
- 指标应适合在短时间内容易采集相关信息；
- 指标应便于信息化处理；
- 关键指标和一般指标要有区分，尽可能简化，突出重点指标，同时满足后评价委托人的要求；
- 指标应反映对利益相关群体的影响与参与性；
- 定性指标应设法量化（定性指标一般指目前无法通过物理、化学、生物等技术手段量化测定，或无法通过货币估算，而只能通过人类感觉描述的指标，如风险程度。在一些特定情况下，可以用问卷的方式调查有关人员的对这一指标的感受程度，如高、较高、中、较低、低等五类，经过统计分析，得出定性指标的五级分类量值。将定性指标定量化，使定性指标可以进入指标体系层次分析，从而便于对项目给出一个综合评价的结果）。

（三）建立指标体系的原则

- 完备性，要求指标体系能反映事物的各个不同方面；

- 层次性，指标体系一般应具有层次结构，便于分解和综合，必要时可给各层次指标赋予权重，最后计算加权总指标；
- 灵活性，要求指标体系便于进行各种组合，以适应评价的要求，指标组合要能充分反映项目的特征；
- 适用性，指标体系应能让用户感到使用便利，且不造成任何负担；
- 指标体系要与后评价逻辑框矩阵有机地结合，指标体系必须满足逻辑框架分析项目目标的要求，各个层次都要有具体指标，同时要便于概括总结；
- 指标体系应能适应项目目标实现程度及项目成功度判定的要求，对于横向比较的项目，指标体系也要便于进行横向比较；
- 指标体系适于作为项目周期管理信息系统的基本框架；
- 指标体系适用于各类型项目、各类投资主体、项目周期各个阶段和各个时点的后评价。

（四）指标体系的用途

- 项目评价指标体系是参与项目有关方面进行交流的工具，是监测项目周期内单项活动的依据，它可以评价项目整体活动的成效，提高项目质量及管理水平，推动项目周期管理信息系统建立；
- 通过指标体系建立的早期预警系统及时发现问题，及时改正问题，提示是否需要做进一步的调查研究并加强监督；
- 根据项目的类型和项目目的，一些评价指标可以确定基准值（Benchmark，Baseline）、目标值（Target）或判据（Hurdle Rate，cut off rate），后评价时可用以判定项目活动成效高低或与项目目标的偏离程度。

（五）结合项目特点建立项目评价指标体系

建立项目评价指标体系必须结合项目本身的特点，例如：

- 项目产出品的性质：公共产品、准公共产品还是竞争性产品；
- 项目投资人：政府投资、私人投资还是公私合作投资；
- 项目管理性质：政府投资项目、政府核准项目、政府备案项目；
- 项目的目标：以营利为目标还是不以营利为目标，军事目标还是民用目标；
- 实现项目目标的要求：强制性或非强制性；
- 项目资金约束：实现目标投入资金总额是软约束还是硬约束；
- 实现项目目标的时效性：项目必须在预定的时间之前完成，逾期就算项目失败，为此项目程序不可能全部执行；
- 项目产出的成熟程度：实验阶段、中试阶段、成熟阶段；
- 项目的组织规模：部分产品生产是一个庞大的系统工程，需要强有力的组织机构来实施；
- 项目的经济寿命周期：高技术新产品经济寿命周期相对短，传统产品经济寿命周期相对长；
- 产品定价模式：政府定价、市场定价；
- 项目收入：经营收入、补贴收入；

- 项目投入、产出、结果、影响的保密性。

建立项目评价指标体系还必须考虑不同类型项目的评价特点，例如：

- 产出是公共产品的项目，使用费用效果分析方法做经济评价，应选用费用效果类指标，而且应同时选用项目财务生存能力指标和盈利能力指标；
- 产出是准公共产品或竞争性产品的项目，可使用费用效益分析方法做经济评价，选用费用效益类指标；
- 环境、生态影响显著的项目，应选用环境、生态影响评价指标；
- 安全、卫生影响显著的项目，应选用安全、卫生指标；
- 可以分解成多个子项的大型项目，应选用组织机构评价指标；
- 社会影响显著的项目，应选用社会分析指标；
- 宏观经济影响显著的项目，应选用宏观经济影响指标；
- 风险较大的项目，应选用风险分析指标；
- 国防、军工类项目，应选用透明性指标与保密性指标。

（六）指标体系的框架结构

指标体系的框架结构是指标体系的分类构成。指标体系分类有多种方式，如：

- 按指标技术属性分类，指标体系由宏观环境指标、工程技术指标、财务与经济指标、费用效果指标、环保与生态指标、卫生与健康指标、安全指标、社会影响指标、风险指标、管理指标、监督指标以及项目管理信息系统指标等几大类指标组成；
- 按指标作用的范围分类，指标体系可以分为内部指标与外部指标；
- 按指标体现项目逻辑框架中项目描述分类，指标体系可以分成投入指标、产出指标、结果指标和影响指标；
- 按指标相互影响分类，指标体系可分为成果指标、风险指标、效应指标；
- 按生产流程分类，指标体系可以分为生产系统指标、监测系统指标、控制系统指标和组织管理系统指标；
- 按指标应用阶段（或项目周期）分类，指标体系可分为项目策划、项目准备、项目实施、项目运营指标；
- 按项目成功度判定分类，指标体系可分为工程建成、技术建成、经济建成和影响建成指标。

指标体系还可以有多种分类方式可供选择，但是，从指标信息采集方式、渠道和过程看，最根本分类的是按技术属性分类的指标体系，其他分类方式都可以与技术属性分类进行组合。

（七）指标体系的层次关系

指标可以粗略的，如工程技术类指标，也可以是非常具体的，如混凝土保养期。指标体系是一个层状结构：大类、中类、小类和不可再分解的具体指标。大类指标可以涵盖许多中类指标，中类指标又可以再分成小类指标，小类指标又可以分解为具体的指标。指标体系层次结构示意如附图 1.7-1：

- 指标体系
  - 经济类指标
    - 总产值
    - 利润率
    - 单位成本
  - 技术类指标
    - 产量
    - 单位产量能耗
    - 建设工期
  - 环境类指标
    - 污水排放量
    - 污水等级
    - 污泥处理方式

附图 1.7-1　指标体系层次结构示意

由于项目的目标是多方面的，具体指标也就会有形形色色的表现形式，除可货币化的指标外，可量化的指标一般有不同的量纲，定性指标量化后一般都没有量纲。不同量纲的指标是不可相加的。在一般情况下，投资人对项目的不同指标重视程度不一样，为此，可以对每类指标或每一个指标主观地给出一个重视程度的量值（或权重），再使用层次分析法（Analytical Hierarchy Process，AHP），逐层求得各类指标的权重，并最后得出综合评价的结论。

（八）后评价指标体系矩阵

利用指标体系的各种分类，我们可以构造后评价指标体系主矩阵。主矩阵是以技术分类指标体系为主，根据后评价分析问题的要求，与其他分类指标体系相结合，形成分析问题的矩阵。下面的矩阵是技术分类指标体系与按项目目标、项目周期和项目成功度分类指标体系形成的后评价指标体系主矩阵见附表 1.7-1。项目目标、项目周期与项目成功度从三个不同的方面分析项目，可以从技术指标体系中选取适当的指标进行组合。

附表 1.7-1　后评价指标体系主矩阵

技术分类指标体系	项目目标			项目周期（阶段）					项目成功			
	投入	产出	结果	目标	策划	准备	实施	运营	工程	技术	经济	影响
宏观环境				√		√	√	√				√
工程技术		√	√			√	√	√	√	√		
采购支付	√						√					
财务经济	√	√	√		√	√	√	√			√	
费用效果	√	√	√		√	√	√	√				
环保生态	√		√			√	√	√				√
卫生健康	√		√			√	√	√				√
安全生产	√		√			√	√	√		√		
社会影响	√			√	√	√	√	√				√
假设风险							√	√		√	√	
组织管理	√					√	√	√				
监督							√	√				

根据后评价项目的特点和评价工作要求，可以选取不同的指标分类与技术指标组合，形成指标体系；以项目目标实现程度为主要分析对象时，可以选宾栏的项目目标与技术指标构成体系；以项目实施阶段为主要评价对象时，可选宾栏的项目阶段与技术指标构成体系；以项目成功度为主要评价对象时，可选宾栏的项目成功度与技术指标构成体系。

后评价指标体系主矩阵是大类的组合，主要用于描述指标体系的结构。实际工作中要使用后评价指标体系子矩阵，如附表1.7-2。在子矩阵中，技术分类指标应当是具体可测度的指标，如设计规模、总投资。矩阵单元中有“√”表示在项目周期的这个阶段应当使用这个指标。

附表1.7-2　后评价指标体系子矩阵示意

技术类指标	技术子目指标	项目周期（阶段）			
		策划	准备	实施	运营
工程技术	设计规模	√		√	√
	工艺路线	√	√	√	√
	产品质量	√	√	√	√
	工期	√	√	√	
财务经济	投资总额	√	√	√	
	资金成本	√	√	√	√
	产品价格	√	√		√
	内部收益率	√	√		√

五、投资项目评价指标体系与投资项目周期管理信息系统

投资项目评价指标是项目运行状态的表示，项目各阶段评价指标的值记录了项目某个性状运行的轨迹。项目评价指标体系包括技术、经济、环境、社会、组织等各方面的评价指标，是项目运行的总体表现，项目各阶段各种评价指标的记录构成项目整体运行状态的记录。

投资项目周期管理信息系统（Project Cycle Management Information System，PCMIS）的主要功能是：采集项目周期各个阶段项目运行的全面信息，加工处理这些信息，对照项目预期目标，分析这些信息，提出项目管理改进的措施。现代信息技术已经比较发达了，无论是硬件还是软件，都可以充分满足信息加工处理存贮功能的要求。但是，信息采集是当前建立投资项目管理信息系统的困难所在。信息采集的困难之一是信息来源不清楚，之二是信息没有记录，之三是信息不系统，之四是（长期运行的系统）信息口径不一致。

投资项目评价指标能解决信息的来源问题、口径问题，指标体系能解决信息的系统化问题。只要有了可记录的指标和指标体系，项目投资者与管理者可以对执行人提出严格的要求，及时、忠实、完整地对指标进行记录，这也是项目管理单位贯彻ISO-9000质量管

理体系应实现的基本要求。

投资项目周期管理信息系统最好由投资人或项目业主从项目可行性研究阶段就开始建立。投资人与业主从项目筹划开始就介入项目活动，并在可研、评估、设计、实施、后评价等阶段都全过程参与项目活动，对项目的全面情况最了解，也掌握着项目比较完整的信息资料。投资人与业主与项目有直接利益关系，对项目细微成功或失误都非常敏感。在项目可行性研究阶段，投资人建立了项目的目标，设计人员确定项目相关的指标与指标体系的基本框架，设定今后要作为比较基础的各项指标的基准值。

工程咨询单位与银行只能建立投资项目管理信息系统。由于他们只在项目的一部分阶段参与项目活动，不能获得以前或以后阶段的信息源，不便也不可能掌握项目的全部信息，因此，无法从整个项目周期管理的角度建立管理信息系统。

由投资人建立的管理信息系统应与工程咨询单位或银行系统共享投资项目的相关信息，这样一方面可以大大减少社会资源的浪费，另一方面可以显著提高管理效率。

根据项目周期管理，特别是项目后评价的要求，项目周期管理信息系统重点要在若干关键时点上采集信息，关键时点包括可行性研究报告阶段，可行性研究报告评估阶段、项目审批阶段、项目实施阶段、项目完工阶段和工程验收阶段。

（载自“投资项目评价与经营决策信息资料” 2005年第8期）

附录 2　部分行业费用效益识别与参数

附录 2.1　教育项目经济评价

一、教育项目的特点

教育项目普遍被认为是有真正的外部效果的基础性服务，除了作为人力资源的投资可为将来的就业获取更多收入外，其外部效果更多地体现在为社会培养了好的公民，有较高的觉悟和道德水准，然而随着教育专业化程度的提高，这种外部效果呈递减趋势。教育项目特殊性主要体现在以下四个方面：

1. 教育项目效益的高效性。教育项目是构成人力资本投资的重要内容，而人力资本投资的收益率要远远高于物质资本的收益率，体现为文化上和经济上的双重效益。美国对投资效果所做的比较结果是：从 1900 年到 1959 年，物质资本所获得的利润提高了 3.5 倍，而教育项目所获得的利润为 17.5 倍。

2. 教育项目效益的间接性。教育项目的目的在于提高劳动者的素质和能力，项目的效益不以产品或劳务的形式表现出来，同时不能在教育过程中直接反映，而要在社会生产过程中以国民收入的增加或社会财富的积累间接地体现。

3. 教育项目收益时间的滞后性。教育的特点是周期性很长，在这个过程中，只有投入，没有产出，项目的效益只有在完成这个周期之后逐渐显现出来。

4. 教育项目受益对象的广泛性。教育项目可以为个人、家庭、组织，甚至整个社会带来效益，教育项目既可以提高个人素质和能力，还可以改善收入状况，提高生活质量；不仅可以促进文化教育事业的发展，还有利于科学技术水平的提高，提高劳动生产率，扩大就业和增加社会收益。

二、教育项目费用和效益的界定与估算

教育项目的费用可以分为社会费用和个人费用，效益也相应地分为社会效益和个人效益。

1. 教育项目的费用构成

教育项目的费用是指用于教育过程的一切直接和间接的劳动投入的总和，包括直接费用和间接费用。直接费用包括由国家支出的教育费用和由受教育者个人或其家庭支出的教育费用，具体构成为投入到教育项目中的建筑物、设备、材料物资和人员费用，当事人上学的交通费，教材费用，公用服务费、保险费、设施和设备的维护费用等。间接费用又称机会成本，是指由于受教育者要接受教育，从而使他们丧失了在受教育期间从事生产活动的机会，从而给社会和个人所带来的生产和收入上的损失。

2. 教育项目的效益界定与量化

教育项目的效益按受益主体的不同可以分为个人效益和社会效益，按是否可以用货币量化又可以分为可以量化的效益和难以量化的效益，尤其是社会效益大多难以用货币量化。与教育有关的效益有很多，例如犯罪率的降低、社会凝聚力的增强、技术进步、儿童

死亡人数的减少等。正如舒尔茨所言："教育远不是一种消费活动，相反，政府和个人有意识地投资，为的是获得一种具有生产能力的潜力"。因此从社会角度分析，教育最重要的效益在于通过教育提高人们的生产技能和生产效率，从而提高对国民收入增长的贡献。因此教育项目效益的测定思路是分别估算"有"和"无"该教育项目时目标群体对社会创造的增加值的差额，该差额就是实施该教育项目的效益。

3. 教育项目效益的估算方法

教育的社会经济效益计算法。该方法是首先计算某一时期内国民收入的增量并估算其中劳动力的贡献，再确定"无教育项目"的第0期劳动力的贡献，然后将实施教育项目后每期的劳动力贡献与第0期的劳动力贡献相比较，其差额可以再分解为教育项目的效益和卫生保健项目的效益。

教育对经济增长作用的计算法。该方法把经济增长的因素分为生产要素投入量和生产要素生产率两方面。生产要素投入量包括劳动力数量和质量的提高以及资本数量上的增加，其中劳动力质量的提高中包括劳动力受教育年限的提高；生产要素生产率中也包括知识水平提高的作用。

劳动简化系数法计算法。该方法把各种复杂程度的劳动力用一定的系数简化为简单劳动力，以确定在社会劳动力总量中，有多少是因教育程度提高而增加的劳动力的数量，进而确定劳动力增量对国民收入增加额的贡献。

上述三种方法计算都比较复杂，世界银行推荐的做法有两种。一种是利用劳动力调查，提供获得绘制不同教育程度者的年龄—收入分布图的横截面数据，并假定各年龄组因教育程度的不同而造成的收入差距长期保持不变，也就是说，对于每个年龄组，这种方法考察现在的收入差距并预计这一差距在未来不发生变化，但是随着时间的推移，教育程度不同的人的收入差距不断扩大，因此这种假定就会低估教育的收益；另外一种方法是指在无法获得横截面数据时，通过抽样调查雇主给不同受教育程度的雇员支付工资的差别，估算教育的收益。

需要注意的是，在估算不同受教育程度者的收入差距时，私人部门的工资比公共部门的工资收入更能反映劳动力的经济价值。计算工资时，应该采用税前收入，并且要包括诸如退休金之类的福利待遇。从受益人角度看，关心的是税后收入和福利待遇，由税收导致的差异是政府得到的财政收益。另外，在估计实施项目学校的预计入学人数时需要对数字进行调整，应该考虑无项目时私人部门将参与提供教育服务来填补政府留下的空缺，否则就将高估政府所资助项目的费用和效益。

三、教育项目主要指标

1. 衡量全民受教育水平的指标。全民受教育水平代表了一个国家或地区经过长期努力所取得的教育成就，它还标志着一个国家的劳动力的整体素质，作为一个国家的人文发展指标，代表了国家的整体社会发展程度。提高全民的受教育水平是各个国家和地区发展教育的重要目标之一。国际组织往往用成人识字率、劳动力受教育年限来表示一个国家或地区的全民受教育水平。

2. 衡量教育机会均等程度的标志。各级各类教育毛入学率和毕业率是反映一个国家或地区教育机会均等程度的重要标志。

3. 衡量基础教育水平的指标。小学学龄儿童入学率、初中毕业生和小学毕业生升学率和青少年文盲率反映了一个国家或地区的基础教育水平。

四、教育项目的经济评价方法

可供选择的教育项目经济评价方法主要有费用—效果分析和费用—效益分析两种。按照教育程度和项目各组成部分目标划分的不同，这两种方法有不同的适用范围。附表2.1-1给出了各级教育中频繁使用的最佳经济评价方法。

附表 2.1-1 按教育程度和项目各组成部分目标划分的最适用评价方法

教育程度和种类	项 目 目 标	评 价 方 法
初级和中等教育	扩大教育规模	费用—效果分析
	提高学生考试成绩	费用—效果分析
	减少教育的经常性费用	费用—效果分析
中等教育（普通或职业教育）	增加毕业生人数	费用—效果分析
师范教育	提高学生考试成绩	费用—效果分析
职业教育	改善毕业生的就业前景	费用—效益分析
高等教育	改善毕业生的就业前景	费用—效益分析

费用—效果分析和费用—效益分析方法的具体应用如下：

1. 费用—效果分析方法。综合效果指标主要有成人识字率和劳动力受教育年限、各级各类教育毛入学率和升学率、青少年文盲率等。项目效果指标是指对一个具体的办学单位的评价指标，主要有基建投资效果指标（如万元投资获得土地面积、万元投资获得建筑面积和在校人均基建投资数等）、在校学生人均用地与用房面积指标（如生均用地面积、生均建筑面积和生均各类用房面积等）以及生均成本等。

2. 费用—效益分析方法。通常以受某一段教育的增量费用与日后就业的增量效益进行费用—效益对比，具体的指标有净现值、效益费用比和内部收益率等，其中教育内部收益率指标反映了教育的收益率。除了从社会角度对项目进行费用—效益分析，考察项目的经济生存能力外，还应该关注费用和效益在项目各参与者之间的分担情况，以此来考察项目对不同群体的吸引力。在考察项目对不同群体的吸引力时，必须考虑转移支付，尽管其并不影响经济费用，但是它影响到计算各利益相关者所承担的费用。附表2.1-2显示不同发展程度的地区的各类教育费用—效益分析的结果，说明越是不发达地区，初等教育的效益越大。但是，这些国家在高等和中等教育的私人与社会角度的收益率出现了背离，这提示了公共开支在这两方面的配置不当（高等太多，中等太少）。如果再考虑占很大比例的正外部效果，初等教育的效果应更高。附表2.1-3列出了发展中国家不同阶段教育投资的回报率。

附表 2.1-2　不同教育阶段的增量内部收益率（%）

国家或地区	社会角度			私人角度		
	初等	中等	高等	初等	中等	高等
撒哈拉以南非洲	24.3	18.2	11.2	41.3	26.6	27.8
亚洲	19.9	13.3	11.7	39.0	18.9	19.9
欧洲/中东/北非	15.5	11.2	10.6	17.4	15.9	21.7
拉丁美洲/加勒比	17.9	12.8	12.3	26.2	16.8	19.7
OECD 国家	14.4	10.2	8.7	21.7	12.4	12.3
世界	18.4	13.1	10.9	29.1	18.1	20.3

注：表中 OECD 国家已单列，因此其他地区国家中不包括 OECD 成员国。该表来源于世界银行委托桑贾伊·普拉丹写的《公共开支分析的基本方法》，第 118 页。

附表 2.1-3　发展中国家不同阶段教育投资的回报率

国家或地区	年份	公立			私立		
		小学	中学	大学	小学	中学	大学
非洲							
博茨瓦纳	1983	42.0	41.0	15.0	99.0	76.0	38.0
埃塞俄比亚	1972	20.3	18.7	9.7	35.0	22.8	27.4
加纳	1967	18.0	13.0	16.5	24.5	17.0	37.0
肯尼亚	1971	21.7	19.2	8.8	28.0	33.0	31.0
	1980	13.0	14.5				
莱索托	1980	10.7	18.6	10.2	15.5	26.7	36.5
利比里亚	1983	41.0	17.0	8.0	99.0	30.5	17.0
马拉维	1978	15.1					
	1982	14.7	15.2	11.5	15.7	16.8	46.6
摩洛哥	1970	50.5	10.0	13.0			
尼日利亚	1966	23.0	12.8	17.0	30.0	14.0	34.0
罗得西亚	1960	12.4					
塞拉利昂	1971	20.0	22.0	9.5			
索马里	1983	20.6	10.4	19.9	59.9	13.0	33.2
苏丹	1974	8.0	4.0	13.0	15.0		
坦桑尼亚	1982	5.0					
乌干达	1965	66.0	28.6	12.0			

续附表 2.1-3

国家或地区	年份	公立			私立		
		小学	中学	大学	小学	中学	大学
非洲							
布基纳法索	1970	25.9	60.6				
	1975	27.7	30.1	22.0			
	1982	20.1	14.9	21.3			
亚洲							
中国香港	1976	15.0	12.4	18.5	25.2		
印度	1965	13.4	15.5	10.3	17.3	18.8	16.2
	1978	29.3	13.7	10.8	33.4	19.8	13.2
印度尼西亚	1977	25.5	15.6				
	1978	21.9	16.2	14.8			
马来西亚	1978	32.6	34.5				
巴基斯坦	1975	13.0	9.0	8.0	20.0	11.0	27.0
	1979	14.6	6.7	9.4			
菲律宾	1971	7.0	6.5	8.5	9.0	6.5	9.5
	1977	8.5	16.0				
新加坡	1966	6.6	17.6	14.1	20.0	25.4	
韩国	1967	9.0	5.0				
	1969	11.0	9.5				
	1971	14.6	9.3	16.1	16.2		
	1973	12.2	8.8				
	1980	8.1	11.7				
中国台湾	1970	26.5	15.0	17.6	18.4		
	1972	27.0	12.3	17.7	50.0	12.7	15.8
泰国	1970	30.5	13.0	11.0	56.0	14.5	14.0
	1972	63.2	30.9	18.4			
拉丁美洲							
巴哈马	1970	20.6	26.1				
巴西	1970	23.5	13.1	24.7	13.9		
智利	1959	24.0	16.9	12.2			

续附表 2. 1-3

国家或地区	年份	公立			私立		
		小学	中学	大学	小学	中学	大学
拉丁美洲							
哥伦比亚	1973	15. 1	15. 4	20. 7			
	1976	18. 4	24. 9				
	1981	9. 6					
哥斯达黎加	1974	13. 1	8. 7	25. 7			
墨西哥	1963	25. 0	17. 0	23. 0	32. 0	23. 0	29. 0
巴拉圭	1982	14. 0	11. 0	13. 0			
秘鲁	1972	46. 9	19. 8	16. 3			
	1974	34. 3	9. 0	15. 0			
	1980	41. 4	3. 3	16. 1			
波多黎各	1959	24. 0	34. 1	15. 5	68. 2	52. 1	29. 0
委内瑞拉	1957	82. 0	17. 0	23. 0	18. 0	27. 0	
	1984	32. 5	11. 7	20. 6			
中东及其他							
塞浦路斯-1	1975	15. 0	11. 2	14. 8			
	1979	8. 6	8. 1	14. 1			
塞浦路斯-2	1975	10. 5	9. 7	11. 6	8. 6		
	1979	7. 7	6. 8	7. 6	15. 4	7. 0	5. 6
希腊	1962	6. 3	13. 7	7. 2	14. 0		
	1977	16. 5	5. 5	4. 5	20. 0	6. 0	5. 5
伊朗-1	1972	34. 0	11. 5	15. 0			
	1976	15. 2	17. 6	13. 6	21. 2	18. 5	
伊朗-2	1975	10. 6	15. 3	19. 3			
以色列	1958	16. 5	6. 9	6. 6	27. 0	6. 9	8. 0
西班牙	1971	17. 2	8. 6	12. 8	31. 6	10. 2	15. 5
土耳其	1968	8. 5	24. 0	26. 0			
前南斯拉夫	1969	9. 3	15. 4	2. 8	7. 6	15. 3	2. 6

附录 2.2　卫生保健项目的经济评价

一、卫生保健项目的特点

卫生保健项目的直接目的在于提高人们的身体健康状况，从而提高个人和社会的福利。与一般工业项目相比较，卫生保健项目的特殊性在于费用和效益的界定和量化更为复杂，主要有以下几点：

1. 卫生保健领域既有公用物品，又有私用物品，还有很多混合物品，有些还有很强的外部性，必须合理划分以确定政府干预或利用市场机制的范围和内容。私人保健服务属于纯的私用物品，应该引入市场机制；公共卫生项目属于纯的公用物品或具有很强的外部性，政府应该干预以解决市场失灵和促进社会公平。政府干预的内容主要有：公共卫生计划、重大疫病的控制、母婴保健、计划生育、贫困人口的临床服务、医学上的研究与开发、基本卫生设施和卫生保健知识教育等。

2. 卫生保健项目涉及人类的健康和生命，而良好的身体健康状况可以提高个人劳动生产率，促进经济增长，提高经济增长率，因此卫生保健项目是促进社会发展、保障社会公平的重要途径。

3. 卫生保健项目的效益往往难以用货币量化。即使采用费用—效果分析和费用—效用分析，效果或效用指标的确定也比较困难，例如一项卫生保健项目虽然延长了病人的寿命，但是由于后遗症增加了病人的精神痛苦，将其加权换算成单一度量指标是比较复杂的工作。

4. 由于医疗保健项目往往提供多种卫生保健服务，因而难于确定单个卫生保健项目的费用和增量费用，这时便涉及费用的分摊问题。

二、卫生保健项目费用和效益的界定

1. 卫生保健项目的费用分析

卫生保健项目的费用是指在该项目耗费的资源，包括该项目兴建和经营所投入的全部物质资源和人力资源。费用由直接费用和间接费用构成，其中直接费用分为资本费用和经常性费用，资本费用包括房屋建筑、机器设备和职工培训费支出；经常性费用包括管理人员、医生、护士、实验室技术人员、非技术后勤和其他人员支出；间接费用则包括病人的时间和差旅支出。

在估算费用时，培训费中的一些微妙问题需要注意。职工培训可以增加人力资源的价值，而师资培训显然是一项资本费用。然而，技能会因过时、放弃不用和消耗而退化，需要维护和更新，因此安排定期的培训非常重要，所以职工培训费应该是经常性费用的重要组成部分。

对于提供多种卫生保健服务的项目，往往难以识别提供单个服务的费用和增量费用。如果用于提供服务的资源具有互斥性，那么可以用服务人员的服务时间分配指标，把费用分摊到各项服务上。对费用进行完全分解的工作可能很复杂，尤其是在会计记录没有考虑在各项服务的费用加以区分的情况下。最新的经验表明，按服务划分费用是可能的。虽然医院和其他设施的费用划分特别困难，但有人为设施的费用分摊搞出了一种称为间接分摊法或者费用中心分析的方法。如果分析人员无法分解联合费用，就应首先分别评价各个备选方案，然后，逐步考察每增加一个方案而相应增加的边际费用。

2. 卫生保健项目的效益界定与量化

从简单到复杂，卫生保健项目的产出可以采用效果、效用或效益来表示，见附图2.2-1。其中效果指标是采用自然单位表示的健康产出；效用指标是采用 DALYs、QALYs 等表示的健康产出；效益是将卫生项目的产出用货币量化。在度量生命和健康的效益时，应该采用支付意愿法。下图给出了卫生保健项目经济评价的投入产出模型：

成本（C）	效果（E）	效用（U）	效益（B）
C_1=直接成本	用自然单位表示的健康效益	用 DALYs、QALYs 等表示的健康效益	B_1=直接效益
C_2=间接成本			B_2=间接效益
C_3= 无形成本			B_3=无形效益

附图 2.2-1　卫生保健项目经济评价投入产出模型

采用效果或效用指标度量卫生保健项目的产出，就需要识别所有与福利变化有关的项目效果，通常讨论三类指标——投入物指标、过程指标和结果指标。投入物指标一般不予采用，因为不能与健康状况方面的最终成果紧密联系起来，例如用于疫苗的项目资金拨付等。由于过程指标含有关于效果的假设，因此通常作为度量项目效果的唯一实际可用指标，过程指标主要有完全免疫接种的儿童人数、培训医疗人员人数、外科手术次数等。而产出指标更直接地偏重于项目的目标，可以用于较为广泛的比较，这方面的指标主要有减少的死亡人数和增加的 HYLG、DALYs 和 QALYs 等。估算效果可能需要使用针对项目具体情况而制作的传染病模型，建立的模型可简可繁，从模拟患病率和发病死亡率变化的简单模型到模拟各年龄的比率和疾病传播模式的复杂模型。

在某些项目中可能通过用货币价值来度量卫生保健项目的效益，以便把卫生保健项目的效益与其他部门项目的效益进行比较。卫生保健项目的效益主要来自患病率和死亡率的变化、服务质量的改善或效率的提高。常规的做法是将卫生保健项目的效益分类为直接效益、间接效益和无形效益，附表 2.2-1 列出了卫生保健项目的一些常见效益。其中，节省的医疗费用、营养品和陪护费用或服务效率的提高等可以用货币明确度量；至于延长了病人的生命年限、增加了病人的工作时间和节省了家人照料的时间等，可以按照这些时间隐含的工作收入来度量；而对于由于疼痛的减轻等提高病人生命质量的效益，可以通过意愿调查评估来度量，由于此类效益很难给出一个合理的估计值，而在总效益中所占比例也比较小，所以往往忽略不计。

附表 2. 2-1　卫生保健项目的效益表现形态

直接效益	间接效益	无形效益
延长了病人的生命年限	增加了病人的有效工作时间	促进社会医疗科学的发展
提高了病人的生命质量	提高了病人的工作效率	使人们养成良好的卫生习惯
节省了医疗、营养品和陪护费用	节省了家人照料的时间	
	减轻了家人的焦虑和不安	

三、卫生医疗项目主要指标

1. 挽救生命人数。选取挽救生命作为效果指标，避开了为生命定价所带来的争议，却无法解决个体生命价值的差异性和公平性的矛盾，但该指标至少反映了不同项目的费用和效果在量纲上的差异，对于决策的科学化产生了积极影响。如果承认延长寿命的指标可靠，那么就可以在广泛的范围内选择项目或措施花最小的费用来挽救生命，或者在给定费用下挽救更多的生命。

2. 增加的寿命年限 YLGs。对于儿童常见疾病等而言，患病率下降的效果相对较小，而主要体现在死亡率的下降，在这种情况下，YLGs 是一种非常有用的分析方法。但该指标忽略了患病率下降带来的效益，所以，在评价防治慢性病的项目和其他明显降低患病率的项目时，使用该指标会带来很大的偏差。

3. 增加的健康寿命年限 HYLGs。由于大多数卫生项目的效益同时体现在患病率和死亡率的下降两个方面，这时就需要对这两种效果进行加权，最简单的加权效果指标就是增加的健康寿命年限 HYLGs（Healthy Years of Life Gained），为因患病率和死亡率下降而增加的寿命年限之和，对患病而存活的时间给以相对健康存活时间要少的权重。

4. 失能调整生命年 DALYs。DALYs 是采用客观、定量的方法综合地计算各种疾病和事故造成的早逝和残疾所导致的健康生命年的损失，综合考虑了死亡、疾病、伤残的严重程度，年龄相对重要性和折现率等因素，包括疾病死亡损失健康生命年（Years of Life Lost，YLLs）和疾病伤残损失健康生命年（Years Lived with Disability，YLDs）两部分，综合计算后再以生命年的年龄权数和折现率作加权调整。疾病死亡损失健康生命年由死亡年龄和期望寿命的差值乘以年龄权重得出，其中期望寿命可以由世界卫生组织推荐使用的各年龄组的标准期望寿命表给出，年龄权重则由哈佛大学制定的改进 Delphi 方法确定；疾病伤残损失健康生命年由失能的持续时间乘以残疾权重得出，残疾权重的测量工具是世界银行和世界卫生组织共同研究并于 1980 年发布的损伤、失能和残疾的国际分类（ICIDH）。

5. 质量调整生命年 QALYs。QALYs 是一种表示人的生命质量状况的指标。对于疾病状况下的生命质量，通过效用测量或生命质量权数的调整，可化为相当于完全健康人的生命质量年数。该指标与增加的健康寿命和失能调整生命年两个指标相比，共同点在于都用小于 1 的权重调整伤残或疾病下的生存年限，但质量调整生命年指标所涉及的调整更明显地与效用和生活质量状况相联系，而另外两个指标仅限于对病残情况进行调整。因此，采用 QALYs 指标，可将难以用货币来衡量的隐性指标如疼痛、悲伤、抑郁等生命质量的内容量化。由于疾病或意外伤害会引起生命质量年的损失，医学和药物治疗可减小或避免这种损失，因此采用QALYs对于衡量医学干预的效果是有意义的。但是，真正的难点在于生命质量的效用测量，对数据的需求量很大，并且目前人们对QALYs的最佳量度方法的看法仍未取得真正的一致，因此其应用仍有其局限性。尽管如此，该指标已经成为OECD国家用于进行技术评价的费用—效果分析的标准方法。

四、卫生保健项目的经济评价方法

卫生保健项目的经济评价一般遵循的步骤是：首先确定各种备选方案和基准方案（无项目方案）；然后确定项目目标的观察时间、项目的投入（成本、费用）、过程（接种人数、覆盖率）和产出（患病、死亡人数和寿命年）等；最后确定项目经济评价采用的方法。根据卫生保健项目的投入产出模型，卫生保健项目的经济评价方法主要有费用—效果分析、费用—效用分析和费用—效益分析。其中费用—效用分析使用质量调整生命年或失能调整生命年作为项目健康产出的计量单位，克服了费用—效益分析将项目健康产出简单的货币化带来的问题，也可以比较具有不同种类健康产出项目的经济效益，因而其使用范围较为广泛，特别适合于进行卫生保健项目的经济评价。上述三种方法的适用范围和具体分析思路如下：

1. 费用—效果分析。当界定的效果范围较窄时，采用费用—效果分析，例如结核病的治疗、麻疹的免疫接种和计划生育等项目。效果指标用自然单位表示，例如治愈率、挽救生命人数、寿命年、并发症、生理参数、中间结果（血压、血糖和胆固醇等）和功能状态等。当费用固定时，选择效果最好的方案，称为固定费用法；当效果确定时，选择费用最小的方案，称为最小费用法；当费用和效果均不一致时，综合考虑为边际效果付出额外费用是否值得及增量费用效果分析的结果之后作出决策。

2. 费用—效用分析。当界定的效果比较广泛时，采用费用—效用分析，例如儿童免疫接种项目、基础卫生和公共卫生规划项目等。该方法比费用—效果分析更为普遍，可以用来对影响生命质和量的卫生保健措施进行经济评价。实际上，某些防治措施，如高血压治疗可能延长寿命，但由于治疗产生的副作用，会使生命的质量有所下降。由于项目的效果体现在多方面，因此需要将效果经过一定的转换才能定量，得到的量又称为加权效果，费用—效用分析相应地又被称为加权费用—效果分析。用以测量生命质量的效用指标主要有病残调整生命年和质量调整生命年，具体的评价方法与上述费用—效果分析的方法相似。

3. 费用—效益分析。当项目的目标既有健康状况的目标，又有经济效率的目标，或者是将卫生保健项目与跨部门的项目相比较时，需要采用费用—效益分析的方法。费用—效益分析的特点是将费用和效益全部用货币量化，然后进行比较，因此费用—效益分析的关键在于正确识别项目的费用和效益并用货币量化。由于费用—效益分析需要用货币单位量化卫生保健项目提高人们健康状况的效益，因此在很大程度上增加了分析的复杂性，在具体操作中，评价健康状况改善的效益应该采用支付意愿法而不是人力资本法。

附录 2.3　环境保护项目的经济评价

一、环境保护项目的主要类型

环境保护项目是指社会各有关投资主体从社会的积累基金和各种补偿基金中，拿出一定数量的资金用于工业污染防治、城市基础设施建设、自然生态环境保护和改善及与之相关的项目，主要分为以下几种类型：

1. 工业污染防治项目

工业污染防治项目主要是指在工业生产过程中，对以环境保护为目的或为主要目的所投资的设施和设备。它包括两种类型：①单纯环境保护型的投资，以环境保护为唯一目的，如污水处理设施、防尘器等；②环境保护资源回收或生产型的投资，以环境保护为主要目的，同时还具有其他目标，如粉煤灰制水泥等。

2. 城市基础设施建设中的环境保护项目

在城市基础设施中，有很多与环境保护有关的建设项目。如集中供热项目，既可以节约能源又能减轻城市大气环境污染。城市基础设施投资中的环保项目包括供水、排水系统(包括下水设施和污水处理厂的建设)、河道整治、煤气化、集中供热、型煤厂、城市垃圾处理和绿地（包括树木）等与环境保护密切相关的项目。

3. 自然生态环境保护和改善的项目

保护和改善自然生态环境是环境保护工作的重要内容。它包括自然保护区的建设投资、保护和增殖野生生物物种设施的投资、对采矿而形成的矿坑等进行填埋、恢复等投资项目。

4. 环境管理所需设施的投资项目

环境管理的目的是保护和改善环境质量。因此为强化环境管理服务的投资属于环境保护投资项目。它包括建立环境监测和信息网络、环境保护科研和宣传教育等设施的项目。

二、环境保护项目费用和效益的构成

环境保护项目的费用主要由两部分组成：

1. 直接费用，直接费用是指项目投入物所产生并在项目范围内计算的经济费用，一般包括项目建设的一次性投资、逐年投资、项目设施维护的经常性费用、耗用的人力资源和其他资源费用等。

2. 间接费用，间接费用是指由项目引起而在直接费用中没有得到反映的费用，例如企业因环保项目实施，可能要调整原有的生产结构或产品结构，导致停产和误工损失、生产成本增大等。

环境保护项目的效益一般可以分为三部分来予以考虑：

1. 环保项目的经济效益，可以从两个方面来考虑，一是因环境污染治理所减少的污染损失费用；二是项目本身带来的经济收益，如回收了原材料、综合利用废渣、节约能源等。经济效益一般比较直观，容易货币化。

2. 环保项目的环境效益，主要是指项目造成的生态环境变化对人类利益的影响，主要从项目完成后所产生的污染物总量的削减、生态环境质量的改善等方面进行分析，在环境效益计算时，一般采用有无对比法，即假设不投资，环境恶化会造成多大损失，而现在采取措施后，原来的损失就成了现在的效益。

3. 环保项目的社会效益，主要从生活环境的改善、人们生活质量的提高、因环境污染治理与生态建设给社会带来的稳定等方面考虑，可以采用定量和定性相结合的办法。

三、环境保护项目效益的价值评估方法

环境保护项目产生的效益往往不能通过市场价格反映，无法直接与经济价值进行比较。在经济系统中进行投资能给国民经济带来效益，而以同样的投资投入到环境保护项目中，得到的是环境质量的改善，而失去了可能获得经济效益的机会，为了衡量环境质量改善与失去经济效益对国民经济发展目标的影响，必须用同一个货币单位来计量环境质量改善的效益，因此涉及环境与资源的价值评估问题。

环境保护项目效益的价值评估的基本思路是首先从最明显的、最容易估价的环境影响入手，这意味着要找到那些可以用市场价格反映的、影响到生产力变化的效益，例如河流污染治理项目可能会增加渔业和农业的产出等，如果市场价格没有扭曲则直接采取市场价格，否则采用影子价格。但是环境保护项目的效益往往难以评估，一般而言，生态环境质量提高的效益采用机会成本法、替代市场法、土地价值法和意愿调查评估法；大气和水的质量提高的效益采取预防的费用有效性法、预防性支出法、置换成本法或重置成本法；健康效益方面，减少疾病按照避免的收入损失和医疗费用估计，避免的死亡则采取预防的费用有效性法、人力资本法或意愿调查评估法；娱乐的效益采用旅行成本法或意愿调查评估法；美学、生物多样性文化和历史遗产方面的效益采用意愿调查评价法估计。附表 2. 3-1 给出了环境保护项目效益的价值评估方法，附表 2. 3-2 给出了环境问题与估值方法选择。

附表 2. 3-1　环境保护项目效益的价值评估方法

普遍适用的方法	可供选择应用的方法	可能得到应用的方法
采用市场价格评估的方法	替代市场技术	隐含价格法
生产力变化评价法	旅行成本法	财产或其他土地价格法
疾病成本法	市场化产品作为环境替代品	工资差异法
机会成本法		
从费用角度进行评价的方法	意愿调查评估法	宏观经济学模型
费用效果法	投标博弈法	线性规划法
预防性支出法	去留试验法	自然资源核算
置换成本法	权衡博弈法	经济范围的影响
重置成本法	零成本选择法	
影子工程法	德尔菲法	

附表 2.3-2　环境问题与估值方法选择

环境问题	生产率	健康	舒适度	存在价值
绿色（自然资源）				
土壤侵蚀和肥力	√			
土地退化	√		√	
荒漠化	√			√
盐碱化	√			
森林砍伐	√		√	√
生境丧失（如湿地）	√		√	√
野生动物	√		√	√
有限资源的耗竭	√			
棕色（污染）				
空气污染	√	√	√	
水污染	√	√	√	
危险废弃物	√	√	√	
交通堵塞	√	√	√	
噪声	√	√	√	
蓝色（与水有关）				
地下水损失和污染	√	√	√	
地表水污染	√	√		√
海洋环境	√		√	√
过度捕捞	√			√
全球				
全球变暖	√	√	√	√
臭氧层	√		√	√
生物多样性、物种减少	√		√	√

资料来源：经济合作与发展组织．环境项目和政策的经济评价指南［M］．施函，陈松，译．北京：中国环境科学出版社，1996.

四、环境保护项目主要指标

1．空气质量评价指标

常规检测的几种空气污染物包括二氧化硫（SO_2）、一氧化碳（CO）、二氧化氮（NO_2）、臭氧和悬浮物等。悬浮物包括总悬浮颗粒物（TSP）和可吸入颗粒物（PM_{10}），总悬浮颗粒物是指能悬浮在空气中，空气动力学当量直径小于等于 100μm 的固态和液态颗粒物，而可吸入颗粒物是指空气动力学直径小于 10μm 的固态和液态颗粒物。由于二氧化氮、二氧化硫等大气污染物对人体健康危害很大，会诱发许多疾病。因此，二氧化硫浓度、总悬浮颗粒物、可吸入颗粒物浓度、二氧化氮浓度也是衡量空气质量的重要单项指标。空气污染指数（Air Pollution Index，API），是衡量空气质量优劣的一种综合指标，将常规监测的几种空气污染物浓度简化成为单一的概念性指数值形式，并分级表征空气污染程度和空气质量状况。

2．水环境质量评价指标

水环境质量评价指标分为物理指标、化学指标和生物指标三种。物理指标包括温度、臭、味、色、浊度、固体（总固体、悬浮性固体等）；化学指标分为有机指标和无机指标，有机指标包括含盐量、硬度、pH 值、酸度及铁、锰、氯化物、硫酸盐、硫化物、重金属、氮、磷的含量等，无机指标包括生物耗氧量、化学耗氧量、溶解氧、酚、油等；生物指标主要有大肠杆菌含量等。

3．土壤环境质量评价指标

土壤环境质量评价分为土壤资源评价和土壤—农作物的污染评价，前者判断由于土壤受侵蚀、肥力减退、荒漠化与沙漠化造成农业土壤、林业土壤和牧业土壤资源价值的退化程度，而后者是研究污染物在土壤中的迁移转化和累计过程以及污染物对植物的危害和毒性。土壤环境质量评价单项指标有以下几种：①重金属及有毒非金属物质的含量，例如汞、镉、铅、铜、镍、坤、氟、氰等；②有机毒物和致病菌的含量，例如有机氯、有机磷、酚、油、大肠杆菌等；③酸碱度、全磷、全氮等。综合指标主要是各种综合污染指数等。

4．噪声污染指标

噪声污染严重影响到人们的身心健康和学习、工作效率，采用分贝可以用来度量噪声污染的严重程度。分贝是一个衡量声压大小的相对单位，为声压与基准声压之比，取以 10 为底的对数，再乘以 20，就是分贝数。

五、环境影响经济分析参数

环境影响经济分析参数见附表 2.3-3 ~ 附表 2.3-11。

附表 2.3-3　部分类型环境影响经济分析参数

污染源及其影响	被估价的具体污染源影响以及所在的国家	货币价值（1993 年，美元）	说明
森林：木材与速生造纸林种植	在巴西亚马逊地区种植	每公顷 NPV 为 $ 3184	
森林：空气污染给森林带来的危害	美国与加拿大东部因酸雨和空气污染给森林造成的损害	美国东部人均 $ 10 加拿大东部人均 $ 63	OECD 的作者将总损害变换成人均的单位

续附表 2. 3-3

污染源及其影响	被估价的具体污染源影响以及所在的国家	货币价值（1993 年，美元）	说明
大陆物种：受危害或威胁的物种	美国与其他发达国家每户对物种（包括灰熊、秃鹫、长角羊与美洲鹤等）的估价	每户每年为每个物种的 WTP 为 \$ 1 ~ \$ 18	研究主要在美国与发达国家进行，大部分 WTP 是用 CVM
大陆物种：受危害或威胁的物种	美国西北部斑点猫头鹰保护	保护猫头鹰每年的 WTP 为 \$ 22 ~ \$ 33	使用开放式问卷的 CVM 利用 216 个可用问卷
水生物种：受危害或威胁的物种	美国的蓝鲸、加利福尼亚海獭、北部海象、酒糟鼻海豚、绿宝石银鱼等	每户每年每一物种为 \$ 1 ~ \$ 18	该成果是综合在发达国家进行的研究得出，主要用 CVM
湿地：低洼地的硬木	美国南卡罗莱纳 22000 英亩的国家湿地公园	每年每英亩为 \$ 290 ~ \$ 721	使用 CVM 估计娱乐和生物多样性价值，同时考虑工程成本；CVM 没有用人均或户均表示
湿地：海岸湿地	美国路易斯安那州海湾海岸湿地保护财产免受飓风损害的价值	每公顷湿地为 \$ 11. 86	专家认为此值偏低，宜根据风暴的强度与人口情况调整
湿地：海岸湿地对商业捕鱼的价值	美国海岸湿地每年为商业捕鱼贡献的经济价值	每年每公顷为 \$ 62. 66	
湿地：海岸湿地的娱乐	美国海岸湿地的娱乐价值	每位游客的净效益为 \$ 70. 67	使用 TCM
湿地：洪水治理与渔业生产	美国纽约州	每公顷 NPV 为 \$ 130	
湿地：在热带红树林的捕鱼与薪柴生产	泰国	每公顷 NPV 为 \$ 280	货币价值是以实际从红树林得的总收入为依据
湿地：热带红树林保护下的大米生产	泰国	每公顷 NPV 为 \$ 280	同上

续附表 2.3-3

污染源及其影响	被估价的具体污染源影响以及所在的国家	货币价值（1993 年，美元）	说明
湿地：改善红树林管理，增加薪柴生产与牡蛎收获	泰国	每公顷 NPV 为 $ 1000	货币价值是以受红树林管理改善使总收入增加的预测值为依据
淡水：水质保持	资源的变化：推迟沿河采矿 美国科罗拉多南普拉特河	每户每年为 $ 306（总价值 - 非使用价值 + 娱乐使用价值） 每户每年为 $ 144（娱乐使用价值） 每户每年为 $ 63（存在价值） 每户每年为 $ 43（遗赠价值） 每户每年为 $ 63（选择价值）	CVM 估计选择价值
淡水：改善河水质量	资源的变化：水质从可捕鱼变到可游泳 美国宾夕法尼亚州莫农加希拉河	每用水户每年为 $ 19 ~ $ 52（选择价值） 每非用水户每年为 $ 11 ~ $ 18（选择价值） 每用水户每年为 $ 104（存在价值） 每非用水户每年为 $ 66（存在价值）	CVM 估计选择价值与存在价值
淡水：改善河水质量	资源的变化：水质从行船变到可捕鱼再变到可游泳 美国爱荷华与伊利诺伊州相关流域	娱乐价值 水质从劣到中每户每年为 $ 46 水质从中到良每户每年为 $ 62 水质从良到优每户每年为 $ 63 非使用或存在价值 水质从劣到中每户每年为 $ 55 水质从中到良每户每年为 $ 71 水质从良到优每户每年为 $ 68	CVM 主要用于钓鱼娱乐及非使用价值

续附表 2.3-3

污染源及其影响	被估价的具体污染源影响以及所在的国家	货币价值（1993 年，美元）	说明
淡水：改善河水质量终止	资源的变化：防止弗拉特黑德湖与河的水质恶化 美国蒙大拿州弗拉特黑德流域	平均价值 每户每年为＄101（总价值） 每户每年为＄17（选择价值） 每户每年为＄31（存在价值） 每户每年为＄42（遗赠价值） 每户每年为＄12（娱乐使用价值）	使用 CVM 估计娱乐、选择、存在价值
淡水/酸雨：阻止酸雨危害淡水鱼	阻止酸雨危害淡水鱼 挪威国家研究	平均人均 WTP 为＄222，挪威人口 310 万，防止酸雨的侵害可产生＄690m	使用 CVM，对 WTP 表示“是”或“否”，“接受”或“拒绝”
空气：空气污染对土地或农作物产出造成的危害	考察臭氧浓度从 12ppm 降到 8ppm（减少 33%）带来的效益	受影响地区农业产出增加 1.7% ~5.8%	如果增加而不是减少 50% 意味着农作物产出减少 3.8% ~17.5%
空气：改善空气质量	德国将空气质量由严重污染的“雾霾”状改善到“清洁”状的 WTP	西柏林的总支付意愿约为 7% 的 GDP	使用 CVM 的封闭问卷
空气污染：区域健康的效益	美国人口为 2.36 亿，臭氧对发病率的影响的估价	减少发病率的 WTP 在 6.5 亿 ~77.7 亿美元，最佳值为 23 亿美元	在 1983 年实际臭氧水平的基础上检验三个备选修正标准（14、12、10ppm）
空气污染：区域健康的效益	美国减少碳氢化合物产生的健康效益的估价	使臭氧比 1980 年的水平减少 30%，避免每吨污染的价值为＄131 ~＄3400	该研究估计按这种程度减少的臭氧将能避免 3530 万例咳嗽和 12.4 万例哮喘

续附表 2. 3-3

污染源及其影响	被估价的具体污染源影响以及所在的国家	货币价值（1993 年，美元）	说明
空气污染：地区可看得见的效益	美国加利福尼亚州减少 20% TSP 和 SO_2	每年 5.3 亿 ~ 27.7 亿美元，最佳值为 11.9 亿	加利福尼亚州人口约 1900 万的 4 个主要的空气流域，使用价值加用 CVM 估算的非使用价值以及财产价值
噪声：飞机噪声减少一单位	由于单位飞机噪声的变化使得房屋价格变化的百分比（源于美国、英国、加拿大、澳大利亚、瑞士和荷兰的研究）	NEF 在 0.5 ~ 2.0 之间，平均 0.7 NNI 在 0.2 ~ 0.78 之间	
噪声：交通噪声减少一单位	由于单位交通噪声的变化使得房屋价格变化的百分比（源于美国、加拿大和瑞士的研究）	Leq 在 0.15 ~ 1.26 之间	

资料来源：Asia Development Bank. Economic Evaluation of Environment Impact：A Workbook [M]. Manila：Asia Development Bank，1996.

注：1. NEF 与 NNI 是飞机噪声对于人类听力及不适度的测度量。

2. Leq 表示不变声强水平，用分贝度量。

附表 2. 3-4 欧共体噪声降低的货币价值

地区	每年每人每 dB（1991 年，欧元）
欧盟平均	20. 9
希腊	17. 2 ~ 22. 11
卢森堡	17. 2 ~ 22. 11

附表 2. 3-5 欧洲减少废气排放每 kg 的价值（1995 年，欧元）

	城区	城市以外地区
颗粒物 $PM_{2.5}$	185	19；乡村地区为 0
NO_2		4. 5
SO_2		1. 7

附表 2.3-6　挪威噪声和大气污染的经济价值（1995 年，挪威克朗）

噪声	轿车	0.055 克朗/km
	大型汽车	0.550 克朗/km
大气污染	CO_2	220 克朗/km
	NO_2	115 克朗/km
	SO_2	37 克朗/km
	VOC	15 克朗/km
	PM_{10}	1800 克朗/km

注：VOC 是挥发性有机化合物的简称。

附表 2.3-7　日本噪声的货币评价（1999）

沿路状况	人口集中地区	其他市区	非市区	
万日元/dB（A）/km/年	240	47.52	16.56	0.72
NO_2货币评价值				
万日元/t	292	58	20	1
CO_2货币评价值：2300 日元/t				

附表 2.3-8　中国各地区 SO_2污染和水土流失损害价值参数

省份	SO_2污染损害单位价值（2007 年，元/kg，SO_2）	水土流失单位面积直接经济损失（2007 年，元/km^2）
北京	5.3	19247
天津	4.6	29547
河北	5.0	22779
山西	4.9	45459
内蒙古	4.4	4829
辽宁	4.8	44289
其中大连	5.0	—
吉林	4.4	16774
黑龙江	4.3	24867
上海	5.7	—
江苏	5.1	47211
浙江	5.0	54688
其中宁波	8.1	—

续附表 2.3-8

省份	SO_2污染损害单位价值（2007 年，元/kg，SO_2）	水土流失单位面积直接经济损失（2007 年，元/km^2）
安徽	4.4	44386
福建	4.6	96662
其中厦门	5.8	—
江西	4.5	113981
山东	5.3	44127
其中青岛	5.7	—
河南	4.9	19637
湖北	4.5	41539
湖南	4.6	38411
广东	5.0	39553
其中深圳	5.3	—
广西	4.7	33739
海南	4.2	20841
重庆	4.8	77176
四川	4.8	64217
贵州	5.0	62827
云南	4.4	50762
西藏	4.2	8401
陕西	4.8	43953
甘肃	4.2	28389
青海	4.2	15474
宁夏	4.6	6930
新疆	4.2	820
新疆生产建设兵团	4.2	—
全国平均		20603

附表 2.3-9　中国景观价值参数

景观类型	单位景观价值（2007 年，元/人次）
山水林风景名胜	300
城郊湿地	100
旷野湿地	150
水利工程景观	80
草原景观	130
观光农业景观	100

附表 2.3-10　中国温室气体减排价值参数

减排温室气体的单位价值（2007 – 2008 年度）	
10.9 美元/t CO_2 当量	74 元/t CO_2 当量

附表 2.3-11　中国大气 SO_2 污染健康影响剂量反应参数

污染的健康影响	剂量反应关系系数（%）
人群全死因死亡率	0.04
人群心血管疾病死亡率	0.06
人群心血管疾病住院人次	0.19
人群呼吸系疾病死亡率	0.18
人群呼吸系疾病住院人次	0.15

附录 2.4　一些国家交通事故经济评价参数

附表 2.4-1 ~ 附表 2.4-4 给出一些国家的交通事故经济评价参数。

附表 2.4-1　法国交通事故各项价值（1994）

事故类型	价值（法郎）
死亡	3700000
重伤	381000
轻伤	81000
物质损失（一次）	20600

附表 2.4-2　英国公路事故平均价值（1998）

事故类型	每次事故价值（英镑）			
	人员损失	产出损失	医疗	合计
死亡	686620	360000	620	1047240
重伤	95410	13860	8400	117670
轻伤	6898	1470		9070

附表 2.4-3　美国主要通道的事故费用（1997）

费用类型	汽车（美分/车英里）	巴士（美分/车英里）	轨道交通（美分/车英里）
事故市场价格	4.2	8.4	1.68
事故非市场价格	7.8	15.6	3.12

附表 2.4-4　美国公路安全改善的评价值

	死亡	伤残	财产损失
每亿车英里事故人次数	0.8 ~ 4.0	25 ~ 127	41 ~ 130
事故费用（万美元/亿车英里）	1.20 ~ 2.90	2.4 ~ 8.3	0.2

注：低限和高限数值来自不同的报告。

附录2.5 旅客出行和货物运输时间节约价值

在交通运输基础设施投资项目经济评价中，旅客出行时间和货物运输时间节约是重要的资源节约效益。欧洲公路项目效益中，旅客出行时间节约效益约占80%，我国海港杂货码头项目中，减少船舶在港停泊时间效益也占60%～70%，由此可见，运输时间节约价值及其确定方法，在交通运输经济和项目评价中具有重要意义。

一、时间价值理论

人类活动都是在一定时间和空间上进行的。当今，人们普遍将时间视为一种稀缺资源，同其他生产要素：劳动力、土地、资本、信息等一样。既然时间是一种资源，它便有价格属性，所谓“时间就是金钱”。所以时间节约——旅客出行时间节约和货物运输时间节约，就像其他资源一样也会产生价值。

出行时间节约具有正面的积极的影响：出行时间减少可以更多地工作，可以使国民生产总值增加，同时出行时间减少可以提高社会福利，提高直接的个人效用，即效用由于出行条件的改善而提高。人们工作、消费和休闲活动都是人们追求的满足或效用（愉快或快乐）并使其最大化。所以，时间节约价值的概念模型是一种消费者福利最大化的模型。

二、影响旅客出行时间节约价值估算的因素

旅客出行选择不同的出行时间，不同的出行方式和利用不同的交通工具、目的地等，都受其个人偏好、收入条件、出行目的等因素影响，除了一些客观的约束条件外，其中个人偏好与支付意愿起了很大作用。偏好与支付意愿一般是反映个人行为价值取向，但是，在投资项目经济评价和社会评价中，时间节约价值应有一个社会判断，即社会价值或者说客观价值。

影响出行时间节约价值估算的因素主要有：

1. 收入：收入的高低影响出行方式的选择（交通工具的选择），如收入高的旅客倾向于选择速度快、舒适然而昂贵的交通工具，而收入低的人一般选择速度慢而便宜的运输工具。这就影响出行时间节约价值的估算。从宏观上来看，收入的高低与国内生产总值有关，一般来说，人均收入是随GDP的增长而提高的，这对于估算全国或一个区域（地方）的平均时间节约价值是有影响的。

2. 出行目的：旅客出行概括地分为工作出行和非工作出行，工作出行时间节约的价值高于非工作出行时间节约的价值，当然一些特殊的非工作出行，如紧急就医，其时间价值远远高于工作出行。

3. 交通方式：旅客出行采用的交通方式（轿车、快速轨道、地铁、公共汽车、长途汽车、铁路、航空、船舶等）对于估算各种交通方式的时间节约价值尤为重要。目前人们利用所谓“广义运输成本”（包括时间价值、运价、舒适性等）的概念来预测交通量在各

种运输方式间的分配。所以各种不同运输方式节约的时间价值估算成为各种运输投资项目经济效益的核心问题。

4．出行时间段：出行时间对某些出行者出行是一个约束条件，如上下班，需要按规定时间到达，而有些人则有选择的余地。一般来说，拥挤时间所节约的价值要高于非拥挤时间，工作日出行时间价值要高于非工作日。

5．出行者身份：不同身份的出行者，如公职人员和非公职人员、老人和年轻人、工作者和休闲者、男人和女人、不同职业人员、青年人、老人和儿童等。

6．出行地区：出行地区的差异影响出行时间节约价值，主要与出行者的收入和地区社会经济发展水平有关。大城市出行节约的时间价值不同于小城市，城市间的出行时间节约价值也不同于农村地区出行。

三、旅客出行时间价值的估算方法

时间节约价值估算大概可以归纳为两大类：一类是直接估算方法，有生产法、收入法、费用法等；另一类是间接估算方法，有显示偏好分析法和陈述偏好分析法。

1．生产法。劳动力作为一种生产资源要素参与创造价值，因此，人的旅行时间的缩短会释放出一部分这种资源，如能将其投入生产过程，这样将会增加国民生产总值和国民收入。延长旅行时间意味着将损失这一部分生产潜力，从而产生相应的宏观经济损失。采用生产法需具备下列条件：旅行时间的缩短，要真正能腾出工作时间；职工腾出的时间，要能够用于生产上；社会存在充分就业或劳动力不足的环境。

2．收入法。也称工资法，即按不同的旅行者的收入的一定百分比来计算其旅行时间节约价值。采用这种方法时需有下列条件：职工在其可支配的时间范围内，有选择劳动力时间和闲暇时间如何结合的自由；每个旅行者视旅行和劳动强度一样。如果旅行占用了闲暇时间，则视闲暇时间可以用于其他工作而获得收入；旅客把旅行节约的闲暇时间用于工作上的收入，与其用的时间数量成正比。

3．费用法。费用法是建议在旅行时间和旅行费用可以互相替代的原理上，减少旅行费用意味着旅客可以获得其他的福利（包括获得更多的旅行时间）。于是，时间也就间接地被认为是消费的替代物，这是选择不同运输方式或方法的出发点。在较慢而较便宜的运输方式和较快而较贵的运输方式之间的费用差和时间差之比，便是旅行时间的节约价值。使用这种方法要注意：对于收入低的旅客来说，减少旅行费用比减少旅行时间更重要；较快的运输方式，不一定总是较贵的。

4．显示偏好分析法（revealed preference analysis，RP）。显示偏好分析法主要是通过对出行者出行次数的观察统计或调查数据来推算的时间价值。这种估算方法能较好地解释实际观察到的出行者选择行为（如在快速而昂贵的运输方式和慢而便宜的运输方式之间的选择），是研究时间节约价值这个问题最现实的基础。但是，在实际工作中，这种方法的费用太大，而且存在很大的不确定性，因为即使存在一种选择，也只能按出行者所选出行方案进行直接实证，而不能对所放弃的方案进行实证。

5．陈述偏好分析法（stated preference analysis，SP）。陈述偏好分析法是通过对出行者行为进行问卷调查或直接询问、访谈来推算出行者的行为价值，这种方法可以克服 RP

方法用费大和不透明的缺点和限制，可在较大范围内进行，通过问卷回答可以得到许多可信的选择信息。在一次简单的实证调查中花费不大。目前大多数研究是采用SP方法，在一些大型项目中也有采用RP方法，主要用于核对SP方法的结果。结果表明，用RP方法所推算的时间节约价值一般都高于SP方法的估算结果，但趋势是一致的。

四、货物运输时间节约价值的估算

货物运输时间节约价值估算有两种方法：要素成本法和陈述偏好法。要素成本法是确定运输工具（车、船、飞机）成本随时间变化的要素费用（最主要的是工资、资本利息和运输工具所载的货物利息和执照费）。陈述偏好法是研究托运人（货主）的常规选择，以期获得有关时间价值的资料。例如，按1995年价格，荷兰的非大宗货物公路运输的每小时时间节约价值，采用要素成本法计算为22～24美元，而采用陈述偏好法则为40美元。我国目前公路和水运都采用要素成本法，即降低车船营运成本的时间价值。水运则分为船舶在港停泊艘天费用和航行艘天费用。附表2.5-1和附表2.5-2列出了各类时间节约的建议默认值。

附表2.5-1 《投资运营的经济分析》一书推荐的各类时间节约的建议默认值

出行目的	估值依据	默认值
商务出行	雇主成本	$(1+d^1)\,w$
上下班出行	经验观察法	$0.30w$
步行/等待	经验观察值	1.5×出行目的的价值：
工作出行		$1.5\times(1+d^1)\,w$
休闲		$1.5\times0.30w$
货物运输	资源费用法	车辆时间费用+司机工资费用+车载货物时间费用
公共运输	资源费用法	车辆时间费用+司机工资费用+固定资产折旧

注：d^1为工资比例，由社会保障、医疗保险和雇主支付的其他福利费用组成。w为小时工资加津贴。

资料来源：P. 贝利等. 投资运营的经济分析：分析方法与实际应用［M］. 建设部标准定额研究所译. 北京：中国计划出版社，2002.

附表2.5-2 K. M. Gwilliam推荐的各类时间节约的建议默认值

出行目的	估算方法	价值
工作出行	雇主成本	$1.33w$
商务出行	雇主成本	$1.33w$
上、下班及其他非工作出行	实际观测	$0.3H$（成人） $0.15H$（未成年人）
步行/等待	实际观测	
（a）工作出行	实际观测	1.5×出行目的的值
货运/公共运输	资源费用法	车辆成本+司机工资+旅客（货物）时间成本

注：w—每小时工资率；H—每小时家庭收入。

附表 2. 5-3　美国道路使用者出行时间费用（美元/人·英里，1996 年）

车　辆	市内高峰时间	市内非高峰时间	农村	平均
轿车平均	0. 230	0. 170	0. 150	0. 174
小型轿车	0. 230	0. 170	0. 150	0. 174
电动轿车	0. 230	0. 170	0. 150	0. 174
蓬车/轻型卡车	0. 230	0. 170	0. 150	0. 174
公交运输旅客	0. 180	0. 154	0. 135	0. 152
柴油机巴士	0. 350	0. 280	0. 233	0. 275
电动巴士	0. 350	0. 280	0. 233	0. 275
摩托车	0. 230	0. 170	0. 150	0. 174
自行车	0. 350	0. 300	0. 300	0. 310
步行	1. 000	1. 000	1. 000	1. 000
在家工作	0	0	0	0

注：美国运输部评价运输项目的出行时间价值（1997 年，美元）：乘车时间 8. 90 美元/人·时，等待巴士时间为 17. 00 美元/人·时，货运卡车 16. 50 美元/人·时。

附表 2. 5-4　美国波士顿市和波特兰市出行时间费用（美分/英里）

城市	收入水平	高速路		非高速路		普通铁路		轨道交通		巴士		自行车		步行	
		高峰	非高峰	高峰	非高峰	高峰	非高峰	高峰	非高峰	高峰	非高峰	高峰	非高峰	高峰	非高峰
波士顿	高	24. 3	9. 6	40. 4	23. 9	28. 9	22. 7	40. 1	28. 6	50. 5	39. 8	60. 6	47. 8	243	159
	中	15. 2	8. 0	24. 3	15. 9	19. 8	14. 0	28. 1	25. 3	50. 5	39. 8	60. 6	47. 8	202	159
	低	11. 0	8. 0	20. 2	13. 6	19. 0	13. 3	*n/a*	*n/a*	50. 5	39. 8	60. 6	47. 8	202	159
波特兰	高	11. 1	7. 8	19. 9	13. 1	*n/a*	*n/a*	*n/a*	*n/a*	42. 6	33. 5	49. 8	39. 2	166	131
	中	10. 0	7. 1	16. 6	11. 2	*n/a*	*n/a*	*n/a*	*n/a*	42. 6	33. 5	49. 8	39. 2	166	131
	低	7. 7	6. 0	12. 4	9. 8	*n/a*	*n/a*	*n/a*	*n/a*	30. 2	23. 8	49. 8	39. 2	166	131

附表 2.5-5 从非拥挤到拥挤出行的转移费用

总出行时间（min）	费用增量（美元/min）
10	0.79
15	0.52
26	0.30
30	0.26
45	0.17
60	0.13

附表 2.5-6 可靠性估值

出行类型和收入	标准差（美元/min）
工作出行，高收入（≥4.5 万美元/a）	0.26
工作出行，低收入（<4.5 万美元/a）	0.22
非工作出行，高收入（≥4.5 万美元/a）	0.21
非工作出行，低收入（<4.5 万美元/a）	0.17

附表 2.5-7 一些欧洲国家和加拿大出行时间价值（1998 年）

国 家	轿车（欧元/h）	货车（欧元/h）
比利时	7.8	29.7
加拿大	4.5（休闲时间出行）	
丹麦	7.2	20.9
芬兰	4.6（工作和休闲出行平均值）	16.9
法国	9.5	25.2
德国	4.6	28.3
希腊	3.8	5.9
爱尔兰	11.3	14.1（货车平均值）
卢森堡	13.5	16.5
荷兰	7.8	9.5
挪威	7.8（休闲出行）	
葡萄牙	4.3	5.2
西班牙	10.0	16.5
瑞典	5.4	21.5
瑞士	27.3	61.7
土耳其	4.8（司机平均值）	
英国	9.9	12.2

附表 2.5-8　英国 COBA 模型利用的出行时间价值（便士/h，1994 年）

车　　型	占用率	时间模式	每人	每车
轿车（工作）	1.00 司机	工作	1289.8	1407.6
	0.11 乘客	工作	1070.6	
轿车（非工作）	1.00 司机	非工作	315.0	548.1
	0.74 乘客	非工作		
轿车平均	1.00 司机	14.6% 工作		673.6
	0.65 乘客			
轻型货车（工作）	1.00 司机	工作	1003.1	1424.4
	0.42 乘客	工作	1003.1	
轻型货车（工作）	1.00 司机	非工作	315.0	504.0
	0.60 乘客	非工作	315.0	
轻型货车平均	1.00 司机	72% 工作		1166.7
	0.47 乘客			
其他货车	1.00 司机	工作	945.0	945.0
公共服务车辆（巴士）	1.00 司机	工作	983.1	
	12.1 乘客	非工作	315.0	
	0.1 乘客	工作	1064.4	4901.0
平均				784.4

注：COBA 模型为英国 COBA（费用效益分析）手册中的模型。

附表 2.5-9　法国、德国和瑞典出行时间价值（1997 年）

法国（欧元/h·人）	德国（欧元/h·人）	瑞典（欧元/h·人）
道路 6.37 铁路 2 等 9.94 1 等 25.32 航空 44.90	工作日 私人轿车 5.60 货车 2136 铁路 30.52 巴士 63.58 星期日 私人轿车 2.80	休闲时间出行 上下班 4.04 当地休闲出行 3.00 区间出行 8.09 （上下班和休闲） 工作出行 轿车 21.95 航空 17.33 城市间火车 16.17 高速铁路 16.17 地区性铁路 12.71 城市间巴士 12.71 区域间巴士 12.71 货车 23.45

附表 2.5-10　新西兰车辆利用者时间价值（美元/h，1998 年）

模　　式	工作出行	非工作出行	拥挤附加
轿车、摩托车司机	21.30	7.00	3.50
轿车、摩托车乘客	21.30	5.25	2.60
轻型货车司机	19.25	7.00	3.50
轻型货车乘客	19.25	5.25	2.60
中型货车司机	15.80	7.00	3.50
中型货车乘客	15.80	5.25	2.60
重型货车司机	15.80	7.00	3.50
重型货车乘客	15.80	5.25	2.60
巴士有座位乘客	21.30	5.25	2.60
巴士站立乘客	21.30	10.55	2.60
步行者、骑自行车人	21.30	10.55	

附表 2.5-11　加拿大不列颠哥伦比亚交通运输局利用的出行时间价值

类　　型	出行时间价值
货车司机	工资率
个人车辆司机	现行工资率的 50%
成年人轿车和巴士乘客	现行工资率的 35%
16 岁以下儿童乘客	现行工资率的 25%
拥挤度增加值： 服务水平 D 乘 1.33 服务水平 E 乘 1.67 服务水平 F 乘 2.0	

附表 2.5-12　孟加拉国乡村出行时间价值（达卡/h，2002 年）

类　　型	平均	男人	女人
车内时间	3.50	4.75	2.25
步行时间	3.91	5.16	2.66
附加值			
非舒适性出行条件（加）	2.29		
集市日（加）	1.47		
有薪金人和商人（加）	14.72		
携物出行（加）	0.48		
穷人出行者（总出行价值）	0.31		

附表 2.5-13 世界银行有关运输基础设施项目的出行时间价值表 单位：美元

年度	国家	摩托车	轿车	小货车	巴士	卡车	铁路	项目
1992	委内瑞拉		2.72					市内运输
1996	乌拉圭	0	1.10	1.10	0.29	0		全国公路网分析
1996	乌克兰				0.15			市内运输
1993	突尼斯		1.07		0.48		0.48	市内运输Ⅱ
1983	突尼斯	0.33	0.33	0.33	0.33	0.33		市内运输Ⅱ
1975	泰国	1.00	1.50		0.50			曼谷公交通管理
1990	斯里兰卡	0.41	0.82		0.16	0.16		科伦坡市内运输
1991	塞拉里昂	0	0	0	0	0		道路维修
1993	圣露西亚		1.14	1.49	0.91	1.10		
1994	俄罗斯				0.35			市内运输
1993	秘鲁	0.69	0.69	0.69	0.69	0.69	0.69	公路改造
1995	黎巴嫩		1.72	2.59	1.24	0		国家公路
1995	拉脱维亚				1.80			市政服务开发
1994	韩国		2.57		1.70			釜山市内运输管理
1984	韩国		1.65		0.45	0.90		汉城市内运输
1995	肯尼亚		1.24	0.24	0			市内基础设施
1985	印度尼西亚		2.06	2.06	0.42			地区城市运输
1996	印度	0.58	0.62		0.56/0.24	0		国家公路Ⅲ
1995	匈牙利		2.80*			6.63*		运输Ⅱ（公路部分）
1991	洪都拉斯		0.60	0.60	0.14			道路维修
1992	危地马拉		0.80	1.00	0.28			道路维护
1995	中国		0.05	0.05	0.05	0.05		公路投资项目
1996	多米尼加		0.73	0	0.116	0		国家公路
1993	象牙海岸	0.67	0.67	0.67	0.67			市内Ⅱ
1995	哥伦比亚		1.72		0.32	0.32		波哥大市内运输
1996	中国	0.12	0.12	0.12	0.12	0.12		天津市内开发和环境
1993	中国	0.33	0.33	0.33	0.33	0.33		上海地铁运输Ⅱ
1989	中国	0.20	0.20	0.20	0.20	0.20		上海地铁运输Ⅰ
1993	智利		5.97*	8.31*	30.89*	4.48*		公路Ⅲ

续附表2.5-13

年度	国家	摩托车	轿车	小货车	巴士	卡车	铁路	项目
1989	智利		4.81*	5.04*	26.93*	3.86*		公路Ⅲ
1985	智利		2.17*	2.55*	14.40*	2.40*		公路Ⅱ
1985	智利		2.07*	3.60*	19.54*	3.35*		公路Ⅰ
1987	喀麦隆		1.47		1.47	0		市内Ⅱ（杜阿拉基础设施）
1989	布尔吉纳		0.63		0.63	0.23		城市Ⅱ
1995	巴西		4.46		1.28		0.78	地铁运输分散化
1979	巴西		0.71		0.15		0.22	市内运输Ⅱ（阿雷格里港）
1993	孟加拉		0.91	0.41	0.35			贾木纳桥
1990	孟加拉		0.57	0.43	0.23			公路改球造和维护Ⅱ

注：栏中数字上*符号系为美元/车·h。

附录 2.6　生命价值的估算

一、生命价值的估算原理

环境保护、卫生医疗和安全等项目的效益很大一部分体现在死亡率和患病率（或伤残率）的降低，在涉及健康和生命的费用—效益分析中，社会必须在经济代价和健康生命之间做出权衡：大家愿意放弃多少经济收入来换取污染造成的死亡率下降 1 个万分点（每万人中减少 1 人死亡）这种权衡便涉及生命价值的量化问题，以便增加的健康生命的价值与投入资源的价值相比较，为决策提供依据。

在处理生命价值这一经济学命题时，把人作为“经济人”对待，而非“自然人”，是从生命过程中的社会经济关系进行考察，反映人一生的经济活动规模，而非人体的经济价值。在社会中，一个人在不同时刻表现出不同的经济价值，如一个人参加社会经济活动会得到经济报酬，一个人受到伤害会得到经济赔偿等。所以，当一个人或社会在比较减小不同危害所需付出的经济代价，以及在比较把同样的资源用于减小危害或者是获得某种满足时，人的经济价值都是有意义的。这种意义不仅表现为从社会的角度来度量一个人的价值，而且也表现为从个体角度来比较自身的各种生命经济价值。

长期以来，国内外不少专家学者从各自角度研究了生命和健康价值测算的基本理论和方法，最常用的是人力资本法和支付意愿法，前者表示了社会中一个人可生产的财富或社会产生一个劳动者的边际代价；而后者则表示了社会为挽救一个生命所愿意付出的代价，这种意愿可以是已经表现在社会的各种活动中，或只是存在于人们的意识中。已经表现出来的意愿可以是人们为了安全、健康等实际支付的代价（显示偏好法），而存在于人们意识中的意愿则需要进行某种社会民意调查（陈述偏好）。

二、人力资本估算法

按照衡量个体对社会贡献的不同标准，应用人力资本法估计生命价值主要有以下几种方法：

1. 按国内生产总值估计

国内生产总值是指一个国家或地区所有常住人口在一定时期内生产活动的最终成果，人均国内生产总值反映了单位个体通过生产活动创造的价值。世界银行就是采用人均国内生产总值并按一定折现率折现的方法估算人的生命价值，计算公式如下：

$$P = GDP/\text{人} \cdot \sum_{n=1}^{N} \frac{(1+g)^n}{(1+r)^n} \qquad \text{(附录 2.6-1)}$$

式中　P——生命价值；

N——期望寿命；

g——预期人均国内生产总值增长率；

r——社会折现率。

2. 按人均国民收入估计

国民收入与国民生产总值的区别在于：国民收入不包括折旧；国民收入是根据企业出售产品的价格来计算的，GNP是根据购买者支付的价格来计算的，不包括间接税。所以人均国民收入更直接地表示了一个人平均创造的社会价值。根据人均国民收入估算生命价值的计算公式如下：

$$P = GNP/\text{人} \cdot \sum_{n=1}^{N} \frac{(1+g)^n}{(1+r)^n} \qquad \text{（附录 2. 6-2）}$$

式中　P——生命价值；

N——期望寿命；

g——预期人均国民收入增长率；

r——折现率。

3. 按人均消费水平估计

有些经济学家认为，经济活动的最终目的是经济福利的增加，而福利更多地取决于消费，而不是生产。人均消费水平反映了社会生产维持一个生产者的实际费用，也反映了社会中每个人享受的纯经济福利水平。当一个人死亡时，该人实际损失的是自己的消费享受。在我国不同地区和不同职业的人群之间人均消费水平有很大的不同，可以按全体居民、农业居民和非农业居民的消费水平估算。根据消费水平估算生命价值的计算公式为：

$$P = \text{人均消费水平} \cdot \sum_{n=1}^{N} \frac{(1+g)^n}{(1+r)^n} \qquad \text{（附录 2. 6-3）}$$

式中　P——生命价值；

N——期望寿命；

g——预期消费水平增长率；

r——折现率。

4. 按职工人均工资或收入估计

职工人均货币工资或职工人均总收入是中国城镇人口中的劳动者的人均收入。不同所有制职工收入也有所不同。因为，我国考虑职业保健、环保等问题主要是在城镇，所以，城镇人口的收入是一个重要的数据。用每年的工资乘以职工法定最大工作时间42年，来估算社会中平均一个人终生预期工资，也可以采取上述折现的方法。

5. 按城乡居民的收入估计

我国不同地区和城乡居民之间的收入有很大差别。我国有按省划分的城乡居民的收入分布，城镇采用城市居民消费价格指数，农村采用农产品收购价格指数。因此可以分类估算人的生命经济价值。

汇总上述各种方法，按照不同经济指标的估计结果见附表2.6-1。表中的各个数据表示了因统计方法、城乡和消费等不同带来的对人力资本法估计结果的差异。由数据分布可以看出，按人均GDP估计的生命价值结果处于分布的中间位置，并且它能比较客观地代表人均的社会财富，所以选取由该方法得到的结果，即生命价值为75343元作为人力资本法最为合理的估计结果，而世界银行推荐使用的也正是该方法。

附表 2.6-1 各种分析方法研究结果汇总表

	人均 GDP	人均 GNP	人均消费	人均工资	城镇居民人均可支配收入	农村居民人均纯收入
经济指标	7543	7418	3611	10870	6860	2366
计算年限	71	71	71	42	71	71
折现率	10%	10%	10%	10%	10%	10%
生命价值	75343	74094	36068	106715	68521	23633

注：1. 人均 GDP、人均 GNP 等经济指标取自 2001 年的数据，因此该表得出的生命价值的货币单位为：元（2001）。

2. 人均工资的计算年限按照职工法定最大工作时间 42 年计，其余按照第五次全国人口普查结果即中国人口平均寿命 71 年计。

3. 折现率采用社会折现率，参照本课题社会折现率的计算结果稍微做了变动。

人力资本法存在很大的局限性，主要体现在：

（1）这种算法是站在当事人之外，违背了经济学的消费者主权（consumer's sovereignty）原则；

（2）人力资本法只考虑社会的经济收入减少，忽略了疾病和伤害等给病人和家属带来的痛苦、悲哀等无形损失；

（3）对家务生产力估计时只对家庭主妇进行货币价值估计，而认为那些退休的或非劳动收入的人没有经济价值；

（4）人群中不同群体的收入差别反映的是工资差别，而不是实际的生产力差别；

（5）折现率对生命价值的估计比较敏感；

（6）人力资本法评价的是一个潜在的生产力价值损失，忽略了这样一个问题，即在生产过程中，每个人都可被代替。在短期缺勤中，工作可由其他的雇员完成或工作延期。在长期缺勤中，工作可由失业者来做或雇员被安排做其他的工作。

由于人力资本法主要是从死亡或伤残给受害人和社会造成的收入损失角度估算人的生命价值，没有考虑受害者及亲属的精神损失和意愿，因此估算的结果偏低。人力资本法可以为交通事故、工伤等事件确定赔偿的标准提供依据。

三、支付意愿法

经济分析作为一种事前预计，必须尽量避免项目造成的人员伤亡，因此，采用人力资本法就不尽合理，国际上普遍采用的是支付意愿法。由于支付意愿法估算得出的生命价值与人力资本法相差较大，一般前者要高出后者 5 ~ 10 倍，因此世界银行还建议在涉及生命价值的费用—效益分析时，采取两种计算方法，分别作为生命价值的上、下限，其下限采用“人力资本法”，通过人均收入来确定；其上限则采用“支付意愿法”。

支付意愿法是一种用以测量健康改善（包括病情改善和精神痛苦减轻）所带来的价值

的方法，它是建立在效用理论基础上的，通常基于观察到的为减少过早死亡所愿意付出的价格（WTP）或为已造成的过早死亡愿意接受的赔偿（WTAC）（是一种对过早死亡更综合的估价）。目前该方法在理论上比较成熟，但由于该方法受到人们的生活水平、对健康的看法以及知识层次等方面的影响，因而它的实际应用受到很大的影响。

运用支付意愿法评估生命价值在于通过考察人们的某种选择行为来揭示其中隐含的为了降低一定的死亡风险而愿意付出的最大代价，揭示支付意愿的方法主要有工资隐含价格法、防护费用法和实验评价法。

工资隐含价格法利用劳动力市场中死亡风险大的职业工资高（其他条件相同时）的现象，经过控制回归分析的变量，找出工资差别的风险原因，通过风险因素对工资的偏导数系数估计出生命价值。

防护费用法利用一些防护措施可以降低死亡风险（如汽车安全带、空气净化器）的消费行为，根据防护费用所能购买的死亡风险降低，可以估计出生命价值。例如，空气净化器可以通过减轻空气污染而降低健康风险。假如空气净化器的价格是120元，它能降低的健康风险是万分之一，则这一消费决策中隐含的生命价值是120万元。

实验评价法采用在模拟市场中求出人们对风险降低的支付意愿。在人群中进行抽样调查，询问人们为了降低特定数量的死亡风险而愿意支付的金钱，由此求出人的生命价值。由于这种方法是通过观察人们在模拟市场中的行为，而不是在现实市场中的行为进行评估，通常不发生实际的货币支付，因此它可能出现较大的偏差。但是，该方法具有完善的经济理论基础，其成功运用的关键在于严格检验操作实施的每一步。从模拟市场设计、问题提问方式、抽样调查操作到结果分析，每一步都要精心设计，成功的设计要依靠实验经济学、认知心理学、行为科学以及调查研究技术的指导。美国学者 Viscuci（1992）综合分析了人的生命价值评估结果，发现工资隐含价格法和实验评价法的估值结果很接近，而防护费用法结果偏低，比较集中合理的结果是每个统计生命价值（美国）为300～700万美元（1990年），见附表2.6-2。

附表2.6-2　生命价值评估结果（美国）

研究方法	生命价值（1990年，万美元）
工资隐含价值法	60～1620
实验评价法	10～1560
防护费用法	7～400
最佳估计	300～700

支付意愿法已经成为度量生命价值的公认方法，在工业化国家运用很广，但是在我国还没有类似研究，因此我们可以利用成果参照法，根据美国的研究结论推算出我国居民的生命价值。成果参照法的换算公式如下：

$$B_p = B_s \cdot \left(\frac{Y_p}{Y_s}\right)^{\varepsilon} \qquad \text{（附录2.6-4）}$$

式中 B_s——s 国的生命价值；

B_p——p 国的生命价值；

Y_s——s 国的收入水平；

Y_p——p 国的收入水平；

ε——经济价值相对于实际收入的弹性系数。

世界银行（1997）根据此方法推算出中国人的生命价值，城市人口为6万美元，农村人口为3.18万美元。由于我国还没有开展涉及考察危险工作收入补偿和消费者安全支出的偏好揭示等方面的研究，因此无法提供根据个人意愿估算生命价值的足够数据，在这种情况下，借鉴国外在该领域的研究结论，并通过成果参照法推算我国居民的生命价值，无疑是一种比较现实的做法。按照美元和人民币的汇率8.28，1997年我国居民消费价格指数102.8和2001年居民消费价格指数100.7，可以推算出按照2001人民币我国城市居民的生命价值为48.7万，农村居民的生命价值为25.8万。这一结果可用于项目事前的决策评估。

采用支付意愿法，调查的群体对于估算结果影响很大，例如富人群体和穷人群体对于生命的认识有很大差别，必然导致估算结果的大相径庭。因此，采用支付意愿法应该尽量使调查的群体具有代表性，即样本的选择应该尽可能地反映母体的特征。如果样本的选择很有代表性，那么估算的结果作为平均数，可以降低由富人支付意愿得出的富人的生命价值，并适当提高穷人的生命价值，这样就可以消除不同职业、不同年龄和不同收入状况个体之间的生命价值的差别。人力资本法计算生命价值也存在同样的问题，如果按个体的收入对其生命价值进行折现，必然会导致富人的生命价值远高于穷人的生命价值，但是如果采用人均国内生产总值或人均国民收入，就可以消除该差别。另外，由于不同个体年龄和身体状况的差异性，可以将支付意愿法和人力资本法与DALYs或QALYs结合起来，用年龄权重和残疾权重调整不同年龄和身体状况人的生命价值，消除由于年龄和身体状况的差异带来的统一标准事实上的不合理性。

附录 3　经济评价案例

附录3.1　某火力发电厂一期项目经济后评价

提要：本案例是一个连续投资、分阶段投产项目的经济后评价节录，在后评价的实践过程中，先将第一阶段与第二分阶段作为两个项目分别独立评价，而后又将第一阶段与第二阶段合起来作为连续投资分期投产的项目进行一次性整体评价，三个项目评价结果的比较完全符合工作常识与经济理论。

一、项目基本情况

A发电有限公司位于南方B省T市，珠江口以西60km的铜鼓湾口西侧海岸边，三面环山，南面临海，占地面积40.5km^2，厂区距T市约50km。

2001年初，SH集团下属的能源股份有限公司和B省电力集团公司分别出资80%和20%注册成立了以煤炭为原料的A发电有限公司。公司一期工程5台600MW机组，2001年开始建设，2007年全部投产，公司目前总装机容量为300万kW，是南方电网装机容量最大的火力发电厂。公司二期工程规划建设4台1000MW超临界机组。

项目建设理由

（1）“十五”和“十一五”B省经济的快速发展，电力负荷将增大，电源供应能力不足，电源建设相对滞后，装机容量的增长远低于负荷的增长。

（2）“西电东送”及吸纳三峡水电站送电受端电网需要大电源作支撑。

（3）项目前期准备工作已有一定深度，为一期工程迅速开工建设提供了条件。

建设目标

项目宏观目标是适应B省电力需求迅速发展的需要，加快电源结构调整，提高系统稳定性，增强西电东送能力。

项目一期工程目标是建设有竞争力的安全、可靠、先进、环保的机组，建设5×60万千瓦发电机组及相应配套设施，提高电网运行的可靠性。

项目实施进程

本项目1992年10月申报立项，1993年1月原国家计委批准立项。1994年3月通过可研报告的审查，2001年3月至2003年4月，1、2号机组和3、4号机组及5号机组分别完成可行性研究报告的修编。项目1、2号机组可研报告于2001年4月由B省发展计划委员会和SH集团分别上报原国家发展计划委员会，2002年10月可研报告通过原国家计委的批准，项目前期准备工作历时10年。2002年底和2003年1月B省计委和SH集团分别上报3、4号机组可研报告，2003年5月上报了5号机组的可研报告，2004年3月国家发改委对3、4、5号机组可研报告作出了批复。

2003年5月和2004年4月中国国际工程咨询公司分别完成对项目1、2号机组和3、4、5号机组初步设计的审查，SH集团于2004年3月和5月对上述机组的初步设计作出了批复。

从投资的角度看，A火力发电厂一期项目实际上是两个分立的项目：三份可行性研究报告、两次获国家投资主管部门批准；从运营管理的角度看，两个分立项目又在同一财务主体——A发电公司厂管理之下，统一现金支出与收入，对外统一签订合同与结算。

二、评估使用的资料

略

三、项目一期总投资后评价

（一）1、2号机组各阶段投资构成及分析

根据C电力设计院对A发电公司一期1、2号机组作的可行性研究报告称，项目投资由四大部分组成：发电工程、脱硫装置、微波工程及输变电送出工程组成。总投资为704185万元，其中输变电送出工程的投资为35845万元。

据了解，电力行业作项目可行性研究时习惯上把发电工程与输变电工程作为一个项目，然而，按照我国电力行业管理，发电工程是由电厂投资并运营管理，输变电工程是由电网投资并运营管理，即一个电力项目产生两个业主。由此，A发电公司一期1、2号机组发电工程的在可研阶段的动态投资总额应为665494万元。见附表3.1-1，A发电公司一期1、2号机组投资构成。

附表3.1-1　A发电公司一期1、2号机组投资构成　　单位：万元

项目投资	可研	概算	竣工	竣工－概算	竣工－概算（%）	竣工－可研	竣工－可研（%）
1 建设投资（发电、脱硫、微波）	629755	582483	556235	-26248	-4.51	-73520	-11.67
建筑工程费	219427	220392	231844	11452	5.20	12417	5.66
设备购置	249359	198521	203314	4793	2.41	-46045	-18.47
安装工程	76669	69420	63701	-5719	-8.24	-12968	-16.91
其他费用	55483	94150	57375	-36774	-39.06	1892	3.41
预备费	28817	0	0	0	0	0	0
2 建设期利息	35739	82628	70583	-12045	-14.58	34844	97.50
3 动态投资	665494	665111	626818	-38293	-5.76	-38676	-5.81
4 铺底流动资金	2846	3173	3173	0	0	327	11.49
5 计算项目资本金的建设投资	668340	668284	629991	-38293	-5.73	-38349	-5.74

注：表中的数字均引自可研报告与竣工审计报告的资料。总投资额与后面财务分析的计算结果不一致，原因见后面财务分析。由于数据资料的不配套，为维持资料的延续性，本表仍使用竣工审计资料。

A发电公司一期1、2号机组投资竣工阶段的总投资比可研阶段的总投资减少37586万元，减少5.74%。其主要原因是：设备采购费减少46045万元，项目设计合理、建设期物价平衡，未发生预备费28817万元，但是由于建设期利息增多34844万元，建设工程与安装工程分别增减12000万元、相互抵消。从竣工决算与可研投资的比较看，竣工决算总投资比可行性研究总投资少5.74%，该误差在国家允许的范围10%内，投资控制比较成功。

（二）A发电公司一期3~5号机组投资构成及分析

根据C电力设计院为A发电公司一期3、4号机组作的投资估算及经济评价，项目投资由四大部分组成：发电工程、脱硫装置、微波工程及输变电送出工程组成。总投资为528768万元，其中发电工程动态投资为462923万元，输变电送出工程的投资为65845万元。根据C电力设计院为A发电公司一期5号机组作的投资估算及经济评价，项目仅含发电工程，总投资为229904万元。根据电力行业投资划分的传统习惯，去掉3、4号机组可研报告中的输变电工程投资，3~5号机组可研阶段的总投资应为692827万元。见附表3.1-2，A发电公司一期3~5号机组投资构成。

附表3.1-2 A发电公司一期3~5号机组投资构成 单位：万元

项目 总投资	3、4号 可研	5号 可研	3~5号 可研（不含输变电）	3~5号 概算	3~5号 竣工	3~5号 竣工－可研	竣工－可研（%）	3~5号 竣工－概算	竣工－概算（%）
1 建设投资	486188	213654	639962	603588	512316	－127646	－19.95	－91272	－15.12
建筑工程费	58301	26072	84373	100193	85905	1532	1.82	－14288	－14.26
设备购置	223433	115815	339248	303797	266947	－72301	－21.31	－36850	－12.13
安装工程	140491	39843	120454	116847	100559	－19895	－16.52	－16288	－13.94
其他费用	32385	16098	48483	58747	58905	10422	21.50	158	0.27
预备费	31578	15826	47404	24004	0	－47404	0	0	0
2 建设期利息	39916	14933	48884	40466	21747	－27137	－55.51	－18719	－46.26
3 动态投资	526104	228587	688846	644054	534063	－154783	－22.47	－109991	－17.08

续附表 3.1-2

项目总投资	3、4 号可研	5 号可研	3~5 号可研（不含输变电）	3~5 号概算	3~5 号竣工	3~5 号竣工－可研	竣工－可研（%）	3~5 号竣工－概算	竣工－概算（%）
4 铺底流动资金	2664	1317	3981	5321	3598	－383	－9.62	－1723	－32.38
5 计算项目资本金的建设投资	528768	229904	692827	649375	537661	－155166	－22.40	－111714	－17.20

注：同附表 3.1-1。

3~5 号机组实际投资比可研总投资节省 15.5 亿，主要原因是设备购置节省 7.2 亿，安装工程减少 1.99 亿，预备费未发生 4.7 亿，建设期利息减少 2.7 亿，实际总投资还是比可研总投资少 22.4%。这个比例远超过国家规定的 10% 的标准，也超过某会计师事务所提交的竣工决算审计给出的实际总投资比概算总投资少 17.2% 的结论。总体上说，3~5 号机组投资控制比较好，但可行性研究阶段投资估算比较粗略。

四、资金筹措

在 A 发电公司成立之时，SH 集团下属的能源股份有限公司和 B 省电力集团公司分别出资 80% 和 20%。总股本为项目总投资的 25%，符合国家规定的电力行业项目资本金比例。实际股权投资出资额见附表 3.1-3，各年股权资金出资额。

附表 3.1-3　各年股权资金出资额　　单位：万元

机组	股东	2002	2003	2004	2005	2006	总股本投资
1、2 号机组	能源股份	25400	64000	36600	0	0	126000
	电力集团	6350	16000	9150	0	0	31500
	小计	31750	80000	45750	0	0	157500
3~5 号机组	能源股份	0	10000	27000	44000	9000	90000
	电力集团	0	2500	6750	11000	2250	22500
	小计	0	12500	33750	55000	11250	112500
年度合计		31750	92500	79500	55000	11250	270000

以上股东资本金比例占总投资的 25%，符合国家的有关规定。

项目资金不足部分，由 A 发电公司分别与国家开发银行和中国工商银行各两次签订基本建设借款合同，合同条款清楚、责任明确，两个项目、两个银行的借款及还款安排见附表 3.1-4，借款及还款安排。

附表 3.1-4　借款及还款安排　　单位：万元

项目	1、2 号机组			3～5 号机组		
	国开行	工商行	合计	国开行	工商行	合计
利率	5.76%	5.76%		5.18%	5.18%	
期限	15	15		18	15	
宽限期	3	3		4	4	
计息次数	4	4		4	4	
借款总额	252500	200000	452500	250000	250000	500000
起息日	6 月 2 日	6 月 2 日		6 月 3 日	5 月 3 日	
提款计划						
2002	150000	100000	250000			
2003	70000	70000	140000	20000	30000	50000
2004	32500	30000	62500	60000	80000	140000
2005				60000	90000	150000
2006				70000	50000	120000
2007				40000		40000
还款计划						
2005	20000	2000	22000			
2006	22000	4000	26000			
2007	22000	4000	26000	10000	22000	32000
2008	22000	8000	30000	10000	22000	32000
2009	22000	12000	34000	20000	22000	42000
2010	22000	16000	38000	20000	22000	42000
2011	22000	20000	42000	20000	22000	42000
2012	20000	26000	46000	20000	22000	42000
2013	20000	26000	46000	20000	22000	42000
2014	20000	26000	46000	20000	22000	42000
2015	20000	26000	46000	20000	22000	42000
2016	20000	26000	46000	20000	22000	42000

续附表 3. 1-4

项目	1、2 号机组			3～5 号机组		
	国开行	工商行	合计	国开行	工商行	合计
2017	500	4000	4500	20000	22000	42000
2018				20000	8000	28000
2019				10000		10000
2020				10000		10000
2021				10000		10000

五、财务效益分析

（一）分析方案

按项目早期设想，一期工程为四台机组，只是分两阶段实施，1、2 号机组为第一阶段，3、4 号机组为第二阶段。根据批准情况，实际上是五台机能分二个项目实施，应分别进行二个项目的后评价。然而，二个项目又是同一财务主体实施。

根据 A 发电公司的规划，一期工程实际上是一个项目（五台机组）分期实施（先 1、2 号，后 3～5 号），再考虑二个项目财务主体的同一性，可以采用一个项目分期实施的财务评估方法。因此，本次 A 发电公司 1～5 号机组后评价按二套方案进行：先对 1、2 号机组项目与 3～5 号机组项目分别进行财务分析，然后再按一个项目分期实施的方法再作财务分析，以考虑 A 发电公司一期的整个财务效益，实际上等于进行了三次财务效益的分析工作。

（二）基本数据资料

财务分析的基本资料源于 A 发电公司提供的资料，其反映了项目的投资情况（附表 3. 1-1、附表 3. 1-2）、项目资本金到位情况（附表 3. 1-3）、银行借款情况（附表 3. 1-4）、各机组上网电量与电价（附表 3. 1-5）、用煤量与到厂煤价（附表 3. 1-6）等主要投入与产出的资料。2007 年以后的数据均用 2007 年的实际数。

附表 3. 1-5　1～5 号机组各年上网电价与电量

机组	上网电价与电量	2003	2004	2005	2006	2007
1 号机组	含税上网电价(元/MW · h)	372. 40	398. 82	420. 03	430. 96	438. 30
	上网电量(MkW)	297023	3674652	3728506	3940639	3699848
2 号机组	含税上网电价（元/MW · h）	0	396. 47	419. 08	430. 14	438. 30
	上网电量（MkW）	0	2586692	4002528	3428525	3894594
3 号机组	含税上网电价（元/MW · h）	0	0	0	439. 01	453. 20
	上网电量（MkW）	0	0	0	3610837	3295624

续附表3.1-5

机组	上网电价与电量	2003	2004	2005	2006	2007
4号机组	含税上网电价（元/MW·h）	0	0	0	435.01	453.20
	上网电量（MkW）	0	0	0	2979055	3336069
5号机组	含税上网电价（元/MW·h）	0	0	0	453.20	453.20
	上网电量（MkW）	0	0	0	351385	3658080
平均	含税上网电价（元/MW·h）	372.40	397.85	419.54	434.18	446.87
	上网电量（MkW）	297023	6261344	7731034	14310441	17884215

附表3.1-6　A发电公司一期工程各年用煤量与煤价

项　　目	2003	2004	2005	2006	2007
用煤量（t）	126437	2563585	3148364	5925967	7625002
到厂不含税煤价（元/t）	269.91	300.88	358.41	380.53	411.5

所有投入与产出的价格均采用不含增值税价格，工资数与保险费用实际发生费用，其他计算用参数均基本与可研报告相同。计算中还考虑二项重要的现金支出：一项为一期工程前期股东贷款偿还，在1、2号机组投产的第2、3年分别还款6亿元；另一项为机组投产后一年以及以后每五年一次的大修理费用。

在不失估算结果合理性的前提下，本评价做出三个重要假定：建设投资分年用款计划的比例与项目资本金出资比例相同；工商行与开行一样，实行固定利率计算利息；借款本息按等额还款原则归还。

（三）财务效益计算结果

财务分析原理依据国家发展与改革委员会发改投资〔2006〕1325号文发布的《建设项目经济评价方法与参数》（第三版）。财务效益计算结果见附表3.1-7：

附表3.1-7　A发电公司一期财务效益汇总表

序号	项　　目	单位	1、2号机组	3~5号机组	1~5号机组
I	经济数据				
1	项目总投资	万元	593401	552667	1126965
2	建设投资	万元	556234	511316	1068551
3	建设期利息	万元	24354	24779	34982
4	流动资金	万元	12813	16572	23432
	其中：铺底流动资金	万元	3844	4972	7030
5	资金筹措	万元	593401	552667	1126965

续附表 3. 1-7

序号	项　　目	单位	1、2 号机组	3 ~5 号机组	1 ~5 号机组
	其中：债务资金	万元	444557	437696	854575
	项目资本金	万元	148844	114972	272390
	资本金比例	%	25. 47	21. 25	24. 53
6	年平均营业收入	万元	271644	413132	616727
7	年平均营业税金及附加	万元	3035	4342	6538
8	年平均总成本费用	万元	218365	297677	455563
9	年平均利润总额	万元	50243	111112	154625
10	年平均所得税	万元	12561	27778	38656
11	年平均净利润	万元	37683	83334	115969
12	年平均息税前利润	万元	63455	122464	176519
13	年平均增值税	万元	30355	43424	65384
II	财务评价指标				
1	总投资收益率	%	10. 69	22. 16	15. 66
2	项目资本金净利润率	%	25. 32	72. 48	42. 57
3	项目投资财务内部收益率（所得税前）	%	11. 05	24. 75	16. 78
4	项目投资财务净现值（所得税前）$i_c=10\%$	万元	43857	530133	550941
5	项目投资回收期（所得税前）	年	10. 49	5. 97	8. 82
6	项目投资财务内部收益率（所得税后）	%	8. 74	20. 23	13. 88
7	项目投资财务净现值（所得税后）$i_c=7\%$	万元	34257	564684	675484
8	项目投资回收期（所得税后）	年	11. 79	6. 75	9. 74
9	项目资本金财务内部收益率	%	12. 60	61. 16	26. 09
10	盈亏平衡点（生产能力利用率）	%	72. 31%	49. 88%	58. 98%

注：本表中 1 ~5 号机组的数字并不能完全等于 1、2 机组和 3 ~5 号机组数字的合计，也与竣工审计的结果不完全一致。主要差别在于建设期利息，这是由于计算软件为了照顾 1、2 号机组投产实现固定资产转移，实现销售收入，将 3 ~5 号机组的建设期利息作为一期生产经营的财务费用，发生的利息并未漏算，只是未计入投资总额中。此部分利息大约有 1. 4 亿，与全部总投资比，占的比例比较小，对于财务效益指标的计算结果影响不大，同时也与 1、2 和 3 ~5 号的计算结果基本可比。

（四）财务效益分析

1. 1、2号机组总投资误差问题

本后评价计算的1、2号机组总投资小于竣工审计的总投资，原因在于竣工审计的建设期利息70583万元，按照A发电公司与国开行和工商行的借款合同（二）所述计算基本数据，建设期利息应为24354万元，比竣工审计报告的计算的建设期利息少46329万元。笔者曾经调整过投资用款计划，最高的建设期利息也仅为3亿多元，与可研报告的建设期利息35739万元相差较少，决无7亿多的建设期利息。

2. 财务效益良好

从表3.1-7及相关报表，我们可以得到附表3.1-8：

附表3.1-8 A发电公司一期经济效益分析比较表

项目	单位	1、2号机组			3～5号机组			一期全部
		可研	实际	差额	可研	实际	差额	
机组容量	MW	1200	1200	0	1800	1800	0	3000
发电工程建成价	万元	665494	593401	-72093	688846	552667	-136179	1126965
发电工程单位投资	元/kW	5546	4945	-601	3835	3070	-765	3757
流动资金	万元	9488	12813		13270	16572	3302	23432
投资回收期	年	10.94	10.49	-0.45	11.9	6.75	-5.15	9.74
项目投资内部收益率	%		8.74		7.76	20.23	12.47	13.88
资本金内部收益率	%	9.00	12.60	3.6	9.00	61.16	52.16	26.09
总投资利润率	%	5.31	10.69	5.38	4.64	22.16	17.52	15.66
资本金净利润率	%	15.86	25.32	9.46	12.68	72.48	59.8	42.57
发电单位成本	元/MW·h	240	242.40	2.40	220.00	260.52	40.52	248.2
上网电价（含税）	元/MW·h	329.67	438.00	108.33	329.4	453.20	123.8	446.61

从上表看，1、2号机组建成价比可研报告节省7.2亿，3～5号机组建成价比可研报告节省13.6亿；发电工程单位投资大约下降600～700元/kW；项目投资内部收益率、资本金内部收益率、总投资利润率与资本金净利润率均有大幅提高，尤其是3～5号机组项目；发电单位成本（实际为经营成本，不含折旧、摊销与运营期的利息支出）基本持平或有所提高；上网电价有大幅度的提高。

一期工程的项目投资内部收益率为13.88%，资本金内部收益率为26.09%，投资回收期为9.74年，总投资利润率为15.66%，资本金净利润率42.57%，均介于1、2号机组项目和3、4、5号机组项目对应指标之间。在一个经营主体、煤价与上网电价相同的二个项目中，这些数字之间的关系恰好说明了1、2号机组公用工程投资多，财务效益相对低；3~5号机组公用工程少，财务效益相对高。同时，一期工程还款能力的指标利息备付率与偿债备会率在3~5号机组投产后，即2006年以后，均大于1，表明项目自身长期借款的还款能力较强。据此，可以肯定地说，将一期工程作为分期投资项目的计算结果能很好地反映项目整体的效益情况，项目在财务上是成功的。

3. 财务效益良好的原因分析

A发电公司一期财务效益良好，主要原因如下：

（1）项目签订贷款合同时，恰遇我国银行贷款利率最低的时期（见附表3.1-9），减少了建设期利息，降低了总投资，进而减少了折旧费用，降低了生成成本。国开行贷款占贷款总额的50%强，贷款利率固定，在2004年以后的贷款利率上行阶段，避免了贷款成本增加，减小了贷款风险。

附表3.1-9 近十年内人民币五年期以上贷款利率

日　期	利率（%）
2007-12-21	7.83
2006-8-19	6.84
2004-4-29	6.12
2002-2-21	5.76
1999-6-11	6.21
1998-12-7	7.56
1997-10-23	10.53
1996-8-31	12.42

（2）项目的设备利用小时数大大超过了设计指标。1、2号机组的设备利用小时数设计值为5200h，3、4号机组的设备利用小时数设计值为5000h，5号机组的设备利用小时数设计值为5500h，但实际设备利用小时数超过设计值23%（见附表3.1-10），这是造成A发电公司一期工程经济效益好的重要原因。

附表3.1-10 A发电公司设备利用小时数

年　份	2003	2004	2005	2006	2007
利用小时数（h）	8568	6425	6878	6425	6420

（3）上网电价较高。不管是1、2号机组还是3~5号机组，上网电价均比可研报告高出30%，尽管供煤价格也有所上涨，但终究还会给A发电公司带来显著地经济效益。此外，B省由于经济比较发达，企业电力需求旺盛，对电价的承受能力较高，2007年A发电

公司上网电价平均为446.61元/MW·h。该电价大大高于西部邻省电厂的上网电价（387元/MW·h）和北部邻省电厂的上网电价（379元/MW·h），这也是A发电公司经济效益远远高于其他地区同类发电企业的重要原因。

六、不确定性分析

从附表3.1-11敏感性分析表与附表3.1-12临界点分析表可以看出，在对项目运营效益影响的三个因素中，敏感度从大到小的排列是上网电价（2.18）、煤价（-1.20）和利用小时数（0.82）。这一结果与可行性研究的结论有些不一致，其原因是：在可行性研究中，以设定的资本金内部收益率为目标，利用敏感因素的变动来计算上网电价。

附表3.1-11 A发电公司一期工程敏感性分析表

序号	敏感因素	变化率（%）	项目财务分析指标		
			FIRR（%）	*FNPV*	*Pt*
		0	16.78	550941	8.82
1	上网电价	30	26.82	1613237	6.96
		20	23.76	1259138	7.37
		10	20.45	905040	7.95
		-10	12.63	196843	10.30
		-20	7.66	-157255	13.31
		-30	1.07	-511354	22.24
2	煤价	30	10.20	14339	11.53
		20	12.59	193207	10.31
		10	14.77	372074	9.45
		-10	18.67	729809	8.34
		-20	20.45	908676	7.96
		-30	22.14	1087544	7.65
3	利用小时数	30	20.64	981145	8.07
		20	19.45	837744	8.27
		10	18.17	694343	8.52
		-10	15.28	407540	9.21
		-20	13.62	264139	9.74
		-30	11.76	120738	10.47

附表 3.1-12　A 发电公司一期工程敏感度及临界点分析

序号	敏感因素	变化率（%）	项目投资财务内部收益率（%）	敏感度系数	临界点（%）
		0	16.78		
1	上网电价	10	20.45	2.18	
		-10	12.63	2.48	-15.56
2	煤价	10	14.77	-1.20	30.80
		-10	18.67	-1.12	
3	利用小时数	10	18.17	0.82	
		-10	15.28	0.90	-38.42

从附表 3.1-7 可见，A 发电公司一期整体的盈亏平衡点低于 60%，控制在比较好的水平上。相比之下，1、2 号机组的盈亏平衡点高达 72%，而 3~5 号机组的盈亏平衡点则为 50%。

七、财务可持续性分析

本项目当前财务效益是非常好的，除上述原因外，A 发电公司是新厂，设备新，利用小时数远远高于设计定额，等于大大提高设备的负荷率，通过增大发电量提高经济效益。但是，随着设备运行时间的延长，利用小时数将会持续降低，将使 A 发电公司的财务效益有可能持续下降。然而，从利用小时数的临界点看，利用小时数从目前的 6400 小时降低 38%，低至 3968 小时，项目才不可行。因此，加强运行管理，合理安排设备检修计划，保证利用小时数在 5500 小时以上，财务的盈利性就可以维持在较高的水准。

由敏感性分析知，煤价对于 A 发电公司的财务效益至关重要。A 发电公司到厂煤价由坑口煤价、铁路运价、港口费用、海运费用构成。A 发电公司使用 SH 集团的煤，A 发电公司的原料煤通过黄朔铁路与黄骅港运输，这两个环节的经营公司也是 SH 集团的子公司。因此，A 发电公司的可持续的财务效益将完全取决于 SH 集团如何在采煤、运输与发电之间安排经济效益的比例。

当前，全国的电煤供应一直处于紧张的状态，A 发电公司二期又要上 4 台 100 万千瓦的机组，势必增大电煤供应的压力，SH 集团如何保证 A 发电公司的煤电供应提到议事日程上。

八、结论

根据以上分析，从技术经济方面看，A 发电公司一期工程规划合理，投资决策正确，企业管理有方，国产设备运行良好，取得了超出预期的财务效益与社会影响。

九、经验与教训

1. A 发电公司1、2 号机组项目是在某省长达十几年的前期工作基础上继续完成的，前期工作做得比较扎实，电力规划也做得切合实际，可行性研究较为深入，后评价估算的结果与可研估算的结果差距不大。可见，深入细致的前期对于保证项目的成功有重要作用。

2. 投资时机选择是本项目成功的重要原因。A 发电公司一期从 1993 年就开始酝酿，但当时铁路运输与港口吞吐能力尚未配套，项目不得不搁置。在铁路运输能力与港口吞吐能力配套实现后，SH 集团能源公司及时进行战略投资，与 B 电力集团成立新公司，积极推动项目建设，在电力短缺的时候投入使用，大大缓解了 B 省用电紧张的局面。

3. 企业在整个能源产业链连续投资建设不仅可以取得较多的增值，而且还可以较好地解决上下游产业的利益分配问题。SH 集团不仅投资一次能源，而且投资铁路与港口运输等中间环节，最后又投资二次能源，在一条产业链的各个环节均进行有效投资，等于将各个环节的增值都抓到一个企业集团上，实现了深度增值。火力发电要取得较好的经济效益必须解决煤价与电价的关系。在以煤炭为一次能源的整个产业链上，SH 集团建立全资企业或控股企业，这样就有利于安排子企业利益关系，也有利于缓解煤电矛盾，保证二次能源供应及价格稳定。

4. A 发电公司取得良好的经济效益是我国大型设备制造及安装水平达到国际先进水平的显著标志。电厂在最初设计时是考虑使用进口机组，相应的1、2 号机组的建设投资将达到 100 亿元。随着我国机械制造业整体水平的提高，大型设备质量显著提高，主要体现在安全高效运行，利用小时数超过设计值约 1000h。使用国产设备大幅降低了投资，设备稳定运行又保证了企业取得可持续的经济效益。设备在国内运行良好的记录将会推动我国大型设备的出口。

5. A 发电公司 3 ~5 号机组投资估算与实际投资差距太大，其他经济参数也未进行适当地调整，反映了可行性研究工作不深入。

6. 建议电力规划部门将与发电配套的输配电建设投资从可行性研究报告规范中删除。当前我国电力管理体制是（电）厂（电）网分离，厂、网分属不同的财务主体，与之对应的投资也是两个项目法人。没有输配电设备，电厂就不可能将电力送到电网上，在这个意义上，输配电设备与发电设备是一个整体。然而，输配电设备归属电网，应由电网投资，在这个意义上，发电与输配就不是一个整体。从投资主体与工程实践来看，二者是可以分开的。这样做一来可以避免造成混淆，二来可以减少工作量。

十、1 ~5 号机组财务分析主要报表（见附表 3. 1-13 ~附表 3. 1-18）

附表 3.1-13　A 发电公司一期工程总成本费用表

单位：万元

序号	项　目	合计	2001	2002	2003	2004	2005	2006	2007	2008	2009	2010	2011
	运营负荷		0%	0%	2%	35%	43%	79%	100%	100%	100%	100%	100%
1	外购原材料费	350859	0	0	306	6519	8091	14928	18883	18883	18883	18883	18883
2	外购燃料及动力费	5853690	0	0	3476	78785	115129	229692	319212	319212	319212	319212	319212
3	工资及福利费	255162	0	0	150	4346	7964	8708	13764	13764	13764	13764	13764
4	修理费	536431	0	0	10119	20237	25612	26710	26706	26706	26706	26704	26701
5	其他费用	637428	0	0	6580	18980	20909	28524	33084	33084	33084	33084	33084
6	保险费	0	0	0	800	900	1000	1200	1200	1200	1200	1200	1200
7	脱硫费用	82997	0	0	72	1542	1914	3531	4467	4467	4467	4467	4467
8	经营成本	7740866	0	0	21502	131307	180619	313293	417317	417317	417317	417315	417313
9	折旧费	1029352	0	0	18484	36968	46791	51511	51282	53322	48800	48800	51800
10	摊销费	0	0	0	0	0	0	0	0	0	0	0	0
11	利息支出	448831	0	0	14059	40972	47819	50043	40822	38367	35664	32813	29807
	其中：流动资金借款利息	15935	0	0	84	341	448	448	678	871	871	871	871
	长期借款利息	420462	0	0	13974	39027	43733	42489	40059	37496	34793	31942	28936
	短期借款利息	12434	0	0	0	1605	3639	7105	85	0	0	0	0
12	股东贷款偿还	120000	0	0	0	60000	60000	0	0	0	0	0	0
13	总成本费用	9339049	0	0	54045	269248	335229	414846	509421	509006	501781	498928	498919
	其中：可变成本	6324548	0	0	3781	145303	183220	244620	338096	338096	338096	338096	338096
	固定成本	2907203	0	0	49391	121503	149095	165495	165658	165243	158018	155165	155157

续附表 3. 1-13

序号	项　　目	2012	2013	2014	2015	2016	2017	2018	2019	2020	2021	2022	2023
	运营负荷	100%	100%	100%	100%	100%	100%	100%	100%	100%	100%	100%	100%
1	外购原材料费	18883	18883	18883	18883	18883	18883	18883	18883	18883	18883	18883	18883
2	外购燃料及动力费	319212	319212	319212	319212	319212	319212	319212	319212	319212	319212	319212	319212
3	工资及福利费	13764	13764	13764	13764	13764	13764	13764	13764	13764	13764	13764	13764
4	修理费	26699	26697	26694	26692	26689	26687	26685	26682	26680	26678	26675	26673
5	其他费用	33084	33084	33084	33084	33084	33084	33084	33084	33084	33084	33084	33084
6	保险费	1200	1200	1200	1200	1200	1200	1200	1200	1200	1200	1200	1200
7	脱硫费用	4467	4467	4467	4467	4467	4467	4467	4467	4467	4467	4467	4467
8	经营成本	417310	417308	417305	417303	417301	417298	417296	417294	417291	417289	417286	417284
9	折旧费	51800	51800	51800	51800	51800	51800	51800	51800	51800	51800	51800	51800
10	摊销费	0	0	0	0	0	0	0	0	0	0	0	0
11	利息支出	26637	23294	19769	16051	12130	7995	5739	3367	871	871	871	871
	其中：流动资金借款利息	871	871	871	871	871	871	871	871	871	871	871	871
	长期借款利息	25766	22423	18898	15180	11259	7124	4868	2496	0	0	0	0
	短期借款利息	0	0	0	0	0	0	0	0	0	0	0	0
12	股东贷款偿还	0	0	0	0	0	0	0	0	0	0	0	0
13	总成本费用	495747	492402	488874	485153	481230	477093	474835	472460	469962	469959	469957	469955
	其中：可变成本	338096	338096	338096	338096	338096	338096	338096	338096	338096	338096	338096	338096
	固定成本	151985	148639	145111	141391	137468	133330	131072	128697	126199	126197	126195	126192

附表 3.1-14　A 发电公司一期工程项目投资现金流量表

序号	项　目	合计	2001	2002	2003	2004	2005	2006	2007	2008	2009	2010	2011
1	现金流入	12788242	0	0	9454	212912	277219	531057	683074	683074	683074	683074	683074
1.1	营业收入	12642905	0	0	9454	212912	277219	531057	683074	683074	683074	683074	683074
1.2	补贴收入	0	0	0	0	0	0	0	0	0	0	0	0
1.3	回收固定资产余值	121906	0	0	0	0	0	0	0	0	0	0	0
1.4	回收流动资金	23432	0	0	0	0	0	0	0	0	0	0	0
2	现金流出	9018601	125654	366078	338515	358380	233834	327798	434248	424522	424522	427519	427517
2.1	建设投资	1068551	125654	366078	314629	217668	44523	0	0	0	0	0	0
2.2	流动资金	23432	0	0	2273	6897	2876	6185	5204	0	0	0	0
2.3	经营成本	7740866	0	0	21502	131307	180619	313293	417317	417317	417317	417315	417313
2.4	营业税金及附加	134037	0	0	111	2507	3106	5838	7204	7204	7204	7204	7204
2.5	维持运营投资	51715	0	0	0	0	2711	2482	4522	0	0	3000	3000
3	所得税前净现金流量（1-2）	3769641	−125654	−366078	−329061	−145468	43385	203259	248826	258553	258553	255555	255558
4	所得税前累计净现金流量		−125654	−491731	−820792	−966260	−922875	−719617	−470790	−212238	46315	301870	557428
5	调整所得税	927462	0	0	0	0	0	40512	52224	51730	52825	52826	52100
6	所得税后净现金流量（3-5）	2842178	−125654	−366078	−329061	−145468	43385	162747	196602	206822	205728	202730	203458
7	所得税后累计净现金流量		−125654	−491731	−820792	−966260	−922875	−760129	−563526	−356704	−150976	51753	255211

计算指标：

所得税前财务内部收益率：　16.78%

所得税前财务净现值（$i_c=10\%$）：　550941 万元

所得税前投资回收期：　8.82 年

所得税后财务内部收益率：　13.88%

所得税后财务净现值（$i_c=7\%$）：　675484 万元

所得税后投资回收期：　9.74 年

续附表 3. 1-14

序号	项　目	2012	2013	2014	2015	2016	2017	2018	2019	2020	2021	2022	2023
1	现金流入	683074	683074	683074	683074	683074	683074	683074	683074	683074	683074	683074	828412
1. 1	营业收入	683074	683074	683074	683074	683074	683074	683074	683074	683074	683074	683074	683074
1. 2	补贴收入	0	0	0	0	0	0	0	0	0	0	0	0
1. 3	回收固定资产余值	0	0	0	0	0	0	0	0	0	0	0	121906
1. 4	回收流动资金	0	0	0	0	0	0	0	0	0	0	0	23432
2	现金流出	427514	427512	427510	427507	427505	427502	427500	427498	427495	427493	427491	427488
2. 1	建设投资	0	0	0	0	0	0	0	0	0	0	0	0
2. 2	流动资金	0	0	0	0	0	0	0	0	0	0	0	0
2. 3	经营成本	417310	417308	417305	417303	417301	417298	417296	417294	417291	417289	417286	417284
2. 4	营业税金及附加	7204	7204	7204	7204	7204	7204	7204	7204	7204	7204	7204	7204
2. 5	维持运营投资	3000	3000	3000	3000	3000	3000	3000	3000	3000	3000	3000	3000
3	所得税前净现金流量（1-2）	255560	255562	255565	255567	255569	255572	255574	255577	255579	255581	255584	400923
4	所得税前累计净现金流量	812987	1068550	1324114	1579682	1835251	2090823	2346397	2601973	2857552	3113134	3368717	3769641
5	调整所得税	52101	52101	52102	52102	52103	52104	52104	52105	52105	52106	52106	52107
6	所得税后净现金流量（3-5）	203459	203461	203463	203465	203467	203468	203470	203472	203474	203475	203477	348816
7	所得税后累计净现金流量	458670	662131	865594	1069059	1272526	1475994	1679464	1882936	2086409	2289885	2493362	2842178

附表 3.1-15　A 发电公司一期工程资本金现金流量表

单位：万元

序号	项　　目	合计	2001	2002	2003	2004	2005	2006	2007	2008	2009	2010	2011
1	现金流入	12792233	0	0	9454	212912	277219	531057	683074	683074	683074	683074	683074
1.1	营业收入	12642905	0	0	9454	212912	277219	531057	683074	683074	683074	683074	683074
1.2	补贴收入	0	0	0	0	0	0	0	0	0	0	0	0
1.3	回收固定资产余值	125897	0	0	0	0	0	0	0	0	0	0	0
1.4	回收流动资金	23432	0	0	0	0	0	0	0	0	0	0	0
2	现金流出	10334584	30574	89074	112910	245631	289182	420688	551114	554293	556099	564810	559809
2.1	项目资本金	272390	30574	89074	77237	59482	12606	1855	1561	0	0	0	0
2.2	长期借款本金偿还	838173	0	0	0	11362	39610	44694	47125	49688	52391	55242	58248
2.3	流动资金借款偿还	16402	0	0	0	0	0	0	0	0	0	0	0
2.4	借款利息支付	448831	0	0	14059	40972	47819	50043	40822	38367	35664	32813	29807
2.5	经营成本	7740866	0	0	21502	131307	180619	313293	417317	417317	417317	417315	417313
2.6	营业税金及附加	134037	0	0	111	2507	3106	5838	7204	7204	7204	7204	7204
2.7	所得税	792455	0	0	0	0	0	0	28040	41716	43522	44236	44238
2.8	维持运营投资	0	0	0	0	0	2711	2482	4522	0	0	3000	3000
2.9	其他现金流出	0	0	0	0	0	2711	2482	4522	0	0	5000	0
3	净现金流量	2457649	-30574	-89074	-103456	-32719	-11963	110369	131960	128782	126975	118265	123265

计算指标：

资本金内部收益率（*IRR*）：26.1%

资本金净现值（$i_c=12\%$）：350598

续附表 3. 1-15

序号	项　目	2012	2013	2014	2015	2016	2017	2018	2019	2020	2021	2022	2023
1	现金流入	683074	683074	683074	683074	683074	683074	683074	683074	683074	683074	683074	832403
1. 1	营业收入	683074	683074	683074	683074	683074	683074	683074	683074	683074	683074	683074	683074
1. 2	补贴收入	0	0	0	0	0	0	0	0	0	0	0	0
1. 3	回收固定资产余值	0	0	0	0	0	0	0	0	0	0	0	125897
1. 4	回收流动资金	0	0	0	0	0	0	0	0	0	0	0	23432
2	现金流出	565600	561434	562314	568241	564220	533704	529266	529857	484843	479842	484840	496241
2. 1	项目资本金	0	0	0	0	0	0	0	0	0	0	0	0
2. 2	长期借款本金偿还	61418	64761	68286	72004	75925	43512	45768	48140	0	0	0	0
2. 3	流动资金借款偿还	0	0	0	0	0	0	0	0	0	0	0	16402
2. 4	借款利息支付	26637	23294	19769	16051	12130	7995	5739	3367	871	871	871	871
2. 5	经营成本	417310	417308	417305	417303	417301	417298	417296	417294	417291	417289	417286	417284
2. 6	营业税金及附加	7204	7204	7204	7204	7204	7204	7204	7204	7204	7204	7204	7204
2. 7	所得税	45031	45867	46749	47679	48660	49694	50259	50853	51477	51478	51478	51479
2. 8	维持运营投资	3000	3000	3000	3000	3000	3000	3000	3000	3000	3000	3000	3000
2. 9	其他现金流出	5000	0	0	5000	0	5000	0	0	5000	0	5000	0
3	净现金流量	117474	121640	120761	114833	118855	149371	153808	153217	198231	203233	198234	336162

附表 3.1-16　A 发电公司一期工程财务计划现金流量表

序号	项　目	合计	2001	2002	2003	2004	2005	2006	2007	2008	2009	2010	2011
1	经营活动净现金流量	3855547	0	0	-12159	19097	33495	211925	230512	216837	215030	214319	214320
1.1	现金流入	14792198	0	0	11061	249107	324346	621336	799197	799197	799197	799197	799197
1.1.1	营业收入	12642905	0	0	9454	212912	277219	531057	683074	683074	683074	683074	683074
1.1.2	增值税销项税额	2149294	0	0	1607	36195	47127	90280	116123	116123	116123	116123	116123
1.1.3	补贴收入	0	0	0	0	0	0	0	0	0	0	0	0
1.1.4	其他流入	0	0	0	0	0	0	0	0	0	0	0	0
1.2	现金流出	10936652	0	0	23221	230010	290852	409411	568684	582360	584167	584877	584877
1.2.1	经营成本	7740866	0	0	21502	131307	180619	313293	417317	417317	417317	417315	417313
1.2.2	增值税进项税额	808924	0	0	493	11124	16071	31896	44079	44079	44079	44079	44079
1.2.3	营业税金及附加	134037	0	0	111	2507	3106	5838	7204	7204	7204	7204	7204
1.2.4	增值税	1340370	0	0	1115	25071	31056	58384	72044	72044	72044	72044	72044
1.2.5	所得税	792455	0	0	0	0	0	0	28040	41716	43522	44236	44238
1.2.6	其他流出	120000	0	0	0	60000	60000	0	0	0	0	0	0
2	投资活动净现金流量	-1143698	-125654	-366078	-316902	-224565	-50110	-8667	-9726	0	0	-3000	-3000
2.1	现金流入	0	0	0	0	0	0	0	0	0	0	0	0
2.2	现金流出	1143698	125654	366078	316902	224565	50110	8667	9726	0	0	3000	3000
2.2.1	建设投资	1068551	125654	366078	314629	217668	44523	0	0	0	0	0	0
2.2.2	维持运营投资	51715	0	0	0	0	2711	2482	4522	0	0	3000	3000

续附表 3. 1-16

序号	项　目	合计	2001	2002	2003	2004	2005	2006	2007	2008	2009	2010	2011
2. 2. 3	流动资金	23432	0	0	2273	6897	2876	6185	5204	0	0	0	0
2. 2. 4	其他流出	0	0	0	0	0	0	0	0	0	0	0	0
3	筹资活动净现金流量	−2441600	125654	366078	329061	205468	16615	−203259	−121507	−121845	−123308	−123886	−123888
3. 1	现金流入	1330134	128275	379104	357094	288471	164410	7579	5204	0	0	0	0
3. 1. 1	项目资本金投入	272390	30574	89074	77237	59482	12606	1855	1561	0	0	0	0
3. 1. 2	建设投资借款	838173	97701	290030	252048	164705	33690	0	0	0	0	0	0
3. 1. 3	流动资金借款	16402	0	0	1591	4828	2013	4329	3643	0	0	0	0
3. 1. 4	债券	0	0	0	0	0	0	0	0	0	0	0	0
3. 1. 5	短期借款	203169	0	0	26218	59455	116101	1394	0	0	0	0	0
3. 1. 6	其他流入	0	0	0	0	0	0	0	0	0	0	0	0
3. 2	现金流出	3771734	2622	13026	28033	83003	147795	210838	126712	121845	123308	123886	123887
3. 2. 1	各种利息支出	483813	2622	13026	28033	45423	48730	50043	40822	38367	35664	32813	29807
3. 2. 2	偿还长期债务本金	838173	0	0	0	11362	39610	44694	47125	49688	52391	55242	58248
3. 2. 3	偿还流动资金借款本金	16402	0	0	0	0	0	0	0	0	0	0	0
3. 2. 4	偿还短期借款本金	203169	0	0	0	26218	59455	116101	1394	0	0	0	0
3. 2. 5	股利分配	2230177	0	0	0	0	0	0	37370	33790	35253	35831	35832
3. 2. 6	其他流出	0	0	0	0	0	0	0	0	0	0	0	0
4	净现金流量	270249	0	0	0	0	0	0	99279	94992	91722	87434	87432
5	累计盈余资金	0	0	0	0	0	0	0	99279	194271	285993	373427	460859

续附表 3.1-16

序号	项目	2012	2013	2014	2015	2016	2017	2018	2019	2020	2021	2022	2023
1	经营活动净现金流量	213529	212695	211815	210888	209909	208877	208315	207724	207102	207103	207105	207107
1.1	现金流入	799197	799197	799197	799197	799197	799197	799197	799197	799197	799197	799197	799197
1.1.1	营业收入	683074	683074	683074	683074	683074	683074	683074	683074	683074	683074	683074	683074
1.1.2	增值税销项税额	116123	116123	116123	116123	116123	116123	116123	116123	116123	116123	116123	116123
1.1.3	补贴收入	0	0	0	0	0	0	0	0	0	0	0	0
1.1.4	其他流入	0	0	0	0	0	0	0	0	0	0	0	0
1.2	现金流出	585668	586502	587381	588309	589288	590320	590882	591473	592095	592093	592092	592090
1.2.1	经营成本	417310	417308	417305	417303	417301	417298	417296	417294	417291	417289	417286	417284
1.2.2	增值税进项税额	44079	44079	44079	44079	44079	44079	44079	44079	44079	44079	44079	44079
1.2.3	营业税金及附加	7204	7204	7204	7204	7204	7204	7204	7204	7204	7204	7204	7204
1.2.4	增值税	72044	72044	72044	72044	72044	72044	72044	72044	72044	72044	72044	72044
1.2.5	所得税	45031	45867	46749	47679	48660	49694	50259	50853	51477	51478	51478	51479
1.2.6	其他流出	0	0	0	0	0	0	0	0	0	0	0	0
2	投资活动净现金流量	-3000	-3000	-3000	-3000	-3000	-3000	-3000	-3000	-3000	-3000	-3000	-3000
2.1	现金流入	0	0	0	0	0	0	0	0	0	0	0	0
2.2	现金流出	3000	3000	3000	3000	3000	3000	3000	3000	3000	3000	3000	3000
2.2.1	建设投资	0	0	0	0	0	0	0	0	0	0	0	0
2.2.2	维持运营投资	3000	3000	3000	3000	3000	3000	3000	3000	3000	3000	3000	3000

续附表 3.1-16

序号	项　　目	2012	2013	2014	2015	2016	2017	2018	2019	2020	2021	2022	2023
2.2.3	流动资金	0	0	0	0	0	0	0	0	0	0	0	0
2.2.4	其他流出	0	0	0	0	0	0	0	0	0	0	0	0
3	筹资活动净现金流量	-124530	-125207	-125922	-126675	-127470	-96232	-96740	-97274	-577060	-577060	-420904	-171710
3.1	现金流入	0	0	0	0	0	0	0	0	0	0	0	0
3.1.1	项目资本金投入	0	0	0	0	0	0	0	0	0	0	0	0
3.1.2	建设投资借款	0	0	0	0	0	0	0	0	0	0	0	0
3.1.3	流动资金借款	0	0	0	0	0	0	0	0	0	0	0	0
3.1.4	债券	0	0	0	0	0	0	0	0	0	0	0	0
3.1.5	短期借款	0	0	0	0	0	0	0	0	0	0	0	0
3.1.6	其他流入	0	0	0	0	0	0	0	0	0	0	0	0
3.2	现金流出	124530	125207	125922	126675	127469	96232	96740	97274	577060	577060	420903	171710
3.2.1	各种利息支出	26637	23294	19769	16051	12130	7995	5739	3367	871	871	871	871
3.2.2	偿还长期债务本金	61418	64761	68286	72004	75925	43512	45768	48140	0	0	0	0
3.2.3	偿还流动资金借款本金	0	0	0	0	0	0	0	0	0	0	0	16402
3.2.4	偿还短期借款本金	0	0	0	0	0	0	0	0	0	0	0	0
3.2.5	股利分配	36475	37152	37867	38620	39415	44725	45233	45767	576189	576189	420032	154436
3.2.6	其他流出	0	0	0	0	0	0	0	0	0	0	0	0
4	净现金流量	85999	84488	82894	81213	79440	109646	108576	107450	-372958	-372956	-216798	32397
5	累计盈余资金	546858	631346	714240	795453	874893	984539	1093114	1200564	827606	454650	237851	270249

附表 3.1-17　A 发电公司一期工程资产负债表

单位：万元

序号	项　目	2001	2002	2003	2004	2005	2006	2007	2008	2009	2010	2011
1	资产	128275	507379	820127	1019853	1027655	996246	1062775	1104445	1147367	1189001	1227634
1.1	流动资产总额	0	0	2629	17206	23653	41273	154562	249553	341276	428709	516141
1.1.1	货币资金	0	0	561	1944	2406	3103	103183	198175	289897	377331	464763
	现金	0	0	561	1944	2406	3103	3904	3904	3904	3904	3904
	累计盈余资金	0	0	0	0	0	0	99279	194271	285993	373427	460859
1.1.2	应收账款	0	0	1833	11869	16391	28766	38450	38450	38450	38449	38449
1.1.3	预付账款	0	0	0	0	0	0	0	0	0	0	0
1.1.4	存货	0	0	235	3392	4857	9405	12929	12929	12929	12929	12929
1.1.5	其他	0	0	0	0	0	0	0	0	0	0	0
1.2	在建工程	128275	507379	0	222118	45433	0	0	0	0	0	0
1.3	固定资产净值	0	0	817498	780530	958568	954973	908213	854892	806092	760292	711493
1.4	无形及其他资产净值	0	0	0	0	0	0	0	0	0	0	0
2	负债及所有者权益	128275	507379	820127	1019853	1027655	996246	1062775	1104445	1147367	1189001	1227634
2.1	流动负债总额	0	0	26574	67491	127708	24437	31848	31848	31848	31848	31848
2.1.1	短期借款	0	0	26218	59455	116101	1394	0	0	0	0	0
2.1.2	应付账款	0	0	356	8036	11608	23043	31848	31848	31848	31848	31848
2.1.3	预收账款	0	0	0	0	0	0	0	0	0	0	0
2.1.4	其他	0	0	0	0	0	0	0	0	0	0	0
2.2	长期负债总额	97701	387731	641369	799540	795633	755268	711786	662098	609707	554465	496217
2.2.1	建设投资借款	97701	387731	639779	793121	787201	742507	695382	645694	593302	538061	479813
2.2.2	流动资金借款	0	0	1591	6419	8432	12761	16404	16404	16404	16404	16404
2.3	负债小计	97701	387731	667944	867031	923342	779706	743634	693946	641555	586313	528065
2.4	所有者权益	30574	119648	152183	152822	104313	216541	319141	410499	505813	602689	699569
2.4.1	资本金	29745	116402	191544	249412	261677	263482	265001	265001	265001	265001	265001
2.4.2	资本公积	829	3246	5342	6955	7297	7348	7390	7390	7390	7390	7390
2.4.3	累计盈余公积金	0	0	0	0	0	11037	24878	37393	50450	63720	76992
2.4.4	累计未分配利润	0	0	−44702	−103546	−164661	−65326	21872	100715	182972	266577	350187
	计算指标： 资产负债率（%）	76	76	81	85	90	78	70	63	56	49	43

续附表 3.1-17

序号	项目	2012	2013	2014	2015	2016	2017	2018	2019	2020	2021	2022	2023
1	资产	1264833	1300521	1334615	1367028	1397668	1458514	1518290	1576940	1155181	733426	467828	451425
1.1	流动资产总额	602140	686628	769522	850734	930174	1039820	1148395	1255845	882886	509930	293131	325529
1.1.1	货币资金	550762	635250	718144	799357	878797	988443	1097018	1204468	831510	458554	241756	274153
	现金	3904	3904	3904	3904	3904	3904	3904	3904	3904	3904	3904	3904
	累计盈余资金	546858	631346	714240	795453	874893	984539	1093114	1200564	827606	454650	237851	270249
1.1.2	应收账款	38449	38449	38449	38448	38448	38448	38448	38448	38448	38447	38447	38447
1.1.3	预付账款	0	0	0	0	0	0	0	0	0	0	0	0
1.1.4	存货	12929	12929	12929	12929	12929	12929	12929	12929	12929	12929	12929	12929
1.1.5	其他	0	0	0	0	0	0	0	0	0	0	0	0
1.2	在建工程	0	0	0	0	0	0	0	0	0	0	0	0
1.3	固定资产净值	662693	613893	565094	516294	467494	418695	369895	321095	272296	223496	174696	125897
1.4	无形及其他资产净值	0	0	0	0	0	0	0	0	0	0	0	0
2	负债及所有者权益	1264833	1300521	1334615	1367028	1397668	1458514	1518290	1576940	1155181	733426	467828	451425
2.1	流动负债总额	31848	31848	31848	31848	31848	31848	31848	31848	31848	31848	31848	31848
2.1.1	短期借款	0	0	0	0	0	0	0	0	0	0	0	0
2.1.2	应付账款	31848	31848	31848	31848	31848	31848	31848	31848	31848	31848	31848	31848
2.1.3	预收账款	0	0	0	0	0	0	0	0	0	0	0	0
2.1.4	其他	0	0	0	0	0	0	0	0	0	0	0	0
2.2	长期负债总额	434799	370039	301752	229748	153823	110311	64543	16403	16403	16403	16402	0
2.2.1	建设投资借款	418395	353635	285349	213345	137420	93908	48140	0	0	0	0	0
2.2.2	流动资金借款	16404	16404	16404	16403	16403	16403	16403	16403	16403	16403	16402	0
2.3	负债小计	466647	401886	333600	261596	185671	142159	96391	48251	48251	48250	48250	31848
2.4	所有者权益	798186	898635	1001015	1105432	1211998	1316355	1421899	1528689	1106931	685175	419577	419577
2.4.1	资本金	265001	265001	265000	265000	265000	265000	265000	265000	265000	265000	265000	265000
2.4.2	资本公积	7390	7390	7390	7390	7390	7390	7390	7390	7390	7390	7390	7390
2.4.3	累计盈余公积金	90501	104261	118286	132589	147187	147187	147187	147187	147187	147187	147187	147187
2.4.4	累计未分配利润	435295	521983	610339	700453	792420	896778	1002321	1109112	687353	265598	0	0
	计算指标： 资产负债率(%)	37	31	25	19	13	10	6	3	4	7	10	7

附表 3.1-18　A 发电公司一期工程利润与利润分配表

单位：万元

序号	项　　目	合计	2001	2002	2003	2004	2005	2006	2007	2008	2009	2010	2011
1	营业收入	12642905	0	0	9454	212912	277219	531057	683074	683074	683074	683074	683074
2	营业税金及附加	134037	0	0	111	2507	3106	5838	7204	7204	7204	7204	7204
3	总成本费用	9339049	0	0	54045	269248	335229	414846	509421	509006	501781	498928	498919
4	营业利润	3169819	0	0	−44702	−58843	−61115	110372	166449	166864	174089	176942	176951
5	补贴收入	0	0	0	0	0	0	0	0	0	0	0	0
6	利润总额	3169819	0	0	−44702	−58843	−61115	110372	166449	166864	174089	176942	176951
7	弥补以前年度亏损	164661	0	0	0	0	0	110372	54289	0	0	0	0
8	应纳税所得额	3169819	0	0	0	0	0	0	112160	166864	174089	176942	176951
9	所得税	792455	0	0	0	0	0	0	28040	41716	43522	44236	44238
10	净利润	2377364	0	0	−44702	−58843	−61115	110372	138409	125148	130567	132707	132713
11	期初未分配利润	0	0	0	0	−44702	−103546	−164661	−65326	21872	100715	182972	266577
12	可供分配的利润	9943103	0	0	−44702	−103546	−164661	−54289	73083	147020	231282	315679	399290
13	提取法定盈余公积金	147187	0	0	0	0	0	11037	13841	12515	13057	13271	13271
14	可供投资者分配的利润	9795916	0	0	−44702	−103546	−164661	−65326	59242	134505	218225	302408	386019
15	应付优先股股利	0	0	0	0	0	0	0	0	0	0	0	0
16	提取任意盈余公积金	0	0	0	0	0	0	0	0	0	0	0	0
17	应付普通股股利	9795916	0	0	−44702	−103546	−164661	−65326	59242	134505	218225	302408	386019
18	投资各方利润分配	2230177	0	0	0	0	0	0	37370	33790	35253	35831	35832
	其中：甲方	1784141	0	0	0	0	0	0	29896	27032	28202	28665	28666
	乙方	446035	0	0	0	0	0	0	7474	6758	7051	7166	7166
19	未分配利润		0	0	−44702	−103546	−164661	−65326	21872	100715	182972	266577	350187
20	息税前利润	3618650	0	0	−30644	−17871	−13296	160415	207271	205231	209753	209755	206758
21	息税折旧摊销前利润	0	0	0	−12159	19097	33495	211925	258553	258553	258553	258555	258557

续附表3.1-18

序号	项目	2012	2013	2014	2015	2016	2017	2018	2019	2020	2021	2022	2023
1	营业收入	683074	683074	683074	683074	683074	683074	683074	683074	683074	683074	683074	683074
2	营业税金及附加	7204	7204	7204	7204	7204	7204	7204	7204	7204	7204	7204	7204
3	总成本费用	495747	492402	488874	485153	481230	477093	474835	472460	469962	469959	469957	469955
4	营业利润	180123	183468	186996	190716	194640	198777	201035	203410	205908	205910	205913	205915
5	补贴收入	0	0	0	0	0	0	0	0	0	0	0	0
6	利润总额	180123	183468	186996	190716	194640	198777	201035	203410	205908	205910	205913	205915
7	弥补以前年度亏损	0	0	0	0	0	0	0	0	0	0	0	0
8	应纳税所得额	180123	183468	186996	190716	194640	198777	201035	203410	205908	205910	205913	205915
9	所得税	45031	45867	46749	47679	48660	49694	50259	50853	51477	51478	51478	51479
10	净利润	135092	137601	140247	143037	145980	149083	150776	152558	154431	154433	154435	154436
11	期初未分配利润	350187	435295	521983	610339	700453	792420	896778	1002321	1109112	687353	265598	0
12	可供分配的利润	485279	572896	662230	753376	846432	941503	1047554	1154879	1263543	841786	420032	154436
13	提取法定盈余公积金	13509	13760	14025	14304	14598	0	0	0	0	0	0	0
14	可供投资者分配的利润	471770	559136	648206	739073	831834	941503	1047554	1154879	1263543	841786	420032	154436
15	应付优先股股利	0	0	0	0	0	0	0	0	0	0	0	0
16	提取任意盈余公积金	0	0	0	0	0	0	0	0	0	0	0	0
17	应付普通股股利	471770	559136	648206	739073	831834	941503	1047554	1154879	1263543	841786	420032	154436
18	投资各方利润分配	36475	37152	37867	38620	39415	44725	45233	45767	576189	576189	420032	154436
	其中：甲方	29180	29722	30293	30896	31532	35780	36186	36614	460951	460951	336026	123549
	乙方	7295	7430	7573	7724	7883	8945	9047	9153	115238	115238	84006	30887
19	未分配利润	435295	521983	610339	700453	792420	896778	1002321	1109112	687353	265598	0	0
20	息税前利润	206760	206762	206765	206767	206770	206772	206774	206777	206779	206781	206784	206786
21	息税折旧摊销前利润	258560	258562	258564	258567	258569	258572	258574	258576	258579	258581	258583	258586

附录 3.2 风景名胜项目经济评价案例

提要：本案例利用财务分析与费用效益分析方法，分别估算红树林两种不同开发方式的经济效果。在进行费用效益分析时，运用环境影响经济分析的方法，分别估算出红树林的各种经济价值，进而估算红树林的总经济价值。两种分析方法结论的差异显示出环境保护具有巨大的经济效益。

一、红树林

红树林为自然分布于热带、亚热带潮间带（能够受到潮水周期性浸淹的海岸地带）的木本植物群落，通常生长在港湾河口地区的淤泥质滩涂上，是海滩上特有的森林类型。

红树林的植物有其结构的特殊性，为适应生境有以下特点：形态学适应有根系（表面根，支柱根，板状根，呼吸根，气生根）胎生。生理学适应有旱生结构，高渗透压，富含丹宁，有泌盐系统。

红树林生态系统（是由红树林群落与其所在生境相互作用的有机整体）处于海洋与陆地的动态交界面，周期性遭到海水浸淹的潮间带环境，使其在结构与功能上既不同于陆地的生态系统也不同于海洋生态系统的特性，作为独特的海陆边缘生态系统在自然生态平衡中起着特殊的作用。

红树林作为生长在海岸潮间带的植物群落，不仅可以提供薪柴，而且还具有天然的防风防浪、保护堤岸的作用，同时也可以促淤造陆和扩大海岸。红树林还是重要的海滨牧场，红树林湿地生态系统也是生物生产力最高、生物多样性最丰富的生态系统，是海区生物能源的重要供应者，是大量鸟类及鱼、虾、蟹、贝等的天然繁殖场和栖息地，其良好的生态环境也是本地和迁徙鸟类重要的栖息地。红树林植物吸收污染物中的重金属与有机氯农药，均富集在不易转移扩散的树根或树干部位，避免通过食物链向其他海洋生物及人类传递。红树林生长吸附了大量的氮磷等元素，降低了近海富营养化，减少了海洋污染，从而抑制赤潮的发生。此外，红树林也是重要的植物基因资源库，其特殊的生理生态特性对于将来提取和利用其特有基因资源具有深远的战略意义。大面积的红树林还有调节当地局部气候的作用。

二、红树林开发的两难选择

近年来，随着生物技术与养殖技术的发展，在世界各国，尤其是发展中国家，浅海滩涂大量围海养殖成了这些国家沿海地区发展经济、脱贫致富的主要手段。从附图 3.2-1 中可以看到，红树林繁殖、生长于浅海滩涂地，这些地区自然就成为当地民众发展养殖业，特别是养虾业的重要选择。

尽管红树林有为人类提供了显著的生态服务，由于虾的出口带来的经济效益显著增长，全世界的红树林正迅速地转化成养虾场。过去 50 年，50% 的红树林都转化成养虾场。如果任这种情况持续发展，红树林将会在不远的将来从地球上永远消失。

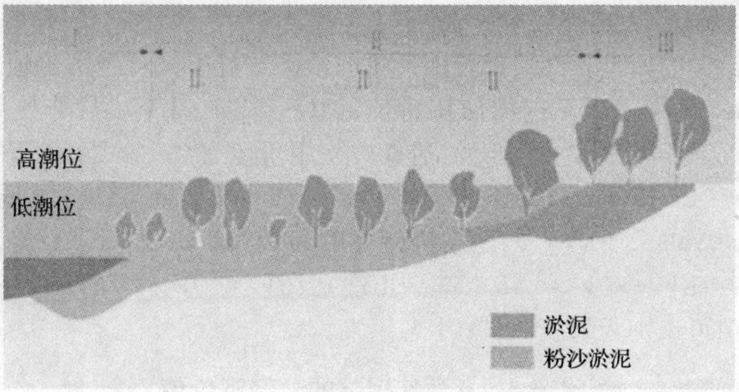

附图 3.2-1　红树林沿海岸生长示意图

经验表明，商业海水养虾一般只经营五年，因为五年以后养殖虾就容易发病，造成大量减产，此时虾养殖户一般就丢弃原有的养殖池塘，另辟新址。从社会的观点看，养殖户不应丢弃养殖池塘，而应将其恢复利用。但是，恢复的代价是非常高的，养殖户负担不起恢复费用，而且社会上一般也不认为恢复红树林是养殖户的责任。这就意味着在虾养殖业获得利润的同时，整个社会或社会上其他群体要为恢复红树林付出代价。

在给养殖户带来显著的财务收益的同时，将红树林转变成养虾场也会产生巨大的生态代价，包括损失生物多样性、减少了沿海岸线的鱼产量、耗竭地下水、盐水倒灌、滥用化学药物和抗生素使海床土壤污染以及海水富营养化。

造成这种追求短期财富、不顾生态破坏的原因是，人们虽能认识到由于养殖业会发生污染产生经济费用并且红树林保存有经济价值，但是未能用令人信服的、适当的市场价格表示这些费用和效益，还有些有人甚至认为保存红树林没有价值，因此人们往往只理解并注重能用市场价格表示的成本和收益，并以据此作投资决策。

选择开发或保存红树林的方案最合理的方法是对红树林提供的市场的与非市场的货物（服务）作完整的经济分析，在比较两种方案的经济效率的基础上进行选择。

分析方法采用本案例所述费用效益法，即比较项目产生的效益与费用，估算项目的经济合理性与财务可行性。

三、斯里兰卡红树林的总经济价值[①]

在国际组织的支持下，斯里兰卡拟开发 K（Kiralakale）、M（Manduganga）、R（Ranweli）三块红树林。开发方案有两个：一个方案是三块红树林做保护性开发，另一个方案是三块红树林围海养虾。在保护性开发方案中，考虑到三块红树林的地理位置、交通情况、周围毗邻的旅游景点、客源等因素，K 红树林区拟发展非林产业，M 红树林区拟发展国内旅游产业，R 红树林区拟发展国外旅游产业。为了进行方案选择，国际组织的专家利用费用效益分析方法，估算两种方案的财务效率与经济效率，比较两种开发方案经济效果

① 以下内容根据联合国环境规划署 2003 年的资料 The Economic Valuation of Alternative Uses of Mangrover Forests in Srilanka 编写。

的优劣。

根据环境经济学的原理，红树林可能产生的经济效益用其总经济价值表示。总经济价值（Total Economic Value，TEV）由使用价值（Use Value，UV）与非使用价值（No Use Value，NUV）构成。其中，使用价值包括直接使用价值（Direct Use Value，DUV）、间接使用价值（Indirect Use Value，IUV）和选择价值（Option Value，OV），非使用价值包括存在价值（Existence Value，EXV）与遗赠价值（Bequest Value，BV）。总经济价值与其分量之间有如下关系：$TEV = UV + NUV = (DUV + IUV + OV) + BV + EXV$。斯里兰卡红树林的总经济价值可识别为附表3.2-1中各因素。

附表3.2-1　红树林的总经济价值

使用价值			非使用价值
一　直接使用价值	二　间接使用价值	三　选择价值	存在价值与遗赠价值
1　薪柴	1　海岸或河岸的稳固		
2　水产品	2　地下水回灌与抽取		
3　森林资源：木材、药材、建筑材料、染料、野生物	3　洪水与水流控制		
4　农业资源	4　人类废弃物和污染物的储存与再利用	今后在（一）、（二）两方面的使用	1　文化 2　美学 3　精神 4　宗教
5　供水	5　保持生物多样性		
6　水运	6　提供迁栖地		
7　基因资源	7　鱼类繁衍地		
8　旅游与娱乐	8　营养物保持		
9　人类栖息	9　珊瑚礁养护		
10　教育、历史和科学信息	10　防止咸水回灌		

以上各类因素产生经济价值有的显著，占红树林总经济价值的较大比重；有的不太显著，只占红树林总经济价值的较小比重。在不影响评估结论的前提下，可以只对重要因素的经济价值进行估算。

四、红树林直接使用价值的估价

就本项目而言，红树林有两个方面的直接使用价值：非木材森林资源（Non－timer Forest Resource，NTFR）使用与红树林游乐（recreation）开发。

1．非木材森林资源使用价值的估价

非木材森林资源指红树林的果实、薪柴（木炭）、草药、树脂等。非木材森林资源的价值包括存量价值与流量价值。存量价值指现有全部红树林的非木材森林资源一次性商业交换的总金额，流量价值指红树林开发区附近居民每年从交易红树林的非木材森林资源获得的收益。

存量价值的估算过程如下：调查50公顷范围内红树林的生长密度，同时按照标准的森林抽样方法抽取三个样本株，统计三个样本株每年各自的产能，并依此求出单株平均产能，最后乘以密度，就可计算出每公顷红树林的存量价值。

流量价值的估算是通过两组调查相互印证的。一组调查是社会经济调查，统计41个家庭每年从各类非木材森林资源获得的收益；另一组调查是森林大门调查，统计被当地居民从红树林保护区大门携出的非木材森林资源可能获得的收益。

K区调查统计的结果是：每年每公顷红树林的存量价值为1762美元，每年每公顷的流量收益为86.96～93美元。

2. 游乐使用价值的估价

红树林有重要的旅游和游乐功能，包括划船、钓鱼、潜水等。保护红树林就有可能增加游乐活动的机会，推动旅游业发展，因此在分析红树林的使用方案时，就应考虑保存红树林带来的游乐价值。由于不存在普遍认同的游乐功能的市场价格，使用旅行费用法（Travel Cost Method，TCM）与意愿调查法（Contingent Valuation Method，CVM）。

旅行费用法的理念是环境货物的使用人或受益人的成本可以被视为其经济价值。本案例中的R区拟发展国际游乐业，M区拟发展国内游乐业。

对到R区旅游的、来自澳大地利、德国、法国、荷兰和瑞典的外国游客进行问卷调查，问卷内容包括游客的旅行费用、年龄、收入等信息，见附表3.2-2。

附表3.2-2　国际游客调查

地区	样本比例	万人游览率	人口总数	每次旅行平均费用	平均年龄	平均收入（美元）
澳大利亚	14	0.104965	8000000	2936	55	8915
德国	44	0.044785	60000000	1996	40	2988
法国	6	0.005693	59000000	6662	59	3000
荷兰	6	0.022393	15000000	2547	49	2327
英国	28	0.028956	58000000	2122	46	3072
瑞士	3	0.023992	7000000	1962	67	20416

利用这些资料进行回归分析，建立回归方程：

$$VR = 0.01778 - 0.0000064TC - 0.000137AGE + 0.00000127INC \quad （附录3.2\text{-}1）$$

$$(0.887) \qquad (-3.106) \qquad (-0.357) \qquad (9.2810)$$

$$R-Square = 0.979 \qquad R-Square\ adjusted = 0.949$$

式中，VR表示观光频率，TC表示总旅行费用，AGE表示年龄，INC表示收入。利用式（附录3.2-1）可以估计可以估算出各个地区在不同的门票水平下（或旅行费用）的参观者数量，见附表3.2-3。

附表 3.2-3　各国游客量与门票的关系

门票价格（美元）	澳大利亚	德国	法国	荷兰	英国	瑞士	游客数量（总需求）
0	960	7559	5677	1837	7261	883	24177
15	959	7553	5671	1836	7255	883	24157
30	958	7548	5665	1834	7249	882	24137
45	958	7542	5660	1833	7244	881	24117
60	957	7536	5654	1831	7238	881	24098
75	956	7530	5649	1830	7233	880	24078
90	955	7525	5643	1828	7227	879	24058
105	955	7519	5637	1827	7222	879	24038
120	954	7513	5632	1826	7216	878	24018
135	953	7507	5626	1824	7211	877	23999
150	952	7502	5620	1823	7205	877	23979
200	950	7483	5602	1818	7187	874	23913
300	945	7444	5564	1808	7150	870	23781
400	939	7406	5526	1799	7113	866	23649
500	934	7368	5489	1789	7076	861	23517
600	929	7329	5451	1780	7039	857	23384
700	924	7291	5413	1770	7002	852	23252
800	919	7253	5376	1760	6965	848	23120
900	914	7215	5338	1751	6928	843	22988
1000	909	7176	5300	1741	6891	839	22856
2000	858	6794	4924	1646	6520	794	21536
3000	807	6411	4548	1550	6150	749	20215
4000	756	6028	4171	1454	5780	705	18894
5000	705	5645	3795	1359	5410	660	17574
6000	654	5262	3418	1263	5040	615	16253
7000	603	4880	3042	1167	4670	571	14932
10000	450	3731	1913	880	3560	437	10970
15000	194	1817	30	402	1710	214	4367
17000	92	1052	0	210	970	124	2448
18000	41	669	0	114	600	80	1504
18500	16	477	0	67	415	57	1032

续附表 3. 2-3

门票价格（美元）	澳大利亚	德国	法国	荷兰	英国	瑞士	游客数量（总需求）
18780	1	370	0	40	311	45	767
18800	0	363	0	38	304	44	748
19000	0	286	0	19	230	35	569
19500	0	95	0	0	45	13	152
19600	0	56	0	0	8	8	72
19700	0	18	0	0	0	4	22
19745	0	1	0	0	0	2	2
19747	0	0	0	0	0	2	2
19775	0	0	0	0	0	0	0

利用附表 3. 2-3 的第 1 列（代表门票价格）与第 8 列（代表游客数量）的数据做回归分析，得出需求方程：

$$P = 19394 - 0.8057Q \quad \text{（附录 3. 2-2）}$$
$$(278.4)(-212.3)$$

$$R - Square = 0.9992 \qquad R - Square\ adjusted = 0.9991$$

根据式（附录 3. 2-2），可以画出国外游客的游乐需求曲线，见附图 3. 2-2。

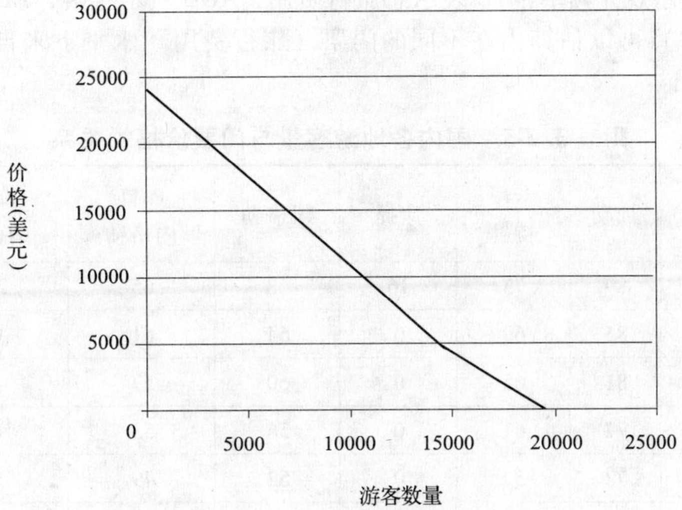

附图 3. 2-2 国外游客的游乐需求曲线

利用附图 3. 2-2，我们可以采用积分方法精确计算或矩形切割的方法近似计算出国外游客的消费者剩余为每年 164512 美元。据游客调查资料，国外游客到斯里兰卡来旅游地点不止一个，旅游总效用的 16% 来自红树林观光，于是，全部消费者剩余的 16%，26332 美元，可以表示每年红树林的游乐价值。R 区的红树林占地 22 公顷，由此可计算出 R 区红树林每公顷每年的游乐价值为1196美元。

同样，对到M区来度假的国内游客进行问卷调查，问卷内容包括所属地区、旅行费用、年龄、收入等信息。调查结果见附表3.2-4。

附表3.2-4　国内游客调查

地区	样本比例	万人游览率	人口总数	每次旅行平均费用	平均年龄	平均收入（卢比）
科伦坡	30	0.0134	2234000	694.00	27.53	24433.33
加勒	27	0.0272	991000	453.70	26.11	13629.63
卡卢特勒	3	0.0028	1061000	550.00	25.00	21333.33
康提	11	0.0086	1273000	1340.91	33.18	18727.27
凯格勒	10	0.0128	780000	580.00	29.00	14950.00
库鲁内格勒	1	0.0007	1452000	600.00	25.00	18000.00
拉特纳普勒	18	0.0179	1008000	1158.33	33.33	14527.78

利用以上资料做回归分析，得到回归方程（附录3.2-3）

$$VR = -0.20749 - 0.00007263TC + 0.007186AGE + 0.006412ED \quad (附录3.2\text{-}3)$$

$$(-1.635) \quad (-1.930) \quad (2.029) \quad (0.944)$$

$$R-Square = 0.5828 \quad R-Square\ adjusted = 1.656$$

式中，VR表示观光频率，TC表示总旅行费用，AGE表示年龄，ED表示月收入。利用式（附录3.2-3）可以估算出在不同的门票（旅行费用）水平下来自各地区的观光人数，见附表3.2-5。

附表3.2-5　国内各地游客量与门票价格的关系

门票（美元）	科伦坡	加勒	卡卢特勒	康提	凯格勒	库鲁内格勒	拉特纳普勒	游客总数（总需求）
0	50	89	73	16	68	65	26	387
25	46	85	69	0	64	61	0	325
50	42	81	65	0	60	57	0	305
75	38	77	61	0	56	53	0	285
100	34	73	57	0	52	49	0	265
125	30	69	53	0	48	45	0	245
150	26	64	49	0	44	41	0	224
175	17	56	41	0	36	33	0	183
200	13	52	37	0	32	29	0	163
250	9	48	33	0	28	25	0	143

续附表 3. 2-5

门票（美元）	科伦坡	加勒	卡卢特勒	康提	凯格勒	库鲁内格勒	拉特纳普勒	游客总数（总需求）
275	5	44	29	0	24	21	0	123
300	1	40	25	0	20	16	0	102
325	0	36	21	0	16	12	0	85
350	0	32	16	0	12	8	0	68
375	0	28	12	0	8	4	0	52
400	0	24	8	0	3	0	0	35
425	0	20	4	0	0	0	0	24
450	0	16	0	0	0	0	0	16
475	0	12	0	0	0	0	0	12
500	0	8	0	0	0	0	0	8
525	0	4	0	0	0	0	0	4
550	0	0	0	0	0	0	0	0

利用附表 3. 2-5 第 1 列与第 9 列的数据建立回归方程式（附录 3. 2-4）：

$$P = 473.03 - 1.3938Q \qquad \text{（附录 3. 2-4）}$$

$$(43.68)\ (-23.49)$$

根据式（附录 3. 2-4），可画 M 区游乐的需求曲线，如附图 3. 2-3。

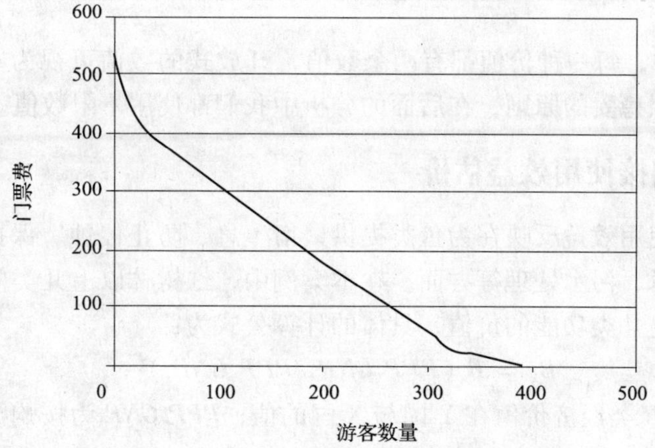

附图 3. 2-3　M 区游乐的需求曲线

同样，计算出在 M 区旅游的消费者剩余为每年 81125000 卢比，M 区的红树林占地为 915 公顷，平均每公顷每年的游乐价值为 933 美元。

五、红树林非使用效益估价

斯里兰卡红树林的非使用价值是依据意愿调查法的原理，向国内外游客发放问卷，询问他们对这几块红树林的存在价值、遗赠价值和选择价值的支付意愿，经统计分析后估算出来。调查采用封闭式（payment card，支付卡式）问卷和开放式（open－end）问卷，分别调查游客对于红树林的存在价值、遗赠价值和选择价值的支付意愿，统计分析后的汇总结果见附表 3. 2-6。

附表 3. 2-6　非使用价值的意愿调查结果

价值类型	问卷方式	每户每年的支付意愿（美元）	每公顷每年的支付意愿（美元）
当地的存在价值	封闭式	1. 7	833
	开放式	1. 9	1001
国际的存在价值	封闭式	24	1398
	开放式	29	1630
当地的遗赠价值	封闭式	3. 3	1714
	开放式	3. 9	2036
国际的遗赠价值	封闭式	9. 8	561
	开放式	1. 1	638
当地的选择价值	封闭式	2. 9	1491
	开放式	3. 5	1851
国际的选择价值	封闭式	18	1039
	开放式	20	1178

在附表 3. 2-6 中，每一种价值都有两个数值，开放式的数值可视为上限，封闭式的数值可视为下限。按照稳妥的原则，在后面的分析中我们都使用下限数值。

六、红树林间接使用效益估价

红树林的间接使用效益反映在为鱼类提供繁衍生息、防止侵蚀、保持生物多样性、吸收二氧化碳、防风暴、污水处理等方面。在本案例中，红树林以上几类间接使用效益是利用成果参照法估算这几类功能的价值，具体的计算公式为：

$$B_y = B_x(PPP\ GNP_y / PPP\ GNP_x)^E \qquad \text{（附录 3. 2-5）}$$

B_y 和 B_x 分别为 B 类经济价值在 Y 国与 X 国的值，*PPP GNP* 为按购买力平价计算的人均国民生产总值。

1. 捕鱼效益

国际研究表明，海床的渔业产量与产值与红树林的生存是正相关。本案例参考马来西亚红树林捕鱼的效益，使用成果参照法估算斯里兰卡红树木的捕鱼效益：

$$526\ [3460/8330]^{1.00}=218\ (\text{美元})$$

斯里兰卡红树木的捕鱼效益为每公顷每年218美元。

2. 防止海岸侵蚀

红树林能保护海岸线，防止农田和财产损失。本案例参考印度尼西亚红树林防止海岸侵蚀的效益，利用成果参照法估算斯里兰卡红树木防止海岸侵蚀的效益：

$$3\ [3460/2830]^{1.00}=3.6\ (\text{美元})$$

斯里兰卡红树木防止海岸侵蚀的效益为每公顷每年3.6美元。

3. 保持生物多样性的效益

红树林生物多样性是红树林特有的现象。本案例参考印度尼西亚红树林生物多样性的效益，利用成果参照法估算斯里兰卡红树木生物多样性的效益：

$$15\ [3460/2830]^{1.00}=18\ (\text{美元})$$

斯里兰卡红树木保持生物多样性的效益为每公顷每年18美元。

4. 碳螯合（固化）效益

红树林可以吸收空气中大量的二氧化碳并固化在红树林中，并可将其按碳交易的市场价格进行估算。本案例参考泰国红树林生物碳螯合效益的计算结果，利用成果参照法估算斯里兰卡红树林的碳螯合效益为75.5美元/公顷·年。

5. 防风暴效益

红树林发挥着抵御强风、潮汐和大浪作用，保护沿岸大量群众的生命财产。本案例参考柬埔寨红树林防风暴的效益，利用成果参照法估算斯里兰卡红树林防风暴的效益：

$$32\ [3460/1440]^{1.00}=76.8\ (\text{美元})$$

斯里兰卡红树木防风暴的效益为每公顷每年76.8美元。

6. 污染处理的效益

红树林可以临时保存并处理工业与民用污染物，主要是沿着海岸收集污染物里包含的有机营养。本案例参考斐济红树林污染处理的效益，利用成果参照法估算斯里兰卡红树林污染处理的效益：

$$5820\ [3460/4480]^{1.00}=4494\ (\text{美元})$$

斯里兰卡红树木污染物处理的效益为每公顷每年4494美元。

七、红树林总经济价值的构成

现将前面计算的红树林各项经济价值汇总，见附表3.2-7。

附表3.2-7　红树林总经济价值

价值组成	每公顷每年的价值（美元）	每户每年的价值（美元）	估价技术
1　直接使用价值			
NTFR			
KIRALA 树的存量	751		森林蓄积量调查与定期产量调查

续附表 3.2-7

价值组成	每公顷每年的价值（美元）	每户每年的价值（美元）	估价技术
KARAN 树的存量	3784		森林蓄积量调查
KIRALA 果的流量	24	23	林区门口调查
KARAN 叶的流量	35	43	家计调查
绿叶菜的流量	11	14	家计调查
鱼的流量	13	17	家计调查
原薪柴的流量	4	5	家计调查
干薪柴的流量	5	7	家计调查
NTFR 流量合计	92	108	
游乐价值			
当地游乐价值	933	10*	旅行成本法
国际游乐价值	1196	0.03*	旅行成本法
2　选择价值			
当地极小值	1491	2.9	支付意愿封闭式
当地极大值	1951		支付意愿开放式
国际极小值	1039	18	支付意愿封闭式
国际极大值	1179		支付意愿开放式
3　非使用价值			
当地遗赠极小值	1714	3.3	支付意愿封闭式
当地遗赠极大值	2037		支付意愿开放式
国际遗赠极小值	561	1.1	支付意愿封闭式
国际遗赠极大值	638		支付意愿开放式
当地存在极小值	883	1.7	支付意愿封闭式
当地存在极大值	1001		支付意愿开放式
国际存在极小值	1398	24	支付意愿封闭式
国际存在极大值	1630		支付意愿开放式
4　间接使用价值			
侵蚀控制	3.6		成果参照法

续附表 3. 2-7

价值组成	每公顷每年的价值（美元）	每户每年的价值（美元）	估价技术
保持生物多样性	18		成果参照法
鱼类生息	218		成果参照法
碳固化	75. 5		成果参照法
污染处理和营养保持	4494		成果参照法
防风暴	76. 8		成果参照法
最小年度价值合计	14194		

注：＊人均消费者剩余。

以上经济价值是通过调查或参考其他国家的资料得出，由于调查并未针对任何具体的红树林，原则上适用于三个红树林区。但是，由于三个区在采用保护方案时各有侧重，其每公顷的直接使用价值构成也不完全相同。K 区主要致力于发展非木材森林资源利用，其非木材森林资源的价值就应全部体现，而国内与国外游乐价值只能发挥10% 的价值。M 区主要致力于发展国内游乐业，国内游乐价值将全部发挥，但非木材森林资源的价值仅能发挥 10% ，国际游乐价值将只发挥 50% 的作用。R 区主要致力于发展国际游乐业，其国际游乐价值将全部发挥，但国内游乐和非木材森林资源价值只能发挥 10% 的效能。由于选择价值、非使用价值和间接使用价值在没有显著区域特征，可以认为完全相等。

附表 3. 2-7 中的数据可以视为项目计算期第一年各种价值的基本值。由于这些价值都是红树林固有的，一般不会随时间发生变化，故以后各年的价值仍然可采用同一数值。但考虑存在通货膨胀因素，各类价值可能随时间发生变化，同时再考虑到国内通货膨胀率一般都比国际通货膨胀率高，故可取国内通货膨胀率为 3% ，用于各类国内经济价值，国际通货膨胀率取 1% ，用于各类国际经济价值。

为简化起见，本案例主要使用 K 区的基本资料（见附表 3. 2-8：Kiralakale 红树林财务、经济分析基本数据）进行详细演算，M 区和 R 区的计算过程省略，只给出结果。

附表 3. 2-8　Kiralakale 红树林财务、经济分析基本数据　单位：美元

年序	财务收益（折现后）	财务成本（折现后）	社会	非木材森林资源	当地娱乐	全球娱乐	机会成本	机会成本（折现后）	控制水土流失	保持生物多样性	鱼类栖息地
1	43789. 5	35536. 8	150. 0	92. 0	93. 3	119. 6	304. 9	304. 9	3. 6	18. 0	218. 0
2	42550. 1	21643. 3	137. 5	94. 8	96. 1	120. 8	311. 7	294. 0	3. 7	18. 5	224. 5
3	41345. 9	21030. 8	133. 6	97. 6	99. 0	122. 0	318. 6	283. 5	3. 8	19. 1	231. 3
4	40175. 7	20435. 5	129. 8	100. 5	102. 0	123. 2	325. 7	273. 5	3. 9	19. 7	238. 2

续附表 3. 2-8

年序	财务收益(折现后)	财务成本(折现后)	社会	非木材森林资源	当地娱乐	全球娱乐	机会成本	机会成本(折现后)	控制水土流失	保持生物多样性	鱼类栖息地
5	39038.7	19857.2	5135.7	103.5	105.0	124.5	333.0	263.8	4.1	20.3	245.4
6	0	0	59.9	106.7	108.2	125.7	340.5	254.5	4.2	20.9	252.7
7	0	0	58.2	109.9	111.4	127.0	348.2	245.5	4.3	21.5	260.3
8	0	0	56.5	113.1	114.7	128.2	356.1	236.8	4.4	22.1	268.1
9	0	0	54.9	116.5	118.2	129.5	364.2	228.5	4.6	22.8	276.2
10	0	0	53.4	120.0	121.7	130.8	372.6	220.5	4.7	23.5	284.4
11	0	0	51.9	123.6	125.4	132.1	381.1	212.8	4.8	24.2	293.0
12	0	0	50.4	127.3	129.1	133.4	389.9	205.4	5.0	24.9	301.8
13	0	0	49.0	131.2	133.0	134.8	399.0	198.3	5.1	25.7	310.8
14	0	0	47.6	135.1	137.0	136.1	408.2	191.4	5.3	26.4	320.1
15	0	0	46.2	139.2	141.1	137.5	417.8	184.8	5.4	27.2	329.7
16	0	0	44.9	143.3	145.4	138.9	427.5	178.4	5.6	28.0	339.6
17	0	0	43.6	147.6	149.7	140.2	437.6	172.3	5.8	28.9	349.8
18	0	0	42.4	152.1	154.2	141.6	447.9	166.3	6.0	29.8	360.3
19	0	0	41.2	156.6	158.8	143.1	458.5	160.6	6.1	30.6	371.1
20	0	0	40.1	161.3	163.6	144.5	469.4	155.1	6.3	31.6	382.3
21	24660.2	20012.7	79.6	166.2	168.5	145.9	480.6	149.9	6.5	32.5	393.7
22	23962.3	12188.5	77.4	171.1	173.6	147.4	492.1	144.8	6.7	33.5	405.5
23	23284.1	11843.6	75.2	176.3	178.8	148.9	503.9	139.8	6.9	34.5	417.7
24	22625.1	11508.4	73.1	181.6	184.1	150.4	516.1	135.1	7.1	35.5	430.2
25	21984.8	11182.6	71.0	187.0	189.7	151.9	528.5	130.5	7.3	36.6	443.1
26	0	0	2741.3	192.6	195.3	153.4	541.4	126.1	7.5	37.7	456.4
27	0	0	32.7	198.4	201.2	154.9	554.5	121.9	7.8	38.8	470.1
28	0	0	31.8	204.4	207.2	156.5	568.1	117.8	8.0	40.0	484.2
29	0	0	30.9	210.5	213.5	158.0	582.0	113.9	8.2	41.2	498.8
30	0	0	30.0	216.8	219.9	159.6	596.3	110.0	8.5	42.4	513.7
合计	323416.5	185239.4	9669.8	4376.9	4438.8	4160.3	12976.0	5720.8	171.3	856.4	10371.4

续附表3.2-8

年序	碳减排	污染处理	风暴防范	当地选择价值	全球选择价值	当地遗产价值	全球遗产价值	当地存在价值	全球存在价值	环境费用	环境费用(折现后)
1	75.5	4494.0	76.8	1491.0	1039.0	1714.0	562.0	833.0	1399.0	11923.9	11923.9
2	77.8	4628.8	79.1	1535.7	1049.4	1765.4	567.6	858.0	1413.0	12221.6	11529.8
3	80.1	4767.7	81.5	1581.8	1059.9	1818.4	573.3	883.7	1427.1	12527.7	11149.6
4	82.5	4910.7	83.9	1629.3	1070.5	1872.9	579.0	910.2	1441.4	12842.3	10782.6
5	85.0	5058.0	86.4	1678.1	1081.2	1929.1	584.8	937.5	1455.8	13165.7	10428.5
6	87.5	5209.8	89.0	1728.5	1092.0	1987.0	590.7	965.7	1470.4	13498.3	10086.7
7	90.2	5366.1	91.7	1780.3	1102.9	2046.6	596.6	994.6	1485.1	13840.2	9756.8
8	92.9	5527.1	94.5	1833.7	1113.9	2108.0	602.5	1024.5	1499.9	14191.7	9438.3
9	95.6	5692.9	97.3	1888.8	1125.1	2171.2	608.6	1055.2	1514.9	14553.1	9130.8
10	98.5	5863.7	100.2	1945.4	1136.3	2236.4	614.7	1086.9	1530.1	14924.7	8833.9
11	101.5	6039.6	103.2	2003.8	1147.7	2303.5	620.8	1119.5	1545.4	15306.8	8547.3
12	104.5	6220.7	106.3	2063.9	1159.2	2372.6	627.0	1153.1	1560.8	15699.8	8270.4
13	107.6	6407.4	109.5	2125.8	1170.8	2443.8	633.3	1187.7	1576.4	16103.8	8003.1
14	110.9	6599.6	112.8	2189.6	1182.5	2517.1	639.6	1223.3	1592.2	16519.3	7744.9
15	114.2	6797.6	116.2	2255.3	1194.3	2592.6	646.0	1260.0	1608.1	16946.6	7495.5
16	117.6	7001.5	119.7	2322.9	1206.2	2670.4	652.5	1297.8	1624.2	17386.1	7254.6
17	121.2	7211.6	123.2	2392.6	1218.3	2750.5	659.0	1336.7	1640.4	17838.0	7021.9
18	124.8	7427.9	126.9	2464.4	1230.5	2833.0	665.6	1376.8	1656.8	18302.8	6797.0
19	128.5	7650.7	130.7	2538.3	1242.8	2918.0	672.2	1418.1	1673.4	18780.8	6579.7
20	132.4	7880.3	134.7	2614.5	1255.2	3005.5	679.0	1460.7	1690.1	19272.4	6369.8
21	136.4	8116.7	138.7	2692.9	1267.8	3095.7	685.7	1504.5	1707.0	19778.1	6166.9
22	140.5	8360.2	142.9	2773.7	1280.5	3188.5	692.6	1549.6	1724.1	20298.3	5970.8
23	144.7	8611.0	147.2	2856.9	1293.3	3284.2	699.5	1596.1	1741.4	20833.3	5781.3
24	149.0	8869.3	151.6	2942.6	1306.2	3382.7	706.5	1644.0	1758.8	21383.6	5598.2
25	153.5	9135.4	156.1	3030.9	1319.3	3484.2	713.6	1693.3	1776.4	21949.7	5421.1

续附表 3.2-8

年序	碳减排	污染处理	风暴防范	当地选择价值	全球选择价值	当地遗产价值	全球遗产价值	当地存在价值	全球存在价值	环境费用	环境费用（折现后）
26	158.1	9409.4	160.8	3121.8	1332.4	3588.7	720.7	1744.1	1794.1	22532.0	5249.9
27	162.8	9691.7	165.6	3215.5	1345.8	3696.4	727.9	1796.4	1812.1	23131.0	5084.4
28	167.7	9982.5	170.6	3311.9	1359.2	3807.3	735.2	1850.3	1830.2	23747.2	4924.4
29	172.7	10281.9	175.7	3411.3	1372.8	3921.5	742.6	1905.8	1848.5	24381.1	4769.7
30	177.9	10590.4	181.0	3513.6	1386.5	4039.2	750.0	1963.0	1867.0	25033.3	4620.1
合计	3591.9	213803.9	3653.8	70934.9	36141.5	81544.3	19549.1	39630.3	48664.1	528912.9	230731.9

八、红树林养虾场的财务分析

养虾业对于小农户是项赚钱的生意。农户是养虾场的投资人与财务主体，养虾场的财务分析只需考虑农户的财务收益与财务支出。财务分析也以单位面积（公顷）为核算单位。

养虾场每公顷要投入建筑成本 5368.4 美元、脚踏船 2526.3 美元、柴油发电机 4210.5 美元、水泵 842.1 美元和小型设备 315.8 美元，合计资本支出为 13263.2 美元。

年度运营费用为：饲料 10673.7 美元、虾籽 1684.2 美元、肥料 252.6 美元、处置费 1515.8 美元、薪金 1515.8 美元、燃料 2526.3 美元、维护 378.9 美元和折旧 1210.5 美元，合计 22273.7 美元。

经验表明，商业海水养虾一般只经营五年，因为五年以后就养殖虾就容易发病，造成大量减产，因此，虾养殖户一般就丢弃原有的养殖池塘，另辟新址。所以，一般养虾场是以 5 年为一个养殖周期。附表 3.2-9 为 5 年期的现金流量表。

附表 3.2-9　养虾场 5 年的现金流量　　单位：美元

项目	1	2	3	4	5
资本费用					
建筑成本	5368.4				
脚踏船	2526.3				
柴油发电机	4210.5				
水泵	842.1				
小型设备	315.8				
小　计	13263.2				

续附表 3. 2-9

项目	1	2	3	4	5
运行成本					
饲料	10673. 7	10993. 9	11323. 7	11663. 4	12013. 3
虾籽	1684. 2	1734. 7	1786. 8	1840. 4	1895. 6
肥料	252. 6	260. 2	268. 0	276. 1	284. 3
处置费	1515. 8	1561. 3	1608. 1	1656. 3	1706. 0
薪金	1515. 8	1561. 3	1608. 1	1656. 3	1706. 0
燃料	2526. 3	2602. 1	2680. 2	2760. 6	2843. 4
维护	378. 9	390. 3	402. 0	414. 1	426. 5
人工	1515. 8	1561. 3	1608. 1	1656. 3	1706. 0
折旧	1210. 5	1246. 8	1284. 2	1322. 8	1362. 5
预备费	1000. 0	1030. 0	1060. 9	1092. 7	1125. 5
小　计	22273. 7	22942. 0	23630. 2	24339. 1	25069. 2
总成本	35536. 8	22941. 9	23630. 2	24339. 1	25069. 2
总收益	43789. 5	45103. 2	46456. 3	47849. 9	49285. 4

注：本表各年度的数据未经折现。

一个养虾场经过 5 年收获后，要经过 15 年的休整才能使其生态基本恢复，才能供再次养虾。第二轮养虾生产在第 20 年开始，再运行 5 年。所以完整的财务分析以 30 年为项目计算期，其收益与成本的折现值见附表 3. 2-10 第 2、3 列。

在附表 3. 2-10 中，按 6% 的折现率计算，30 年的收益净现值为 323416. 5 美元，成本净现值为 185239. 4 美元。根据项目判定标准，只要财务收益成本比大于 1，项目在财务上就可以接受。本项目收益成本比为 1. 7459，大大高于 1 的基本值判据值，因此项目的财务盈利能力很高，在财务上是完全可接受的。

附表 3. 2-10　Kiralakale 红树林财务、经济分析流量表

（按 6% 折现以后）

单位：美元

分析层次	扩展的经济费用效益分析（含环境费用）				
	经济费用效益分析				环境费用
	财务分析		社会费用	土地机会成本	
年序	财务收益	财务成本			
1	43789. 5	35536. 8	150. 0	304. 9	11923. 9
2	42550. 1	21643. 3	137. 5	294. 0	11529. 8
3	41345. 9	21030. 8	133. 6	283. 5	11149. 6

续附表 3.2-10

分析层次	扩展的经济费用效益分析（含环境费用）				
	经济费用效益分析				环境费用
	财务分析		社会费用	土地机会成本	
年序	财务收益	财务成本			
4	40175.7	20435.5	129.8	273.5	10782.6
5	39038.7	19857.2	5135.7	263.8	10428.5
6	0	0	59.9	254.5	10086.7
7	0	0	58.2	245.5	9756.8
8	0	0	56.5	236.8	9438.3
9	0	0	54.9	228.5	9130.8
10	0	0	53.4	220.5	8833.9
11	0	0	51.9	212.8	8547.3
12	0	0	50.4	205.4	8270.4
13	0	0	49.0	198.3	8003.1
14	0	0	47.6	191.4	7744.9
15	0	0	46.2	184.8	7495.5
16	0	0	44.9	178.4	7254.6
17	0	0	43.6	172.3	7021.9
18	0	0	42.4	166.3	6797.0
19	0	0	41.2	160.6	6579.7
20	0	0	40.1	155.1	6369.8
21	24660.2	20012.7	79.6	149.9	6166.9
22	23962.3	12188.5	77.4	144.8	5970.8
23	23284.1	11843.6	75.2	139.8	5781.3
24	22625.1	11508.4	73.1	135.1	5598.2
25	21984.8	11182.6	71.0	130.5	5421.1
26	0	0	2741.3	126.1	5249.9
27	0	0	32.7	121.9	5084.4
28	0	0	31.8	117.8	4924.4
29	0	0	30.9	113.9	4769.7
30	0	0	30.0	110.0	4620.1
现值合计	323416.5	185239.4	9669.8	5720.8	230731.9

九、费用效益分析

上节的养虾场的财务分析是通过比较项目的财务收入和成本，从投资人的角度分析项目的盈利性。

但是，由于将红树林开发成养虾场，红树林自然就不可能再提供薪柴等非木材森林资源价值，也不可能体现其国内与国外游乐价值。就K区红树林而言，这部分直接使用价值为304.9美元/公顷·年。从经济学的观点，这两部分价值的丧失就是项目土地的机会成本。

养虾场生产的虾可供社会消费，但也会造成水体污染。但是，由于养虾场私人业主的经营理念是“成本最小化，利润最大化”，因此业主是不可能主动对污染物进行处理，于是污染处理的费用就要由社区来负担，换句话说，由其他社会成员承担污染处理的成本。这些成本发生在财务主体外部，俗称“外部性”。养虾场的外部成本还有废弃虾塘的恢复费用、废弃虾场的红树林再种植费用等。这些外部费用是参考泰国的研究成果，利用成果参照法进行估算，结果见附表3.2-11。

附表3.2-11　其他社会成员为养虾场支付的费用

费用项	泰国的估计值（美元/公顷·年）	斯里兰卡的估计值（美元/公顷·年）
受虾场污染的水的社会处理费用	274	150
放弃养虾塘的恢复费用	11458	6273
被虾场破坏的红树林的再种植费用	788	431
维护与保护红树林费用	157	85

附表3.2-11中后三项费用是在项目结束以后才发生，第一项费用则常年发生。在进行费用效益分析时要将数据折现，考虑到按6%的折现率，30年以后的费用影响微乎其微，因此进行费用效益分析时可保留附表3.2-11的第一项费用，忽略第二至第四项费用。

养虾场每年每公顷都需要80~200个工日的人工投入。由于这些工人在未被雇用之前一般在家务农，收益有限，所以，养虾场能产生显著的社会效益。给这些工人及家庭增加福利，属项目的“外部效益”。但是，这部分外部效益已经包含在养虾场的财务收益中，故在费用效益分析中不可再计入外部效益，否则就发生重复计算。

在考虑土地的机会成本、社会其他群体支付的污染处理费后，需再进行经济费用效益分析，比较项目的经济效益与经济费用，计算效益费用比（323416.5美元/200630.0美元），结果为1.6120（见附表3.2-10），此值也大大高于判定值1，故从经济费用效益分析看，项目在经济上是合理的。

经济费用效益分析不仅考虑项目财务主体的收益与成本，还计入了社会其他成员为项目支付的费用与获得的收益，在这个意义上，经济费用效益分析也可称为“社会费用效益分析”，它也是这种分析方法初始的名称。

十、扩展的费用效益分析

在上述的经济费用效益分析中，只包括了社会其他群体从项目获得的效益与支付的费用，这些效益或费用是可以定量化并且用货币表示。但是，在附表 3. 2-7 中列示的非使用价值与间接使用价值一般是没有市场价格，直接使用价值中游乐价值也没有市场价格，非木材森林资源价值也并非实际市场交易价格，是人为估算的经济价值。以上这些直接使用价值、间接使用价值和非使用价值是在红树林进行保护性开发时体现出来的，在养虾场开发方案时完全丧失，可视为环境机会成本。

将前述的经济费用效益分析范围进行扩展，把环境机会成本包含进来，再计算项目的效益费用比（323416. 5 美元/431361. 9 美元），其值为 0. 7498，小于判定基准值 1，由此我们可以得出结论：如果包括了环境机会成本，或放弃了长期体现的环境价值，红树林的养虾场开发方案是不能被社会接受的！

类似的结论也出现在 M 区与 R 区的估算结果上，见附表 3. 2-12。

附表 3. 2-12　三块红树林经济分析结果

红树林区	财务收益成本比	经济效益费用比	经济效益费用比（含环境费用）
Kiralakale	1. 74	1. 60	0. 74
Manduganga	1. 74	1. 42	0. 708
Ranweli	1. 74	1. 45	0. 715

从附表 3. 2-12 的计算结果看，三块红树林都应当拒绝养虾场开发方案，采用保护性开发方案，以实现在保护环境的前提下取得最好的经济效益。

十一、结论

在本案例中，我们按照环境经济学的基本原理，分别估算红树林的直接使用价值、间接使用价值和非使用价值，进而估算出红树林保护利用的总经济价值。为了选择红树林的最佳开发方案，采用费用效益分析法作为比较项目经济效率的工具，将红树林养虾场开发作为基本方案，进行了仅包括项目实体（养虾场）现金流量的财务分析、包含社会其他群体为项目付出的代价与获得的效益的社会费用效益分析，以及包括环境代价或效益的扩展的费用效益分析等三个层次分析。通过三个层次分析效益费用比的逐步降低（从 1. 74 降低到 1. 60，再降低到 0. 74），我们可以得出不应采取只产生短期效益的养虾场开发方案，而应当推行具有长期经济效益的红树林保护方案。

附录3.3 某燃料乙醇项目经济后评价

提要：本案例投资总额不大，但是能结合项目具体情况集中展示经济评价中财务分析、费用效益分析与宏观政策研究的典型案例，可以说“麻雀虽小、五脏俱全”。后评价根据实际情况将项目从工业项目拓展为农业产业化项目，分析项目对农业产业结构调整的重大贡献。特别值得注意的是，本项目体现了中央政府产业指导、项目核准、投资补助、运营补贴、增值税先征后返、关税减免，以及地方政府政令支持等多项政策，可以说是集投资项目政策模拟大成之作。

一、项目背景

能源问题是当今社会发展所面临的一大突出问题。在自然界，人们可利用的能源很多，总体上可分为两大类，即一次能源（如石油、煤炭、天然气等）和再生能源（如太阳能、生物能、风能、水能等）。在这些能源中，人类目前消耗量最大的要属一次能源。但一次能源的储量是有限的，是不可再生的，并且已呈逐渐枯竭之势。20世纪，石油作为最主要的能源及化学品的原料，为人类社会的发展作了巨大的贡献，但随着石油可开采量的减少，能源问题已经威胁到世界经济的发展。根据联合国能源组织评估，地球的石油储量再有五十年左右将基本耗尽，为了解决这一问题，实现全球经济的可持续稳定发展，从20世纪70年代中期开始，利用生物技术和可再生资源（生物资源）进行燃料乙醇的工业生产，并以此作为石油能源的替代物已成为各国科学工作者研究的热门课题。

资料表明，我国石油地质资源约为940亿t，可采资源仅为135亿t，目前探明的只有24%，人均石油资源占有量仅为世界平均水平的1/16。“八五”以来，我国石油产量年均增长率为1.7%，消费量的年均增长率却为4.99%，供求矛盾日益突出。从1993年起，我国已成为石油的净进口国；2000年我国原油净进口量高达6000万吨，占当年石油消费总量26.28%，作为石油制品的燃料汽油，在我国的消费也呈快速增长态势。全国汽油消耗量从1991年的2209万吨增至2000年的3680万吨，10年增长了66.5%。据中石油预测，今后几年，我国的汽油消费将继续以不低于3.5%的速率递增，至2005年，我国汽油消费总量已达4370万吨。随着经济的发展，能源问题已经成为国民经济的头等大事，其中包括开发燃料乙醇等石油替代品，开发和发展我国的新型能源已成当务之急。

环境污染是制约人类文明发展的另一大主要因素，随着社会经济的不断发展，人民生活水平的不断提高，汽车已经走进了千家万户。由于汽车工业的迅速发展，汽车尾气对大气环境的污染在逐年增加。根据对我国388个城市1999年度空气质量监测结果统计，三分之二的城市超过国家空气质量二级标准，其中超过三级标准的有137个城市，占统计城市数的40.5%；47个全国环境保护重点城市中，有三分之二空气质量不达标，其中 18 个城市空气质量超过三级标准。随着城市调整能源结构、使用优质煤炭和工业污染源综合治理的深入开展，机动车尾气污染问题已变得尤为突出。主要表现在人口和交通高度集中的大城市。据有关部门统计，2006 年我国汽车保有量达 1400 万辆（不含农用车），摩托车约 4500 万辆，并且以年 10% 的速度增加，大量的汽车污染物排放给城市大气环境带来了很大影响。国际上对汽车尾气造成的大气污染非常重视，在研究开发替代汽油的清洁燃料方面做了很多工作，比如风能、电能（水电、火电）的开发，提取海水中的氢等，但这些均具有很大的局限性。目前常用的方法是在车用汽油中添加氧化辛烷辅助剂（主要是 MTBE——甲基叔丁基醚），以提高汽油的辛烷值，有效促进燃烧，减少一氧化碳排放和汽油中苯的排放，降低汽油挥发性，减轻地表臭氧污染。而这种添加剂的使用，在美国等发达国家早有争议。科学家们认为，MTBE 虽然可以减少空气污染，但同时也对地下水及饮用水源构成了严重污染，而且 MTBE 污染地下水所构成的危害要大于其清洁空气的作用。因此，为了防止美国饮用水遭受污染，2001 年 3 月美国宣布全国禁止使用 MTBE。因此，用生物技术路线取代化学技术路线进行生物燃料及化学品生产，已成为世界上各大化学公司发展战略的热点。在我国，从以石油为能源向生物化学制品方向、向环保型方向发展，也已被国家发改委确定为汽车燃料工业发展的方向。

燃料乙醇在我国是个朝阳行业，某市为了充分发挥本地的优势，抢占燃料乙醇市场，开发生产成本低的木薯燃料乙醇是当务之急。燃料乙醇到目前为止在该市还是空白，农产品加工是该市所在区域经济的发展重点，发展木薯深加工更是重中之重。本项目利用某市丰富的木薯资源，开发燃料乙醇产品，既能满足我国南方地区对燃料乙醇产品的需求，又能带动当地农民增加收入。

二、项目概况

某燃料乙醇项目是以木薯为原料制造燃料乙醇的项目，是“十一五”国家重点扶持的第一个非粮乙醇项目，是“拉动农业、保护环境、替代能源”的项目。本项目投资方为国资委下属的 ZL 集团。项目位于某市合浦工业园区，占地 673 亩（其中铁路货场占地 123 亩）。实际总投资额 6.9 亿元人民币，建有一条铁路专用线、一条燃料乙醇生产线、一座装机容量为 15000kW 自备电站。项目年产燃料乙醇 20 万吨，木薯渣 8 万吨，沼气 2970 万 Nm^3。整个项目年用干木薯片 60 万吨、折鲜木薯 150 万吨，原煤 10.32 万吨/年。

本项目主要由木薯乙醇制造（工业生产）和农户木薯种植（农业生产）两大部分组成，是典型的农业产业化项目（或称农业发展项目）。与同此时，本项目也是一个循环经济展示的项目：木薯皮、木薯渣、沼气、污泥等都是循环利用的材料。因此，本项目经济后评价不仅要分析木薯乙醇制造的经济成果，而且应当分析木薯种植给农民及全社会带来的效益，以及材料循环利用的节能作用。燃料乙醇项目生产工艺见附图 3.3-1。

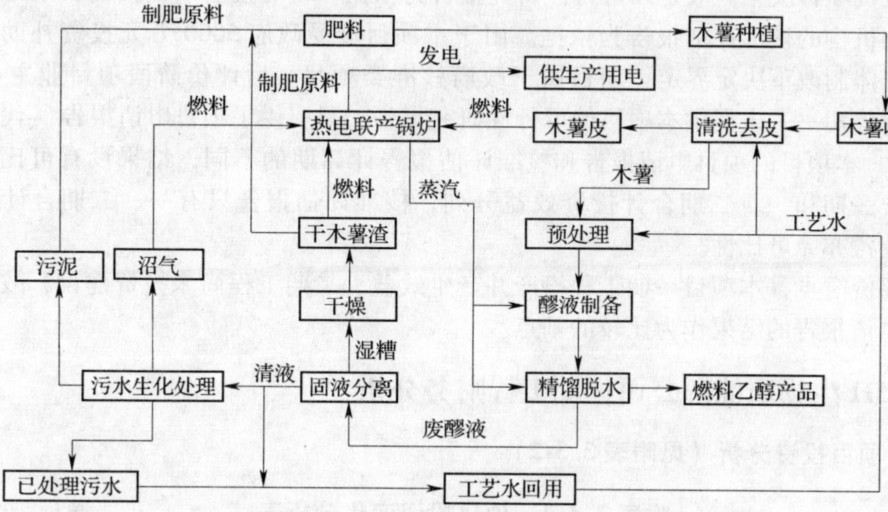

附图 3.3-1　燃料乙醇项目生产工艺图

三、经济评价使用与依据的资料

资料［1］~［11］略。

四、经济评价范围的选择

按项目申请报告，项目分两期建设，一期建设期一年，产能为20万吨燃料乙醇，二期在一期投产后一年建设，产品为12万吨燃料乙醇，5.78万吨乙醇胺，项目的财务分析包括一、二期的投入和产出。按项目核准评估报告，财务分析包括一、二期的投入和产出，没有单独对一期作财务分析。两份报告的结果比较见附表3.3-1。

附表 3.3-1　项目申请报告与核准评估报告的评估指标

		项目申请报告	核准评估报告
项目计算期		12年	19年
一期	项目总投资（万元）	75734.01	—
	所得税前内部收益率（含政府补贴收入1373元/t）	21.64%	—
一、二期合计	项目总投资（万元）	135458.9	146369
	所得税前内部收益率（含政府补贴收入1373元/t）	18.58%	11.6%

注：一期数据为项目申请研究报告数据，一、二期数据为项目申请报告与核准评估报告数据。由于项目申请报告与评估报告的财务基准收益率不同，净现值没有可比性，本表未列。

企业投资项目决策一般是以可行性研究报告为依据，政府投资项目投资决策是以政府指定的咨询机构的核准评估报告为依据。由于本项目接受政府5000万元投资补助，按照国务院投资体制改革决定界定，项目属于政府核准类项目。后评价阶段项目业主——BH生物质能源公司——未提供本项目的可行性研究报告，只提供了项目申请报告（代可行性研究报告）。本项目的项目申请报告和核准评估报告计算期的不同，结果没有可比性；项目申请报告一期和一、二期合计投资效益分列，核准评估报告只有一、二期合计投资效益，二种效益亦无可比性。

在后评价时点，本项目一期工程投产并产生效益，二期工程尚未投资建设，故后评价将以项目申请报告的结果作为比较的基点。

五、BH生物质能源公司一期工程财务分析

（一）项目投资分析（见附表3.3-2）

附表3.3-2　项目投资变化分析表　　单位：万元

费用科目	项目申请	概算	竣工	竣工比项目申请		竣工比概算	
				增减额	增减（%）	增减额	增减（%）
建筑工程费	14418	19257	23921	9503	65.91	4664	24.22
设备购置费	32569	30752	22220	-10349	-31.78	-8532	-27.74
安装工程费	8726	13961	13812	5086	58.29	-149	-1.07
固定资产其他费	4172	4709	5146	974	23.34	437	9.28
无形资产（含土地费用）	2600	1700	2249	-351	-13.50	550	32.33
其他资产	288	294	1798	1510	524.20	1504	511.46
预备费用	6277	4428	0	-6277	-100.00	-4428	-100.00
建设投资合计	69050	75100	69145	95	0.14	-5955	-7.93
建设期利息	1182	1279	325	-857	-72.50	-954	-74.59
固定资产投资合计	70232	76379	69470	-761	-1.08	-6909	-9.05
流动资金投资	18340	0	12547	-5793	-31.59	12547	0
其中：铺底流动资金	5502	6000	0	-5502	-100.00	-6000	-100.00
项目总投资	88572	0	82017	-6554	-7.40	82017	0
报批总投资	75734	82379	0	-75734	-100.00	-82379	-100.00

注：1. 报批总投资中流动资金仅含铺底流动资金。
2. 根据2009年10月资产负债表计算得出。

附表3.3-2项目竣工与项目申请和概算阶段相比，建筑工程费分别增加65.91%和24.22%，主要原因是基础超挖、砂夹石回填量大、部分工程小量更改设计、绿化面积投资估算过低、少量增加建筑面积、部分材料价格上涨；设备购置费分别减少-31.78%和-27.74%，主要原因是严格招标与采用国产设备；其他资产费用分别增加524.20%和

511.46%，主要原因是生产准备费增加1000余万元；项目当年建设当年投产，没有重大设计变更，也没有通货膨胀，预备费未发生，节省6277万元。

尽管项目各类工程费用有增有减，竣工时项目固定资产投资未突破项目申请和概算阶段的控制数，分别节省 -1.08% 和 -9.05%，在这个意义上项目投资控制是做得比较好的。

值得指出的是，项目为治理污染投资12218万元，占固定资产投资的17.58%。从现场考察看，环境治理效果很好，这是巨额、高比例的废水、废气处理投资的成果。

（二）企业财务效益分析

1. 测算基本参数与条件

为使后评价财务测算与项目申请报告和评估报告有可比性，计算参数与条件选择如下：

（1）固定资产投资：见资料［11］项目投资分析表竣工一栏；基本预备费率：10%；计算期：12年；建设期：1年；

（2）根据资料［9］，流动资金2008年占用14539亿（2008年资产负债表），2009年全年12547（2009年资产负债表）；取两年的平均值，采用参考指标法，流动资金占销售收入的14%；

（3）根据资料［5］，主要投入产出价格（均不含税）：乙醇4745元/吨（2008年）、4893元/吨（2009年及以后）；干木薯：1360元/吨（2008年）、1218元/吨（2009年及以后）；

（4）根据资料［5］，主要产出数量：乙醇123368吨（2008年）、160000吨（2009年）、180000吨（2010年）、200000吨（2010年以后），主要要投入干木薯375853吨（2008年）、463497（2009年）、2010年按达产90%计算投入量，2011年按达产100%计算投入量；

（5）根据资料［4］，项目资本金为30968万元，ZL集团要求资本金基准收益率为10%；

（6）根据资料［4］，5年期借款2.8亿，利率：6.9197%（加权），还款期4年；一年期借款2.3亿，利率：6.8853%（加权）；

（7）财政扶持：投资补助5000万元，运营期补贴收入2008年32816万元，2009年1514元/吨、2009年以后1353元/吨（资料［2］、［3］）；

（8）根据资料［2］，房屋折旧25年，余值4%，机器设备按加速折旧法折旧12年，余值4%，场地使用权摊销20年，其他资产摊销5年；

（9）根据资料［5］，职工人数850，人均工资19000元/年；

（10）根据资料［5］，外购电量1411900度，1.021元/度，煤炭用量115328吨/年，不含税煤价2009年为621.87元/吨，用水360万吨，水价为1.02元/吨；

（11）大修理费率取4%，其他销售费率取3%，其他管理费率取150%，其他制造费率取1.5%；

（12）项目投资财务基准收益率：政府投资补助不要求回报，根据项目贷款数量和利率与资本金收益率计算，项目加权平均资本成本7.68%，作为项目投资所得税前财务基准收益率；

（13）其他原材料消耗见附表3.3-3、附表3.3-4（资料［5］）。

附表3.3-3　2008年原材料用量与到厂价格

项目	单位	消耗指标	用量（t）	到厂价格（元/t，不含税）
木薯	t/t	3.164	375853.85	1359.69
淀粉酶	kg/t	0.77	91.50	50763.11
糖化酶	kg/t	3.561	423.04	9938.75
尿素	kg/t	4.757	565.22	2251.06
硫酸	kg/t	12.550	1491.07	1370.46
液碱	kg/t	9.095	1080.58	1659.21
干酵母	kg/t	0.131	15.60	29637.68

附表3.3-4　2009年原材料预计用量与到厂价格

项目	单位	消耗指标	用量（t）	到厂价格（元/t，不含税）
木薯	t/t	2.884	463497.96	1217.81
淀粉酶	kg/t	0.157	24.38	51282.05
糖化酶	kg/t	3.125	485.08	25734.97
尿素	kg/t	3.290	510.67	1781.35
硫酸	kg/t	10.665	1655.48	529.41
液碱	kg/t	1.560	242.22	3181.18
干酵母	kg/t	0.067	10.42	29812.78

（14）2009年开始在全国全面推行消费型增值税，这一新税政在项目申请与评估时并未执行，经济效益测算时并未予以考虑。根据其他项目的经验，消费型与生产型增值税对结果的影响不足5%。为使经济后评价的结果与前期测算结果有可比性，本次经济后评价投资中仍然使用生产型增值税，对估算结果与结论不会产生重大影响。

2. 主要测算结果

根据上述基本数据测算，所得税前项目投资内部收益率为28.72%，投资回收期为4.68年；资本金内部收益率为30.97%。与其他行业相比，企业的财务效益相当好。即使不考虑增值税先征后返的优惠条件，税前项目投资内部收益率仍达24.94%，资本金内部收益率亦为26.02%。以上财务指标均优于项目申请报告的指标（项目投资内部收益率税前 $FIRR=21.64\%$，税后 $FIRR=18.58\%$）。其他估算指标见附表3.3-5：

附表 3.3-5　主要经济数据及评价指标表　　单位：万元

序号	项　　目	单位	数据	备注
一	经济数据			
1	项目总投资	万元	84236	
	其中：规模总投资	万元	74646	
2	建设投资	万元	69146	
3	建设期利息	万元	1390	
4	流动资金	万元	13700	
	其中：铺底流动资金	万元	4110	
5	资金筹措	万元	84236	
	其中：债务资金	万元	48756	
	项目资本金	万元	35480	
	资本金比例	%	47.53	
6	年平均营业收入	万元	92088	
7	年平均营业税金及附加	万元	399	
8	年平均总成本费用	万元	103929	
9	年平均利润总额	万元	18890	
10	年平均所得税	万元	4723	
11	年平均净利润	万元	14168	
12	年平均息税前利润	万元	20061	
13	年平均增值税	万元	3989	
二	财务评价指标			
1	总投资收益率	%	23.82	
2	项目资本金净利润率	%	39.93	
3	项目投资财务内部收益率（所得税前）	%	28.72	
4	项目投资财务净现值（所得税前）	万元	102735	$i_c=7.57\%$
5	项目投资回收期（所得税前）	年	4.68	
6	项目投资财务内部收益率（所得税后）	%	22.65	
7	项目投资财务净现值（所得税后）	万元	92990	
8	项目投资回收期（所得税后）	年	5.38	
9	项目资本金财务内部收益率	%	30.97	
10	盈亏平衡点（生产能力利用率）	%	56.03	

财务分析报表见附件。本经济后评价财务报表的部分数据可能与企业会计报表的实际数据有所出入，但经济评价总体结论是可靠的。

3. 取得较好财务效益的主要原因

（1）产出价格上涨高于原料价格上涨。主要原料木薯价格为1217元/t，比可研报告的1200元/t上涨1.42%，但是燃料乙醇的价格2008年为4745元/t、2009年为4893元/t，分别比可研报告设计的4650元/t上涨2.04%和5.23%。

（2）单位产出原料消耗降低。通过开工试生产的调试，设备运转趋于正常，生产流程通畅，单位燃料乙醇的木薯消耗降低，设计值为3.048，2008年为3.164，2009年为3.008，比设计值降低1.31%，比值2008年降低4.93%。

（3）企业质量保证体系运行良好、经营管理有方、各项经营费用相对偏低，降低产品单位成本。

（三）不确定性分析

影响项目财务收益的主要因素是建设投资、乙醇价格和木薯价格三项，其中建设投资变动相对不敏感，但乙醇价格与木薯价格敏感度相当高，如果乙醇价格降低14.17%或木薯价格提高14.77%，项目均达不到投资人预期的财务效益。具体指标见附表3.3-6。

附表3.3-6 敏感性分析表

序号	敏感因素	变化率（%）	项目投资财务内部收益率（%）	敏感度系数	临界点（%）
		0	28.72		
1	建设投资	10	25.81	-1.01	168.35
		-10	32.20	-1.21	
2	销售价格	10	40.02	3.94	
		-10	15.82	4.49	-15.38
3	原材料价格	10	16.16	-4.37	16.03
		-10	40.13	-3.97	

（四）企业财务分析结论

BH生物质能源公司投产运营后，在政府优惠政策扶持下，经济效益较好，在木薯和乙醇价格稳定的情况下，公司经济效益指标达到甚至超过石油化工企业（国资委后评价标杆项目、上海石化70万t乙烯改扩建项目*FIRR*为15.41%）与制糖企业（马里共和国制糖联合企业6000TCD糖厂建设项目*FIRR*为18.1%）的投资收益水平。项目在财务上是成功的。

六、木薯种植农户收益调查分析

本项目不仅是一个制造业项目，而且是一个典型的农业发展项目，或称公司+农户+政府项目。BH生物质能源公司是项目的实体，是项目的核心部分。木薯种植是本项目的重要组成部分，没有木薯扩大种植就没有木薯乙醇燃料的生产，因此，农户是本项目的重要参与者，也应是项目的主要受益群体，农户得到的净收入是社会福利增加的体现。在项目前期，由于设计与咨询评估人员未将农户的收益计入项目的经济效益，项目申请报告与评估报告均未出现农户净收益“有无对比”的资料，故在BH生物质燃料公司的力协助下，后评价项目小组对100个农户进行了调查，主要调查内容为木薯的生产成本、种植面积、产量、收购价格等，目的是通过样本调查实际估算农户的净收益，以便为下一步费用效益分析提供基本数据。调查资料的汇总见附表3.3-7：

附表3.3-7　木薯农户调查汇总表

（货币单位：元，价格含税）

年度	合作前	2008			2009		
		绝对值	比合作前增长	%	绝对值	比合作前增长	%
种植面积（亩）	2632	5446	2814	106.91	5848	3216	122.19
百亩以上的大户数	10	17	7	70.00	19	9	90.00
50~100亩的大户	8	15	7	87.50	16	8	100.00
总产量	4730	10693	5963	126.07	14395	9665	204.34
平均亩产	1.80	1.96	0.17	9.26	2.46	0.66	36.97
产值（元，含税）	1720493	4983104	3262611	189.63	7459351	5738859	333.56
平均亩产值	654	915	261	39.98	1276	622	95.13
平均吨收购价	364	466	102	28.12	518	154	42.46
总成本	854296	2332549	1478253	173.04	2680691	1826395	213.79
平均亩产成本	325	428	104	31.96	458	134	41.23
毛利	866197	2650555	1784359	206.00	4778660	3912464	451.68
平均亩产毛利	329	487	158	47.89	817	488	148.30
折合吨木薯收益	183	248	65	35.36	332	149	81.27
折合吨乙醇收益	1374	1859	485	35.36	2490	1116	81.27

根据以上资料的分析可以得出如下初步结论：

（1）种植面积逐年扩大：2008年比合作前扩大2814亩，增长106.91%；2009年比合作前扩大3216亩，增长122.19%。

（2）种植大户逐年增加：100亩以上的种植大户2008年比合作前增加7户，2009年比合作前增加9户。

（3）平均亩产逐年增加：合作前平均亩产1.8t，2008年平均亩产为1.96t，2009年平均亩产为2.46t，比合作前提高36.97%。

（4）平均收购价格增长较快：合作前平均收购价格为364元/t，2008年为466元/t，

2009 年为 518 元/t，增长 42.46%。

（5）平均生产成本与平均收购价格同幅增长：合作前平均生产成本为 325 元/亩，2008 年为 428 元/亩，2009 年为 458 元/亩，提高 41.23%。

（6）单位净收益增长较快：合作前木薯的净收益为 329 元/亩，2008 年为 487 元/亩，2009 年为 817 元/亩，增长 148.30%。换算成每吨木薯的净收益分别为 183/吨，248 元/t 与 332 元/t。2009 年每吨木薯比 2007 年增收 149 元。按 3t 干木薯可生产 1t 乙醇、1t 干木薯折 2.5t 鲜木薯，则生产 1t 乙醇需消费 7.5t 鲜木薯。如果以每吨乙醇为家户带来的净收益计，合作前为 1374 元，2008 年为 1859 元，2009 年为 2490 元。2009 年比合作前农户净收益提高 1116 元。

种植木薯的净收益增长较快的原因有二：收购价格在三年内提高了 42.46%，因为选种优良品种、科学种田，亩产在三内提高 36.97%。

（7）甘蔗和木薯种植的比较效益对农户扩大木薯种植面积有较大影响。在 100 个调查户中，8 户同时种植木薯和甘蔗。甘蔗平均亩产 4.8t，远高于木薯的平均亩产，其生产成本要比木薯高一倍还有余，但收购价格平均比木薯低 50%。2009 年，8 户种植木薯每亩净收益为 897 元，但种植甘蔗的每亩净收益仅为 471 元，仅为种植木薯净收益的 52.49%。

（8）调查资料估算的结果偏高。据调查资料测算，实施项目后的 2009 年每亩比实施项目前增收约 488 元。根据投资方提供的资料，农户与企业合作后，每亩净收益提高 300 元。换算成按每吨乙醇增收计量，合作后每吨乙醇让农户增收 900 元，低于调查资料计算的 1116 元。本次调查未采取随机抽样的方式，被调查 100 农户集中在几个地区，而且种植大户偏多，使得净效益测算的结果可能偏高。

七、项目费用效益分析

1. 燃料乙醇项目是在政府的支持下，ZL 集团投资在某市建造木薯燃料乙醇加工厂，并通过推广、扩大优良木薯种植，获得稳定的木薯乙醇生产原料，保证燃料乙醇可持续地生产供应。该项目是一个典型的政府 + 农户 + 企业的农业开发项目。项目的参与人除投资方 ZL 集团之外，还有种植木薯的农户与地方政府。因此，计算项目的经济效益就应分析参与项目各方的经济效益入手。这里说的经济效益不仅指企业（BH 生物质能源公司）财务上的收入、支出和结余，它要从全社会的角度考察整个项目参与各方的经济利益，即不仅要估算企业的财务效益，还要考虑与项目有关系的其他社会群体的利益与损害，有可能的话还要考虑项目对环境的影响。

2. 费用效益分析的目的是考察项目的经济效率，以确定政府对该项目进行干预（扶持）是否有必要。如果费用效益分析表明项目经济上合理，但在财务上不可行（如本项目没有补贴及税赋的优惠将全面亏损），政府就应当进行扶持性干预，使项目实体——BH 生物质能源公司在财务上可持续并有可观的利润。项目经济合理性能使政府公开透明地向公众解释给予项目财政扶持的理由。

3. 经济效益估算：

（1）从投资方来看，项目的经济效益通过“BH 生物质能源公司”的财务收支以及盈利状况来体现。企业的收入包括产品销售收入与经营性财政补贴（每吨燃料乙醇1353元~2600元）。

（2）本项目的主要原料木薯是由农户提供，农户种植木薯而放弃其他作物种植所增加的收入也应是项目带来的效益。根据农户调查资料分析结果与投资方提供的资料保守估算，生产每吨燃料乙醇可以给农户增加900元收入。

（3）根据理论推算，每吨汽油可折合1300~1400L，每燃烧1L汽油可以排放2.254kg二氧化碳。添加了10%燃料乙醇的乙醇汽油自然可以降低10%的二氧化碳排放。另据推算，1t生物质燃料可以减少2t二氧化碳排放。这一减排指标低于前一减排指标，可以作为保守估计值。按每年使用20万t燃料乙醇计算，某省全境由于使用乙醇汽油每年可减少二氧化碳排放约40万t。国际市场上碳交易的价格在10~25欧元之间，为稳妥起见取中间值17欧元。近年来欧元对人民币的汇率保持在10元左右。由此可以大致估算出使用乙醇汽油产生的环境效益。

（4）沼气节能，沼气可用于锅炉燃烧，进行发电，每立方米沼气相当于1.2公斤发热量为5000大卡的煤，2008年共使用沼气271万m^3，可产生节约效益197万元。2009年共使用沼气1516万m^3，可产生节约效益1100万元（源于资料[5]）。另据公司汇报材料，木薯渣和沼气发电可节约4.5万t标准煤，按每吨标准煤620元计算，节约煤炭的经济效益可达2790万元。计算过程中采用保守的估计值1100万元。

4. 经济费用估算。

企业的支出包括建设投资、流动资金投资、经营成本等。数据从财务分析中的项目投资现金流量表来。

5. 转移支付的剔除。

项目获得的投资补助和经营性财政补贴是政府的转移支付，按经济学原理，不会增加社会财富也不会造成社会费用，因此在计算费用和效益时应当剔除。具体到本项目是剔除投资补助5000万元，剔除经营期每年的补贴收入以及增值税先征后返金额。

本项目的产出——燃料乙醇的市场交易价格是政府参照汽油的市场价格制定的，由于木薯乙醇的生产成本较高，市场交易价格低于其生产成本，存在价格扭曲，理应使用能够真实反映项目投入和产出真实经济价值的影子价格。产出的价格理应按消费者支付意愿来确定，由于本项目产出是中间产品，最终产品汽油的价格是按国际市场价格确定，基本能反映汽油的机会成本，因此费用效益分析中木薯仍使用财务价格，不再调整。

对于投入和产出价格中流转税的剔除《建设项目经济评价方法与参数》（第三版）作如下规定：

"1）对于产出品，增加供给满足国内市场供应的，影子价格按支付意愿确定，含流转税；顶替原有市场供应的，影子价格按机会成本确定，不含流转税。

2）对于投入品：用新增供应来满足项目的，影子价格按机会成本确定，不含流转税；挤占原有用户需求来满足项目的，影子价格按支付意愿确定，含流转税。"

本项目的产出燃料乙醇恰恰是替代了原有汽油的供应，其价格中不应包含流转税；项目主要投入木薯是新增供应满足项目需求，其价格中也不包含流转税。因此费用效益分析中产出和投入的流转税都未纳入费用或效益之中。

6. 费用效益测算结论。

在财务分析项目投资现金流量表的基础上，通过编制经济费用效益流量表，估算出项目整体的经济内部收益率为19.54%，远高于国家规定的社会折现率8%。由是可以得出结论：在没有任何政府优惠扶持的情况下，从全社会（包括项目全部利益相关者和环境）的角度看，项目在经济上是合理的。因此，政府在项目前期和项目运营期给予支持是合理的，也是必要的。

八、可持续性分析

项目可持续性从项目外部条件与内部管理两方面分析。

企业建立了符合ISO 9000的管理体系并良好运行，企业工资水平高于当地的平均工资水平，并建立吸引外来人员及内部员工的激励机制。近两年企业的财务报表的各项指标均在允许的范围内，有些甚至优于同行业的平均水平。因此，企业内部可持续性是有保证的。

从外部说，政府在项目前期发布政令为项目市场开拓并给予大力财政扶持，保证了企业运营期初不亏损甚至盈利，今后政府扶持政策的延续将是企业财务可持续的重要条件。

甘蔗也是某省的重要经济作物，甘蔗与木薯种植的比较经济效益对某省农业产业结构调整有重要影响，某省政府对甘蔗与木薯种植产业政策的协调也对项目可持续性有重要影响。

国际市场成品油价格是木薯乙醇定价的基准，因此国际市场成品油价格走势也对项目的可持续性有一定影响。

科学种田是本项目成功的重要保障。企业与科研单位继续合作开展木薯种植良种培育与推广，对于提高木薯单位产量及淀粉含量、降低乙醇生产成本、提高企业经济效益有积极作用。

九、木薯乙醇产业宏观政策分析

本项目是国家批准的第一个，也是唯一的非粮生物燃料项目。政府投资与能源主管部门对此项目十分重视，希冀用本项目的决策、执行、经济效益等经验，为全国非粮生物燃料行业发展提供决策依据。

上节费用效益分析的结论证明项目在经济上是合理的，说明在其他条件具备的地区，政府只要给予新建项目必要的财政扶持，对全社会经济、环境与社会发展是有积极促进作用的。但是，如果非粮生物燃料项目全面铺开，政府扶持资金将是巨额的，政府面临采用什么样的扶持政策、政府扶持的力度如何把握等问题。本节利用项目财务分析方法，从财政扶持方式、扶持力度、进口木薯干片替代以及弹性补贴和定额补贴选择四个方面分别进行政策模拟。

（一）政策模拟的基本条件

政策模拟的基本条件同前述第五部分财务分析的基本条件，仅在数据有所变动时作说明。

（二）现有财政扶持方式对项目财务效益的影响分析

政府给予本项目的财政扶持有三种方式：按产量给予弹性财政补贴、增值税先征后返、免除消费税。估计免除非粮生物燃料消费税的政策会长期持续，故模拟中不再考虑消费税的因素。模拟中燃料乙醇价格采用现有定价模式。设计以下四种模式：完全没有财政扶持、弹性补贴、增值税先征后返、弹性补贴加增值税先征后返。四种扶持模式的测算结果见附表3.3-8。

附表3.3-8 四种扶持模式的测算结果

指标 测算条件	项目投资所得税前内部收益率（%）	资本金内部收益率（%）	投资回收期（年）
完全没有政策扶持	长期亏损	长期亏损	长期亏损
2008、2009年弹性补贴，以后定额补1373元/吨	24.94	26.2	5.07
增值税选征后返	长期亏损	长期亏损	长期亏损
2008、2009年弹性补贴，以后定额补1373元/吨，增值税选征后返	28.72	30.97	4.68

以上计算结果说明，没有财政扶持项目在财务上是不可行的，目前的弹性补贴政策使项目可以获得较好的经济效益，增值税先征后返政策使企业的经济效益锦上添花。

（三）财政扶持力度对项目财务效益的影响分析

国务院投资体制改革决定明确了“谁投资、谁决策、谁收益、谁承担风险”的基本原则。根据经济学原理，收益与风险成正比，风险高的投资应获得较高的收益，风险低的投资只能获得较低的收益。例如，海洋石油开采是高风险行业，投资收益率应相当高；供水等市政行业需求稳定，风险很低，投资收益率应相对较低。本项目是第一个非粮燃料乙醇项目，建设、运营都承担了较大的风险，在项目期初取得较高的收益是合理的。但是，本项目是受政府大力支持的项目，政府利用纳税人的钱对企业进行巨额补贴，同时发布地方行政法规，保证产品市场，大大地降低了企业运营风险，而且随着能源需求的增长，燃料乙醇的需求市场越来越稳定，燃料乙醇原料是种植业，开发风险远远低于陆地与海洋油气开发，也就是说，未来木薯乙醇项目整体风险相对较小，因此，木薯乙醇生产企业的财务收益率不宜过高。

考虑到乙醇生产与成品油生产的关联性，根据项目收益与风险对应的原则，确定项目资本金收益率不高于10%是财政扶持力度的确定原则，项目资本金收益率为10%也是ZL集团投资收益的下限，是其投资决策的主要依据。

按以上思路，在不给予企业增值税先征后返的优惠条件下，每吨木薯乙醇只需补助×××元，资本金内部收益率即可达到10.6%，项目投资所得税前内部收益率也达12.20%，收益水平与一般工业项目持平。这样的补贴水平与生物柴油项目财政补贴水平大体持平。

（四）进口木薯替代国产木薯的财务分析

根据项目申请报告与核准报告，本项目的原料全部来自某省南部地区，并希望以木薯乙醇带动某省农业产业结构的调整。然而，后评价专家组现场勘察发现仓库中有少量进口木薯干，因此企业不排除使用进口木薯干片做原料的可能性。2010年开始启动的中国东盟自由贸易区，降低了关税，增加了企业使用进口木薯，提高企业效率的动力，但进口木薯干将使企业减少某省产木薯的收购量，使某省农业产业结构调整成为泡影。

企业是否大量使用进口木薯干片取决于进口木薯干片的价格。根据海关统计，进口木薯干片的到岸价2008年为200美元/吨，2009年为147美元/吨。2009年进口免关税，增值税率为13%，另加50元/吨的港杂费，按汇率为1美元对6.83人民币元粗算，含税价为1185元/吨，不含税价为1054元/吨。BH生物质能源有限责任公司位于港口城市，不需支付长途货物运输费，木薯干片的到厂价不含税价可计为1054元/吨，比采用国内干木薯片的价格低200多元/吨，低20%。在不享受增值税先征后返以及2009年以后按产量不再给予的补贴条件下，项目投资内部收益率仍可达11.11%，资本金内部收益率可达8.8%。

这些数字说明，如果完全采购进口木薯且不再予以任何财政扶持的情况下，企业仍然可以维持生存并取得一定的利润。

从估算结果看，在实现中国东盟自由贸易区以后，若全部使用进口木薯干片做原料，将使燃料乙醇的单位生产成本大幅降低，给BH生物质能源有限责任公司带来非常可观的经济效益。企业从利润最大化的角度，完全有可能大量从东南亚进口干木薯片，减少国内鲜、干木薯的收购量，进而影响某省南部地区农业产业结构的转变，影响国家三农政策的贯彻落实，同时也会影响企业与政府已经建立起的良好声誉。

对于规划中某省其他木薯项目，中国东盟自由贸易区的建立也会受到一定影响，但由于这些项目地处内陆，进口木薯干片要经过数百公里长途运输才能到达，巨额的运输费用使得进口木薯干片对这些项目没有某市项目的吸引力大。

既然木薯乙醇生产企业从东南亚进口干木薯可获得高利润，在国外木薯原料产地建厂投资有可能获得更高的利润。如果能实现这种设想，可能有三个方面的好处：一是企业通过技术与设备出口获得高额的利润；二是有可能从国外获得大量生物质能源成品资源，增加国内供给；三是可以保证国内木薯生产与收购不减少，有利于农业产业结构调整。

（五）弹性与定额补贴的选择

目前国家给本项目实行价格弹性补贴政策，补贴额是根据当年生产成本、销售价格（跟着国际成品油价格走）确定。对于不确定性因素太多的第一个木薯乙醇项目，给予弹性价格补贴实为上策，它可以保证项目不失败，同时也发挥了示范效应。

弹性补贴政策也有它的弊病。企业管理对生产成本高低有重要作用，弹性补贴的计算方法使得企业管理不好仍然可以套取巨额的财政补贴，形成部分企业"好吃懒做"、部分企业被"鞭打快牛"局面，打消了企业提高管理效率的积极性，对产业长期发展不利，也增重了纳税人的负担。此外，企业选定的折旧提取方式也对成本有较大的影响。本项目机器设备选用加速折旧法，加上生产初期有沉重的还本付息负担，使前期的单位总成本

（6692元）比后期单位总成本（5314元）高出1300元，如果要保证企业在经营期初不亏损，势必加重财政补贴的负担。

针对对于本项目具体情况，如果2008年与2009年不实行弹性补贴，仍然给予1353元/t的补贴，项目投资所得税前财务内部收益率仍然达到23.66%，只是经营期前几年企业要设法筹借短期借款，弥补经营净现金流不足与还款资金需要量大的矛盾。一般项目经营期前几年发生亏损是普遍现象，不应作为确定弹性补贴的依据。

对于形成经济规模、市场需求稳定的木薯乙醇项目，实行定额补贴可能是更好的选择，可以使不同的企业站在同一起起跑线上公平竞争，有利于奖勤罚懒，鼓励企业加强管理，进行技术革新。

定额补贴的难点在于确定平均补贴额。不同原料与工艺的生物燃料的生产成本不完全相同，定额补贴也不应相同。对于同一原料的生物燃料生产企业，可采用同一的定额补贴。

定额补贴应邀请技术专家对生产工艺进行研究，根据投入产出的物量指标确定生产平均生产成本，再加上社会平均管理费用与合理利润（约10%）确定。

十、结论、经验教训和建议

1. 项目实现主要目标

本项目建成20万t变性乙醇生产装置并正常运行，企业实现市场目标；产品替代部分汽油，实现节约汽油资源，推动某省能源结构的变化；乙醇汽油的推广使用减少二氧化碳排放，净化环境；利用沼气发电，实现循环经济；项目设计与管理优良，节省投资；扩大木薯的种植面积，拉动某省农业产业结构调整，增加农民收入。项目实现了预期主要目标，投资决策、工程建设、市场运营、企业效益等方面都是成功的。

2. 政府支持是木薯乙醇项目成功的决定性因素

本项目是我国第一个非粮乙醇项目，中央与地方政府均给予大力支持：为项目提供5000万元投资补助，为变性乙醇产品提供弹性财政补助，免除消费税，增值税实行先征后返，更为重要的是颁布地方法令，建立某省辖区内封闭的乙醇汽油市场，保证了项目产品的顺畅销售，保证投资方取得合理的利润，提高了其继续在这个行业投资的积极性，也推动了我国能源结构的调整。

某省下一步扩大木薯乙醇生产规划的成败亦将有赖于某省政府与周围省政府的协商与沟通，特别是其他省份全部或局部封闭乙醇汽油市场的地方法令的颁布。

3. 木薯乙醇项目推动某省农业产业结构调整

木薯乙醇项目的原料是木薯。在现场调研时，木薯种植户反映木薯可种植在干旱沙地，不与粮食作物和喜水的甘蔗争地，同时种植木薯的经济效益高于种植甘蔗的经济效益。这样就可以在不影响粮食种植和甘蔗种植的情况下，扩大木薯这类经济作用的种植面积，促进某省农业产业结构调整。

4. 木薯乙醇项目有助于解决“三农”问题

某省人杰地灵，物产丰富，但地处边陲，交通不便。农产品以热带植物居多，不易保存或贮藏，多次因气候和交通运输问题引发“谷贱伤农”的事件。因此，稳定的农产品市场是改善农民生活的重要保证，也是稳定农村社会的决定因素。木薯乙醇项目是改变某省能源结构的重要项目，对木薯有大量、稳定的需求。某省的土壤和气候适合种植木薯，优良品种和科学种田方法能使木薯稳产高产，相对稳定的收购价格不仅能提高农民的收入，还能保护农户木薯种植的积极性，对解决“农村、农业、农民”问题有重要的推动作用。

5. 木薯收购价格是项目可持续的决定因素

收购价格挂着两头：农民的收益和企业的效益。保护性收购价格必须让农民有比较收益，必须让进口干木薯片的价格没有竞争力，农民才能保持或扩大种植面积，农业产业结构调整才能实现。保护性收购价格必须让企业在现有政策（补贴、退税）的保护下得到合理的利润，并保证其可持续发展。

6. 组织能力建设与科学种植技术的推广是项目成功与可持续的重要因素

本项目从开工到投产仅用一年，工程建设速度之快在某省乃至全国都是名列前茅的，这与项目管理团队良好的组织结构与强有力的领导能力是分不开的。

项目通过引进良种、示范作业、送种苗、因土选苗选肥等措施，提高木薯单位产量，使农民增收得到实惠，并促使农民扩大木薯种植面积，建立了稳定的原料供应基地。

科学技术人员的推广活动还能加强企业与农民的联系，促进建立原料购进组织体系，保障项目原料供给。

7. 政府扶持政策应适当调整

为扶持和发展非粮燃料乙醇生产，目前中央和地方政府对木薯乙醇项目有多项优惠政策，如投资补助、经营补贴收入、消费税免除、增值税先征后返等。这些扶持优惠政策对促进这个行业初期发展是必要和有效的，但也给中央和地方政府带来持久沉重的财政负担。

从本项目经济后评价的政策模拟结果看，尽管目前存在着产品成本与价格倒挂的现象，但政府多项优惠政策的综合作用也使生产企业的经营利润远高于行业（指酒精制造业）平均盈利水平，如果世界油品价格持续上涨，燃料乙醇的价格将逐步接近或超过生产成本，政府应及时调整燃料乙醇的扶持政策：或不给予投资补助，或减少（至×××元/t）甚至取消经营补贴、或不再给予增值税先征后返的优惠，或改弹性补贴为定额补贴等措施，这样可以减少财政补贴的沉重负担，也可以为地方财政提供有力支持。

增值税是中央与地方共享税，中央政府分75%，地方政府分25%。按目前的扶持政策，全部增值税都返还给企业，地方政府未从企业获得任何税收实惠。鉴于目前实行的财政扶持给予企业十分优惠的政策，企业财务效益相当可观，今后若继续给予增值税先征后返的扶持政策，扶持力度应当减小，如中央部分先征后返，地方部分不退，既保留中央扶持的力度，又给地方留下足够的税收，使项目为所在地作出更大的贡献。

8. 建立中国东盟自由贸易区以后，进口木薯干片会对某省木薯种植业产生显著的影响，政府规划与投资部门应尽早积极开展长期对策研究。

9. 政府投资项目必须重视可行性研究

2004年国务院发布关于投资体制改革的决定，将全社会的投资区分为政府投资与企业投资两大类。政府投资包括直接投资、资本金注入、投资补助、贴息和转贷五种形式。本项目接受政府投资补助5000万元，归属政府投资管理的项目。

“对于政府投资项目，继续实行审批制。其中采用直接投资和资本金注入方式的，审批程序上与传统的投资项目审批制度基本一致，继续审批项目建议书、可行性研究报告等。采用投资补助、转贷和贷款贴息方式的，不再审批项目建议书和可行性研究报告，只审批资金申请报告。”

“按有关规定应报国务院或国家发展改革委审批、核准的项目，可在报送可行性研究报告或项目申请报告时一并提出资金申请，不再单独报送资金申请报告；也可在项目经审批或核准同意后，根据国家有关投资补助、贴息的政策要求，另行报送资金申请报告。

按有关规定应由地方政府审批的地方政府投资项目，应在可行性研究报告经有权审批单位批准后提出资金申请报告。”

本项目后评价中，未见项目资金申请报告，只见项目申请报告。然而项目可行性研究报告与项目申请报告是有区别的：

“可行性研究报告主要是从微观角度对项目本身的可行性进行分析论证，侧重于项目的内部条件和技术分析，包括市场前景是否看好、投资回报是否理想、技术方案是否合理和先进、资金来源是否落实、项目建设和运行的外部配套条件是否有保障等主要内容，主要作用是帮助投资者进行正确的投资决策、选择科学合理的建设实施方案。

项目核准申请报告主要是从宏观角度对项目的外部性影响进行论述，侧重于经济和社会分析，主要包括拟建项目的基本情况和该项目的外部影响，如该项目对国家经济安全、地区重大布局、资源开发利用、生态环境保护、防止行业垄断和保护公共利益等方面会造成哪些有利或不利的影响。项目申请报告是政府对项目进行审查以决定是否允许其投资建设的重要依据。”

本项目后评价中由于未见可行性研究报告，项目申请报告中财务分析不是重点内容，核准申请评价报告亦不完善，使后评价中的财务分析没有可以比对的基础。建议政府投资项目后评价一定要向业主索要项目可行性研究报告，以保证后评价时有可以对比的财务分析结果。

项目申请报告审批（政府投资）必须提供的文件清单：

（1）项目建议书一份；

（2）建设项目选址意见书复印件一份；

（3）建设用地预审通知书或土地出让合同或土地证复印件一份；

（4）环境影响评价审批意见一份；

（5）可行性研究报告一份；

（6）涉及国有资产或土地使用权出资的，需由有关部门出具确认文件一份；

（7）涉及特许经营的项目，需提供有权部门出具的批准文件；

（8）其他特殊规定必备的材料。

十一、经济评价财务与费用效益分析表格

经济评价财务分析与费用效益分析表格分列附表3.3-9～附表3.3-18：

附表 3.3-9　建设投资估算表

单位：万元

序号	项　目	建筑工程费	设备购置费	安装工程费	工器具费	其他费用	合计	合计比例（%）
1	工程费用	23921	22220	13812	5146	0	65099	94.15
	引进工程合计	0	0	0	0	0	0	0
	引进设备（CIF）	0	0	0	0	0	0	0
	关税及增值税	0	0	0	0	0	0	0
	进口设备外贸及财务费用	0	0	0	0	0	0	0
	国内配套工程	23921	22220	13812	5146	0	65099	0
2	工程建设其他费用	0	0	0	0	4047	4047	5.85
2.1	计入固定资产的土地费	0	0	0	0	0	0	0
2.2	待摊投资	0	0	0	0	0	0	0
2.3	无形资产	0	0	0	0	2249	2249	3.25
2.3.1	场地使用权	0	0	0	0	2249	2249	0
2.3.2	专利及专有技术费	0	0	0	0	0	0	0
2.3.3	其他无形资产	0	0	0	0	0	0	0
2.4	其他资产	0	0	0	0	1798	1798	2.60
2.4.1	生产职工培训费	0	0	0	0	0	0	0
2.4.2	其他	0	0	0	0	1798	1798	0
	工程费用和工程建设其他费用小计	23921	22220	13812	5146	4047	69146	100.00
3	总计	23921	22220	13812	5146	4047	69146	100
4	各项费用占总估算价值的比例（%）	35	32.13	19.98	7.44	5.85	100	0

附表 3.3-10 项目总投资使用计划与资金筹措表 单位：万元

序号	项目	合计	1	2	3	4	5	6
1	总投资	84236	70536	8494	2740	1507	959	0
1.1	建设投资	69146	69146	0	0	0	0	0
1.2	建设期利息（含其他融资费用）	1390	1390	0	0	0	0	0
1.3	流动资金	13700	0	8494	2740	1507	959	0
2	资金筹措	84236	70536	8494	2740	1507	959	0
2.1	项目资本金	35480	30000	3398	1096	603	384	0
	用于建设投资	30000	30000	0	0	0	0	0
	用于流动资金	5480	0	3398	1096	603	384	0
	用于建设期利息（含其他融资费用）	0	0	0	0	0	0	0
	其中：注册资金	30968	26185	2966	957	526	335	0
	资本金占总投资的比例	47%	0	0	0	0	0	0
2.2	长期借款	48756	40536	5097	1644	904	575	0
2.2.1	建设投资借款	39146	39146	0	0	0	0	0
2.2.2	流动资金借款	8220	0	5097	1644	904	575	0
2.2.3	建设期利息借款	1390	1390	0	0	0	0	0

附表 3.3-11　项目投资现金流量表

单位：万元

序号	项目	合计	1	2	3	4	5	6	7	8	9	10	11	12
1	现金流入	1557281	0	101656	120577	135553	145964	146266	146266	146266	146266	146266	146266	175937
1.1	营业收入	1012973	0	58838	80245	91010	97860	97860	97860	97860	97860	97860	97860	97860
1.2	销项税额	172205	0	10002	13642	15472	16636	16636	16636	16636	16636	16636	16636	16636
1.3	补贴收入	342431	0	32816	26691	29071	31468	31769	31769	31769	31769	31769	31769	31769
1.4	回收资产余值	15971	0	0	0	0	0	0	0	0	0	0	0	15971
1.5	回收流动资金	13700	0	0	0	0	0	0	0	0	0	0	0	13700
2	现金流出	1336569	69146	89246	102601	113742	121068	120109	120109	120109	120109	120109	120109	120109
2.1	建设投资	69146	69146	0	0	0	0	0	0	0	0	0	0	0
2.2	流动资金	13700	0	8494	2740	1507	959	0	0	0	0	0	0	0
2.3	经营成本	1077130	0	70563	85866	96363	103042	103042	103042	103042	103042	103042	103042	103042
2.4	进项税额	128328	0	8142	10108	11464	12327	12327	12327	12327	12327	12327	12327	12327
2.5	增值税	43877	0	1861	3534	4008	4309	4309	4309	4309	4309	4309	4309	4309
2.6	营业税金及附加	4388	0	186	353	401	431	431	431	431	431	431	431	431
2.7	维持运营投资	0	0	0	0	0	0	0	0	0	0	0	0	0
3	所得税前净现金流量(1-2)	220712	-69146	12410	17976	21811	24896	26156	26156	26156	26156	26156	26156	55827
4	所得税前累计净现金流量		-69146	-56736	-38759	-16948	7947	34103	60259	86416	112572	138728	164884	220712
5	调整所得税	55431	0	3358	3438	4215	4976	5178	5394	5521	5648	5774	5901	6028
6	所得税后净现金流量(3-5)	165281	-69146	9052	14539	17596	19920	20978	20762	20635	20508	20382	20255	49799
7	所得税后累计净现金流量		-69146	-60094	-45555	-27959	-8039	12939	33701	54336	74845	95226	115481	165281

计算指标：

所得税前财务内部收益率：28.72%　　所得税后财务内部收益率：22.65%

所得税前财务净现值（$i_c=7.52\%$）：102735 万元　　所得税后财务净现值：92990 万元

所得税前投资回收期：4.68 年　　所得税后投资回收期：5.38 年

附表 3. 3-12 资本金现金流量表

单位：万元

序号	项目	合计	1	2	3	4	5	6	7	8	9	10	11	12
1	现金流入	1557622	0	101656	120577	135553	145964	146266	146266	146266	146266	146266	146266	176278
1. 1	营业收入	1012973	0	58838	80245	91010	97860	97860	97860	97860	97860	97860	97860	97860
1. 2	销项税额	172205	0	10002	13642	15472	16636	16636	16636	16636	16636	16636	16636	16636
1. 3	补贴收入	342431	0	32816	26691	29071	31468	31769	31769	31769	31769	31769	31769	31769
1. 4	回收资产余值	16312	0	0	0	0	0	0	0	0	0	0	0	16312
1. 5	回收流动资金	13700	0	0	0	0	0	0	0	0	0	0	0	13700
2	现金流出	1402789	30000	99971	116420	128601	136524	125685	125904	126034	126163	126293	126422	134772
2. 1	项目资本金	35480	30000	3398	1096	603	384	0	0	0	0	0	0	0
2. 2	长期借款本金偿还	40536	0	10134	10134	10134	10134	0	0	0	0	0	0	0
2. 3	流动资金借款偿还	8220	0	0	0	0	0	0	0	0	0	0	0	8220
2. 4	借款利息支付	12882	0	3156	2568	1929	1267	566	566	566	566	566	566	566
2. 5	经营成本	1077130	0	70563	85866	96363	103042	103042	103042	103042	103042	103042	103042	103042
2. 6	进项税额	128328	0	8142	10108	11464	12327	12327	12327	12327	12327	12327	12327	12327
2. 7	增值税	43877	0	1861	3534	4008	4309	4309	4309	4309	4309	4309	4309	4309
2. 8	营业税金及附加	4388	0	186	353	401	431	431	431	431	431	431	431	431
2. 9	所得税	51948	0	2532	2761	3701	4630	5010	5229	5358	5488	5617	5747	5876
2. 10	维持运营投资	0	0	0	0	0	0	0	0	0	0	0	0	0
2. 11	其他现金流出	0	0	0	0	0	0	0	0	0	0	0	0	0
3	净现金流量	154833	-30000	1685	4158	6952	9440	20580	20361	20232	20102	19973	19844	41506

计算指标：

资本金内部收益率（*IRR*）：30. 97%

资本金净现值（$i_c = 10\%$）：55763 万元

附表 3.3-13　利润与利润分析表

单位：万元

序号	项　目	合计	1	2	3	4	5	6	7	8	9	10	11	12
1	营业收入	1012973	0	58838	80245	91010	97860	97860	97860	97860	97860	97860	97860	97860
2	营业税金及附加	4388	0	186	353	401	431	431	431	431	431	431	431	431
3	总成本费用	1143224	0	81341	95538	104878	110378	109159	108282	107765	107247	106729	106212	105694
4	营业利润	-134638	0	-22689	-15646	-14269	-12949	-11730	-10853	-10336	-9818	-9300	-8783	-8265
5	补贴收入	342431	0	32816	26691	29071	31468	31769	31769	31769	31769	31769	31769	31769
6	利润总额	207793	0	10127	11045	14803	18518	20039	20916	21434	21951	22469	22987	23504
7	弥补以前年度亏损	0	0	0	0	0	0	0	0	0	0	0	0	0
8	应纳税所得额	207793	0	10127	11045	14803	18518	20039	20916	21434	21951	22469	22987	23504
9	所得税	51948	0	2532	2761	3701	4630	5010	5229	5358	5488	5617	5747	5876
10	净利润	155845	0	7595	8283	11102	13889	15029	15687	16075	16464	16852	17240	17628
11	期初未分配利润	0	0	0	6836	12054	19048	27798	22247	17573	13417	9778	6657	4053
12	可供分配的利润	295306	0	7595	15119	23156	32937	42828	37934	33648	29880	26630	23897	21682
13	提取法定盈余公积金	15584	0	760	828	1110	1389	1503	1569	1608	1646	1685	1724	1763
14	可供投资者分配的利润	279722	0	6836	14291	22046	31548	41325	36366	32041	28234	24945	22173	19919
15	应付优先股股利	0	0	0	0	0	0	0	0	0	0	0	0	0
16	提取任意盈余公积金	0	0	0	0	0	0	0	0	0	0	0	0	0
17	应付普通股股利	279722	0	6836	14291	22046	31548	41325	36366	32041	28234	24945	22173	19919
18	投资各方利润分配	138293	0	0	2237	2998	3750	19078	18792	18624	18456	18288	18120	17951
	其中：甲方	20744	0	0	335	450	562	2862	2819	2794	2768	2743	2718	2693
	乙方	117549	0	0	1901	2548	3187	16216	15974	15831	15688	15545	15402	15259
19	未分配利润		0	6836	12054	19048	27798	22247	17573	13417	9778	6657	4053	1967
20	息税前利润	220675	0	13283	13612	16731	19786	20605	21482	22000	22517	23035	23553	24070
21	息税折旧摊销前利润		0	20904	20717	23318	25855	26156	26156	26156	26156	26156	26156	26156

附表 3.3-14 总成本表（生产成本加期间费用法）

单位：万元

序号	项目	合计	1	2	3	4	5	6	7	8	9	10	11	12
	经营负荷（%）		0%	62%	82%	93%	100%	100%	100%	100%	100%	100%	100%	100%
1	生产成本	1065877	0	73126	87269	96925	102881	102364	101846	101328	100811	100293	99776	99258
1.1	直接材料费	883342	0	56421	69546	78876	84812	84812	84812	84812	84812	84812	84812	84812
1.2	直接燃料及动力	79601	0	4759	6294	7139	7676	7676	7676	7676	7676	7676	7676	7676
1.3	直接工资及福利费	15290	0	1390	1390	1390	1390	1390	1390	1390	1390	1390	1390	1390
1.4	制造费用(不含折旧费)	87644	0	10556	10038	9520	9003	8485	7968	7450	6932	6415	5897	5379
2	营业费用	31435	0	1860	2502	2825	3031	3031	3031	3031	3031	3031	3031	3031
3	其他管理费	33030	0	3199	3199	3199	3199	3199	2839	2839	2839	2839	2839	2839
4	经营成本	1077130	0	70563	85866	96363	103042	103042	103042	103042	103042	103042	103042	103042
5	折旧费	50177	0	7150	6632	6114	5597	5079	4562	4044	3526	3009	2491	1973
6	摊销费	3035	0	472	472	472	472	472	112	112	112	112	112	112
7	利息支出	12882	0	3156	2568	1929	1267	566	566	566	566	566	566	566
8	不予抵扣或退税的税额	0	0	0	0	0	0	0	0	0	0	0	0	0
9	总成本费用	1143224	0	81341	95538	104878	110378	109159	108282	107765	107247	106729	106212	105694
	其中：可变成本	962943	0	61180	75841	86014	92488	92488	92488	92488	92488	92488	92488	92488
	固定成本	180281	0	20161	19697	18864	17890	16671	15794	15276	14758	14241	13723	13206
单位成本指标：														
	平均每吨经营成本		0	5691	5236	5181	5152	5152	5152	5152	5152	5152	5152	5152
	平均每吨总成本		0	6560	5825	5639	5519	5458	5414	5388	5362	5336	5311	5285

附表 3.3-15　资产负债表

单位：万元

序号	项　目	1	2	3	4	5	6	7	8	9	10	11	12
1	资产	70536	82268	82307	82745	84320	80272	77167	74618	72625	71189	70310	61767
1.1	流动资产总额	0	19354	26497	33521	41166	42669	44237	45845	47491	49176	50900	44443
1.1.1	货币资金	0	5648	8718	13302	19393	20896	22465	24072	25719	27404	29128	22670
	现金	0	565	618	645	662	662	662	662	662	662	662	662
	累计盈余资金	0	5083	8100	12657	18731	20234	21802	23410	25056	26741	28465	22008
1.1.2	应收账款	0	8745	10664	11981	12819	12819	12819	12819	12819	12819	12819	12819
1.1.3	预付账款	0	0	0	0	0	0	0	0	0	0	0	0
1.1.4	存货	0	4961	7115	8238	8954	8954	8954	8954	8954	8954	8954	8954
1.2	在建工程	70536	0	0	0	0	0	0	0	0	0	0	0
1.3	固定资产净值	0	59339	52707	46593	40996	35917	31355	27311	23785	20776	18285	16312
1.4	无形及其他资产净值	0	3575	3103	2631	2159	1687	1574	1462	1349	1237	1125	1012
2	负债及所有者权益	70536	82268	82307	82745	84320	80272	77167	74618	72625	71189	70310	61767
2.1	流动负债总额	0	5777	7162	8123	8735	8735	8735	8735	8735	8735	8735	8735
2.1.1	短期借款	0	0	0	0	0	0	0	0	0	0	0	0
2.1.2	应付账款	0	5777	7162	8123	8735	8735	8735	8735	8735	8735	8735	8735
2.1.3	预收账款	0	0	0	0	0	0	0	0	0	0	0	0
2.2	长期负债总额	40536	35499	27009	17779	8220	8220	8220	8220	8220	8220	8220	0
2.2.1	建设投资借款	40536	30402	20268	10134	0	0	0	0	0	0	0	0
2.2.2	流动资金借款	0	5097	6741	7645	8220	8220	8220	8220	8220	8220	8220	0
2.3	负债小计	40536	41275	34171	25902	16955	16955	16955	16955	16955	16955	16955	8735
2.4	所有者权益	30000	40993	48136	56843	67365	63317	60212	57663	55671	54235	53355	53032
2.4.1	资本金	26185	29150	30107	30633	30968	30968	30968	30968	30968	30968	30968	30968
2.4.2	资本公积	3815	4247	4387	4463	4512	4512	4512	4512	4512	4512	4512	4512
2.4.3	累计盈余公积金	0	760	1588	2698	4087	5590	7159	8766	10412	12098	13822	15584
2.4.4	累计未分配利润	0	6836	12054	19048	27798	22247	17573	13417	9778	6657	4053	1967
	计算指标：												
	资产负债率（%）	57	50	42	31	20	21	22	23	23	24	24	14

附表 3.3-16 财务计划现金流量表

单位：万元

序号	项目	合计	1	2	3	4	5	6	7	8	9	10	11	12
1	经营活动净现金流量	221939	0	18373	17955	19617	21225	21146	20927	20798	20668	20539	20410	20280
1.1	现金流入	1527610	0	101656	120577	135553	145964	146266	146266	146266	146266	146266	146266	146266
1.1.1	营业收入	1012973	0	58838	80245	91010	97860	97860	97860	97860	97860	97860	97860	97860
1.1.2	增值税销项税额	172205	0	10002	13642	15472	16636	16636	16636	16636	16636	16636	16636	16636
1.1.3	补贴收入	342431	0	32816	26691	29071	31468	31769	31769	31769	31769	31769	31769	31769
1.1.4	其他流入	0	0	0	0	0	0	0	0	0	0	0	0	0
1.2	现金流出	1305671	0	83284	102622	115936	124739	125119	125338	125468	125597	125727	125856	125985
1.2.1	经营成本	1077130	0	70563	85866	96363	103042	103042	103042	103042	103042	103042	103042	103042
1.2.2	增值税进项税额	128328	0	8142	10108	11464	12327	12327	12327	12327	12327	12327	12327	12327
1.2.3	营业税金及附加	4388	0	186	353	401	431	431	431	431	431	431	431	431
1.2.4	增值税	43877	0	1861	3534	4008	4309	4309	4309	4309	4309	4309	4309	4309
1.2.5	所得税	51948	0	2532	2761	3701	4630	5010	5229	5358	5488	5617	5747	5876
1.2.6	其他流出	0	0	0	0	0	0	0	0	0	0	0	0	0
2	投资活动净现金流量	−82846	−69146	−8494	−2740	−1507	−959	0	0	0	0	0	0	0
2.1	现金流入	0	0	0	0	0	0	0	0	0	0	0	0	0
2.2	现金流出	82846	69146	8494	2740	1507	959	0	0	0	0	0	0	0
2.2.1	建设投资	69146	69146	0	0	0	0	0	0	0	0	0	0	0
2.2.2	维持运营投资	0	0	0	0	0	0	0	0	0	0	0	0	0
2.2.3	流动资金	13700	0	8494	2740	1507	959	0	0	0	0	0	0	0
2.2.4	其他流出	0	0	0	0	0	0	0	0	0	0	0	0	0

续附表 3.3-16

序号	项目	合计	1	2	3	4	5	6	7	8	9	10	11	12
3	筹资活动净现金流量	-117084	69146	-4796	-12198	-13553	-14192	-19644	-19358	-19190	-19022	-18854	-18686	-26738
3.1	现金流入	84236	70536	8494	2740	1507	959	0	0	0	0	0	0	0
3.1.1	项目资本金投入	35480	30000	3398	1096	603	384	0	0	0	0	0	0	0
3.1.2	建设投资借款	40536	40536	0	0	0	0	0	0	0	0	0	0	0
3.1.3	流动资金借款	8220	0	5097	1644	904	575	0	0	0	0	0	0	0
3.1.4	债券	0	0	0	0	0	0	0	0	0	0	0	0	0
3.1.5	短期借款	0	0	0	0	0	0	0	0	0	0	0	0	0
3.1.6	其他流入	0	0	0	0	0	0	0	0	0	0	0	0	0
3.2	现金流出	201321	1390	13290	14938	15060	15151	19644	19358	19190	19022	18854	18686	26738
3.2.1	各种利息支出	14272	1390	3156	2568	1929	1267	566	566	566	566	566	566	566
3.2.2	偿还长期债务本金	40536	0	10134	10134	10134	10134	0	0	0	0	0	0	0
3.2.3	偿还流动资金借款本金	8220	0	0	0	0	0	0	0	0	0	0	0	8220
3.2.4	偿还短期借款本金	0	0	0	0	0	0	0	0	0	0	0	0	0
3.2.5	股利分配	138293	0	0	2237	2998	3750	19078	18792	18624	18456	18288	18120	17951
3.2.6	其他流出	0	0	0	0	0	0	0	0	0	0	0	0	0
4	净现金流量	22008	0	5083	3017	4557	6074	1503	1569	1608	1646	1685	1724	-6457
5	累计盈余资金	0	0	5083	8100	12657	18731	20234	21802	23410	25056	26741	28465	22008

附表3.3-17 借款偿还表

单位：万元

序号	项目	合计	1	2	3	4	5	6
1	借款偿还							
1.1	年初借款本息累计	0	0	40536	30402	20268	10134	0
	本金	0	0	39146	30402	20268	10134	0
	建设期利息	0	0	1390	0	0	0	0
1.2	本年借款	39146	39146	0	0	0	0	0
1.3	本年应计利息	8402	1390	2805	2104	1402	701	0
	计入建设期利息	1390	1390	0	0	0	0	0
	计入生产期利息	7012	0	2805	2104	1402	701	0
1.4	本年还本付息	0	0	12939	12238	11536	10835	0
	还本	40536	0	10134	10134	10134	10134	0
	付息	7012	0	2805	2104	1402	701	0
1.5	年末借款本息累计	0	40536	30402	20268	10134	0	0
计算指标：								
	利息备付率		0	4.21	5.30	8.67	15.61	0
	偿债备付率		0	1.38	1.41	1.63	1.86	0

附表 3.3-18　费用效益流量表

单位：万元

序号	项　　目	合计	1	2	3	4	5	6	7	8	9	10	11	12
1	效益	1294849	0	74214	101681	115174	123760	123760	123760	123760	123760	123760	123760	137460
1.1	营业收入	1012973	0	58838	80245	91010	97860	97860	97860	97860	97860	97860	97860	97860
1.2	农户增收	186660	0	11160	14760	16740	18000	18000	18000	18000	18000	18000	18000	18000
1.3	碳减排收益	70516	0	4216	5576	6324	6800	6800	6800	6800	6800	6800	6800	6800
1.4	废物发电节能	11000	0	0	1100	1100	1100	1100	1100	1100	1100	1100	1100	1100
1.5	回收流动资金	13700	0	0	0	0	0	0	0	0	0	0	0	13700
2	费用	1154976	64146	79438	88986	98250	104382	103423	103423	103423	103423	103423	103423	103423
2.1	建设投资	64146	64146	0	0	0	0	0	0	0	0	0	0	0
2.2	流动资金	13700	0	8494	2740	1507	959	0	0	0	0	0	0	0
2.3	经营成本	1077130	0	70944	86246	96743	103423	103423	103423	103423	103423	103423	103423	103423
3	净费用效益流量（1－2）	139873	－64146	－5224	12695	16924	19378	20337	20337	20337	20337	20337	20337	34038

计算指标：

经济内部收益率　19.45%

经济净现值 $i_e = 8\%$　51850 万元

附录3.4 某国免疫项目经济分析

提要：本案例以某国流行病防治项目为背景，演示了在卫生防疫项目多方案比选中费用效果分析的过程：

1. 确定四种备选方案，其中两个方案（DPTT和BCG）是独立方案，另外两个方案是增量型方案。

2. 估算四个方案的费用（含增量费用），确定了非货币化的效果指标为减少发病人数与早亡人数，并利用传染病模型对效果进行了长达15年的预测。

3. 在经济评价理论中，一些非货币化的效果是可以进行折现的。本案例利用世界卫生组织推荐的折现率对卫生防疫的直接效果——减少发病人数和避免早亡人数，进行了折现，为计算费用现值与效果现值之奠定了基础。

4. 针对本案例的两个效果不同但结果相近的实际情况，本案例演示了加权费用效果方法的使用。

5. 在一些特定的情况下，卫生效果指标也可以通过一些方法近似寻求其货币价值，从而卫生项目也可以使用费用效益方法进行分析，本案例在这方面做了有益的尝试。

一、项目概况

某国地处赤道热带地区，受自然灾害的影响，传染病频发，流行蔓延趋势扩大，新生儿发病率较高，死亡率在亚洲名列前茅。根据发达国家与一些发展中国家的经验，针对一些传染性疾病，有组织地为特定群体接种疫苗，能够有效地防止传染病的发生与蔓延。在该国，少数富有家庭（大约不足4%）通过私人保健机构自费为新生儿接种疫苗，虽然有些效果，但由于人数太少，对当地的传染病流行的状况改观不大。为了改善公众的生活质量，降低流行病的发病率与死亡率，在世界卫生组织与有关国际金融机构的资助下，该国政府在某地区开展新生儿免疫项目。

项目计划为新生儿接种白百破疫苗（diphtheria，pertussis and tetanus，预防白喉、百日咳、破伤风的组合疫苗，简称DPT）；为产妇接种破伤风类毒素（简称T）；为新生儿童接种卡介苗（bacille，calmette，guerin，预防肺结核的疫苗，简称BCG）。项目计划实施五年（1979－1984）。在这五年中，由国际组织与该国政府出资，承担项目的基本费用。如果项目效果显著，则疫苗接种活动可能延续。

二、项目方案及经济分析的目的

实施以上几种疫苗接种，有四种可供选择的方案：

方案Ⅰ：给新生儿接种白百破疫苗，同时给产妇接种破伤风类毒素（DPTT方案）；

方案Ⅱ：只给新生儿接种卡介苗（BCG方案）；

方案Ⅲ：在给新生儿接种白百破疫苗，同时给产妇接种破伤风类毒素的基础上，再给新生儿补充接种卡介苗（DPTT＋BCG方案）；

方案Ⅳ：在给新生儿接种卡介苗的基石上，再给新生儿接种白百破疫苗，同时给产妇接种破伤风类毒素（BCG + DPTT 方案）。

方案Ⅲ与方案Ⅳ也可称复合方案。

每一种方案的计算期均设为 14 年。前 5 个年度（1979 ~ 1984）由国际组织与该国政府提供资金，免费为项目辖区新生儿及产妇接种疫苗。为比较项目实施的效果，假定后 9 个年度不再提供免费的疫苗接种，使疫区疾病处于一种自然流行状态。

本经济分析的目的是从以上几种方案中选取免疫效果最好且最为经济的实施方案。

三、经济分析依据

国家发展与改革委员会和建设部发布的《建设项目经济评价方法与参数》（第三版）；相关疾病的传染病模型。

四、免疫接种的费用效果估算

（一）费用估算

项目支出的费用大体上可以分为两部分：专门费用与公共费用。专门费用支出采购各种疫苗采购费与接种费；公共费用支出用于采购各种方案都要使用的设施，如房屋、冷藏设备、运输工具等。任何一种方案都要使用公用设施，在每一种方案的费用中都包括了公用设施的费用。公共费用购置的设施在项目结束后仍然可以使用，保有残值。各个方案分年份项目费用预测见附表 3. 4-1。

附表 3. 4-1　各个方案分年份项目费用预测　　单位：百万盾

年份	方案Ⅰ费用	方案Ⅱ费用	方案Ⅳ比方案Ⅰ增加的费用	方案Ⅲ比方案Ⅱ增加的费用	复合方案总费用
1979 - 1980	1388	2268	1153	273	2541
1980 - 1981	1457	2384	1197	270	2654
1981 - 1982	1531	2641	1412	302	2943
1982 - 1983	1785	3052	1594	327	3379
1983 - 1984	1817	3267	1806	356	3623
合计	7978	13612	7162	1528	15140
5 年末设施残值	1217	1311	115	21	1332
减去设施残值后费用余额	6761	12301	7047	1507	13808

（二）效果估算

一般投资项目的“成效”可以区分为可货币化的“效益”与不可货币化的“效果”或“效用”。卫生项目实施的成效有些可以用“效用”表示，有些可以用“效果”表示，少数可用替代指标转换成效益表示。一般情况下，效果可以采用投入类指标、过程类指标与结果类指标来表示。本项目的效果采用结果类指标，表现为减少发病人数与避免早亡人数。本项目的效用指标为根据减少的发病人数和避免早亡人数分别折算的增加的健康寿命年（Healthy Years of Life Gained，HYLG）。增加的健康寿命年限是一种为避免早亡和疾病而采取干预措施所产生之效益的加权计量指标，它是通过计算因死亡率和患病率下降而增加的健康寿命年限之和求得。增加的每一寿命年是指有干预措施情况下预期健康寿命与无干预措施情况下预期健康寿命之差。因此，如果在一个预期寿命为70岁的国家中，干预措施避免了5岁时的死亡，那么，就可以认为这一干预措施具有增加65年健康寿命的效益。该指标给予增加一年寿命和避免一年疾病相同的权重。

项目小组参考其他同属热带地区、人口密度大体相当，经济社会发展水平相近的国家的资料，利用估计的项目区新生儿的人数（考虑了自然增长率2%）、项目覆盖率、新生儿存活率、发病率、死亡率、各类疫苗的效果等参数，根据传染病模型，预计项目计算期内各年减少的发病人数及避免的早亡人数，见附表3.4-2。

附表3.4-2　预计免疫项目实施能减少的发病人数及早亡人数　单位：人

年份	方案Ⅰ DPTT		方案Ⅱ BCG		合计	
	减少发病	避免死亡	减少发病	避免死亡	减少发病	避免死亡
1979－1980	119738	14468	1670	376	121408	14844
1980－1981	253320	23142	3439	113	256759	23915
1981－1982	421914	36881	5358	1205	427272	38087
1982－1983	598020	47668	7442	1675	605462	49343
1983－1984	776045	58069	9549	2150	785594	60219
1984－1985	508457	16817	11368	2556	519825	19373
1985－1986	321677	11656	13742	3093	335419	14749
1986－1987	224376	7273	16371	3682	240747	10955
1987－1988	120226	4060	19269	4336	139495	8396
1988－1989			22312	5019	22312	5019
1989－1990			18896	4252	18896	4252
1990－1991			14688	3305	14688	3305
1991－1992			10102	2272	10102	2272
1992－1993			5109	1149	5109	1149
总数	3343773	220034	159315	35183	3503088	255878

（三）效果的折现及折现率

投资项目经济分析是根据西方福利经济学的原理，利用货币的时间价值，将用货币表示的费用和效益分别折现，然后再针对净现金流量计算投资的效率。项目的成效不能（或不易）货币化并不意味着成效不能折现。“效益”是“福利”的体现。在英语国家，“福利”（welfare）一词的基本意思为健康、幸福与富裕（health，happiness and prosperous）。在汉语中，我们经常祝福某位老人“有福”，其实是称赞老人健康长寿、合家美满、衣食无忧（指有适当的经济基础）。可见，“福利”的基本含意在汉语与英语中几乎是同义词。如果我们能对以金钱表示的福利进行折现，我们也有理由对健康表示的福利进行折现。

根据世界银行的解释，生命有价值是因为我们享受生命的乐趣，今天的享受比明天的享受更有价值。认为未来延长生命不如现在延长生命有价值的另一个原因如下。假设一个项目的费用是1000元，而每减少一个儿童早亡的费用是10元。我们有两个供选择的方案：今年投资1000元，减少100名儿童早亡，或者，把1000元投资于期限为1年的项目并得到3%的收益，使我们一年后可用1030元来延长103人的生命。如果我们认为未来避免的儿童早亡和今天避免的儿童死亡有同样的价值，那么，第二个方案优于第一个方案。但是第三年我们又会面临类似的选择，又会作出一个类似的决定，因为这样可以拯救106人的生命。根据这个逻辑，只要能以某个正的实际收益率投资，从而在未来拯救更多人的生命，我们就宁可投资而不是救命。于是，就会得出一个荒唐的结论，即我们决不应该拯救生命。基于这个原因，同对其他的物品一样，必须对减少的儿童早亡人数进行折现。与放弃现在享受而延长未来享受的活动相比，能够延长今天享受的活动更有价值，我们折现的是卫生保健效果产生的效益，而不是卫生保健效果本身。健康的效果表现为减少的发病人数与避免死亡人数。针对效果的折现就是对减少的发病人数与避免的死亡人数折现。折现不是针对人本身，而是针对免疫接种项目的效果。

根据世界卫生组织研究成果①，对于一般卫生项目而言，效果、效用和费用的折现率取值为3%。在作敏感性分析时，可以取效果（或效用）的折现率为0，取费用的折现率为6%。

五、免疫接种的费用效果分析

（一）方案Ⅰ与方案Ⅱ的比选

由于本项目选用的效果不易用货币化表示，所以采用费用效果分析方法对四种方案进行比选。取折现率为3%，计算折现后的费用与效果见附表3.4-3。

附表3.4-3　折现后的费用与效果

项目	方案Ⅰ（DPTT）		方案Ⅱ（BCG）	
	减少发病	避免死亡	减少发病	避免死亡
效果折现值（人）	2898541	194469	123813	27234
费用折现值（百万盾）	7275		12396	
费用效果比（盾/人）	2510	37411	100117	455166

注：费用折现时未扣除项目结束时固定资产的余值。

① World Health Organization Guide to Cost-Effectiveness Analysis［R］. Geneva：World Health Organization，2003.

在实际工作中，疫苗接种一方面可以减少发病人数，另一方面也可以使发病人员死亡率降低。一次接种只花一次费用，但却可以减少发病人数，也可以避免死亡，为了简化起见，我们不将其费用分摊，但要区分这两种效果。

先看减少发病人数的效果。方案Ⅰ减少一个人发病的费用为2510盾，而方案Ⅱ的费用为100117盾，根据达到同等效果费用低的方案为优的法则（最小费用法），方案Ⅰ优于方案Ⅱ。再看避免死亡人数的效果，方案Ⅰ避免一个人死亡的费用为37411盾，而方案Ⅱ的费用为455166盾，依然是方案Ⅰ优于方案Ⅱ。从而，我们可以得出结论：方案Ⅰ总体上优于方案Ⅱ。

（二）方案Ⅲ与方案Ⅰ和方案Ⅳ与方案Ⅱ的比选

在一般情况下，新生儿感染白喉、百日咳、破伤风这三种疾病与感染结核病并无直接因果关系，其疫苗的接种效果是相互独立的，因此，可以将疫苗接种效果直接相加，见附表3.4-2的合计。方案Ⅳ是在方案Ⅰ的基础上补充BCG的接种，其增量效果是方案Ⅱ的效果。同理，但是方案Ⅲ的增量效果是方案Ⅰ的效果。由于一些固定费用的关系，方案Ⅲ的费用并不等于方案Ⅰ的费用加上方案Ⅱ的费用，而是只增加少量费用；同理，方案Ⅳ的费用也不等于方案Ⅱ的费用加上方案Ⅰ的费用，还是增加部分费用，见附表3.4-1。我们在附表3.4-1与附表3.4-2的基础上形成以避免的死亡人数为效果的增量费用效果表，见附表3.4-4。

附表3.4-4 增量费用效果表

年份	方案Ⅳ		方案Ⅲ	
	增量费用（百万盾）	增量效果（避免死亡人数）	增量费用（百万盾）	增量效果（避免死亡人数）
1979－1980	1153	376	273	14468
1980－1981	1197	113	270	23142
1981－1982	1412	1205	302	36881
1982－1983	1594	1675	327	47668
1983－1984	1806	2150	356	58069
1984－1985		2556		16817
1985－1986		3093		11656
1986－1987		3682		7273
1987－1988		4336		4060
1988－1989		5019		
1989－1990		4252		
1990－1991		3305		
1991－1992		2272		
1992－1993		1149		
总数	7162	35184	1528	220034

针对附表 3.4-4 的费用与效果数据，再度使用 3% 的折现率进行折现，同时计算增量的费用效果比。方案Ⅳ的增量费用效果比表为 239190 盾/人，方案Ⅲ的增量费用效果比为 7166 盾/人。虽然方案Ⅰ的避免一个人死亡的费用（37411 盾）是最低的，但是在其基础上实施的方案Ⅳ，每多救一个人的费用却高达 239190 盾，应当说是不经济的；方案Ⅱ避免一个人死亡的费用为 455166 盾，但在其基础上实施的方案Ⅲ，每多救一个人的费用却仅为 7166 盾。

对于四个备选方案而言，如果资金比较紧，在 8000 万盾以内，则只能选择方案Ⅰ，且费用效果比较高；如果资金充裕，在 13000 万盾左右，方案Ⅱ亦可以考虑，但费用效果比差一些。这时要看控制哪一种疾病为主，然后进行选择。对于两个复合方案，最终的效果都是一样的，选择先后顺序时主要看资金的安排。

六、免疫接种的加权费用效果分析

在实际上，接种疫苗的效果有两重：第一是减少发病率，第二是减少已经发病人群的死亡率。如果某种指标既度量患病率下降的效果，又能度量死亡率下降的效果，就可以把两个效果统一考虑。增加的健康寿命年限（Healthy years of life gained，HYLGs）就是这样一种指标，但它是一种效用指标。增加的健康寿命年限是一种为避免早亡和疾病而采取干预措施所产生之效益的加权计量指标，它是通过计算因死亡率和患病率下降而增加的健康寿命年限之和求得。增加的每一寿命年是指有干预措施情况下预期健康寿命与无干预措施情况下预期健康寿命之差。因此，如果在一个预期寿命为 70 岁的国家中，干预措施避免了 5 岁时的死亡，那么，就可以认为这一干预措施具有增加 65 年健康寿命的效益。该指标给予增加一年寿命和避免一年疾病相同的权重。

从保障健康的角度看，降低发病率的效用与避免死亡的效用没有什么区别，所以在用增加的健康寿命年限度量免疫项目的效用时，可以给予患病率和死亡率相同的权重。如果降低发病率的效用与避免死亡的效用重要程度不同时，则应分别赋予不同的权重。

以附表 3.4-5 的资料为基础，根据发病率、发病时年龄、康复率、病残率以及患病后的死亡率，利用传染病模型可以计算出不同方案各年度的效用——增加的健康寿命年，见附表 3.4-5。

附表 3.4-5 免疫项目增加的健康寿命年 单位：年

从项目开始实施算起的年份	复合方案			方案Ⅰ	方案Ⅱ
	减少患病增加的健康寿命年	避免死亡增加的健康寿命年	总的健康寿命年限	接种 DPTT 增加的健康寿命年	接种 BCG 增加的健康寿命年
1	0	0	0	0	0
2	2.3	1120.0	1122.3	1095.0	27.3
3	4.7	1795.0	1799.7	1746.0	53.7
4	8.0	2955.0	2963.0	2881.0	82.0
5	11.3	3857.0	3868.3	3755.0	113.3

续附表 3.4-5

从项目开始实施算起的年份	复合方案			方案Ⅰ	方案Ⅱ
	减少患病增加的健康寿命年	避免死亡增加的健康寿命年	总的健康寿命年限	接种 DPTT 增加的健康寿命年	接种 BCG 增加的健康寿命年
6	14.8	4765.0	4779.8	4635.0	144.8
7	9.9	1616.0	1625.9	1448.0	177.9
8	6.7	1222.0	1228.7	1008.0	220.7
9	4.9	995.0	999.9	733.0	266.9
10	2.8	694.0	696.8	379.0	317.8
11	0.5	365.0	365.5	0	365.5
12	0.4	305.0	305.4	0	305.4
13	0.3	235.0	235.3	0	235.3
14	0.2	160.0	160.2	0	160.2
15	0.1	78.0	78.1	0	78.1
合计	66.9	20162.0	20228.9	17680.0	2548.9
现值（3%）	57.6	17502.4	17560.0	15581.2	1978.8
占总数的百分比	0.3	99.7	100.0	91.1	8.9
费用现值（百万盾）			13789	7275	12396
费用效用比（盾/HYLGs）			785.27	466.93	6264.35

从附表 3.4-5 中我们可以看出，避免死亡对于增加的健康寿命年有较大的贡献，占 99.7%。方案Ⅰ的费用效用比仍然是最低，每增加一年健康寿命只需花费 466.93 盾，而达到同样的效用方案Ⅱ要花费 6264.35 盾，后者是前者的 13 倍。复合方案虽然能多增加健康寿命的绝对数，但单位效用却要比方案Ⅰ多支付 60% 的费用。

七、免疫接种的费用效益分析

通过用货币价值度量卫生保健项目的效益，我们可以把卫生保健项目的效益与其他部门项目的效益进行比较。当然，赋予卫生保健效益货币价值在很大程度上增加了分析的复杂性。

常规的做法是把卫生保健项目的效益分类为直接效益和间接效益。效益主要来自患病率和死亡率的变化、服务质量的改善或效率的提高。直接效益是指能够明确用货币价值度量的效益。这类效益的例子包括减少的治疗费用或提供服务效率的提高。间接效益是指不能用货币度量，只能赋予一个隐含货币价值的效益，如减少的死亡或患病天数或服务质量的变化。

在附表3.4-6中，效益是从项目的第二年起产生。识别的效益包括以下几部分：增加的寿命的价值（由于减少患病时间和避免死亡而增加的寿命）、减少的治疗费用和用于家庭看护的家庭成员时间的价值。增加寿命的价值可用生产力法或支付意愿法进行估计。在本案中，数据来源于家庭情况调查、劳动力参与情况调查以及农业部门影子工资率的估计值。治疗费用既包括传统药物，又包括现代药物，并根据服务覆盖范围和用途作了调整。与效果的分析一样，效益主要也是来自死亡率的下降。在该表中，度量效益的货币单位为亿盾。

附表3.4-6　复合方案分年效益估算表　　单位：亿盾

从项目开始实施算起的年份	减少的治疗费用	家庭护理时间的价值	减少患病时间的价值	减少死亡的价值	效益总价值
2	2	1	2	22	27
3	4	1	4	40	48
4	6	2	6	69	84
5	8	4	9	99	120
6	11	5	12	132	160
7	7	3	8	78	96
8	5	2	5	76	88
9	4	2	4	79	88
10	3	1	2	76	82
11	1	0	0	65	67
12	1	0	0	58	59
13	1	0	0	46	47
14	1	0	0	32	33
15	0	0	0	16	17

利用附表3.4-6与附表3.4-1的数据，构造复合免疫接种方案经济现金流量表，见附表3.4-7。按3%的折现率，本项目可以得到684.39亿盾的净现值，项目经济内部收益率为98.99%。

附表3.4-7　复合方案经济现金流量表　　单位：亿盾

年份	效益	回收资产余值	费用	净效益
1	0		25	-25
2	27		27	0
3	48		29	19

续附表 3.4-7

年份	效益	回收资产余值	费用	净效益
4	84		34	50
5	120		36	84
6	160	13	0	173
7	96		0	96
8	88		0	88
9	88		0	88
10	82		0	82
11	67		0	67
12	59		0	59
13	47		0	47
14	33		0	33
15	17		0	17

八、疾病治疗与预防的费用效果分析

在本项目实施之初与实施之后，该国政府对于新生儿白百破与结核病的治疗费用作过调查，见附表 3.4-8。

附表 3.4-8 预防费用与治疗费用估算 单位：盾

项目	预防每例死亡的费用	预防每个病例的费用	治疗每个病人的费用
方案Ⅰ	56905	3679	11459
方案Ⅱ	188623	42438	49000
方案Ⅲ中 BCG	42043	9459	49000
方案Ⅳ中的 DPTT	32027	2107	11459
项目实施之初	53963	3942	13166
项目最后一年	50750	3620	13166

以上每个方案的治疗费用都是在各个疾病治疗费用的基础上加权计算得出。从附表 3.4-8 中可以看出，在两个独立方案中，从预防疾病、预防死亡和治疗疾病的费用看，方案Ⅰ的费用最低。此外，两个复合方案相比，白百破疫苗的预防疾病的增量费用也是最低的，为每例 2107 盾。从项目实施前后费用效果比看，预防每例疾病的费用降低了 222 盾，预防每例死亡的费用降低了 3213 盾。可见，方案Ⅰ的成效是显著的。

九、结论

根据上述免疫接种的费用效果分析、加权费用效果分析和预防与治疗的费用效果分析，可以得出结论：

可以得到接种白百破疫苗减少每例发病人数的费用为2510盾、避免每例死亡人数的费用为37411盾，增加一个健康寿命年的费用为467盾，均比接种卡介苗疫苗方案同一指标低。从附表3.4-8中我们也可见，方案Ⅲ中DPTT的增量费用效果比低于方案Ⅳ中BCG的增量费用效果。由此可以认为，应当优先实施方案Ⅰ。

从费用效益分析的结果看，项目投资1.52亿盾，在15年内能获得经济净现值达684.39亿盾，经济内部收益率高达98.88%，可见投资卫生项目可以使社会获得高额的回报。

附录3.5 某国有林区森林防火基础设施建设项目经济后评价

提要：本项目利用环境经济学原理和费用效益分析方法，估算林区开发项目的外部效益。在估算中本着“稳妥原则”对一些数据作了估算与假设。读者应重点关注本案例的分析思路与方法，可以举一反三地用于其他项目。

一、项目的经济属性

本项目是某国有林区森林防火基础设施项目，建设森林火灾预防系统、森林火灾扑救系统和森林管护系统，目的是保护该林区免受或减少火灾的侵害，保障森林生态环境。项目本身没有生产性经营活动，没有经营收入，项目的效果主要体现在项目外部，项目的受益群体是林区以外的生产者与消费者，所以，本项目是非营利的公益项目。公益项目应由政府投资（实际由中央财政全额出资），政府委托特定机构运营。

二、项目经济后评价参考资料

本项目经济后评价使用的项目资料如下：

【1-1】某国有林区森林防火基础设施建设项目可行性研究报告及附件；

【1-2】某国有林区森林防火基础设施总体工程初步设计说明书和附件以及概算说明书；

【1-3】某国有林区森林防火基础设施总体工程初步设计调整说明书和附件以及概算说明书；

【2-1】某国有林区森林防火基础设施建设项目自评价报告；

【2-2】某国有林区森林防火基础设施建设后评价汇报提纲；

【2-3】某国有林区雷电监测定位与雷击火预警服务系统建设情况汇报；

【2-4】关于某国有林区森林防火基础设施建设工程项目财务决算审计报告；

【2-5】某国有林区防火基础设施工程建设项目竣工财务决算说明书；

【2-6】2005～2009年飞行费统计表；

【2-7】管护局年度费用支出表；

【2-8】反馈资料：建林场；

【2-9】反馈资料：待核实问题与补充资料；

【3-1】姜东涛：森林生态效益估测与评价方法的研究，华东森林经理，2000.4；

【3-2】National Development Planning Agency & Bureau of Marine, Aerospace, Environment, Science and Technology:

Planning For Fire Prevention and Drought Management Project, Asian Development Bank TA 2999-INO, Jakarta, 1999;

【3-3】国家统计局统计年鉴；

【3-4】《建设项目经济评价方法与参数》（第三版）。

三、项目资金管理与投资控制

1. 项目资金管理。本项目由于地跨两个行政管理区（甲省和乙省）和两个行业（林业、气象），在实际工作中，将一个项目分解为几个相对独立的子项目：甲省北部林区、乙省北部林区和中国气象局，中国气象局子项又再分解为甲省气象局和乙省气象局两个次子项。各子项（次子项）分别管理资金。

2. 项目投资控制。本项目可研与初步设计的投资构成为两省、区及气象子项合计值。由于项目前期时间较紧，可行性研究报告中只有甲省子项的详细投资估算，乙省及气象局子项均无详细估算，只有单项投资总额。可研报告批复仅有合计数，没有三个子项的数据。初步设计报告的投资调整等也仅有甲省部分的资料。项目后评价时，专家组只见甲省子项的第三方独立审计报告，报告称子项的国家投资100%到位，投资总额控制在计划范围内；其他子项未见第三方独立审计报告或竣工报告，据乙省林管局及两省、区气象局陈述，投资均未突破计划值。

3. 与其他行业项目的投资相比，本项目的投资总额不大，投资控制不宜是项目经济后评价的重点。故投资估算、资金使用与国拨资金到位的具体数据从略。

四、项目经济效益分析

本项目经济效益进行两个层次分析：某国有林区发展方式选择与森林防火基础设施项目经济效益估算。前者比较建设以木材采伐为主的林场与进行林区生态保护的经济效益，后者估算防火基础设施项目自身的经济效益。

由于本项目主要投资在甲省林区，甲省林管局提供的资料相对完整，故两个层次分析均以甲省某国有林区为例，分析结论同样适用于乙省某国有林区。

（一）林区发展方式的选择

1. 经济效益估算的基本思路

某国有林区目前仍然是原始森林，原始森林有两种可供选择的发展模式：天然林保护与建设林场采伐木材。通过比较两种发展模式的经济效益，可以选出现有原始林区最有经济效益的发展模式。

建设林场模式估算思路：应保证木材采伐量小于木材增长量或与增长量持平，为此，可根据该林区木材成材周期（80~100年），现有木材蓄积量、增长量、成熟林与过熟林占蓄积量的比例等资料，确定适宜的林场所占面积及年度采伐量，采伐下来的木材以市场价格出售，作为林场的财务收入。在获得建立林场需要的投资及运营费用等资料后，可估算出拟建林场这个经济实体可能获得的、以收益成本比和内部收益率表示的效益。

林场的木材采伐后，原有的涵养水分、防止水土流失、固碳释氧等生态功能丧失，随之损失的是这些功能可能产生的、从整体经济上看的效益，损失的效益在经济学中被认为是经济费用。将这些经济费用补充进前述林场财务效益估算模型，估算项目的经济效益费用比。

通过财务收益成本比与经济效益费用比的比较，可以提出项目地区长远发展模式的建议。

2. 财务分析的假设与基本参数

根据资料［2-1］，甲省北部国有林区原始林区面积947702ha，森林覆盖率95%（合

900316.9ha)，活立木蓄积1.2亿 m^3（合133.2864m^3/ha），其中70%为成熟林与过熟林，目前可供采伐量为（=0.7×133.2864）93.300481m^3/ha。

根据座谈记录，甲省某现有林场面积：39万ha，年出材量30万 m^3/年（平均不足1m^3/ha·年），折合原木35万 m^3/年。

假设在项目所在地建设一个与现有林场规模相当的新林场，辖林区面积30万ha（相当北部林区面积的1/3）。根据资料［3-1］提供的森林年净增长率4.06%，森林综合出材率63.5%。本着采伐量小于生长量的原则，拟建林场每年可成片皆伐的森林面积为4502ha。计算过程见附表3.5-1。

附表3.5-1 拟建林场年度采伐面积估算表

序号	项目	单位	数量
1	北部林区面积	ha	947702
2	北部森林面积	ha	900317
3	北部森林立木蓄积量	m^3	120000000
4	每公顷森林立木蓄积量	m^3	133
5	拟建林场面积	ha	300000
6	拟建林场森林面积	ha	285000
7	拟建林场立木蓄积量	m^3	37986624
8	森林年净增长率	%	4.06%
9	拟建林场立木年净增长量	m^3	1542257
10	综合出材率	%	63.50%
11	拟建林场年可采伐量	m^3	979333
12	拟建林场年计划采伐量	m^3	300000
13	计划每公顷出材量（每公顷蓄积量的50%，低于综合出材率63.5%）	m^3	66.64
14	拟建林场年计划采伐面积	ha	4502
15	采伐林地生态影响面积（1.5倍）	ha	6752

根据现有林场提供的资料［2-9］，木材销售价格：604元/m^3，利用附表3.5-1提供的计划每公顷计划出材量与采伐面积，可以估算出每年木材的销售收入为21155万元。木材生产成本为240元/立方米，根据现有林场资产与折旧的数据，估算其折旧占生产成本的比例不足1%，所以在不影响计算结果有前提下，暂用生产成本替代经营成本，年度经营成本为8402万元。根据现有林场流动资产与流动负债的资料，可计算流动资金占用为2015万元。现有林场除原木外，还有相当数量的木材加工产品，为此估计拟议林场用于木材生产的流动资金约占现有林场流动资金的一半，约为1008万元。根据国家政策，木材生产不缴纳营业税。

根据现有林场提供的资料［2-8］，建设年产 35 万立方米原木的林场需投资 8738 万元。但是该投资估算是取自以前的历史资料，未考虑工程与设备费用的上涨，而且未考虑木材运输需要建设公路与桥梁的费用，投资估算明显偏低。现有林场的固定资产 5.3 亿元，其中也包括木材加工的固定资产。假定木材生产与木材加工的固定资产各占 50%，则当前木材生产占有的固定资产约为 2.77 亿元。在不造成太大误差的情况下，取新建林场的投资为 3 亿元，包括设备（台数及单价）、道路（可根据路网密度估算，每公里 25 万元）、房屋建筑（2000 元/平方米）等。投资费用分二个年度支付，第一年 2 亿元，第二年 1 亿元。

木材生产的设备在高寒地区作业，损耗较大，设备需 5 ~ 7 年就更新才能维持运营。按资料［2-8］的估计，维持运营的设备投资约为 4919 万元，在运营第 6 年投入。

利用以上销售收入、经营成本、流动资金以及建设投资的数据构造现金流量表（见附表 3.6-5），计算出拟建林场收益成本比（基准收益率为 10%）为 1.6986，财务内部收益率达 29.39%。按照收益成本比要大于 1，财务内部收益率要大于基准收益的判定原则，从企业财务的角度看，建设林场的财务效益是好的。

3. 费用效益分析的主要假设及参数

与前述财务分析不同，费用效益分析不仅要考虑企业（林场）的财务收入与支出，还要考虑建设林场的外部效果，即企业之外的其他受益人或受损人的费用与效益，以及环境与生态发生的费用与效益，换句话说，是从经济整体角度比较项目的得与失，从而判断是否应当建设林场。

建设林场的外部效果包括损失的林区生态效益（损失的效益即是费用）、由政府开支的林区维护管理费用（包括管护局经常性费用、扑火费用、航空灭火费用）以及因不可采摘林下产品放弃的效益。以下分别计算这三部分不为林场支付的费用。

（1）损失的生态效益。资料［3-1］的作者是乙省林业技术人员，提供的资料基本能反映乙省林业 2000 年或以前的状况。甲省林区与乙省林区植被相同或相近，生态条件大体相同，生产力发展水平也大体相近，此外，本项目乙省的林地占乙省全部林地的 19%。根据环境经济学的成果参照法，完全可以借用乙省林地生态效益的数据计算甲省林区的生态效益。

据资料［3-1］，2000 年乙省涵养水源、削减洪峰、延长供水期的价值为 1949.8 元/ha·年，保持水土与改良土壤的价值为 1251 元/ha·年，固碳制氧的价值为 1534 元/ha·年，保障当地农业生产及减灾的价值为 1563.4 元/ha·年，防风固沙净化水质价值为 820.3 元/ha·年，乙省每公顷林地的生态价值合计为 7119.5 元/ha·年[①]。按甲省 1999 年至 2009 年的生产资料价格指数换算，以 2009 年价格计算的甲省林区每公顷林地的生态价值为 9505.1 元/ha·年。森林采伐的生态影响不限于采伐面积，一般都要大于采伐面积，按保守估计的原则，设定森林采伐的生态效益影响面积为采伐面积的 1.5 倍计，每年生态价值损失为 7488 万元。

（2）损失的林下产品效益。据规划设计院提供的资料，乙省林区可采摘的蓝莓有

① 未含资料［3-1］中提到的保护野生动物植物、森林旅游和净化空气的价值。

12000kg，每公斤 20 元；可采摘的红豆有 150000kg，每公斤 8 元；可采摘的松塔有 4800kg，每公斤 10 元。以上数据是指整个乙省林区的可能的采摘量，可能产生的价值达每年 148800 万元。由于森林覆盖面广，密林深处的山果是不可能采摘的，能够采摘的只是沿公路附近的一小部分山果，所以不能直接利用乙省的数据估算甲省拟建林场未能采摘的林下产品可能产生的经济效益。

根据在现场调查，每年收获季节，林区每户居民可从采摘山果获得收益 1～2 万元。现有林场的居民有 1 万人，按每户 4 人计，约有 2500 户，本着稳妥（保守）估算的原则，按每户每年收获 1 万元计，建立林场后，每年可收获的林下产品效益可达 2500 万元。

（3）林区维护管理费用。林区维护管理费分别为经常性管护费（主要为管护局经常性支出）和扑火直接费用以及航空灭火费。考虑到近年三类费用上涨较快，在测算中采用了 2010 年的三类费用的实际值，合计为 1582 万元。这三项费用是用于整个 94 万 ha 林区，分摊到林场项目的 30 万 ha 约为 527 万元/年。计算过程见附表 3.5-2。

附表 3.5-2　1999～2010 年森林火灾费用统计

年度	经常费用（不含其他投资）（万元）	扑火直接费用（万元）	航空灭火费用（万元）	2009 年价经常费用（万元）	2009 年价扑火直接费用（万元）	2009 年价航空灭火费用（万元）	甲省工业品出厂价格指数（上年为1）	2009 年价定基指数
1999	279	13.35	0	382.92	18.32	0	1.004	1.372465
2000	328	70.00	0	437.91	93.46	0	1.028	1.335083
2001	485	34.22	0	646.87	45.64	0	1.001	1.333749
2002	472	473.47	0	633.97	635.94	0	0.993	1.343151
2003	365	14.17	0	475.05	18.44	0	1.032	1.301503
2004	419	57.96	0	518.87	71.77	0	1.051	1.238347
2005	413	35.69	379.00	486.62	42.05	446.56	1.051	1.178256
2006	443	90.20	480.00	506.76	103.18	549.09	1.03	1.143938
2007	615	36.00	734.00	665.58	38.96	794.37	1.057	1.08225
2008	687	90.00	586.00	660.89	86.58	563.73	1.125	0.962
2009	785	0	656.00	785.00	0	656.00	0.962	1
2010	742	64.20	700.00	779.1	67.41	735.00	1.05	1.05
无项目平均				511.74	132.23	446.56		
有项目平均				679.47	59.23	659.64		
变化率				32.78%	-55.21%	47.72%		
变化量				167.73	-73.01	213.08		

(4) 费用效益分析结果。有了以上数据，我们构造建设林场项目的费用效益流量表，效益仍然为林场的财务收入；费用为损失的被伐林地的生态价值，损失的被伐林地的林下产品价值，政府支付的林区管理维护费、木材生产成本、林场建设投资。后两项目可直接使用财务分析的数据。

根据费用效益流量表的计算结果（见附表3.5-6），项目的经济效益费用比为0.8430，经济内部收益率为-17.89%。按效益费用比要大于1，经济内部内部收益率要大于6%的判别标准，建设林场的设想在经济上是不可接受的。

拟议项目是在保证护林区可持续采伐的前提下建设林场，尽管拟建林场的财务效益可观，财务分析结论是可接受的，但通过费用效益分析，我们可以得出结论，建设林场造成的经济损失远远大于其获得的财务效益，在经济上是得不偿失。政府有关政策制定与行政管理部门应进一步考虑如何统筹建设林场与发挥林区生态最大效益的发展模式。

（二）森林防火基础项目经济效益分析

1. 森林防火项目费用效益分析基本思路

森林防火基础设施建设项目经济评价的基本原理是将不实施项目未来森林火灾可能引起的损失与实施项目森林火灾可能引起的损失进行比较，项目运行后预计减少的损失就是项目的经济效益。

2. 森林防火项目效益估算

森林防火项目的效益包括灭火费用节省、生态损失减少、木材损失减少三部分。

(1) 灭火费用节省是“无项目”的灭火费用与“有项目”的灭火费用之差。“无项目”灭火费用取项目实施之前7年（1999~2005年）年平均灭火费用132.23万元（2009年价），“有项目”灭火费用取项目实施之后5年（2006~2010年）年平均灭火费用59.23万元，每年平均节省73.01万元，节省55.21%。

(2) 生态损失减少是“无项目”的生态损失与“有项目”的生态损失之差。仍然假设生态影响的面积应为过火面积的1.5倍，生态损失的减少为“无项目”与“有项目”的每次火灾平均过火面积之差的1.5倍（172.35公顷，见附表3.6-7），乘以平均年发生火灾的次数11.25（1999~2010年），再乘以每公顷林地的生态价值9505元（2009年价），为1842.96万元。

(3) 木材损失减少是“无项目”与“有项目”的每次火灾平均过火面积之差，乘以每公顷出材量66.64立方米，再乘以木材销售价格604元/立方米，再乘以年均火灾发生次数11.25，为5206.7万元。

3. 经济费用估算

经济费用包括投资费用、航空灭火与管护费用的增加。

根据资料[2-4]，甲省森林防火基础设施项目总投资为9874万元，项目投资费用按可研报告两年工期分摊。

航空灭火费用为“有项目”飞行费用与“无项目”飞行费用之差。“无项目”飞行费用取2005年实际数446.56万元（2009年价），“有项目”飞行费用为2006—2010年各年实际费用，2010年后取2010年费用。

“无项目”的管理费用取1999~2005年管护费的平均值，“有项目”的管理费2006—

2010年取各个年度的实际值，2010年以后年度取2010年管护费用值。

4. 费用效益分析结果

根据上述费用与效益估计值，构造费用效益流量表，计算经济指标，效益费用比（折现率为6%）为3.8527，经济内部收益率为49.79%。按效益费用比要大于1，经济内部收益率要大于6%的判别标准，森林防火基础设施建设项目在从经济整体来看是合理的。

根据2004年国务院投资体制改革决定的精神，政府投资的主要方向是外部性强的项目，从费用效益分析结果看，森林防火基础设施有显著的正的外部效果，因此今后森林防火基础设施项目政府应当加大投资力度。

五、项目的可持续性

1. 政府财政支持是项目持续的基本保证

根据项目的经济属性与费用效益分析的结果，本项目为公益性项目，属于政府应当出资的项目。政府出资包括两个方面：项目建设期的建设投资与项目运营期的经常性运行费用。目前建设投资已经到位并合理使用，经营期的经常性费用尚需政府各级财政部门逐年安排资金使用计划，保证项目可以持续运营。

2. 天然林保护政策长期持续不变是林区健康发展的保障

某国有林区地处高纬度，无霜期不足百天，林木生长极为缓慢，胸径20cm的落叶松的树龄一般接近百年，为了保护这些祖国北疆的生态屏障，“天保工程”及相关配套政策应“一百年不动摇”！

3. 国家的林区与林业发展政策要因地制宜

最近几年，国家出台一系列政策，鼓励私人承包林区养护，对一些地区的林区建设和发展有一定的推动作用，也将在可以预见的不太长的时间内提高了承包人的收益水平。但是，由于该项目地处北部边陲，气候严寒，森林生长速度太慢，私人获得收益的等待时间太长（迅速获利是私人投资的基本方式），一旦发生火灾等自然灾害，个人投入（含劳动力投入）风险根本无法承受，因此私人承包林区养护的政策不适宜在该林区推广，政府应承担起这片林区的养护责任。

4. 项目地区人力资源的可持续性

某国有林区地处寒温带，常年平均气温在-2.3℃，被称为不适宜人类居住的地区。林区工人不管冬夏，常年在深山老林中作业，工作环境恶劣，但专业扑火队员平均月工资在600元左右，仅相当发达地区的低保户的收入水平，因此造成林区劳动力大量流失，年轻人凡有能力者均在外打工，就学者多在外地谋业，甲省项目所在地2002年前尚有2万余人，目前仅有不足1万人，不少人仍然居住在几十年前完全由木材搭建的棚户区，生活条件非常艰苦。“天保工程”除了要有政策、资金、设备等保障外，尚应有人力资源的保障。政府应适当提高林区管护人员的工资水平，建立有效的激励机制，必要时采用人员轮换的方法，保障林区有足够的管护人员。

5. 建立生态受益地区向生态保护地区的补偿机制

某国有林区是生态保护区，这一地区的森林职工、武警和居民守护着这些世代遗留下来的自然资源，却不能像其他资源所在地区一样，利用森林资源发展生产，改善生活条件。目前已经开发的林地，由于保护生态的原因，也限制采伐量，使林业生产不像其他行业一样通过提高产量增加经济效益。林区涵养水分、保持水土、固碳释氧等生态效果，是甲乙两省南部地区经济长足强劲发展的有力保障，牺牲本地区经济发展为其他地区经济发展作出贡献，对于该林区职工与群众是不公平的。根据公平发展原则，生态受益地区应当向生态保护区作出必要的补偿。在国际上，受益区向资源区提供补偿也是通行的做法，例如，非洲莱索托王国与南非合作建造的调水项目，由莱索托向南非调水，按照两国政府谈判的协定，南非除承担全部工程和运行费用外，每年要向只有160万人口的莱索托王国交纳6000万美元的水费，以换取每年22亿立方米的水。南非有了水可以发展经济，莱索托除获得人均37.5美元的外汇收入外，利用项目建立水电站，可以不再依赖南非提供90%的电力。通过协定两国政府都维护了本国的经济利益，实现了经济发展的“双赢”。我国各级政府应当通过中央和地方财政的转移支付，向林区支付生产、生活补贴，提高当地居民的生活水平，这样才能守得住、留得下宝贵的林业生态资源。

六、项目经济评价结论、经验教训与建议

1. 某国有林区森林防火基础设施建设项目是成功的

某国有林区森林防火基础设施建设项目投资1.35亿元，建成森林火灾预防系统、森林火灾扑救系统和森林管护系统，运营良好，成效显著，项目是成功的。

项目实施之前（1999~2005年）与实施后（2006~2010年）相比，平均每年火灾的过火面积从216.98公顷下降为102.08公顷，下降52.95%；平均扑火天数从5天下降到2.11天，下降55.77%。项目实施后，平均每场火的扑火天数也从2006年的2.85天逐年下降至2010年的1.77天。由此可见，项目基本实现森林火灾“打早、打小、打了”的目标要求。1999—2010年森林火灾基本统计见附表3.5-3。

附表3.5-3　1999~2010年森林火灾基本统计

年度	起火次数（起）	过火面积（ha）	投入兵力	扑火天数	平均每场火扑火天数	平均每场火的过火面积（ha）
1999	3	510.00	1196	10	3.33	170.00
2000	4	3936.42	1908	31	7.75	984.11
2001	7	242.80	671	29	4.14	34.69
2002	22	8062.38	5952	163	7.41	366.47
2003	7	75.87	858	14	2.00	10.84
2004	16	867.80	1641	60	3.75	54.24

续附表 3.5-3

年度	起火次数（起）	过火面积（ha）	投入兵力	扑火天数	平均每场火扑火天数	平均每场火的过火面积（ha）
2005	5	191.60	881	13	2.60	38.32
2006	13	6149.50	2589	37	2.85	473.04
2007	4	136.05	852	11	2.75	34.01
2008	28	516.40	2338	63	2.25	18.44
2009	0	0	0	0		
2010	26	445.98	924	46	1.77	17.15
无项目平均	9.14	216.98		5.00		
有项目平均	14.21	102.08		2.21		
变化率		-52.95%		-55.77%		
变化量		114.90		2.79		

此外，根据森林防火基础设施项目经济分析，项目的效益费用比达 3.8527，大大超过项目效益费用比为 1 的判定基准，社会效益显著。所以，从经济层面与项目目标实现的效果看，项目建设与运营都是成功的。

2. 森林灭火战略应有所调整

根据甲省的森林火灾统计资料，评估人试图找出过火面积与灭火天数的统计关系。但是，一元回归分析的结果显示，二者相关率 R^2 仅为 0.2554，系数的 T 检验值仅为 0.00044，所以过火面积与扑火天数没有确定的统计关系。通俗地说，无法确定过火面积与扑火时间的比例关系。评估人进一步对过火面积、出动兵力与扑火天数的二元回归分析，计算得出 R^2 也仅 0.4040，其他统计参数也不显著，因此，过火面积与出动兵力也不能完全解释扑火天数的长短。但是，扑火时间是一个可以准确记录的数据，它基本上能显示出“打早、打小、打了”的特征。所以扑火天数将作为项目实施效果分析的主要数据。

从附表 3.5-4 中的累积概率一列可以看出，90% 的火灾均在 6 天以内扑灭，其中 3 天以内的小火灾占约 60%，大型、特大型火灾所占的比例相对较小。根据甲省提供的 2010 年火灾的笼统资料可以看出，在防火基础项目的作用下，森林火灾向小型化发展。

附表 3.5-4 1999～2009 年森林火灾发生概率统计

灭火天数	次数	发生概率	累积概率
1	14	0.126126	0.126126
2	29	0.261261	0.387387
3	22	0.198198	0.585586
4	21	0.189189	0.774775
5	8	0.072072	0.846847
6	7	0.063063	0.90991
7	2	0.018018	0.927928
8	0	0	0.927928
9	1	0.009009	0.936937
10	3	0.027027	0.963964
10 天以上	4	0.036036	1

从本项目建设取得的实际效果看，森林防火基础设施建设的逐步拓展与完善，为森林火灾“打早、打小、打了”创造了有利条件，在广阔的人员罕至的原始森林，航空灭火发挥了显著的作用，有可能成为森林扑火的主要方式。然而，航空灭火费用相对较高，且年度增长幅度较大，因此财政防火专项资金应逐年提高。

此外，在项目单位的自评价报告中，多次提到项目扑火费用减少，但均未给出航空灭火的费用增加数据。根据森林防火效益与费用估算可以看出，由于航空灭火要运用航空器，费用本身就较高，加上近年航空柴油的价格的增长也较快，抵消了人工灭火费用降低的效果，人工与航空灭火的合计费用是增加的，而且这可能是一个长期趋势，对此，有关部门应做好充分的物力和财力的准备。

3. 加强火灾统计工作

尽管两林区管理部门对火灾发生的时间、地点、面积、持续时间、起因等都有详细统计，但是对于火灾对林木、生态（如动植物物种、地表植被等）造成的损失以及费用支出统计过于粗略，不利于分析林区的救灾与制订发展规划。此外，不同地区林业管理部门的统计口径也不同，不便开展事后分析比较。建议国家林业局修订现行的或制订全面的火灾统计指标，加强统计工作的协调统一，建立森林火灾统计分析制度。

4. 充分利用科学研究成果，制定林业项目评价方法体系，提高林业生态经济的话语权

我国林业学术界的有识之士，包括研究机构和大学的学者，规划和设计单位以及少量政府行政管理人员，对森林的经济效益作过许多科学研究，但由于缺少将科研成果转化到工程实践，在社会上影响甚微。由于缺少经济数据的支持，林业部门对生态保护与林区建设的呼吁较少受到各级行政领导的重视。1987 年原国家计委将投资项目经济评价的科研成果转变成

《建设项目经济评价方法和参数》向社会发布，将其作为投资项目经济效益估算的必要手段，成为各行各业投资决策的重要依据，推动了我国投资决策科学化的进程。1987 年至今，《建设项目经济评价方法与参数》已经发布了三个版本，不少行业都依其制订本行业的实施细则，规范本行业经济评价行为。与林业最为接近的《农业项目经济评价方法与参数》也已经先后发布了三个版本（最近的一版是 2009 年发布的），对各级农业项目投资决策发挥了重要作用。林业也应参照其他行业经验，制订本行业投资项目经济评价的方法与参数，使得经济评价有据可依，提供的评估结论有翔实的数据信息，更有说服力，才能大大提高林业经济在社会各个阶层的话语权，更好地保护生态资源，发展林业经济。

5. 加强林区会计核算与监督

2006 年财政部公布了《企业会计准则第 5 号—生物资产》，这是我国在制度层面第一次将生物资产单列，进入企业会计核算。林区的木材是最典型的生物资产。合理估计现有的森林生物资产，不仅对林区建设有重大意义，对国家资源的拥有量估计、从战略层面合理安排采伐计划都有重要影响。前面对本项目所做的费用效益分析实质上是从经济学的角度考查项目的合理性，这个合理性目前尚未得到一般公众普遍接受，只是理论上的、“虚拟的”生产力。然而，一旦经济学的价值变成财务价值，进入会计核算，进而纳入国民经济核算，就容易被公众接受，就会变成实际的生产力。

为此，国家及林业行政主管部门应像国家统计局进行工业普查、服务业普查、人口普查一样，安排巨资进行林区生物资产调查，应调动林业科研、规划、设计、生产、服务等单位的人员，进行专门培训，同时，利用现有的技术手段，包括航空与卫星技术，估算我国各个林区的生物资产存量、未来的增长趋势，并以此为基础，做出林业保护与发展规划，防止只顾眼前利益，砍光伐净，应给子孙后代留下丰厚的生产资产，保证林业以取得最高经济效益的模式持续发展。以前，林业系统也知道估算方法，但是没有足够的财力无法进行统计调查，现在，国家财力增强了，资金已经不成为调查的主要障碍，林业主管部门应尽快制订方案，组织实施。

从本项目的实践情况看，与其他行业相比，部门林业企业财务管理尚不十分健全，权、责、利落实不到位。建议加强各级财务监督的力度，特别应注重利用社会独立审计机构，保障政府性资金管好、用好。

6. 加强外部效果显著的投资项目的费用效益分析，提高公共投资的透明度

本项目是外部效果极为明显的项目，政府投资责无旁贷，但是，政府的公共投资必须透明，必须向纳税人说明政府出资的理由，这个任务就是由费用效益分析来完成的。本项目设计单位由于时间与知识水平的限制，在可研报告中未涉及项目运营及费用效益分析；由我国著名的咨询评估机构所作的本项目的咨询评估报告中也只字未提项目运营的可持续性、甚至没有做初步的费用效益分析！对于这种现象，国家投资主管部门与林业投资主管部门应引起重视，应制订相应的管理规则，划出应当进行费用效益分析的行业，对工程咨询（投资）行业提出更高的要求，开展注册咨询（投资）工程师继续教育，提高我国工程咨询（投资）业经济分析的整体水平。

发展模式选择模拟见附表 3. 5-5、附表 3. 5-6。

灭火基础设施项目模拟见附表 3. 5-7。

附表 3.5-5　林场项目投资现金流量表

单位：万元

项　目	2004	2005	2006	2007	2008	2009	2010	2011	2012	2013	2014	2015
现金流入	0	0	21155	21155	21155	21155	21155	21155	21155	21155	21155	21155
销售收入	0	0	21155	21155	21155	21155	21155	21155	21155	21155	21155	21155
现金流出	20000	10000	9410	9410	9410	9410	9410	14329	9410	9410	9410	9410
建设投资	20000	10000	0	0	0	0	0	0	0	0	0	0
生产（经营）成本	0	0	8402	8402	8402	8402	8402	8402	8402	8402	8402	8402
流动资金	0	0	1008	1008	1008	1008	1008	1008	1008	1008	1008	1008
维持运营的投资	0	0	0	0	0	0	0	4919	0	0	0	0
净现金	-20000	-10000	11745	11745	11745	11745	11745	6826	11745	11745	11745	11745
收益成本比　1.6986 *FIRR*　29.39%												

附表 3.5-6　林场项目费用效益分析表

单位：万元

项　目	2004	2005	2006	2007	2008	2009	2010	2011	2012	2013	2014	2015
经济效益	0	0	21155	21155	21155	21155	21155	21155	21155	21155	21155	21155
销售收入	0	0	21155	21155	21155	21155	21155	21155	21155	21155	21155	21155
经济费用	20000	10000	19925	19925	19925	19925	19925	24844	19925	19925	19925	19925
损失的林下产品	0	0	2500	2500	2500	2500	2500	2500	2500	2500	2500	2500
损失的生态效益	0	0	7488	7488	7488	7488	7488	7488	7488	7488	7488	7488
管扩灭火及航灭费用	0	0	527	527	527	527	527	527	527	527	527	527
建设投资	20000	10000	0	0	0	0	0	0	0	0	0	0
生产（经营）成本	0	0	8402	8402	8402	8402	8402	8402	8402	8402	8402	8402

续附表 3.5-6

项 目	2004	2005	2006	2007	2008	2009	2010	2011	2012	2013	2014	2015
流动资金	0	0	1008	1008	1008	1008	1008	1008	1008	1008	1008	1008
维持运营的投资	0	0	0	0	0	0	0	4919	0	0	0	0
净经济效益费用	-20000	-10000	1230	1230	1230	1230	1230	-3689	1230	1230	1230	1230
效益费用比 0.84295 *EIRR* -17.89%												

注：本表中损失的生态效益是一年的数值。由于被伐林地的生态效益在短期内不可能恢复，理论上 2007 年后的生态损失应当是前些年生态损失的合计，若采用这些数值，项目计算期内将没有正的净效益费用，不可能算出内部收益率。在不影响评估结论的前提下，本表及下表中生态损失仅用当年的数值。

附表 3.5-7 灭火基础设施项目费用效益分析表

单位：万元

项 目	2004	2005	2006	2007	2008	2009	2010	2011	2012	2013	2014	2015
经济效益合计	0	0	7122.67	7122.67	7122.67	7122.67	7122.67	7122.67	7122.67	7122.67	7122.67	7122.67
灭火费用节省	0	0	73.01	73.01	73.01	73.01	73.01	73.01	73.01	73.01	73.01	73.01
生态损失减少	0	0	1842.96	1842.96	1842.96	1842.96	1842.96	1842.96	1842.96	1842.96	1842.96	1842.96
木材损失减少	0	0	5206.70	5206.70	5206.70	5206.70	5206.70	5206.70	5206.70	5206.70	5206.70	5206.70
经济费用合计	7060.00	2814.00	97.55	501.65	266.32	482.70	555.80	555.80	555.80	555.80	555.80	555.80
投资费用	7060.00	2814.00	0	0	0	0	0	0	0	0	0	0
航灭费用增加	0	0	102.53	347.81	117.17	209.44	288.44	288.44	288.44	288.44	288.44	288.44
管理费用增加	0	0	-4.98	153.84	149.15	273.26	267.36	267.36	267.36	267.36	267.36	267.36
净效益费用流	-7060.00	-2814.00	7025.12	6621.02	6856.34	6639.97	6566.87	6566.87	6566.87	6566.87	6566.87	6566.87
效益费用比 3.8527 *EIRR* 49.79%												

附录4　经济费用与效益的估价

——亚洲开发银行项目经济分析导则

（节译）

附录4.1 经济费用与效益的估价

一、一般的考虑

1. 项目的费用与效益一经识别而且被量化，就应按共同的标准进行估价，这样才使它们能够相加和比较。项目产出的生产者与使用者是根据财务价格作决定。然而，为了估价他们的决定对国民经济的影响，费用与效益就应用从国民经济的角度看能代表其价值的经济价格来估价。

2. 费用与效益应按不变价格，即在项目评估期内主导的价格水平，进行估价。任何价格总水平的变化都可以忽略。可是，如果预期在项目周期内相对价格会有显著变化，例如食品生产项目产出的价值相对于价格总水平下降，那么这一相对价格变化应体现在费用与效益的估价中。

3. 在经济分析中，要对市场价格进行调整，以说明政府干预和市场结构的作用，其结果就是影子价格。对于项目的产出，影子价格是以供给价格、需求价格或两者的加权平均为基础。如果项目产出是非增量产出，即它替代了另外的供给，那么影子价格是以被替代的供给在市场上的供给价格为基础，同时扣掉任何生产税赋，加上任何被替代供给的补贴。这一供给价格要进一步调整，以反映政府干预和市场结构对被替代产品投入的作用。如果项目产出是增量产出，即项目提供了相对于无项目状态的额外产出，影子价格是以那个产出在市场上的需求价格为基础，并包括任何消费税，但不包括给买者的任何补贴。这个需求价格也要进一步调整成经济价格与市场价格的平均值，其理由后面陈述。在许多情况下，项目会同时生产非增量产出与增量产出，这时，产出的影子价格是供给价格与需求价格的加权平均值（见附录4.2）。

4. 对于生产进口替代品的小型项目，全部产出都是非增量产出，可以用供给价格进行估价，即用进口价格估价。对于生产出口产品的小型项目，全部产出都是增量产出，可以用其需求价格进行估价，即用出口价格估价。对于同时生产进口替代与出口产品的项目，产出可以用进出口价格的加权平均估价。当项目生产大量的外贸货物影响到国际市场价格时，估价过程会变得十分复杂。这时候使用供给价格与需求价格就要考虑到影响。

5. 同样的估价原理可以用于非外贸产出。一般来说，非外贸产出大都是非增量产出，影子价格要以被替代产品的供给价格为依据。当然，有些非外贸产出也是增量产出，这时影子价格要以需求价格，或新用户的支付意愿为基础。非外贸产出的总体影子价格要以供给价格和需求价格的加权平均为基础。

6. 实际上，将非增量产出从增量产出中识别并分离出来可能很困难。对于生产非外贸产品、产出规模大到足以影响供给和需求价格的项目，识别与分离尤为困难。非增量产出与增量产出的比例依赖于供给和需求弹性。数据的可得性和估计新用户的支付意愿所采用的访谈结构，有可能不会为估计相关弹性提供充分的信息，并影响到产出比例的估计。在这种情况下，替代品的供给价格的估计值，即无项目的供给价格，可能用于全部非外贸产出，包括增量与非增量产出。

7. 项目投入的影子价格也是通过它们加权平均的供给价格与需求价格估值。然而对于投入的情况，增量与非增量投入的估值与产出的情况正好相反。对于非增量投入而言，即从其他用户转移而来的投入供给，影子价格要以调整的供给价格或投入的支付意愿为依据。对于增量投入，即扩大生产的非外贸投入，进口或替代出口的增加供给的外贸投入，影子价格要依据投入经过调整的供给价格，即非外贸投入增加国内生产的供给价格，外贸投入的进口与出口价格。在非外贸投入供给固定的情况下，或外贸投入需求增量大到影响价格的特殊情况下，影子价格要以有项目的供给价格为依据，当然也需要预计相关的弹性。

8. 增量和非增量投入与产出的估价方式概括于附表 4. 1-1。相关的供给与需求价格应当进行调整，以反映因外贸管制和市场结构的影响，财务价格与经济价格发生的差异，然后，投入和产出的影子价格等于其供给和需求价格考虑了这些附加因素后的加权平均。

附表 4. 1-1　项目产出与投入经济估价的基本框架

项目	增量	非增量
产出	调整后的需求价格 或支付意愿	调整后的供给价格 或机会成本
投入	调整后的供给价格 或机会成本	调整后的需求价格 或支付意愿

二、世界价格的作用

1. 从国家的角度估计投入和产出价值的方法之一是使用世界价格。项目的额外产出和投入需求将直接或间接地影响国际市场。世界市场也受国内和国际政策的影响，如垄断的市场结构。然而，对大部分的货物和服务来说，外贸产品是国内产品的替代品。因此，世界价格可以从国家的角度估算项目的投入和产出价值。

2. 用世界价格为投入和产出估价，需要识别项目每一个外贸物的效果。出口的增量产出可以用出口需求价格来估价，替代进口的产出可以用进口供给价来估价。当项目产出包括了替代进口和扩大出口时，应当用进口供给价和出口需求价加权平均来估价。进口增量投入可用进口供给价来估价，减少出口量的投入可以用出口需求价来估价。当增量投入包括减少出口和增加进口时，投入应用出口需求价和进口供给价的加权平均来估价。由于外贸管制、外贸货物净税赋、某些外贸货物价格垄断以及补贴水平等影响，世界价格将不同于项目财务分析中使用的国内价格。把价格调整成世界价格就会剔除项目投入中的税赋和补贴，并保证产出按其对国民经济的价值来估价。任何由不可外贸的产出和垄断投入产生的额外盈余、超出或高于生产或供给成本（含资本费用）都被剔除掉。

3. 用世界价格度量项目投入和产出的边际价值能直接用于具体的项目外贸物。世界价格也可以间接表示项目投入的非外贸品的增量生产成本，但不能直接或间接使用于没有外贸作用的产出（见附表 4. 1-2）。

附表 4.1-2　主要项目投入和产出的估价

产品	类型	对项目的影响	经济价格的基础	估价的基础
产出	可外贸	增量	需求价格	WMP（=FOB）
		非增量	供给价格	WMP（=CIF）
	不可外贸	增量	需求价格	DMP+CT
		非增量	供给价格	DMP−PT−OS
投入	可外贸	增量	供给价格	WMP（=CIF）
		非增量	需求价格	WMP（=FOB）
	不可外贸	增量	供给价格	DMP−PT−OS
		非增量	需求价格	DMP+CT

注：CIF—到岸价格；OS—营业利润；CT—净消费税；PT—净生产税；DMP—国内市场价格；WMP—世界市场价格；FOB—离岸价。

4．项目所有的投入产出项都要以同一参考点来估价。存在不同层次的价格：生产者价格、批发价格、零售价格。所有的投入和产出的经济价格都是以项目的水准来估价。一般来说，这意味着以项目或子项目的生产为基点。为了比较项目的费用与效益，世界价格或其他形式的估价均应调整到项目的水准。

三、外贸货物与服务的经济价格

1．以估算的外贸货物和服务来表示的项目效果，可以利用相关国家外贸产品与世界价格等值的口岸价格，经过调整，按项目的水平来直接度量。对于一个国家而言的世界价格就是口岸价格，用外汇支付的进口货物的价格包括保险和港口（内陆国铁路或卡车运输终点）装卸费，或出口产品在港口、铁路和卡车终点收到的世界价格。扣减以经济价格计量的发货、运输、搬运、出口加工费后，出口产出的口岸价格就可以调整到项目地的水平。进口投入的口岸价格必须加上这些费用后才能调整到项目地的水平。替代进口的产出的价格调整应减掉现有销售点与项目所在地之间的发货、运输和搬运费用。减少出口的项目投入的价格调整应减掉生产点和项目所在地的费用差额。在每一种情况下，外贸货物和服务都是用等值口岸价来估计，然后调整成项目所在地的经济费用（见附表 4.1-3 和附录 4.3）。

附表 4.1-3　等值口岸价格的调整

产出		
出口	FOB	减　从项目的 PTDH
进口	CIF	加　到市场的 TDH
		减　市场到项目的 TDH
投入		
进口	CIF	加　到项目的 TDH
出口替代	FOB	减　生产点到港口的 PTDH
		加　生产点到项目 PTDH

注：CIF—到岸价；FOB—离岸价；PTDH—按经济价格计算的加工、发货、运输、装卸费；TDH—按经济价格计算的发货、运输和装卸费。

2. 世界价格并不稳定，年复一年地波动。作为等值口岸价格依据的世界价格应当以序列波动价格的平均值表示。此外，由于对应世界价格的产品与项目投入和产出存在质量差异，价格调整时也应予以考虑。世界价格长期讲相对价格也变化。在预测外贸产品的实价时，预测的名义价格要用世界价格指数进行平减，例如单位制造业增加值指数，然后未来年度的预测实价才能用于项目经济报告中。平减用于国际外贸的主要投入和主要产出项。亚行一般使用世界银行发布的货物季度预测实价。

3. 在大多数情况下，世界价格不受单个新项目的影响。然而，当一个国家的产出占世界产出的比例较大时，如木材生产，额外产出对世界价格的影响就应当考虑。较大供给对价格的影响应当计入边际出口收益的准备金。类似地，当项目投入产生的需求相对于世界供给来说比较大，投入估价时应计算等值边际口岸价格的准备金，以反映增量需求对世界价格的影响。在这些情况下，要以现时世界价格水平估计弹性，并考虑边际进口和出口的影响（见附录4.3）。

4. 由于净税赋、外贸管制、项目选址和国内市场垄断等影响，外贸货物的国内价格与口岸价格产生差异。按等值口岸价格估价外贸货物，调整净税赋、管制、垄断、当地费用的经济费用和垄断租金的影响，就可以去除国内价格与世界价格的差异。开始，只要按官方汇率将所有的外汇价值转换成本币，就可以估算等值口岸价格。然而，使外贸货物和非外贸货物可以用本币进行比较的汇率本身可能就是产生国内价格与等值口岸价格差异的因素。影子汇率，或其倒数，标准转换系数，将在以后讨论。

四、非外贸货物和服务的经济价格

1. 亚行正在增加对产出为非外贸货物的项目贷款。公共事业、社会与环境项目产生的影响是非外贸的，许多直接追求生产率的项目也有非外贸的作用。某些项目产出还进行市场经营，如港口服务、城市供水和污水处理项目。

2. 货物和服务划归非外贸品有多种原因。按其性质，某些货物和服务，如国内运输和建筑，是在国内经济中生产并销售的产品。某些货物和服务划归非外贸品是由于政府政策决定它们不能出口或进口。最后，某些货物和服务尽管有国内市场，但是由于成本和质量的原因，没有国际市场，就划归非外贸类。在某些情况下，非外贸投入和产出有严格意义的外贸替代物。例如，国内木柴可以转换为等热值的煤油和燃气。在这些情况下，外贸产品的价值可以作为非外贸产品的经济价格。然而，对大多数非外贸产品，不存在严格意义的外贸替代品。

3. 在项目新增需求使得供给增加时，项目投入的非外贸产品和服务可以用它们的供给价格来估价，即额外供给的边际经济费用。不同情况的边际成本是不同的。有富余能力、只有可变的运行成本要增加的情况下的边际成本，不同于没有富余的能力情况下的边际成本，后者还要包括资本费用。在这两种情况下，边际成本构成中的外贸部分可以用口岸价格来估价，边际成本构成中剩余的任何非外贸部分的经济价格可以用分组或标准转换系数来近似。使用能转换成经济价格的供给的边际成本就能完全说明国内价格与世界价格的差异。

4. 在供给固定的情况下，估计非外贸投入的边际生产成本是不合时宜的。必须使用需求价格。因此，投入的估价必须依据支付意愿的原则：估计值大体上等于不同的用户在接受或保持投入供给的情况下愿意支付的价格。这就为非外贸投入在供给固定的情况下提供了一个估值。

5. 项目非外贸投入的额外需求，如运输、建筑、供水、能源，可能既有增量的影响，倘若额外的供给能够提供；可能又有非增量的影响，倘若现有用户的供给被挤掉。非外贸投入的经济价格将是供给的边际成本和需求价格的加权平均。

6. 大部分非外贸产出是增量产出，并且提供了非外贸货物的额外供给。增量的非外贸产出要按其需求价格估价，即有项目与无项目情况下产出对于新消费者而言的平均价值。对于消费者而言，价值包含产出的任何间接税和净补贴。非增量的非外贸产出应当按供给价格估价，即考虑被替代产出的供给价格。

7. 根据定义，非外贸投入与非外贸产出都是在国内经济体中生产与使用，额外的产出与额外的需求对国内市场的影响是显著的。在每种情况下，非外贸货物对价格的影响以及需求对价格变化的作用都应被考虑。

8. 增加运输服务或改善路况除了增加项目产出价值外，将会导致运输费用的降低，对于运输服务现有的用户来说，带来的效益等于无项目的需求乘以降价幅度。这些效益的大部将会被生产者剩余减少抵消。净效果等于按平均供给价格估价的非增量产出。对于新用户也会有额外的效益，其值大约等于有项目价格与无项目价格的平均值乘以需求的变化。然而，要估计这两个效果，需要估计项目对总供给和非外贸物价格的影响。得出有项目和无项目的价格与数量的估计值是估计项目效果的关键一步。为了进行经济分析，须将财务价格转换成等价的经济价值。

9. 在许多情况下，非外贸产出的供给受到公共或私人的垄断。增加供给未必就一定会降低价格。在这种情况下，新用户，而不是老用户，将得益。在其他情况下，非外贸的投入与产出的估价要做类似的修正（见附录4.4）。

10. 许多亚行贷款的项目生产的非外贸产品没有市场，这些都是公共产品。公共产品用排他性和可减少性来定义。公共产品，如不堵塞的道路，不具有排他性和减少性。使用它们的边际成本接近等于零。然而，公共产品一般都产生相当的经济效益。

11. 非外贸产出可以通过直接度量支付意愿来估价，如或有价值、运输费用、替代市场技术等。通常，公共产品可用密切相关的私人产品价值的变化或私人部门生产率的变化来估价。公共产品可以当做生产最终私人产品的中间产品。“中间”公共产品的价值可以用最终生产的私人产品来推算。基础设施服务，如道路与桥梁，社会服务，如教育和健康，对私人部门的生产率具有可以度量的效果，这种方法特别有效。

附录 4.2　项目投入产出的经济价值

项目投入产出的经济估值要在一个共同的概念框架下进行。这个框架要区分增量产出与非增量产出，增量投入需求与非增量投入需求。本附录概述这个概念框架，附录 4.3 和附录 4.4 将把这个框架分别用于外贸货物与非外贸货物。

一、项目产出

项目产出的经济价格（*EP*）是单位产出的总经济效益。经济价格等于总经济效益（*GEB*）除以项目产出（Q_P）。

竞争市场模式为估价项目产出提供了一个框架（见附图 4. 2-1）。项目由一个向右移动的供给曲线（以较低成本生产的产出）表示。项目产出的市场价格由 P_{WO}降到 P_W，销售数量由 Q_{WO} 增加到 Q_W。项目替代了一部分高价格的供给。项目的增量产出是（Q_W - Q_{WO}），非增量产出是 Q_P减增量产出。项目的总经济效益由两部分组成：增量产出的总效益和非增量产出的总效益。

增量产出的 *GEB* 由需求曲线下由 P_{WO}、P_W、Q_W、Q_{WO} 围成的浅灰区域表示，它由增量收益（价格线下的区域）和消费者剩余（价格线以上的区域）组成。

非增量产出的 *GEB* 由无项目供给线下由 P_{WO}、Q_{WO}、Q_E 和 P_W 围成的深灰区表示，这里 Q_E是有项目时其他来源的供给，它是无项目时生产非增量产出的经济费用。

项目的 *GEB* 等于有项目与无项目时市场价格的平均值乘以项目的产出。项目产出的经济价格等于 *GEB* 除以项目产出。

上述例子中，假设没有任何产品或市场的扭曲。然而，由于政府的干预、市场价格、需求价格和供给价格都有差别。附图 4. 2-2 表示从价消费税和生产补贴的结果。消费税使需求曲线向左移动相当于纳税额的距离，生产补贴使供给线向右移动相当于补贴额的距离。

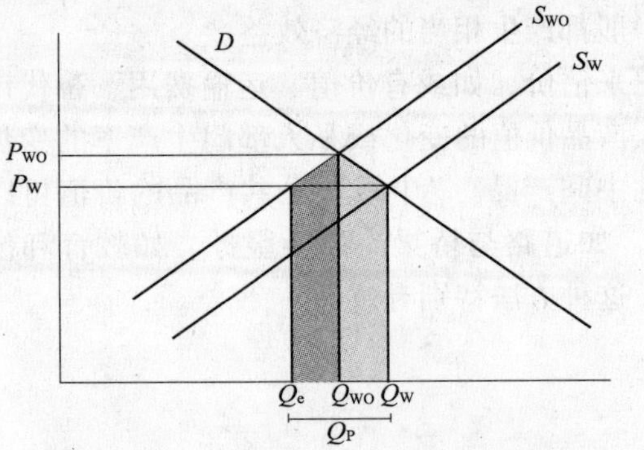

附图 4. 2-1　竞争市场的经济效益

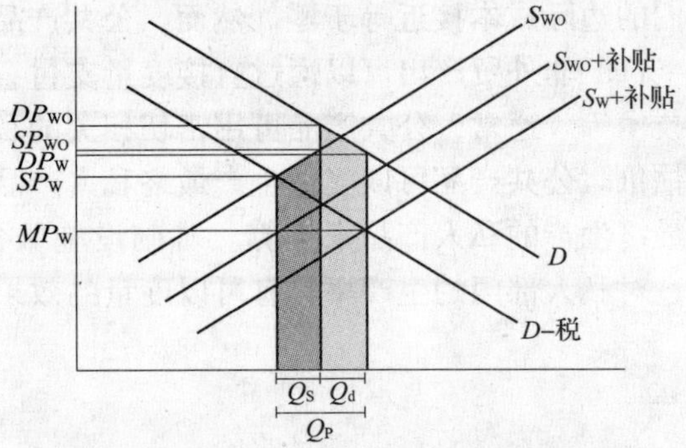

附图 4. 2-2　扭曲产出市场的经济效益

增量产出（Q_D）的总效益由税前需求曲线下的面积表示，等于有项目与无项目的平均需求价格（*DP*）与 Q_D的乘积。非增量产出（Q_S）的总效益由补贴前的供给需求曲线下的面积表示，等于有项目与无项目平均供给价格（*SP*）与 Q_S的乘积。

$$GEB = (DP \times Q_D) + (SP \times Q_S) \quad (附录 4.2-1)$$

式中

$DP = 0.5 \times (DP_{WO} + DP_W)$

$SP = 0.5 \times (SP_{WO} + SP_W)$

$EP = GEB/Q_P$

二、需求与供给弹性

经济价格可以由项目产出的供给和需求的价格弹性推导出来。*EP* 是以项目产出的需求与供给价格的加权平均为基础，权数依赖于需求与供给的价格弹性。

$$EP = DP \times dw + SP \times sw \quad (附录 4.2-2)$$

式中 dw 是需求弹性，sw 是供给弹性。

$dw = (-D_E \times Q_D/D_S) / [S_E - D_E \times (Q_D/D_S)]$

$sw = S_E / [S_E - D_E \times (Q_D/Q_S)]$

$sw = 1 - dw$

式中 D_E是需求的价格弹性，S_E是供给的价格弹性。

三、项目投入

项目投入的 *EP* 是单位投入的经济费用。*EP* 等于项目投入的经济费用（*EC*）除以需求数量（Q_P）。

竞争市场模型再一次提供了给项目投入估价的概念框架（见附图 4.2-3）。项目的投入需求由向右移动的投入总需求曲线表示。项目投入的市场价格由 P_{WO}上升到 P_W，总需求量由 Q_{WO}上升到 Q_W。在较高的价格下，新项目吸引某些现有项目的供给转移。增量需求为（$Q_W - Q_{WO}$），非增量需求为［Q_P -（$Q_W - Q_{WO}$）］。项目投入的经济价格则由两部分组成：增量需求的经济费用与非增量需求的经济费用。

在商品或市场要素没有扭曲时，项目增量需求的经济费用由供给线下由 P_{WO}、P_W、Q_W和 Q_{WO}围成的浅灰区表示。它形成了满足项目需求的增量供给的增量成本。

项目非增量需求的经济费用由无项目需求曲线下 P_{WO}、Q_{WO}、Q_E和 P_W围成的深灰区表示。它形成了无项目时这些投入品的买者放弃的经济效益，也是购买者支付意愿的度量。

项目投入的总经济费用等于有项目与无项目平均市场价格乘以项目需要的总投入量。经济价格（*EP*）等于经济费用除以所需的投入量。

附图 4.2-3 表示的是完全竞争市场条件下的投入市场。然而，由于政府干预，市场价格、需求价格和供给价格会有所不同。图 4.2-4 表示的是从价消费税和生产补贴干预的结果。消费税使需求曲线向左移动相当于税额的距离，补贴使供给曲线向右移动相当于补贴额的距离。

在没有其他市场扭曲的情况下，增量投入（Q_S）的经济费用由补贴前供给曲线下的区域表示，等于有项目与无项目平均供给价格（*SP*）与 Q_S的乘积。非增量投入（Q_D）的经济费用由税后需求曲线下的区域表示，等于有项目与无项目平均需求价格（*DP*）与 Q_D的乘积。

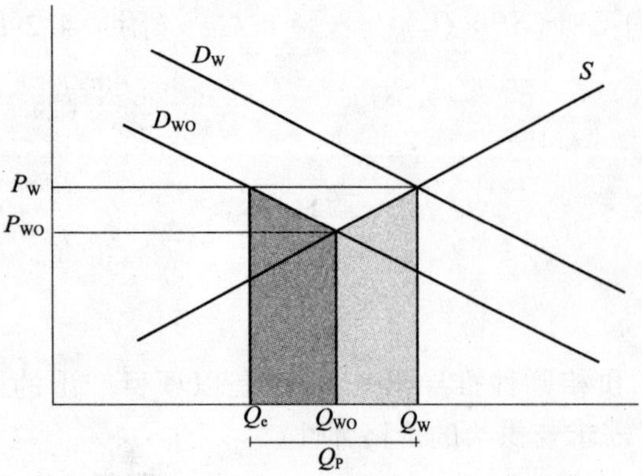

附图 4.2-3　竞争投入市场的经济费用

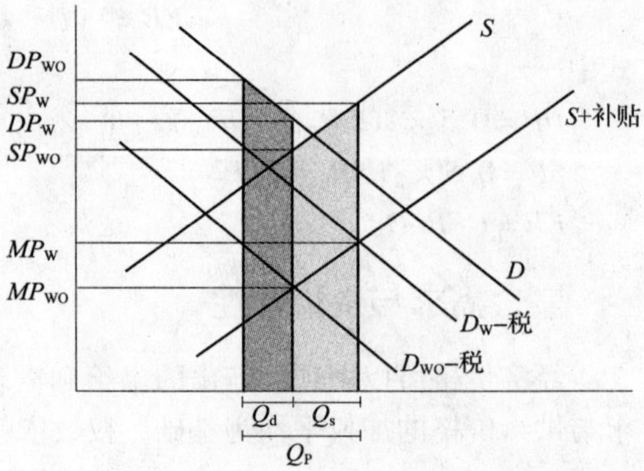

附图 4.2-4　扭曲投入市场的经济费用

$$EC = (DP \times Q_D) + (SP \times Q_S) \quad \text{(附录 4.2-3)}$$

式中

$DP = 0.5 \times (DP_{WO} + DP_W)$

$SP = 0.5 \times (SP_{WO} + SP_W)$

$EP = EC/Q_P$

四、需求与供给弹性

经济价格也可以用项目产出的需求与供给的价格弹性表示。经济价格可以用项目产出的需求价格与供给价格的加权平均表示，其权重依赖于需求与价格弹性。

$$EP = DP \times dw + SP \times sw \quad \text{(附录 4.2-4)}$$

式中 dw 为需求的权重，sw 为供给的权重。

$dw = (-D_E \times Q_D/Q_S) / [S_E - D_E \times (Q_D/Q_S)]$

$sw = S_E / [S_E - D_E \times (Q_D/Q_S)]$

$sw = 1 - dw$

式中 D_E是需求弹性，S_E是供给弹性。

一旦出现商品和其他要素市场的扭曲，需求价格与供给价格就要进行相应的调整。

五、应用

原则上，这里提供的框架可以适用于任何项目的产出与投入。特别适用于生产非外贸产出的项目，从产出方面分析对项目的作用，这时候数量与价格的调整要被限定在国内经济的范围内，而且可能还比较大。此框架还可用于所有类型项目影响的分析中，如材料与服务、设备、建筑、劳动力，以及更广泛定义的生产要素，例如资本和外汇。

附录 4.3　外贸货物和服务的经济价格

外贸货物和服务的经济价格要按附录 4.2 所述的概念框架确定。外贸货物和服务是指由项目生产或使用、对国家外汇平衡有影响的产品，因为这些货物和服务本身是进口或出口的，或者，替代进口或出口货物和服务。

相对于世界市场而言，亚行援助的项目一般较小。项目面对外贸产出无限大的弹性需求和项目投入无限大的弹性供给。结果，世界价格不受项目产出的供给和项目投入的需求影响。结果表现为一种特殊情况：项目产出或投入的增加不影响其价格。

外贸货物的估价可以用四种情况来说明：出口产出、可进口产出、进口投入、可出口投入。如果世界需求是有弹性的，出口产出增加世界供给，经济价格以需求价格（*DP*）为依据，等于离岸价（*FOB*）。这个价格可以同出口产品在口岸的财务价格（*FP*）进行比较，财务价格可以由 *FOB* 减去净出口税（*t* 等于出口关税减出口补贴）（见附图 4.3-1）得到。如果世界供给是有弹性的，可进口的产出对于世界需求是非增量的，经济价格要以供给价格（*SP*）为依据，即到岸价（*CIF*）。这个价格可以同口岸的财务价格进行比较，财务价格等于离岸价加上净进口关税（*t* 等于进口关税减进口补贴）（见附图 4.3-2）。

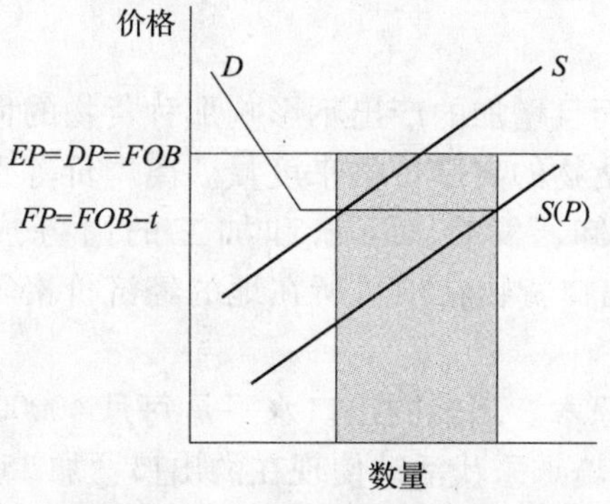

附图 4.3-1　出口产出经济效益

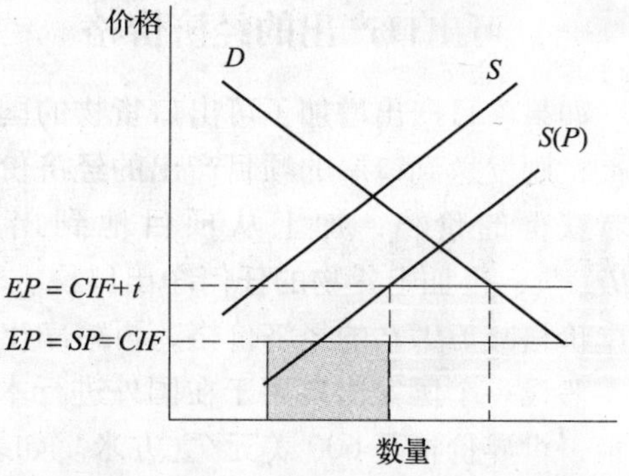

附图 4.3-2　可进口产出经济效益

如果世界供给是无弹性的，那么进口投入是增量世界需求，经济价格要以供给价格为依据，即到岸价。进口投入在口岸的财务价格是到岸价加上关税减去进口补贴（见附图 4.3-3）。

如果世界需求是无弹性的，可出口投入是非增量世界需求，经济价格要以需求价格为依据，即离岸价。可出口投入在口岸的财务价格等于离岸价减出口相对于世界市场而言税加出口补贴（见附图 4.3-4）。

外贸货物的经济价格应根据经济分析所处的位置及价格水平进行调整。在大多数情况下，价格水平是项目的价格水平，位置是项目所在地位置。世界市场价格（*WMP*）需要减掉或加上项目所在地与进口地点之间的装卸、发货、运输和加工等费用，才能调整到项目所在地水平，其结果就是等值口岸价（*BPEV*）。这些非外贸的费用也要用经济价格表示（见附录 4.4）。

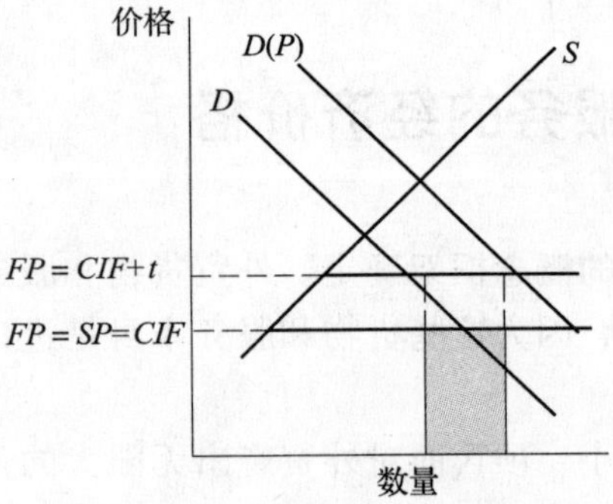

附图 4.3-3　进口投入经济成本

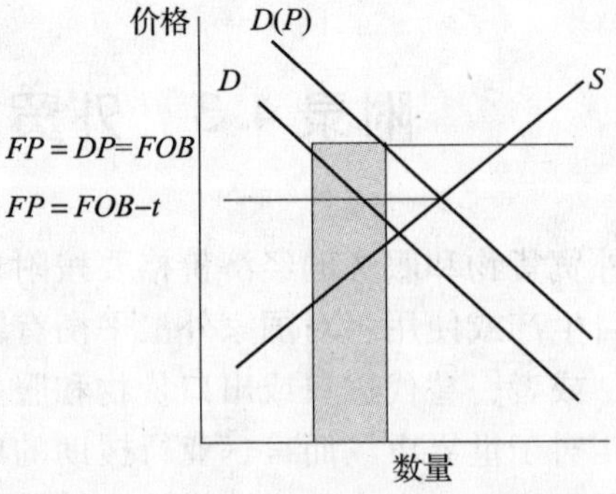

附图 4.3-4　可出口投入经济成本

完成这些调整后，等值口岸价就可以与同一项目的产出或投入在项目所在地的财务价格［FP（P）］进行比较。这种比较可以用转换系数（CF）来表达。CF 由下式得出：

$$CF = \frac{\text{等值口岸价格（BPEV）}}{\text{项目所在地财务价格［FP（P）］}} \quad \text{（附录 4.3-1）}$$

在经济价格低于财务价格相当多时，CF 将显著地小于 1。这种情况将出现于高度贸易保护的投入与产出。当经济价格高于财务价格相当多时，CF 将显著地大于 1。这将出现于出口产品征收高额关税的情况。

一、可出口产出的经济价格

如果项目产出增加了可出口货物的国家供给，而且增加的产出不影响那种货物的世界价格，则发送到口岸的项目产出的经济价格用那种货物的离岸价格来度量。离岸价等于生产者获得的价格，加上从项目地到出口地的装卸、发货、运输和加工的财务成本（HDTP），再加上货物的任何净出口税。于是，可出口货物在项目所在地的经济价格等于离岸价格减 HDTP 的经济价格，再减净出口税。

假设一个国家出口用于在国外进行木材加工的原木。当前的出口水平是每月 40000 立方米，世界价格是 600 美元/立方米。如果该国决定增加采伐活动使现在的出口增加 25%，所有的产出都增加了世界的产出，离岸价未受到影响。在这种情况下，经济效益或每立方米原木的价格构成如下，以当地货币 RM 表示，见附表 4.3-1。

附表 4.3-1　每立方米原木的价格构成

项目	RM
每立方米原木的离岸价 FOB	600 美元
出口税（15% FOB）	2700
装卸费	1500
工厂到口岸的运输费	900
官方汇率 RM/美元	30
影子汇率 RM/美元	36
SERF（SER/OER）	1200
SCF	0.833

项目所在地原木的经济价格与财务价格可以依据装卸费和运输费的经济价格来计算（见附表4.3-2和附表4.3-3）

附表4.3-2　可出口货物的经济价格：原木

项目	经济价格（RM/m^3）	财务价格（RM/m^3）
港口的原木价	18000	18000
减：税		2700
装卸费	1350	1500
运输费	684	900
项目所在地的原木价	15966	12999

附表4.3-3　按口岸价水平计算的经济价格

项目	比例（%）	调整	经济价值
装卸费的经济价格			
外贸部分	40.0	1.000	40
非外贸部分	60.0	0.833	50
CF（90/100）			
装卸费的经济价格（RM）	1500.0	900	1350
运输费的经济价格			
税	12.5	0	0
外贸部分	20.0	1.000	20
非外贸部分	67.5	0.833	56
CF（76/100）			
运输费的经济价格（RM）	900.0	0.760	684
原木在口岸的经济价格			
外贸部分	100.0	1.000	100
CF（100/100）			
原木在口岸的经济价格（RM）	600×30	1.000	18000

项目所在地原木的财务价格为12999RM时，其经济价格为15966RM。原木对于国家比对于生产者更值钱。转换系数为15966/12999，等于1.238，可以用来将项目所在地的财务价格转换成经济价格（使用世界价格作计算单位）。

二、进口替代产出的经济价格

如果项目生产进口替代货物，其经济价格为国家减少进口节省的外汇，再加上*HDTP*经济费用的调整。因此，生产这些货物的效益是进口的到岸价，加从口岸到国内市场的*HDTP*的经济费用，减掉从项目到国内市场的*HDTP*的经济费用。

上述经济价格可以通过下面组装灌溉水泵（原先靠进口供国内消费）的项目来说明。据估计，新增生产的水泵是非增量世界产出，即它们仅按原价替代了现有的进口。水泵经济效益的构成，见附表4.3-4。

附表4.3-4 水泵经济效益的构成

项目	美元/RM
水泵的 *CIF* 单价	35
进口关税（50% of *CIF*）	525
港口装卸费	30
运输费（港口到市场）	90
运输费（项目到市场）	30

下面再将所有的经济价格将按国内价格水平来估算。水泵在项目所在地的经济价格和财务价格可以进行比较，见附表4.3-5。装卸、运输以及水泵的经济价格在附表4.3-6中给出，其中使用的官方汇率为30RM/美元，影子汇率为36RM/美元。

附表4.3-5 进口替代产出的经济价格：水泵

项目	经济价格（RM）	财务价格（RM）
港口的泵价	1260	1050
加：税	0	525
港口装卸费	32.4	30
运输费（港口到市场）	82.4	90
减：运输费（项目到市场）	(27.5)	(30)
总价	1347.3	1665

附表4.3-6 按国内价格水平计算的经济价格

项目	比例（%）	调整	经济价值
装卸的经济价格			
外贸部分	40.0	1.200	48.0
非外贸部分	60.0	1.000	60.0
CF（108/100）			
装卸的经济价格	30.0	1.080	32.4
运输的经济价格			
税	12.5	0	0
外贸部分	20.0	1.200	24.0
非外贸部分	67.5	1.000	67.5
CF（91.5/100）			
运输的经济价格：			

续附表 4.3-6

项目	比例（%）	调整	经济价值
港口到市场	90.0	0.915	82.4
项目到市场	30.0	0.915	27.5
水泵在港口的经济价格			
外贸部分	100.0	1.200	1.200
CF（120/100）			
水泵在港口的经济价格	1050	1.200	1260

在项目所在地，水泵的财务价格为1665RM，经济价格为1347RM。水泵的转换系数（*CF*）（1347/1665＝0.804）可以用来将水泵的财务价格转换成经济价格（使用国内价格计算单位）。水泵对国民经济的价值低于对项目业主的价值。

三、进口投入的经济价格

项目对进口投入的需求将使国家的总进口量增加，即便项目不直接进口该投入物。如果该货物的世界市场价格不因这种新增需求发生变化，那么在该国口岸这种投入物的经济价格就是到岸价 *CIF*。在工厂所在地，整个经济费用还要包括装卸费和从港口到项目所在地的运输费，其计算方式类似于进口替代产出经济价格的计算方式。

四、出口投入的经济价格

项目可使用能出口的产品作为投入。相应的费用是在国内消费这种产品而不是出口所放弃的效益。在这种情况下，用装卸费、项目到港口的运输费（这部分费用被节省下来）和供货地到项目的运输费的经济费用再对离岸价进行调整。

五、进口替代和可出口的产出

项目的投入和产出可以是增量的，也可以是非增量的，特定的投入或产出可能二者兼而有之。旨在建立灌溉水泵国内生产的项目也可以生产水泵出口。可出口的水泵的经济价格可以从水泵的 *FOB* 价开始计算，见附表4.3-7。出口水泵的经济价值（1124.7）低于替代进口水泵的经济价值（1347.3）。

附表 4.3-7 可出口产出的经济价格：水泵

	经济价格（RM）	财务价格（RM）
港口的水泵价格（*FOB*）	1212.0	1010
减：税	0	0
港口装卸费	32.4	（30）
运费（从工厂到港口）	54.9	（60）

非增量（替代进口）产出以水泵的 *CIF* 价为依据，按供给价格估价。增量（可出口）产出以水泵的 *FOB* 价为依据，按需求价格估价。水泵的经济价格是供给价格与需求价格

的加权平均。在项目早期供给和需求价格的权数分别为0.8和0.2。可是，随着时间的推移，预计项目会增加出口的比例。附表4.3-8给出了在项目三个阶段中供给和需求价格的权重，以及对应的经济价格。由于出口比例的增加，加权平均经济价格会有所降低。此外，不同的转换系数将用于项目的不同阶段，将财务价格转换成对应的加权平均经济价格（见附表4.3-8）。

附表4.3-8　水泵的加权平均经济价格

	0~5年	6~10年	11年以后
替代进口的经济价格	1347.3	1347.3	1347.3
可出口的经济价格	1124.7	1124.7	1124.7
替代进口的权重	0.8	0.6	0.4
出口权重	0.2	0.4	0.6
加权平均经济价格	1302.8	1158.3	1213.7
CF（除以1665）	0.782	0.756	0.729

六、大型项目：弹性与价格变化

货物的经济价格是其供给价格与需求价格的加权平均。大多数项目对于产出价格或投入价格的水平均无影响。若项目产出的需求是有价格弹性的，产出的供给就会完全是增量的。在这种情况下，需求的权重是1.0，经济价格是需求价格。类似地，若项目产出的需求是无弹性的，产出的供给就是非增量的，需求的权重为0，经济价格是供给价格（见附表4.3-9）。

附表4.3-9　供给和需求价格权重的组合

投入产出细目	市场	需求权重	供给权重	经济价格
产出	需求有弹性	1	0	需求价格
产出	供给有弹性	0	1	供给价格
投入	需求有弹性	0	1	供给价格
投入	供给有弹性	1	0	需求价格

类似的讨论可用于新增的项目投入。若投入供给是有价格弹性的，供给的权重为1，经济价格就是供给价格。若投入的供给是无价格弹性的，供给的权重为0，经济价格就是需求价格。

然而，如果项目相当大，或产出的需求与投入的供给并不是完全有弹性的，计算项目投入和产出经济价格时，就应允许在有项目和无项目情况下价格发生变化。对于大型项目，新增的供给可能引发价格下降，此时，有项目的价格可以用于估计其他生产者的供应弹性和其他购买者的需求弹性。如果供给弹性大于需求弹性，那么有项目供给价格的权重将会较大（对于替代进口的情况，接近于1.0）；如果需求弹性大于供给弹性，需求价格的权重将较大（供给固定时接近于1.0）。

大型项目可能引起投入物的新增需求，并以两种方式影响那种投入物的市场：生产者对于价格增加的反映可能是增加供给；价格增加的结果使消费者可能是减少购买。投入物的新价格将依赖于供给与需求的相对弹性。如果供给弹性大于需求弹性，投入物的经济价格趋向供给价格；如果需求弹性高于供给弹性，投入物的经济价格趋向于需求价格。

由于大型项目对于投入和产出的价格都有影响，应当考虑对现有供应者和使用者的影响。使得产出物的国内价格降低的新项目，在世界市场上将给（国内）现有生产者造成经济损失。这些损失要从产出的经济价值中扣除。使外贸投入品价格升高的新项目将给这种投入物的现有使用者造成损失。这些损失也要从项目的净经济效益中扣除。

下述步骤概述了给可外贸的投入与产出估价的过程：

（1）识别项目新增产出的效果。在外贸上能感觉到这些效果吗？

（2）识别项目投入新增需求的效果。在外贸上能感觉到这些效果吗？

（3）估计产出的外贸效果：新增的出口，减少进口，以及二者共同的效果。

（4）估计投入的外贸效果：减少进口，更多地出口，以及二者共同的效果。

（5）特殊情况下考虑项目产出和投入对世界市场价格的作用。

（6）识别新增进口的到岸价和新增出口的离岸价。识别可替代进口或出口的等价外贸货物，以及它们的离岸价和到岸价。必要时按质量差异进行调整。

（7）估计与此相关的到（从）市场或项目现场的费用。

（8）将所有价值按选定的计算价格进行调整。

（9）概述等价口岸价格价值。

（10）比较同一货物的经济价格与财务价格。

附录 4.4　非外贸产出与投入的估价

一、非外贸产出

与外贸货物和服务一样，非外贸产出的经济价格是由非增量与增量生产的供给和需求价格的加权平均得出。由于对产出征税和补贴，对用于生产非外贸产出的投入物征税和补贴，以及某些供应商垄断供给，经济价格与财务价格产生差异。产生差异的原因还有政府规定价格但又不按其成本定价，以及生产要素不按其经济价值定价等。

非外贸产出的需求和供给受其财务价格影响。由于非外贸货物的市场限于在国内市场，项目可能对产出物供给以及平均生产成本产生显著的影响。因此，生产非外贸货物的项目可能同时影响供给价格和需求价格。在许多情况下，有项目的价格不同于无项目的价格。非增量和增量生产的比例依赖于与财务价格有关的需求弹性和供给弹性。

附图 4. 4-1 表示竞争市场条件下非外贸货物生产的情况。由于供给价格下跌，非增量产出将部分地替代现有生产。现有消费者由于价格下落获得相当于消费者剩余的效益。然而，现有生产者将同时失掉相当于生产者剩余的收入。非增量产出将用有项目和无项目的平均供给价格来估价。与此同时，项目产出将扩大供给，导致需求价格下跌。新用户将由扩大产出得益。增量产出将用有项目和无项目的平均需求价格来估价。结果，项目产出总体上要用供给和需求价格的加权平均值来估价，其权重依赖于非增量和增量产出的水平。

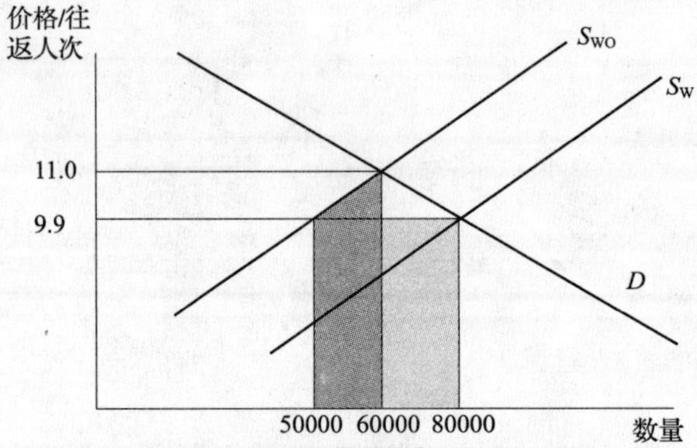

附图 4. 4-1　巴士服务项目

许多非外贸产出，特别是在公共部门，不是在竞争环境中生产出来的。例如，管道供水可能是由一个机构提供，并完全替代了项目区的非管道供水。在这种情况下，大部分产出是非增量产出，用有项目与无项目的平均供给价格来估价。此外，管道供水价格可能受政府管制，并按与其成本无关的固定价格销售。在这种情况下，非外贸增量产出（可能只是项目产出的很小一部分）的价值可以用其需求价格来估价。这种基本方法也可以用于非外贸产出用户的费用随投资增加而增加的情况。对用户增收的费用必须转换成项目产出的预计需求以及对应的投资规模，同时要记住非外贸服务需求会受到非价格因素的影响，如人口增长和整个生产的增长。在这种情况下，大量的非增量产出也会受价格的影响，然而，非增量产出仍然要通过平均供给价格来估价。增量产出要用平均需求价格来估价，同时也要考虑价格的增加。

预测有项目与无项目的数量与价格以后，增量与非增量产出的水平要重新用影子价格进行估算，以便计算项目经济内部收益率。这包括采用供给和需求的加权平均价格，并用外汇与劳动力的价值调整供给与需求价格。假设价格水平以及相应的供给和需求发生变化，预计的财务需求、收益以及成本也会发生变化，平均供给与需求价格以及增量产出与非增量产出的比例也会发生变化。换句话说，财务假设的变化也会影响到经济结果。外贸货物的供给与需求与世界市场相关，财务假设的变化不大会改变经济价格。非外贸货物的供给与需求与国内市场相关，财务假设的变化有可能改变经济费用与效益的平衡。

（一）竞争性非外贸产出的经济价格：巴士服务

一个公共部门公司计划使用大载客量、低运行费的新型巴士车拓展城市巴士服务。现在每月有60000人·次。现在的服务价格为P11，它由运行成本P10与10%的销售税组成。如果没有新巴士项目，预计价格与班次都不会发生变化。新巴士车计划每月30000人·次，价格为P9.9，它由车辆运行费P9以及10%的税组成。根据消费者调查，预计在这个价格水平上总往返数将达到80000人·次。换句话说，新巴士服务每月将替代现有服务10000人·次（非增量产出），增加20000人·次（增量产出）。

与现有服务一样，新巴士服务将使用进口巴士。有项目与无项目情况下巴士服务的成本构成类似。司机的供给价格是工资额的75%。外汇的经济价格大约高出官方汇率20%。附表4.4-1给出了提供巴士服务的成本分解，并按国内价格计算单位重新估计经济价格。按影子价格计算，巴士服务的额外成本要比巴士商的财务价格高7%。

附表4.4-1 巴士服务成本构成

项目	成本分解（*P*）	转换系数	经济价格（*P*）
外贸部分	6	1.200	7.2
劳动力	2	0.750	1.5
非外贸部分	2	1.000	2.0
总成本	10		10.7
CF（10.7/10.0）		1.070	

巴士服务项目总的经济效益等于非增量产出乘以调整的平均供给价格，加上增量产出乘以调整的平均需求价格。调整的平均供给价格由无项目时一人次的价格P10与有项目时一人次的价格P9得出。利用附表4.4-1的转换系数1.07将平均供给价格P9.5转换成经济价格，得出经济价格为P10.165。平均需求价格是有项目与无项目一人次票价的平均值。无项目时票价为P11，有项目时票价为P9.9，平均需求价格为P10.45。

巴士项目的毛经济效益可以由增量和非增量产出以及经济供给和需求价格求得（见附表4.4-2）。这些经济收益可以与新巴士运营商的收益进行比较，即按P9的价格往返

30000 次收益 P270000。得出的转换系数是 1.151，它可以用来将新巴士运营商产生的收益转换为所提供的巴士服务的经济价值。

附表 4.4-2 巴士服务项目总经济效益

生产	非增量	增量
往返次数	10000	20000
经济供给价格	P10.165	
经济需求价格		P10.450
经济效益	P101650	P209000
总效益		P310650
CF（310650/270000）	1.151	

按国内价格计算核算，新项目提供的巴士服务的经济价值为 P310650。

（二）管道供水的经济价格

巴士服务项目发生在竞争环境。许多公共报务，如供水项目，发生在不完全竞争的环境。在这个例子中，扩展现有系统的管道供水项目预计会取代家庭水井和私人卖水商等现有供水来源。在竞争环境下，私人卖水商和家庭提供与购买水，政府为公共供给系统提供补贴。补贴和管道供应的高质量保证了其他供水来源将被完全取代。

无项目时，该地区每年的水需求为 120000 立方米。20% 的供水来自私人卖水商，其财务价格为 P40/立方米；80% 的水来自家庭水井，价格为 P20/立方米。这些财务价格包括了家庭对水进行处理使其接近管道供水的质量的成本。公共系统提供的管道供水的价格为 P5/立方米，低于其成本。按此收费水平，预计新供给的需求将达到每年 180000 立方米。

非增量供水要按照无项目供给价格（SP）估价，其价格等于从供应商到消费者的成本，包括由新式供给节省下来的漏水损失。无项目的财务成本和经济费用在附表 4.4-3 中给出。私人卖水商的供给成本中 50% 是劳动力成本，其供给价格按工资的 85% 计。家庭水井供给价格构成的 80% 是水泵、燃料和水处理等外贸费用。外汇的经济价格高于官方汇率 30%，使用标准转换系数（SCF）1/1.3，或 0.769。

附表 4.4-3 非增量供水的经济价格

来源	构成	数量	*CF*	经济费用	比例
私人卖水商	劳动力	20	0.85 × 0.769	13.073	20%
	非外贸物	20	0.769	15.380	
合计		40		28.453	
家庭水井	外贸物	8	1.000	8.000	80%
	非外贸物	2	0.769	1.538	
合计		10		9.538	
非增量水的财务价格					16.000
非增量水的经济价格					13.321

对于消费者而言增量供水要按需求价格来估价。在无项目的财务价格中，平均供水成本是P16每立方米，有项目时这一成本降到P5每立方米。平均需求价格P10.5每立方米应使用SCF将其转换成等值的世界价格，平均经济需求价格是8.085每立方米。

附表4.4-4计算了对于消费者而言水的加权平均经济价格。加权平均经济价格用于供水的产出，以得出供水产出的经济价值（见附表4.4-4和附图4.4-2）。

附表4.4-4 水的经济价格和供水的经济价值

供给	经济价格	权重	加权后的价格
非增量	13.321	0.667	8.885
增量	8.075	0.333	2.689
加权平均经济价格			11.574
供给量			180000
经济价值			2083320

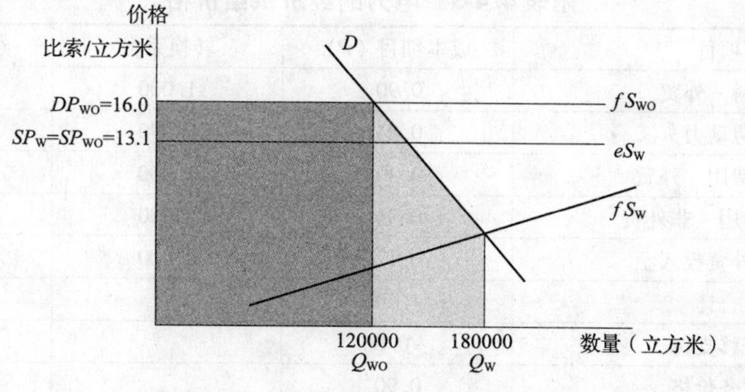

附图4.4-2 管道供水经济效益

可以将水的经济价值与供水项目的财务收益进行比较，按价格P5/立方米，180000立方米得到收入P900000，并得出售水的转换系数2083320/900000 = 2.315。这个转换系数是选用世界价格做计算单位，可以用于将按财务价格计算的消费者水平的供水（收入）转换成经济价值。

二、非外贸投入

（一）扩大非外贸部门的经济价格：电厂

私人矿产加工项目每单位产出需要大量的电力，需要扩大电力部门（供给）以满足矿产加工项目未来的需求。电力投入要按其需求与供给的平均价格来估价。对于投入而言，增量生产按平均供给价格估价，非增量生产按平均需求价格估价。在本例中，作为投入的新增电力需求将通过增量电力产出来满足，因而要用平均供给价格来估价（见附图4.4-3）。

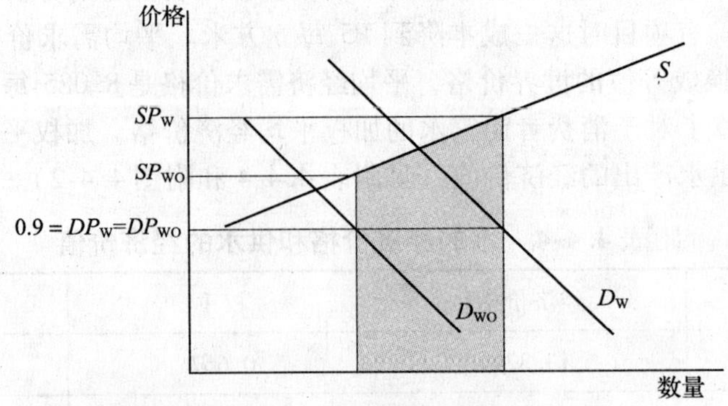

附图 4.4-3　完全增量投入供给：电力

电力部门正经历着成本增加。预计有项目的电力供给成本将增加。按财务价格计算出有项目与无项目平均供给成本后，将其值转换成经济价值，并与电力收费关联。电力收费得到相当的补贴，电力成本的组成包括实质上的转移成分。假设有项目与无项目成本构成的比例类似，并由附表 4.4-5 给出。

附表 4.4-5　电力的经济供给价格

项目	成本细目（*P*）	转换系数	经济价值（*P*）
燃料－外贸	0.90	1.000	0.900
劳动力	0.04	0.900	0.036
资本费用－外贸	0.30	1.000	0.300
资本费用－非外贸	0.34	0.900	0.306
非外贸投入	0.12	0.900	0.108
合计	1.70		1.650
转移支付	－0.80		
财务价格	0.90		
CF（1.650/0.900）		1.833	

电力现在的收费是 P0.90/千瓦时，这个费用中包括财政补贴 P0.8/千瓦时。计算出的电力经济供给价格为 P1.65/千瓦时。矿产加工项目的新增电力需求由电力部门的扩大供给来满足，即完全来自增量生产。转换系数 1.833 将把对于项目的电力成本转换成对于经济整体的经济价值。

（二）供水投入的经济价格

新工业项目单位产出对水有大量的需求。供水来自公共系统并由工厂自己进一步进行处理。处理成本包括在项目的成本中。工业项目 3/4 的供水需求由扩大供给来满足。这些增量供水要按其平均供给价格来估价。

新公共供水系统部分地使用现有农业用途的用水，因为从公共水源取水的数量受到严格地限制。1/4 的新增用水是从农业用途中调出的。这些非增量水投入应按其平均需求价格估价。为简化起见，假设农业用途的需求价格不受项目的影响，即有项目与无项目的需求价格相等。

给消费者新增供水的成本可以从财务价值转换成经济价值（见附表4.4-6）。假定现有供水成本构成与新项目的成本构成无差异。由于供水得到大量的补贴，水的经济价值将大大高于其财务价值。而且，供水的成本包括供电的成本，电力成本也接受补贴（见前例）。国家的标准转换系数为0.9，劳动力的供给价格是其工资的85%。

附表4.4-6　增量供水的经济价格

	成本细目（*P*）	转换系数	经济价值（*P*）
可外贸投入	29	1.000	29.0
电力	72	1.833	132.0
资本费用：建筑－非外贸	25	0.900	22.5
设备－外贸	7	1.000	7.0
劳动力	74	0.765	56.6
非外贸投入	13	0.900	11.7
合计	220		258.8
转移支付	－120		
财务价格	100		
经济价格			258.8
CF（258.8/100）		2.588	

农业用水的价值按单位农业用水转供新用户造成的农业净产出的边际损失来估算。谷物主产区的农业价格受到管制，一些投入也得到补贴。净效果用与单位用水财务成本有关的转换系数表示。此外，农业用水也受到补贴，其转换系数，1.673，即便使用世界价格计算单位，也是显著大于1。

用水投入的转换系数是增量与非增量供给转换系数的平均值。项目供给的75%是增量供给，25%是非增量供给。加权平均转换系数为：

$$CF = 0.75 \times 2.588 + 0.25 \times 1.673 = 2.369$$

将供水的财务收费乘以这个转换系数就得到项目供给按世界价格计算的经济价值（见附图4.4-4）。

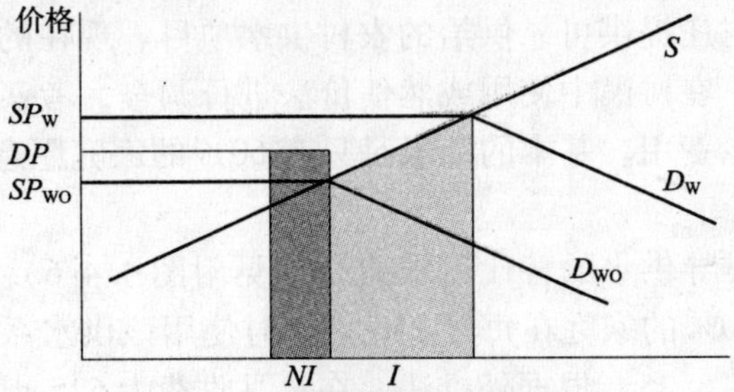

I=增量（75%）
NI=非增量（25%）

附图4.4-4　水投入需求的增加

三、没有收费的非外贸产出

（一）估计公共服务项目的需求

在许多公共项目中，产出没有收费价格。增加一个人使用公共产品的边际成本接近零，效率价格也接近零。在这种情况下，预计曾使用过该产品的人 100% 将使用我们关心的公共货物。要给公共货物估价，必须构造一个替代需求（surrogate demand）曲线，它能表示在不同收费水平下的服务需求。例如，建立一个为贫困社区提供免费健康护理的基本健康护理项目。现在，只能得到就近私人健康护理供给，尽管费用中包括咨询和处置成本，以及往返交通费用，相关的设施也已经被充分利用。由于基本健康服务对于现有供给而言完全是增量供给，它们应按平均需求价格估价。

附图 4. 4-5 说明了这种情况，并提供了一条替代需求曲线，利用它可以为健康服务估价。对于新提供的服务而言，需求曲线的一个极点是全体人群都会需要这种零价格的基本健康服务。需求曲线的另一个极点是目前村镇私人诊所包括诊疗和处置费在内的全额成本。在这个价格下，没有增量健康服务可提供。健康服务项目的总效益由以平均需求价格（$P_{wo}-P_w$）/2 估价的增量服务（Q_w-Q_{wo}）来表示。无项目时数量为零，有项目时价格为零，于是效益简化成（Q_wP_{wo}）/2。这个价值在调整外汇和劳动力的价值后可以转换成经济价值。

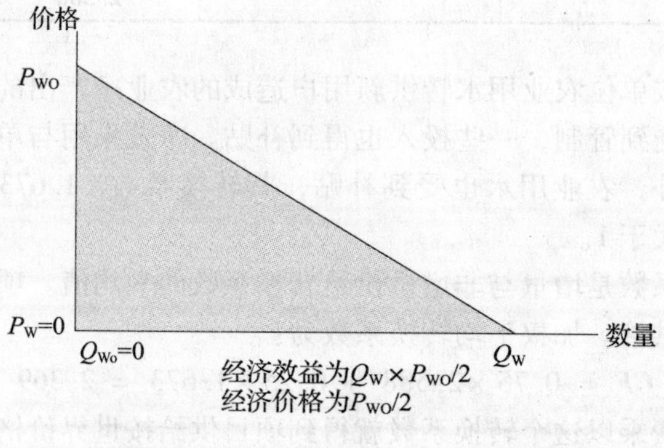

附图 4. 4-5　不收费的健康服务

另一个例子是能向村庄提供可靠供给的农村供水项目。现在的供水是免费的，村里所有的家庭都使用这种水。在村民中使用或然估价法进行调查，考察为引入改善的供水系统有多少家庭愿意支付多少费用。基本的结果是只有 60% 的家庭愿意每月支付 250 卢比以便得到持续的供水。

有两个点可以用来推导供水的替代需求曲线（见附图 4. 4-6）。100% 的家庭在不收费时使用这种供水系统，60% 的家庭在每月 250 卢比时使用该供水系统。需求曲线的斜率是 −250/（100 −60），或 −6. 25。根据外推法，在每月收费为 625 卢比时，所有的家庭都不再使用这个供水系统。供水项目可以用平均需求价格 625/2 来估价。

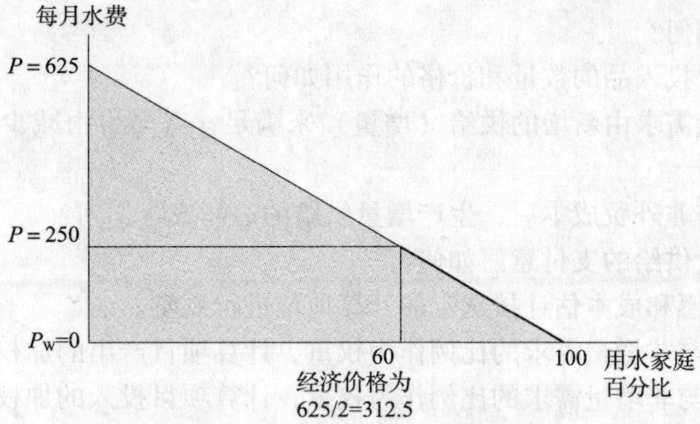

附图 4.4-6 乡村供水的需求曲线

注：$P = 625 - 6.25H$；

P—收费单价；

H—用水家庭百分比。

使用或然估计法推导替代需求曲线存在两个问题。首先，对于家庭如何应对假设的情况很难得到可靠的回答。家庭通常低估公共服务，并总是期望免费使用。其次，需求曲线的形状被简化为直线，并由此导出最高收费额625 卢比。在感到这种方法不现实时，可以在小范围内使用其他形状的曲线。

不使用或然估价法，将假设的情况提交被调查人，还是有可能通过相关的市场行为来推导替代价值。如果一个非市场化的货物是中间产品，例如灌溉用水，可以通过由它贡献的新增生产作物来估价。同样，不收费的精神教育消费可以用优秀人才增加的收入来估价。

如果非外贸货物或服务有紧密的替代品或互补品，它们可以使用推导出的价格，并依此（对非外贸物）进行估价。替代品的例子是上述的公共与私人健康服务。互补品的例子是通过电视机需求来估计电视传输项目的价值。传输项目的市场价值至少等于居民或企业为接通（电视）传输愿意支付的费用。不同的街区承受着不同水平的污染，目的在于减少污染的项目可以用不同街区的房产价格或租金的差异来估价。

如果不收费的非外贸货物没有紧密的替代品或互补品，并且资源或环境又不允许使用或然估价法，不同地方甚至不同国家的类似项目的估价就可以用于新项目。必须对这些效益转移方法仔细观察和讨论，并根据具体情况进行相应的调整。

（二）估计非外贸产出和投入的经济价值的过程

（1）识别项目产出和投入的效果，这些效果是否局限于国内市场的投入与产出？

（2）对于项目产出：

1）市场结构如何？

2）项目对于项目产出或替代产品的数量和价格的效果如何？

3）有多少项目产出取代其他生产者的产出（非增量）？有多少是增加供给（增量）？

4）加上外贸与非外贸成本后，被替代产出的边际成本是多少？

5）单位增量供给的支付意愿如何？

（3）对于项目的主要投入：

1）市场结构如何？

2）项目需求对投入品的数量和价格的作用如何？

3）有多少增量需求由新增的供给（增量）来满足？有多少由减少对其他用户的供给（非增量）来满足？

4）加上外贸与非外贸成本后，生产增量供给的边际成本如何？

5）单位非增量供给的支付意愿如何？

（4）将支付意愿和成本估计按选定的计算单位进行调整。

（5）使用增量与非增量需求的比例作为权重，计算项目产出的加权平均经济价值。

（6）使用增量与非增量需求的比例作为权重，计算项目投入的加权平均经济价值。

（7）将得出的经济价格与财务价格进行比较。

参 考 文 献

Asia Development Bank. Economic Analysis of Water Supply Projects [M]. Manila: ADB, 1999.

Asia Dcvelopment Bank. Economic Analysis of Water Supply Projects [M]. Manila: Asia Development Bank, 1999.

Asia Development Bank. Economic Evaluation of Environment Impact: A Workbook [M]. Manila: ADB, 1996.

Asia Development Bank. Framework for Economic and Financial Appraisal of Urban Development Sector Project [M]. Manila : ADB, 1994.

Asia Development Bank. Guidelines for the Economic Analysis of Projects [M]. Manila : ADB, 1997.

Belli P, Anderson J R, Barnum H N, et al. Economic Analysis of Investment Operation [M]. Washington: World Bank , 2001.

European Communites. Financial and Economic Analysis of Development Projects [M]. Brussel: Office of Official Publication of European Communities, 1997.

European Communites. Guide to Cost – Benefit Analysis of Investment Projects [M]. Brussel : Office of Official Publication of European Communities, 2008.

Gittinger J R. Economic Analysis of Agricultural Project [M]. Washington: World Bank, 1982.

I. M. D Little & J. A. Mirrlees. Project Appraisal and Planning Twenty Years On [C]. Washington: World Bank, 1990.

Little I. M. D. , J. A. Mirrlees. Project Appraisal and Planning for Developing Conntries [M]. New York: Basic Books, Inc. , 1974.

Organisation for Economic Co – operation and Development. The Econoimic Appraisal of Environmental Projects and Policise: A Practical Guide [M]. Paris: OECD Publication, 1994.

Pearce D, Atkinson G, Mourato S. Cost – Benefit Analysis and the Environment [M]. Paris: OECD Publication, 2006.

UK Treasure. Appraisal and Evaluation for Central Government [M]. London: Stationery office, 1997.

United Nation Environment Program , The Economic Valuation of Alternative Uses of Mangrove Forests in Srilanka [R]. Nairobi: UNEP, 2003.

United Nation Industrial Development Organization. Guide to Practical Projec Appraisal – Social Benefit – Cost Analysis in Development Countries [M]. Viena: UNIDO, 1986.

United Nation Industrial Development Organization. Guidelines for Project Evaluation [M]. Viena：UNIDO 1972.

United Nation Industrial Development Organization. Manual for the Preparation of Industial Feasibility Studies [M]. Viena：UNIDO，1978，1991.

World Health Organization. Guide to Cost - Effectiveness Analysis [R]. Geneva：WHO，2003.

World Bank. Social Analysis Sourcebook：Incorporating Social Dimensions into Bank - Supported Project [M]. Washington：World Bank，2003.

P. 贝利等. 投资运营的经济分析：分析方法与实际应用 [M]. 建设部标准定额所，译. 北京：中国计划出版社，2002.

财政部，国家税务总局. 中华人民共和国增值税暂行条例实施细则，2008.

财政部. 企业财务通则，2007.

财政部. 企业会计准则，2006.

欧盟. 发展项目财务与经济分析手册 [M]. 北京：机械工业出版社，2004.

经济合作与发展组织. 环境项目和政策的经济评价指南 [M]. 施涵，陈松译. 北京：中国环境科学出版社，1996.

亚行. 供水项目经济分析 [M]. 北京：可行性研究与项目评价分会，2003.

国家发展改革委，建设部. 建设项目经济评价方法与参数（第三版）[M]. 北京：中国计划出版社，2006.

国务院. 国务院关于投资体制改革的决定，2004

建设部标准定额研究所. 建设项目经济评价案例 [M]. 北京：中国计划出版社，2006.

克尼斯. 环境保护的费用效益分析 [M]. 北京：中国展望出版社，1989.

林恩·斯奈尔，赫尔曼·G·范德塔克. 项目经济分析—影子价格的推导和估算 [M]. 北京：清华大学出版社，1985.

全国投资建设项目管理师考试专家委员会. 投资建设项目决策 [M]. 北京：中国计划出版社，2006.

人大常委员会. 中华人民共和国企业所得税法，2007.

亚行. 市政部门项目财务与经济分析框架 [M]. 北京：可行性研究与项目评价分会，2003.

斯蒂芬·罗斯，伦道夫·韦斯特菲尔德，布拉德福德·乔丹. 公司理财精要 [M]. 北京：人民邮电出版社，2003.

同济大学，建设部标准定额研究所. 政府投资项目经济评价方法与参数 [M]. 北京：中国计划出版社，2004.

王彤，王心壬，陈贵平，邱志青. 建设项目经济评价方法实用问答 [M]. 北京：中国统计出版社，1994.

徐晓军. 我国行业投资风险系数研究 [D]. 北京：中央财经大学，2006.

中国建设工程造价管理协会. 建设工程造价管理理论与实务（一）[M]，北京：中国计划出版社，2008.

英国财政部. 中央政府的评估与评价 [M]. 可行性研究与项目评价分会，2003.

中华人民共和国住房和城乡建设部. 煤炭建设项目经济评价方法与参数 [M]. 北京：中国计划出版社，2009.

中华人民共和国住房和城乡建设部. 石油建设项目经济评价方法与参数 [M]. 北京：中国计划出版社，2010.

中华人民共和国住房和城乡建设部. 市政公用设施建设项目经济评价方法与参数 [M]. 北京：中国计划出版社，2008.

中华人民共和国住房和城乡建设部标准定额研究所. 风景名胜项目评价方法 [M]. 北京：中国计划出版社，2010.

中华人民共和国住房和城乡建设部，农业部. 农业建设项目经济评价方法 [M]. 北京：中国计划出版社，2010.